# 古典文獻研究輯刊

## 四　編

潘美月・杜潔祥　主編

## 第 **12** 冊

## 《漢書》引《尚書》研究

周　少　豪　著

國家圖書館出版品預行編目資料

《漢書》引《尚書》研究／周少豪 著 — 初版 — 台北縣永和市：
花木蘭文化出版社，2007〔民96〕

目 2+318 面；19×26 公分
（古典文獻研究輯刊 四編：第 12 冊）
ISBN：978-986-6831-23-2（全套精裝）
ISBN：978-986-6831-05-8（精裝）
1. 漢書－研究與考訂　2. 尚書－研究與考訂
622.101　　　　　　　　　　　　　　96004367

ISBN - 9866831058

9 789866 831058

古典文獻研究輯刊
四 編 第十二冊
ISBN：978-986-6831-05-8

## 《漢書》引《尚書》研究

| | |
|---|---|
| 作　　者 | 周少豪 |
| 主　　編 | 潘美月　杜潔祥 |
| 企劃出版 | 北京大學文化資源研究中心 |
| 出　　版 | 花木蘭文化出版社 |
| 發 行 所 | 花木蘭文化出版社 |
| 發 行 人 | 高小娟 |
| 聯絡地址 | 台北縣永和市中正路五九五號七樓之三 |
| | 電話：02-2923-1455／傳眞：02-2923-1452 |
| 電子信箱 | sut81518@ms59.hinet.net |
| 初　　版 | 2007 年 3 月 |
| 定　　價 | 四編 30 冊（精裝）新台幣 46,500 元 |

# 《漢書》引《尚書》研究

周少豪　著

## 作者簡介

1965 年生於台南，1997 年任長榮大學（前長榮管理學院）專任教師迄今，亦於 1997-1999 年擔任台南藝術大學兼任教師。

## 提　　要

　　「地理之名」、「逸樂之戒」、「戚貴之杜」、「黜陟之劾」、「律曆之定」、「儀倫之明」、「君德之頌」、「刑罰之慎」、「賢德之進」、「諫諍之勸」、「災異之論」、「修身之勉」、「官職之別」等項目無一不與國家之興滅相關，本文藉由——

　　（一）《尚書》佚篇之蒐羅
　　（二）《尚書》文字之詁訓
　　（三）兩漢對《尚書》之注釋
　　（四）兩漢對《尚書》之應用

以展現在有漢一朝，《尚書》之於當代政經教化等方面，是否僅止於「史料」；抑是勉人孝悌忠信、謹言慎行、正身修德等之勵志文章；或為一部真可以之建國君民之「政書」；還是三者兼而有之！

　　雖言：「半部論語可以治天下」，然歷代皆無以《論語》治天下，然有以《尚書》而治家國者！國之治亂者，人也。《尚書》乙經，大至天下國家之治，小及修身齊家之道，具體而微，信然有徵！

# 目

# 錄

# 凡　例

1、本篇所據，《尚書》以藝文印書館影印清・嘉慶二十有一年南昌府學堂重刊宋
　十行本《十三經注疏》爲底本；《漢書》用鼎文書局以清・王先謙《漢書補注》
　爲底本，並輔以北宋・景祐本（即商務印書館影印之《百衲本》）、明末毛氏汲
　古閣本、清・乾隆武英殿本和清・同治金陵書局本四種本子，並及於近人楊樹
　達先生《漢書窺管》爲之校勘，稽劾諸本而作〈校勘記〉附於《漢書》各卷之
　末。

2、本篇分立「一十八章」、並「緒論」、「凡例」、「引用資料」及「結論」共五部
　分。

3、本篇各章先以「略述」爲該章內容之概說。

4、本篇每章各錄若干條，每條首列《尚書》文辭，頂格書之。次附《漢書》引《尚
　書》之文，亦頂格書之，惟字體稍小。後附《漢書》注文，低一格書之。末以
　愚論作結，首行低兩格書之。

5、本篇「結論」，則列「《漢書》援《尚書》引文檢索表」爲主，以便於稽考、對
　照也。

6、本篇每條引文之次序，以《漢書》卷帙先後爲準，依序列於各章之中。

7、本篇每則引文，凡出於《尚書》經文者，以《今文尚書》廿九篇稱之，故無〈舜
　典〉〈益稷〉等篇名。凡出於《漢書》者，於引文之後，書其篇名、卷數及鼎文
　書局所編頁碼，以便檢閱。凡出於《漢書》注文而注文所稱有《僞古文尚書》
　篇名者，仍依舊注而書之。末之愚論，則依《今文尚書》廿九篇篇名書之。

8、本篇每條引文，文末愚論分爲二部分：一爲「謹案」——此案語主要以探究《漢
　書》所引《尚書》文字之時代背景、逐引《尚書》之源由，並及於《漢書》所
　引《尚書》文字之大義探討。二爲「又案」——此案語乃在於探究《漢書》所
　引《尚書》文字與今本《尚書》文字之異同，主要是偏重於文字、訓詁之考據。

9、本篇每則引文，文末愚論之「又案」部分，除對照今本《尚書》、《漢書》二者，
　尚以《尚書文字合編》所錄《漢石經》、《魏石經》、敦煌寫本、日本寫本、《唐
　石經》、宋・晁公武石刻《古文尚書》隸古定本、宋・薛季宣《書古文訓》隸古
　定本，並及於漢碑刻辭，以爲勘證析論。

10、本篇有關文字詁訓之考訂,「反切」俱用段玉裁《說文解字注》所列切語,其「古聲」依黃季剛先生古聲十九紐為準,惟以「某母」稱之。其「古韻」依段玉裁古音十七部諧聲為準,即段氏《說文解字注》所言「某某部」。

11、本篇每則引文,若有關聯「機祥災異」者,各於其上加注記號「※」,以資識別。

12、本篇每條引文,若有相同者,則不重出,而於文末註明:「詳見本篇第某章,例某。」,以節篇幅。

13、本篇凡引述前輩著作者,必稱舉其人名或書名,並及於卷數、頁碼,以便於覆案。引文若有異同,則隨文加注於後,以括號「( )」標出,並書小字以茲分別。

14、本篇每條引文,其出於《漢石經》、《魏石經》、敦煌寫本、日本寫本、《唐石經》、宋‧晁公武石刻《古文尚書》、宋‧薛季宣《書古文訓》者,皆用《尚書文字合編》所定頁碼,以便檢閱。

15、本篇每條引文之案語部分,若有標示「▲」者,即表示其字殘缺、不能辨釋,或以今本《尚書》之文以小字補之於右下,如「▲書」,本篇其他書例,亦如此。

16、本篇每條引文及其案語部分,舉凡所引書目之卷數頁碼、異文異字、缺文補述、引文出處等,皆以隨文附註之方式,以括號「( )」標出,並內書小字說明之。

# 引用資料

## 一、石　經

### 漢石經

　　漢靈帝熹平四年三月詔諸儒正定五經文字，刻石大學，僅隸書一體，殘。計有六經：周易、尚書、魯詩、儀禮、春秋、公羊傳和論語。

　　（一）西元 1962、1968 年河南洛陽出土石經，顧頡剛藏拓，簡稱「顧氏藏拓」。

　　（二）馬衡《漢石經集存》所載拓本，西元 1957 年科學出版社影印本，簡稱「集存」。

　　（三）（宋）洪适《隸釋》，據《漢石經》翻刻，清同治十年（西元 1871）洪氏晦木齋刻本，簡稱「隸釋」。以上三者，出於《尚書文字合編》。

　　（四）屈萬里先生《漢石經尚書殘字集證》。

### 魏石經

　　魏齊王芳正始年間刻，其中《尚書‧梓材》乙石鐫有「始二年三」四小字，殆指魏齊王芳正始二年（西元 241）三月之謂，有古文、篆書、隸書三體直行式，殘。另有三體品字式及古文、篆書二體直行式（今存《皋陶謨》、《禹貢》等篇殘石）。

　　（一）潘景鄭藏拓片，簡稱「潘氏藏拓」。

　　（二）顧廷龍藏拓片，簡稱「顧氏藏拓」。

　　（三）西元 1945 年、1957 年西安市出土的石經殘石拓片，據劉安國《西安市出土的正始三體石經殘石》，《人文雜誌》，西元 1957 年第三期，簡稱「人文雜誌」。

　　（四）孫海波《魏三字石經集錄》，西元 1937 年北平大業印刷局影印本，簡稱「集錄」。

　　（五）呂振端先生《魏三體石經殘字集證》。

## 唐石經

唐開成二年（西元 837）刻石，正楷，上海圖書館藏原拓。明神宗萬曆十六年（西元 1588），西安府學官葉時榮、生員王堯惠等，別刻《唐石經補缺》，上海圖書館藏原拓。本篇僅錄《唐石經》。

《唐石十三經》，世界書局影印，皕忍堂本，附松崎明復刻月令。

## 晁刻古文尚書

（宋）乾道六年（西元 1170）晁公武石刻，殘。四川博物館藏原拓。

## 二、寫 本

### （一）敦煌本

甘肅敦煌石窟所出唐寫本，殘。

（一）法國巴黎圖書館藏本照片，用伯希和編號。簡稱〈伯：編號〉。

（二）英國大英博物館藏本照片，用斯坦因編號。簡稱〈斯：編號〉。

（三）羅振玉《鳴沙石室佚書》，西元 1913 年影印本，用伯希和編號。簡稱〈伯：編號〉。

（四）羅振玉《吉石庵叢書初集》，西元 1916 年影印本，用伯希和編號。簡稱〈伯：編號〉。

## 伯二六三○

陳鐵凡先生〈敦煌本易書詩考略〉（以下省稱：陳氏〈考略〉）（頁 168）考證：「世字、民字、基字皆缺筆，而顯字、治字、豫字不避，疑爲玄宗朝或其後之寫本。」

## 伯二七四八

陳氏〈考略〉（頁 167）引王重民先生〈敦煌古籍敘錄〉（以下省稱：王氏〈敘錄〉）考證：「願以閱敦煌卷軸之經驗，假定此卷爲有唐中葉後之寫本。」〈考略〉亦證：「細審此卷書體純乎楷法，殆非初唐以前所可得見。」

## 伯三七六七

陳氏〈考略〉（頁 163）引王氏〈敘錄〉：「此卷民字不諱，應是隋唐間寫本。凡無字均作亡，不字均作弗，顏師古所據以注漢書者，當是此本。」

## 伯四五○九

陳氏〈考略〉（頁 164）考證：「天寶以前寫本。」

## 伯二五一六

陳氏〈考略〉（頁 161）考證：「民字缺筆，或變體作𡋹。治字不避，蓋初唐寫

本。」

## 伯三八七一＋伯二九八○

　　陳氏〈考略〉引王氏〈敘錄〉:「此卷（案:指〈伯三八七一〉）為費誓殘文。驗其筆跡與紙色,並與二九八○號卷子秦誓相同;卷背所裱,亦為同一古類書,則原為同書無疑。秦誓卷余曾考定為六朝寫本。」（案:依陳鐵凡先生〈敦煌本尚書十四殘卷綴合記〉,凡是同一鈔本之析裂為數本者,皆以『＋』作為諸本綴合之符號。后均從此例。）

## 伯三○一五

　　陳氏〈考略〉（頁166）考證:「此卷仍宜列入天寶改字後今字之本。」

## 伯二六四三

　　陳氏〈考略〉（頁160）考證:「當是肅宗時寫本。」

## 伯二五三三

　　陳氏〈考略〉（頁158）考證:「民字不缺筆,羅振玉考定為六朝寫本。」

## 伯三六二八＋伯四○三三＋伯四八七四＋伯五五四三＋伯五五二二

　　陳氏〈考略〉（頁158）考證:「民字治字俱不缺筆,當為唐初之前寫本。」

## 伯三七五二＋伯五五五七

　　陳氏〈考略〉（頁159）引王氏〈敘錄〉:「此卷（案:指〈伯三七五二〉）避太宗諱,疑即太宗時寫本。」據陳鐵凡先生〈敦煌本尚書十四殘卷綴合記〉（頁8～10）所綴合二卷:「折斷痕苪完全密合,其為一卷之折,殆無疑義。」而〈伯五五五七〉末題:「天寶二年八月十七日寫了也」句,則王氏〈敘錄〉所言:「太宗時寫本」恐誤,當是「天寶二年」寫本也。

## 伯三六○五＋伯三六一五＋伯三四六九⋯⋯（遙接）＋伯三一六九

　　陳氏〈考略〉（頁156）引王氏〈敘錄〉:「唐高宗以前寫本也。」（案:此乃指〈伯三六○五〉〈伯三六一五〉）復陳氏〈考略〉（頁157）考證:「（〈伯三四六九〉）治字缺筆,蓋天寶改字以前寫本,與下卷（〈伯三一六九〉）同為一卷之裂。」

## 斯七九九

　　陳氏〈考略〉（頁162）考證:「民字缺筆,當是初唐寫本。」

## 斯五七四五

　　陳氏〈考略〉（頁154～155）考證:「民字缺筆,治字不缺筆,當是初唐寫本。」

## 斯八○一

陳氏〈考略〉（頁 155）考證：「民字缺筆，爲初唐寫本。」

## 斯六〇一七

陳氏〈考略〉（頁 162）考證：「民字不缺筆，疑爲唐以前寫本。」

## 斯六二五九

陳氏〈考略〉（頁 168）考證：「世字缺筆，當是初唐寫本。」

## 吐魯番本

新疆吐魯番所出唐寫本，殘。德國柏林普魯士博物館藏本照片。

## 和闐本

新疆和闐所出唐寫本，殘。據日本大谷光瑞《西域考古圖譜》，日本大正四年（西元 1915）國華社影印本。

## 高昌本

新疆吐魯番高昌地區所出唐寫本，殘。據黃文弼《吐魯番考古記》，西元 1954 年上海社會科學院出版。

## （二）日本古鈔本

## 岩崎本

日本寫本，殘。岩崎男舊藏。日本大正七年（西元 1918）影印本。陳鐵凡先生〈日本古鈔本尚書考略（以下省稱：陳氏〈考略〉）〉（頁 204）考證：「出于天寶三載之前，固無可疑義。」

## 九條本

日本寫本，殘。九條道秀公舊藏。日本昭和十七年（西元 1942）《京都帝國大學文學部影印舊鈔本》第十集影印本。陳氏〈考略〉（頁 201）考證：「爲天寶三載改字以前之舊本也。」

## 神田本

日本寫本，殘。神田醇容安軒舊藏。日本大正八年（西元 1919）《容安軒舊書四種》影印本。陳氏〈考略〉（頁 214）引羅振玉考證：「足證天寶未改字之本，實作『泰』，不作『大』。今得此卷，益可證實。」（頁 215）又引日人內藤虎考證：「『予有亂十人』，『亂』下旁註『臣』字，唐石經亦如是，乃後人妄添。後來諸本皆襲其誤。但乾隆石經刪『臣』字，以復開成之舊，說見彭元瑞石經考文提要。」故定爲天寶改字以後之本。

## 天理本

日本鎌倉末期寫本，殘。天理圖書館藏。日本複印本。

## 島田本

日本寫本，殘。島田翰舊藏。西元 1914 年羅振玉《雲窗叢刻》影印本。陳氏〈考略〉（頁 219）引日人島田翰古文舊書考謂：「此本民字皆闕末筆，當出唐鈔。」此本即爲〈雲窗一本〉。

## 內野本

影寫日本元亨二年（西元 1322）沙門素慶刻本，全。內野皎亭舊藏。日本昭和十四年（西元 1940）東方文化研究所影印本。陳氏〈考略〉（頁 221）考證：「以敦煌唐寫本及日本寫本（如岩崎本、神田本等）校之，則十九皆合。由此可見內野本的淵源，應該推溯到五季以上。」

## 上圖本（元亨本）

日本元亨三年（西元 1323）藤原長賴手寫本，殘。上海圖書館藏。原件後間有脫佚，據羅振玉《雲窗叢刻》影印楊守敬本配補。陳氏〈考略〉（頁 207）引羅振玉考證：「然則日本古寫本爲衛氏未改字以前眞本，信而有徵矣。」而定爲唐開元以前寫本，稱〈雲窗一本〉。

## 觀智院本

日本元亨三年藤原長賴手寫本，殘。東寺觀智院藏。日本複印件。

## 古梓堂本

日本元亨三年藤原長賴手寫本，殘。古梓堂文庫舊藏。日本複印本。陳氏〈考略〉（頁 226）考證：「按此與觀智院本爲一本之折。」

## 足利本

日本室町時期寫本，全。足利學校遺跡圖書館藏。日本複印本。陳氏〈考略〉（頁 227）考證引日人山井鼎《尚書古文考》：「足利古本，乃唐以前未經衞包之手者，傳諸吾邦，而其字即馬氏所謂隸書也。」此本亦爲（清）阮元〈校勘記〉所言之「古本」也。

## 上圖本（影天正本）

日本影寫天正六年（西元 1578）秀圓題記本，有松田本生印記，全。南翔姚文棟舊藏，其子明輝捐贈上海歷史文獻圖書館，今歸上海圖書館藏。

## 上圖本（八行本）

日本弘化四年（西元 1847）寫本，全，每半葉八行，行大字二十，有松田本生

印記。上海圖書館藏。陳鐵凡先生〈敦煌本虞書校證〉（頁 26）考證此本：「亦即山井鼎考文所謂宋版也。」（清）阮元〈校勘記〉稱此本作「宋本」。（清）乾隆初年日人山井鼎於《七經孟考文補遺・凡例》（頁 3）云：「凡古本，其經文註文，皆與宋板明板頗有異同。」蓋此本出於天寶改字之後不久，是以字有同於古本，有同於今本者也。

## 三、刻　本

**書古文訓**（經文）

　　（宋）薛季宣訓解。清康熙十九年（西元 1680）《通志堂經解》刻本。

**謹案**：本篇以《尚書文字合編》乙書爲考據底本，故襲此書〈引用資料〉全文，其間復益之陳鐵凡先生所作考據，以便於校讀。

# 緒　論


　　《尚書》爲吾國現存最古之史書，上起堯、舜禪讓，下訖秦穆之悔，其文雖非當時史官所記，端賴兩千年間口耳相傳，見之於文獻者，《左傳・昭公二年》載：「晉侯使韓宣子來聘，……觀『書』於太史氏，見易象與魯春秋。曰：『周禮盡在魯矣；吾今知周公之德與周之所以王也。』」

　　當時之『書』既爲各國史官所藏管，內容有卜筮及史書，實類似時下之官方公文檔案；又孔子以《詩、書》教授學生，《史記・孔子世家》言孔子：「序書傳，上紀唐虞之際，下至秦繆，編次其事。」逮及戰國之世，傳錄故書，遂有百篇《尚書》之說。可惜秦、漢之際，前後遭逢嬴政、項羽兩次火劫，百篇於是散佚，而有古文、今文、僞古文等類《尚書》出現。

　　本文乃以《漢書》所引《尚書》諸文，與今本十三經之《尚書》作一比較，嘗試探索《尚書》在漢人生活中，所產生之影響。

　　鑽研《尚書》的編次、輯佚、辨僞、校讎、注疏，數千年來皓首窮經之賢，如恆河沙、過江鯽，各成一家之言，爲後繼者所師法遵循。高仲華先生在〈中國文學研究法〉乙文中曰：「治經子以明其淵源、研史地以索其背景、明小學以探其精微。」先生之言，切實指引出吾人研治古籍之法。

　　是以，本篇嘗試由《漢書》百卷中所引自《尚書》者，歸納出漢人對《尚書》之應用、解釋與重視，藉以了解《尚書》對目前的政教風俗，同樣具有振衰起弊之效，經世濟民之功。並盼此文進而能對喚醒國人漠視中華故有文化的沈痾，貢獻棉薄之力，庶幾無愧所學。

　　《漢書》百卷，其爲斷代史之祖，又爲官修史，所用文辭必然力求眞確，述事也與前漢接近，引經據典亦多爲當時流傳或宮中秘藏，尤其創〈藝文志〉體例，必定蒐羅校對群書，以記其異同。梅賾僞《古文尚書》獻於東晉，而〈儒林傳〉已載

張霸偽作的「百兩篇本尚書」；於是《漢書》所載有關《尚書》之文，除伏生口授、鼂錯所錄《今文尚書》、孔壁《古文尚書》、孔安國家《古文尚書》外，尚有西漢一朝所蒐錄佚篇（如〈王莽傳〉中，群臣上奏所引佚《書・嘉禾》），或得自於民間所獻（如武帝後得〈泰誓〉），都可從《漢書》檢索而出。

本篇主要在於將《漢書》引自《尚書》之經文者，與今本《尚書》比較，盼透過下列四途徑──

（一）蒐羅佚篇

（二）明其詁訓

（三）漢人對《尚書》之注釋

（四）漢人對《尚書》之應用

以展現在漢人之時代背景下，《尚書》之於當代政經教化等方面，是否僅止於「史料」；抑是勉人孝悌忠信、謹言慎行、正身修德等之勵志文章；或為一部真可以之建國君民之「政書」；還是三者兼而有之耶！

本篇以《漢書》為經，以《漢書》所引《尚書》之文為緯，縱橫交織，復以「一十八章」為之提綱挈領，順天、地、君、親、師為次，居中穿貫，薈以成篇也。

天無私覆，地無私載，惟「道」先天地而生，萬物依天地而存，是以首列『定律曆』也。律數之不定，則斤兩緇重、長短多寡，無由計算，則工匠不能為方圓規矩，不成一物；曆法之不正，則時令失度、更漏無制、山林川澤不以時禁、耕耘收藏不中節令，則百姓無所錯其手足、亦無安身立命之地也。故以『定律曆』為首，統領『一十八章』也。

古聖上觀天文，俯察地理，濕則居高，闇則趨陽。知水性就下，因地勢而順導之；明山岳阻隔，乃沿峰迴而路轉，是以隨山刊木，平治水土，逆來而順受，終成九州之制、賦貢之別耳。故繼之以『名地理』。

天大、地大、人亦大！人，代天理官──為君者，以馭百官；為臣者，以治百姓；為人者，以統天地萬物，其所為者，何耶？惟「亮天功」而不為也！再者，「史」以記君王之言，「書」以記王政之事，故先言君、後言臣，明尊卑之誼。「一人有慶，兆民賴之。」君承天命而為天子者，蒼生莫不以明君是賴，故先列『頌君德』，觀民心之所向。

天下不能以一人治之，乃有百官以為股肱，因任授官，因材器使，君臣共治，廣被德澤於四海。故繼之以『別官職』。是以，君有詔命，臣有述職，循名責實，陟罰臧否，須有依憑，乃得誅賞得中，故為之『劾黜陟』、『美臣賢』也。

既有君臣之分，卻無君臣之儀，則君不君、臣不臣，綱常紊亂，不別尊卑，

故爲之『明漢儀』。《論語・子路》載孔子之言曰：「君子和而不同，小人同而不和。」黨同伐異，攀權附貴，擁權專擅，累世不乏其人，爲求防微杜漸，乃繼之『杜戚貴』。

　　《詩經・北山》：「溥天之下，莫非王土；率土之濱，莫非王臣。」君臨天下，權比天地，何能制焉？賢臣以災異機祥爲之誡、吉凶禍福爲之勸，進可以安百姓，退足以保自身，以「天命」諫「天子」，渾然天成也。故爲之『論災異』。此皆「君」者也。

　　君者，猶民之父母也。《論語・顏淵》：「子曰：『聽訟，吾猶人也。必也使無訟乎！』」兩造興訟，世雖不絕，愼聽五辭，刑罰中正，毋令親痛仇快，雖求其生而不得，然亦可無愧無憾矣！因刑罰有「世輕世重」，乃爲之『愼刑罰』。

　　人法天地，道法自然；古聖遠取諸物、近取諸身，萬物無一不可爲師法者也！人無鏡，不能正衣冠；人不學，不能知正道。《禮記・學記》：「是故君之所不臣於其臣者二：當其爲尸，則弗臣也；當其爲師，則弗臣也。」九五之尊所以尊師，故「詔於天子，無北面」也！大唐太宗之「人鏡」「史鏡」，是君之師也。故爲之『釋經義』，以解君之惑；『勵進賢』，以求君之善；『勸諫諍』，以正君之過；『戒毋佚』，以成君之德；是皆以爲人君之師者也。

　　君以「三鏡」爲師，況乎臣哉！《論語・述而》：「子曰：『三人行，必有我師焉。擇其善者而從之，其不善者而改之。』」在上位者，治國君民，若己身不正，又何以正人焉？故如切如磋、如琢如磨，此所謂「天將降大任於斯人也」者，乃爲之『勉自修』也。

　　王莽謙恭下士，周公恐懼流言，但若當時便死，一生眞僞誰知！路遙知馬力，日久見人心，莽之自比於周公，適顯其狼子野心；仿〈大誥〉而爲〈莽誥〉，更見其虛僞矯飾；周公忠藎，忍辱負重；王莽謀篡，弒君奪位；哀哉翟義，勤王未成，磔尸夷族……。故爲之『析莽誥』。

　　尚有『釋佚書』，乃蒐羅佚文，以爲補輯；末爲『其他』，或言嗣君繼位之則，或錄天子罪己之詔，或倡尊賢敬老之養，或行重農抑商、厚植國本之政……不一而足也。最後，則以「《漢書》援《尚書》引文檢索表」爲主，統括本篇全文，並綴之結論數言，以盡全功也！

# 第一章　定律曆

## 略　述

　　曆法之於古今中外任何民族，俱是日常生活不可或缺之需。曆法不僅只是『時間』之具體呈現，更是每一支擁有高度文明，以及龐大文化遺產者，所共有之徵！尤其吾國邁入農耕時代，為時甚早，先民以觀天象，察地理，遠取諸物，近取諸身，定四時成歲，制六書之文，聖者以之化民成俗，德者以之序安百姓！是以《漢書》因襲《尚書》，以〈堯典〉首載堯命羲、和四子，欽昊天，順時令，觀日月星，制閏成歲，授人時，協百工，以安民為要，持惠民之本，乃成厥德！一變《史記》以禮樂為先之之序，列〈律曆志〉於『十志』之首，言萬機賴之以成，兆民順之以安，皆繫於「律曆」之制也。

　　《漢書》所師法者，乃劉歆所制『三統曆』（案：〈律曆志〉云：「至孝成世，劉向總六曆，列是非，作五紀論。向子歆究其微眇，作三統曆及譜以說春秋，推法密要，故述焉。」），而『三統曆』則依《尚書》經、序諸文為次，可溯上元至伐紂，共十四萬二千一百九歲；後歷春秋，以迄兩漢，一如班固所言：「推法密要」也。

　　是以，此章所錄，皆《漢書》援引《尚書》經、序之文，而為論證「三統曆」之準確者。

## 1、協時，月，正日，同律度量衡。〈堯典〉

　　虞書曰：『乃同律度量衡。』所以齊遠近、立民信也。〈律曆志〉卷二一上　頁955

　　師古曰：「虞書，舜典也。同謂齊等。」

謹案：《漢書》迻錄《尚書》經文，藉〈堯典〉以說明〈律曆志〉之梗概。「律」所
以統氣類物、旅陽宣氣；「度」所以度長短，「量」所以量多少，「衡」所以
任權均物平輕重。而〈堯典〉序律、度、量、衡、權之次，實有其源：度，
『本起於黃鐘之長（案：此以下度、量、權引文，俱出於〈律曆志〉頁966
～970）』；量，『本起於黃鐘之龠』；權，『本起於黃鐘之重』；而「律」共十
有二，陽六爲律，陰六爲呂，六律之一曰「黃鐘」。故可知「律」爲度量衡
之本也！

2、予欲聞六律、五聲、八音，在治忽，以出納五言，汝聽。〈皋陶謨〉

書曰：『予欲聞六律、五聲、八音、七始詠，以出內五言，女聽。』予者，帝舜
也。言以律呂和五聲，施之八音，合之成樂。七者，天地四時人之始也。順以
歌詠五常之言，聽之則順乎天地，序乎四時，應人倫，本陰陽，原情性，風
以德，感之以樂，莫不同乎一。唯聖人爲能同天下之意，故帝舜欲聞之也。〈律
曆志〉卷二一上　頁972

師古曰：「虞書益稷篇所載舜與禹言。」

謹案：〈律曆志〉迻錄《尚書》經文，以爲說明〈律曆志〉之內容梗概；復釋經義，
以古證今，〈律曆志〉下文「修明舊典，同律，審度，嘉量，平衡，均權，
正準，直繩，立于五則，以利兆民，貞天下於一，同海內之歸。」簡言之，
律度之異乃其名之別耳，其所施於用者，功在「同天下，齊風俗」而已！

又案：今本作「在治忽」，〈律曆志〉引作「七始詠」者——

1. 《史記・夏本紀》：「予欲聞六律五聲八音，來始滑，以出入五言，女聽。」
2. 顧頡剛先生所藏《漢石經・皋陶謨》P：279（見《尚書文字合編・顧氏藏拓》）
   殘字作「聲七始滑以」。
3. 《魏石經》P：282 三體品字式，殘字作「舀隸-體以古-體」。
4. 鈔本〈內野本〉P：293 作「在治舀」。
5. 〈足利本〉P：305〈影天正本〉P：314〈八行本〉P：322《唐石經》P：338
   皆同今本，字竝作「在治忽」。
6. 《書古文訓》P：331 作「圣（在）亂（治）舀（舀）」。
7. 《史記》集解引鄭玄云：「舀者，臣見君所秉，書思對命者也。君以有焉，以
   出內政教於五官。」
8. 《史記》索隱小司馬曰：「古文尚書作『在治忽』，今文作『采政忽』，先儒各
   隨字解之。今此云『來始滑』，於義無所通。蓋來采字相近，滑忽聲相亂，始

又與治相似，因誤爲『來始滑』，今依今文者『采政忽』三字。」

綜上觀之，《漢石經》作「七始滑」，〈夏本紀〉作「來始滑」，蓋二者同據一本，即「七（來）始滑」。《魏石經》只殘存「咠」字，蓋與鄭玄、僞孔本、裴駰（南朝宋人）、鈔本、司馬貞（唐玄宗開元初任國子博士，晚年作《史記索隱》三十卷）、《唐石經》所據本同，字作「在治咠（忽）」。《漢書》作「七始詠」。司馬貞云：「今文作『采政忽』。」則小司馬所據之「今文本」，當是從古文「在治咠」之今文。段玉裁《古文尚書撰異》（卷二）云：「咠、忽，古今字。小篆作𣇓，隸變作咠。說文曰部：『𣇓，出气𣇓也。从曰上象形。籀文作𣇓，一曰佩也。』裴駰所據鄭本尚書作咠，鄭以𣈆訓之，與說文訓佩正合。至司馬貞所見古文尚書則作忽矣。古忽、咠通用，如春秋鄭大子忽，說文作大子𣇓，論語仲忽，漢表作中咠。」

段說甚是。以咠、忽爲古今字，觀經文之演變，《魏石經》作「咠」，僞孔本改爲「忽」，傳至六朝而並存「咠」「忽」之異本。是漢、魏古文本，字作「咠」，東晉以降，僞孔本作「忽」。

至於《漢書》作「詠」，《漢石經》作「滑」，蓋爲今文三家之異文。

再者爲「七始」與「在治」之別，近人于省吾先生《雙劍誃尚書新證》（卷一，頁 7～8）云：「在，金文多作十，七作十，形似而譌。」于氏引金文爲說，或眞有其事，然不論伏生所授，孔安國所傳之「古文尚書」，皆以今文讀之（以漢隸改寫），《史記》《漢石經》竝作「七」，實其字乃讀若「七」之音，非由字形相似而譌誤也。

故愚從段氏之說，其言：「所謂七始者，尚書大傳唐傳曰：『定以六律、五聲、八音、七始，著其素。五聲，天音也。八音，天化也。七始，天統也。』鄭注：『七始：黃鍾、太蔟、大呂、南呂、姑洗、應鍾、蕤賓也。』禮樂志高祖唐山夫人〈安世房中歌〉曰：「七始華始，肅倡和聲。」孟康曰：『七始，天地四時人之始。華始，萬物英華之始，以爲樂名，如樂六英也（案：愚所據〈禮樂志〉頁 1046，孟康注文，僅作「如六英也」而無「樂」字。）。』……七始本於今文尚書，而高帝姬唐山夫人在漢初，不必曾受業於伏生，是七始之說，傳之有自。」段說是也。「七始」乃樂名——

1. 〈堯典〉：「以齊七政」之「七政」。（言其事）

2. 《左傳・昭公二十年》作「七音」。（言其音：五聲及變宮、變徵）

3. 《國語・周語下》（卷三）作「七律」。（言其樂器：黃鍾、太蔟、大呂韋昭注言『林鍾』、南呂、姑洗、應鍾、蕤賓）

4. 《國語・楚語下》（卷十八）作「七事」。（言其事）

吾人再論「滑」字，《說文》十一篇上二、水部：「滑，利也。」段注：「古多借

爲汩亂之汩。戶八切（匣母），十五部。」又水部：「汩，治水也。」段注：「引伸之，凡治皆曰汩。于筆切（爲母），十五部。」是「汩」「滑」二字疊韻，發音部位皆爲喉音，故二字於古音近通叚。

　　總結諸論，《漢石經》言「七始滑」，「七始」爲樂名，於事則稱「七政」「七事」；「滑」與「汩」音近通叚，其義訓爲「治理」。以之觀經文，舜言：「予欲聞六律、五聲、八音、七始，滑（治），以出納五言，汝聽。」蔡沈《書經集傳》（卷一）云：「聲音之道與政通，故審音以知樂，審樂以知政，而治之得失可知也。五言者，詩歌之協於五聲者也。自上達下謂之出，自下達上謂之納。汝聽者，言汝當審樂而察政治之失者也。」近人曾運乾先生《尚書正讀》（卷一），更申言之：「五言者，五方之聲詩也。禮王制：『五方之民，言語不通，嗜欲不同，達其志，通其欲。』……聽者，察其哀樂，審其貞邪，以施政教而成化也。」諸賢之論，正切中經義，直指聖人本心耳！

　　至於古文作「在治曶」者，「在治」乃「七始」之譌——

1. 段玉裁《古文尚書撰異》（卷二）以爲今文「七」，字亦作「桼」，因形近誤作「采」或「來」，是也。

2. 治讀「直之切」，澄母，一部；始讀「詩止切」，審母，一部。治、始二字疊韻，又同爲舌音，故音近。

3. 曶音「呼骨切」，曉母，十五部；滑音「戶八切」，匣母，十五部：汩音「于筆切」，爲母，十五部。是以曶、滑、汩三字疊韻，且俱爲喉音，古音相近，字亦通叚。

　　故愚以爲「今文」「古文」之別，乃是『字形』，而非『字音』之論，又得乙證也。是以，今文「始滑」蓋爲古文「治曶」之音近字！

又案：今本字作「汝」，《漢書》多作「女」字，詳見本篇，第十三章，例 4。今本作「納」者，《漢書》多作「內」，詳見本篇，第十二章，例 6。

3、乃命羲、和，欽若昊天，厤象日月星辰，敬授人時。……朞三百有六旬有六日，以閏月定四時成歲，允釐百工，庶績咸熙。〈堯典〉

　　書曰：『乃命羲、和，欽若昊天，曆象日月星辰，敬授民時。……歲三百有六旬有六日，以閏月定四時成歲，允釐百官，眾功皆美。』〈律曆志〉卷二一上　頁973

　　師古曰：「此皆虞書堯典之辭也。」

謹案：《漢書》迻錄《尚書》經文，藉〈堯典〉載帝堯命羲、和四子以曆象星辰，敬

授民時，復又定歲有三百六十六日，餘以置閏，爲派官治民之準則，說明歷代更迭，皆以定律曆、合正朔，順其時氣，以應天道，是爲庶政萬機之首也。下例亦同。

又案：《爾雅·釋詁上》：「庶，眾也。」〈釋詁下〉：「績，功也。」「咸，皆也。」段玉裁《古文尚書撰異》（卷一）云：「熙亦訓美者。釋詁云：『熙，光也。』周語、毛詩傳皆云：『熙，廣也。』鄭、虞、韋皆曰：『廣當爲光。』玉裁按：『美即光之義也。』段說是也。故《漢書》以「眾功皆美」代「庶績成熙」，其用詁訓字代經文也。

又案：今本作「厤」，《漢書》皆作「曆」。詳見本篇，第九章，例3。而「工」作「官」者，乃用詁訓字。

今本「人時」，《漢書》皆作「民時」——

1. 《國語·鄭語》：「敦大天明地德。」韋昭注：「厚大地德，若敬授民時。」
2. 《尚書大傳·唐傳》：「故曰：『敬授人時。』」
3. 《史記·五帝本紀》：「敬授民時。」
4. 東漢桓帝延熹三年〈楚相孫叔敖碑〉刻曰：「敬授民時。」（見皮錫瑞《漢碑引經攷》卷二，頁7）
5. 《魏石經》P：3 三體直式殘字，古、篆二體依稀可辨，其字正作『民』。
6. 鈔本〈內野本〉P：16〈足利本〉P：28〈影天正本〉P：36〈八行本〉P：44俱同，字竝作「民」。
7. 《書古文訓》P：52《唐石經》P：57 則同於今本，字竝作「人」。
8. 段玉裁《古文尚書撰異》（卷一，頁 12）於『敬授民時』條下云：「『民時』，衛包改作『人時』。玉裁按：民時，自來尚書無作『人時』者，即以注疏本證之，洪範孔傳、皋陶謨正義，皆云：『敬授民時。』唐初，本不誤也。自唐孝明天寶三載，始命衛包改古文尚書，包以『民時』字在卷首，非他『民』字可比，乃竟改爲『人時』。而古人引用，如鄭注尚書大傳（案：愚所據「文淵閣四庫全書」之《尚書大傳·唐傳》並無此條鄭玄注文，且《大傳》字作『人』。）、徐氏偉長中論厤數篇、韋氏注鄭語，皆引『敬授民時』，皆治古文尚書者也。史記五帝本紀、漢書律厤志、食貨志、藝文志、李尋傳、王莽傳、漢孫叔敖碑，亦皆引『敬授民時』，皆治今文尚書者也。」

綜上所論，《史記》、《漢書》、漢碑、《魏石經》、唐初鈔本，皆作「敬授民時」而觀，則知漢人不分今、古文說，皆作「敬授民時」；而今本作「人時」者，當是衛

包所改，段氏言之無疑。

**4、次四日：協用五紀。**〈洪範〉

周武王訪箕子，箕子言大法九章，而『五紀』明曆法。〈律曆志〉卷二一上　頁973

師古曰：「大法九章即洪範九疇也。其四日：『協用五紀。』也。」

謹案：《漢書》檃括《尚書》經文，以〈洪範〉載箕子爲武王陳「九疇」以治民，其中「協用五紀」即是順「歲、日、月、星辰、曆數」以協天時，敬人事。故《漢書》以〈律曆志〉列於十〈志〉之首，其用意深遠也。

**5、成湯既沒，太甲元年，伊尹作伊訓、肆命、徂后。**〈書序〉

書序曰：「成湯既沒，太甲元年，使伊尹作伊訓。」〈律曆志〉卷二一下　頁1014

謹案：此例《漢書》引劉歆〈三統曆〉所迻錄〈書序〉之文，以說明殷商之紀年。然據陳夢家先生《殷虛卜辭綜述·先王先妣》（頁379）所載〈卜辭世系表〉中，成湯（大乙）崩，繼位者是「大丁」，後才是「大甲」。〈書序〉〈律曆志〉雖與當前考古所得不甚相符，然其乃秦、漢以至於清末之古史世繫，吾人當順其識以明其言也。據屈萬里先生《尚書集釋·書序集釋》（頁294～295）云：「此當是三篇共一序。」故從屈氏之說，乃冠以「〈書序〉」之統稱，而不爲分篇之言。

此例乃是劉歆〈三統曆〉追溯殷王世繫與紀年，因曆法必需得以上及稽古，下求未來，故〈律曆志〉承劉歆〈三統曆〉之制，亦是漢時惟〈三統曆〉得以『正確』推算稽古之日、時、月、年也！而〈三統曆〉便是架構於《尚書》之上，以《尚書》所記爲『正史』，由《尚書》發展出〈三統曆〉之推算法則，故能上探稽古，下及秦、漢，以至萬歲無窮焉！

**6、伊訓篇曰：『惟太甲元年十有二月乙丑朔，伊尹祀于先王，誕資有牧方明。』**〈律曆志〉卷二一下　頁1014

謹案：此亦劉歆〈三統曆〉所引《尚書》經文。然〈伊訓〉不在《今文尚書》二十九篇之中，而是出於劉歆所倡之中秘本——《古文尚書》四十五篇——之「逸十六篇」中，即《尚書》正義引馬融〈書序〉云：「逸十六篇絕無師說。」（清）朱駿聲《尚書古注便讀》（卷三）言：「伊訓亡于西晉永嘉之亂。」是以，愚以此侈爲『佚書』，仍視其爲漢中秘《古文尚書》經文，故不稱「僞」字，而冠以『佚〈伊訓〉』。

　　再者，曆法皆得上溯遠古之年，下定未來之歲，劉歆作〈三統曆〉而班固循蹈之，足見固亦肯定〈三統曆〉之於古今年、月、日之準確，實乃得之《尚書》經文及序文之證也。

## 7、惟十有一年，武王伐殷。〈泰誓・序〉

　　文王受命九年而崩，再期，在大祥而伐紂，故書序曰：『惟十有一年，武王伐紂，作（案：今本無「作」字，依〈校勘記〉補）泰誓。』八百諸侯會。〈律曆志〉
卷二一下　頁1015

謹案：何謂「大祥」——

1. 《禮記・間傳》：「父母之喪，……斬衰，……期而小祥，練冠，縓緣，……又期而大祥，素縞，麻衣。」
2. 《禮記・喪服四制》：「父母之喪，……期十三月而練冠，三年而祥。」
3. 《禮記・雜記下》：「期之喪，十一月而練，十三月而祥。」
4. 《禮記・檀弓上》：「練，練之黃裡，縓緣，葛要絰。」

　　吾人由《禮記》可知古人服**父母斬衰之喪**，由初喪到「小祥」祭，共十三個月，喪服為練冠、練中衣。故亦可稱「小祥」祭為「練」祭，此即〈喪服四制〉之言：「期十三月而練冠。」亦即〈間傳〉之「小祥」，〈雜記下〉之「祥」。而〈喪服四制〉言「三年而祥」者，便是〈間傳〉：「又期而大祥。」此時喪服復變，換著「素縞、麻衣」。是以三年之喪，實止二十五個月，非三年三十六個月，此即〈三年問〉：「則三年之喪，二十五月而畢。」

　　據此以觀，文王受命九年（案：克商之前，武王自稱太子發，言奉文王以伐殷，不敢自專，故其紀元仍用「文王受命」。）而崩，初喪也；文王受命十年，小祥也；文王受命十一年，武王載文王木主，觀兵孟津，八百諸侯會，即是再期之大祥。〈三統曆〉與《史記・周本紀》所載不同，〈周本紀〉言武王於文王受命十一年克殷，兩者相差兩年，今依《書序》所載，從〈三統曆〉之說。

　　由此可知，劉歆所見漢中秘本之後得〈泰誓〉，其經文當言〈泰誓〉乃是文王受命十一年，武王觀兵孟津之時，與諸侯王會師所作之誓文，而非作於文王受命十三年，甲子昧爽，咸劉殷王紂之時也。是以，從《史記》之說，則〈三統曆〉〈律曆志〉誤矣；然今從漢武帝末年後得之〈泰誓〉經文並序，以〈泰誓〉乃作於文王受命十一年，武王觀兵孟津之時也。

## 8、武王勝殷，殺受，立武庚，以箕子歸，作洪範。〈洪範・序〉

還歸二年，乃遂伐紂克殷，以箕子歸，十三年也。故書序曰：「武王克殷，以箕子歸，作洪範。」〈律曆志〉卷二一下　頁1015

謹案：〈三統曆〉隰栝《書序》之言，此言「十三年」，即文王受命十三年也，時武王自稱太子發，未嗣天子位，仍依文王紀年。

又案：《史記・宋微子世家》：「武王既克殷，訪問箕子。」字同〈三統曆〉，竝作「克殷」，故今文說作「克」，古文說作「勝」也。

9、周書武成篇：『惟一月壬辰，旁死霸，若翌日癸巳，武王乃朝步自周，于征伐紂。』序曰（案：此乃〈武成〉之序，今本列爲〈泰誓〉之序，誤。）：『一月戊午，師度于孟津。』……武成篇曰：『粵若來三月，既死霸，粵五日甲子，咸劉商王紂。』……故武成篇：『惟四月既旁生霸，粵六日庚戌，武王燎于周廟。翌日辛亥，祀于天位。粵五日乙卯，乃以庶國祀馘于周廟。』〈律曆志〉卷二一下　頁1015～1016

師古曰：「今文尙書之辭也。劉，殺也。」

師古曰：「亦今文尙書之辭也。祀馘，獻于廟而告祀也。截耳曰馘。」

謹案：此皆佚〈武成〉經文及序文。依前文所載古文〈泰誓〉序文（見本章，例7。），知古文〈泰誓〉作於文王受命十一年，故佚〈武成〉當作於文王受命十三年。篇名「武成」，蓋取之於《逸周書・世俘》：「維四月乙未，武王成辟四方，通殷命有國。」之「武王成辟四方」之「武」「成」二字，乃名曰「武成」。

　　再者，〈世俘〉與佚〈武成〉幾同，其文曰：「維一月丙午，旁生魄。若翼日丁未，王乃步自于周，征伐商王紂。越若來，二月，既死魄。越五日、甲子，朝至，接于商，則咸劉商王紂。……時四月，既旁生魄，越六日、庚戌，武王胡至，燎于周。……若翼日、辛亥，祀于位，用籥于天位。越五日、乙卯，武王乃以庶國祀馘于周廟。」二文互有繁省，字互有異同，抑或〈世俘〉即佚〈武成〉耶？

又案：佚〈武成〉作「粵若來三月」，依〈三統曆〉，文王受命十三年適逢置閏，劉歆自言：「在周二月己丑晦，明日閏月庚寅朔。」故其年正逢「閏二月」，是以〈三統曆〉所載佚〈武成〉言「粵若來三月」，誤矣，當依〈世俘〉作「二月」！

又案：師古以佚〈武成〉爲「今文尙書」，疑也。朱駿聲《尙書古注便讀》（卷四上）云：「此篇亡于東漢建武（案：建武爲東漢光武帝年號。）之際。」故劉歆尙得見中秘之古文〈武成〉；然師古所據又爲『今文本』，抑或劉歆有改古文爲漢隸之今文〈武成〉，而於唐時藏於中秘？

　　再者，〈三統曆〉言：「四月己丑朔，死霸。死霸，朔也。」恐誤。依〈三統曆〉言：「三月二日庚申驚蟄。」往前回溯二日，得戊午，正是閏二月廿九日，逾一日為三月一日己未，二日庚申，三日辛酉，……以至三月廿九日，當為丁亥日；四月一日戊子，二日己丑。故「四月己丑朔，死霸」之「朔」字，當為「旁」之譌，蓋「朔」涉下文「死霸，朔也」而誤！今正。

　　愚依〈三統曆〉，再序文王受命、武王伐紂之歷年於后：

1. 文王受命元年——《史記·周本紀》：「詩人道西伯，蓋受命之年稱王而斷虞、芮之訟。」

2. 文王受命九年——〈三統曆〉：「文王受命九年而崩。」《史記》正義引《毛詩》疏竝同。

3. 文王受命十年——期，小祥。

4. 文王受命十一年——再期，在大祥而伐紂。〈書序〉：「惟十有一年，武王伐紂，作泰誓。」八百諸侯會，還歸。

5. 文王受命十三年——

　　（1）正月辛卯朔（正月一日）：師初發。

　　（2）正月壬辰（正月二日）：佚〈武成〉：「惟一月，壬辰，旁死霸。」

　　（3）正月癸巳（正月三日）：武王始發。佚〈武成〉：「若翌日、癸巳，武王乃朝步自周，于征伐紂。」

　　（4）正月戊午（正月十六日）：〈書序〉：「一日戊午，師度于孟津。」

　　（5）二月庚申（二月一日）：〈三統曆〉：「至庚申，二月朔日也。」

　　（6）二月癸亥（二月四日）：〈三統曆〉：「至牧壄，夜陳。」

　　（7）二月甲子（二月五日）：〈三統曆〉：「甲子，昧爽而合。」（案：合，言合商軍而會戰。）佚〈武成〉：「粵若來三月，既死霸，粵五日、甲子，咸劉商王紂。」

　　（8）二月己丑（二月卅日）：〈三統曆〉：「在周二月，己丑，晦。」

　　（9）閏月庚寅（閏月一日）：〈三統曆〉：「閏月庚寅，朔。」

　　（10）三月庚申（三月二日）：〈三統曆〉：「三月二日、庚申，驚蟄。」

　　（11）四月乙巳（四月十八日）：佚〈武成〉：「惟四月，既旁生霸。」

　　（12）四月庚戌（四月廿四日）：佚〈武成〉：「粵六日、庚戌，武王燎于周廟。」

　　（13）四月辛亥（四月廿五日）：佚〈武成〉：「翌日、辛亥，祀于天位。」

　　（14）四月乙卯（四月廿九日）：佚〈武成〉：「粵五日、乙卯，乃以庶國祀馘于周廟。」

劉歆〈三統曆〉雖不同於漢代經說之年月法，然其卻爲《漢書》採以爲準繩，實受《尚書》經、序影響所致也。

10、惟二月既望，越六日乙未。〈召誥〉

　　召誥曰：「惟二月既望，粵六日、乙未。」〈律曆志〉卷二一下　　頁1016

謹案：此迻錄《尚書》經文，以證〈三統曆〉確而無誤。

又案：今本作「越」，《漢書》多作「粵」，依《隸續》（卷四，頁1～5）載洛陽蘇望氏所刻〈魏三體石經左傳遺字〉，雜錄〈大誥〉經文，其「越茲蠢」句，三體直式殘字正作「粵」，古、篆、隸三體皆同；又有「越爾御事」「越庶士御事」之「越」字，殘字竝作「粵」（見（清）孫星衍〈魏三體石經遺字考〉）。

　　〈大誥〉有「越爾御事」句，《漢石經》P：1663殘字似作「越」，觀拓本「越」字尚遺「走」之末筆，若字作「粵」，則不會留從「走」之迹，故《漢石經》作「越」字，應無誤。

　　鈔本〈島田本〉P：1664〈足利本〉P：1682〈影天正本〉P：1691〈八行本〉P：1699《書古文訓》P：1708《唐石經》P：1713俱同今本，字竝作「越」；惟〈內野本〉P：1670字作「粵」。

　　綜上之言，今、古文說皆作「粵」，而後梅賾僞作，以「越」字改之。

11、越若來三月，惟丙午胐。〈召誥〉

　　召誥曰：『惟三月，丙午胐。』〈律曆志〉卷二一下　　頁1016

謹案：劉歆檃栝〈召誥〉經文，以茲證〈三統曆〉之準確。

12、戊辰，王在新邑，烝祭歲。文王騂牛一，武王騂牛一。王命作冊，逸祝冊，惟告周公其後。……在十有二月，惟周公誕保文武受命，惟七年。〈洛誥〉

　　是歲十二月戊辰晦，周公以反政。故浩誥篇曰：『戊辰，王在新邑，烝祭歲，命作策，惟周公誕保文武受命，惟七年。』〈律曆志〉卷二一下　　頁1016

謹案：兩漢皆以周公攝政七年十二月戊辰日，反政成王；此例復檃栝《尚書》經文，以確定〈三統曆〉曆數無誤。

13、惟四月，哉生魄。王不懌。甲子，王乃洮頮水。〈顧命〉

　　十五日甲子哉生霸。故顧命曰：『惟四月哉生霸，王有疾不豫。甲子，王乃洮沬水。』作顧命。〈律曆志〉卷二一下　　頁1016～1017

謹案：此亦同上例，皆櫽栝《尙書》經文，藉以證明〈三統曆〉之準確性。

又案：今本作「魄」，《漢書》作「霸」者——

1. 今本〈康誥〉：「惟三月，哉生魄。」

2. 《禮記・鄕飮酒義》（卷二十）：「象月之三日而成魄也。」

3. 《白虎通義・日月》：「三日成魄。」復引《援神契》曰：「月三日而成魄。」（見（淸）陳立《白虎通疏證》卷九，頁 425）

4. 《說文》七篇上、月部：「霸，月始生魄然也。承大月二日，承小月三日。周書曰：『哉生霸。』」又九篇上、鬼部：「魄，陰神也。」

5. 《釋文》引馬融注：「魄，朏也，謂月三日始生兆朏，名曰魄。」

　　綜上觀之，今本作「魄」者，乃用今文說；漢時古文說用「霸」字。魄音「普百切」，古音在五部；霸音「普伯切」，古音亦在五部，是以二字雙聲疊韻，同音通叚。惟今本作「魄」者，乃叚借爲「霸」，復以「霸，月始生魄然也」爲訓。

又案：今本作「王不懌」，〈律曆志〉作「不豫」者——

1. 《釋文》引馬融曰：「不懌，疾不解也。」

2. 《詩經・邶風・靜女》：「說懌女美。」鄭箋：「說懌當作說釋。」齊詩、魯詩、韓詩竝同，字皆作「釋」。（見（淸）王先謙《詩三家義集疏》卷三上，頁 57）

3. 《詩經・小雅・節南山》：「既夷既懌。」毛傳：「懌，服也。」

4. 《詩經・小雅・頍弁》：「庶幾說懌。」

5. 《爾雅・釋詁上》：「懌、悅、豫，樂也。」又「悅、懌、釋，服也。」

6. 《說文》二篇上、言部：「說，說釋也。」段注：「說釋即悅懌。說悅、釋懌，皆古今字，許書無悅、懌二字也。」

　　是以，今文作「說懌」「悅懌」，古文則作「說釋」。

　　觀上文，說悅、釋懌爲古今字，且說、悅、釋、懌四義訓亦同，《說文》二篇上、采部：「釋，解也。」凡事得「解」則樂矣，凡事能喜而服從，亦樂矣！馬融之言「疾不解」，故成王不豫樂，何也？病之不解，憂亦不解也！憂者何？《周本紀》言：「成王將崩，懼太子釗之不任」是也！

又案：今本作「洮頮」，〈律曆志〉作「洮沬」者——

1. 《釋文》引馬融曰：「洮，洮髮也。頮，頮面也。」

2. 《三國志・吳志》注引鄭玄曰：「洮頮，爲濯澣衣成事。」

3. 顧廷龍先生所藏《魏石經》P：2688〈顧氏藏拓〉三體直式殘字，正作「洮古篆隸三體頮古一體」，而「頮」字古文作「湏」，从水从頁。

4. 《說文》十一篇上二、水部：「沫，洒面也。从水未聲。頮，古文沫。从𦥑水从頁。」段注：「禮樂志：『霑赤汗，沫流赭。』晉灼曰：『沫，古靧字。』……各本，篆作『湏』，解作『从頁』，今正。尚書：『王乃洮頮水。』釋文曰：『說文作「沫」，云：「古文作頮。」』文選（案：出於司馬遷〈報任少卿書〉。卷四一，頁11）：『頮（案：愚所據《文選》爲重刻「宋淳熙本胡氏藏版」，「頮」字作「沫」。）血飲泣。』李注曰：『頮，古沫字。』……沫、頮本皆古文，小篆用沫而頮專爲古文，或奪其𦥑，因作湏矣。」

依段氏之言，沫之古文作「頮」，他本則以「湏」作篆文，而其正之，以沫、頮皆古文，小篆以「沫」行，或作「湏」。吾人審之〈顧氏藏拓〉，古文作「湏」無疑，其篆文，左旁殘闕，右旁作「頁」；漢隸模糊難辨，殘損更甚，依稀可辨其右旁似亦作「頁」，然三體均不作「未」旁。

段氏以晉灼之言「沫，古靧字。」而將「沫」亦列爲古文，愚不以爲然。《說文》無「沫爲古文靧」之說，晉灼或有其所本，乃有此說；然太史公、班固所用竝作「沫」，太史公多以詁訓代經文，何以於此則獨用「沫（頮）」之古文？今從石經三體皆从「頁」旁而論，蓋「頮」字爲漢時之今文，「湏」爲古文，而其篆文作「湏（頮）」；而「沫」亦爲今文，乃三家今文說之異文，愚說未嘗不可信！

又案：（清）皮錫瑞《今文尚書攷證》（卷二四）云：「劉歆以爲『十五日甲子哉生霸』，則與古義大異，與經義亦不相符。經云：『維四月哉生霸，王有疾不豫，甲子，王乃洮沫水。』則『甲子』與『哉生霸』之日，必非一日。若甲子即是哉生霸之日，則於是日得疾，即於是作〈顧命〉，無此急遽之事。若謂成王以暴疾猝崩，又何云：『病日臻，既彌留』乎？然則劉歆所引經雖爲今文尚書，而其自爲之說，蓋不可據。」

王國維先生〈生霸死霸考〉或可以爲釋。王氏以「一月四分」立說：「一曰初吉，謂自一日至七、八日也；二曰既生霸，謂自八、九日以降十四、五曰也；三曰既望，謂十五、六日以後至二十二、三日；四曰既死霸，謂自二十三日以後至于晦也。」（見王國維先生《海寧王靜安先生遺書・觀堂集林・生霸死霸考》）劉歆既言「十五日甲子」，則〈顧命〉「甲子」日屬「一月四分」之「既死霸」中之一日，「哉生霸」亦爲其中一日，惟「哉生霸」較「甲子」日早，「哉生霸」近「朔」日，此經文「甲子」近「望」，則成王「病日臻」，便有所據也。然而，班固作《白虎通義》，乃集《五經》各家所通言者爲錄，則劉歆〈三統曆〉以「十五日」釋「甲子」者，必在諸儒議定之中，爲何班固未覺「十五日」即「甲子」乙說，並不合經文之言『病日臻』？而迻錄以之爲《漢書》律曆之訂定？蓋僅劉歆言「甲子」之日數爲當月之「十五日」，

此一說法，乃自〈三統曆〉推算而得，故班固深信不疑，並以〈三統曆〉爲曆數之準繩也！

14、康王十二年六月戊辰朔，三日庚午，故畢命豐刑曰：『惟十有（案：本作「月」，今依〈校勘記〉改作「有」。）二年六月庚午朏，王命作策豐刑。』〈律曆志〉卷二一下　頁1017

孟康曰：「逸書篇名。」

謹案：（清）朱駿聲《尙書古注便讀》（卷四下）云：「鄭康成曰：『今其逸篇有冊命霍侯之事，不同與（案：《尙書》正義引鄭玄之言作「不同與」，此本作「不同不與」，今依《尙書》正義改。）此序相應。』按：漢書律厤志引畢命豐刑曰：『惟十有二年六月庚午朏，康王命作策豐刑。』所稱『畢公』，似即此篇；而未審「豐刑」者，何謂也？豈畢命豐刑爲一篇耶？要之鄭所見畢命乃命畢侯之事，則非此畢命也。此篇亡于秦項之火。」段玉裁《古文尙書撰異》（卷三二）從惠棟《古文尙書考》之言：「逸書二十四篇有冏命，愚謂冏爲畢字之誤。」

吾人觀鄭玄之言：「今其逸篇有冊命霍侯之事。」既是「冊命霍侯」，自然不同於冊命畢公之「畢命」，更不可能是「豐刑」，此三篇原就不同，然〈律曆志〉所迻錄之〈畢命〉〈豐刑〉當爲兩篇，蓋康王冊命畢公，又同時命其制刑（一如穆王之命呂侯，作「呂刑」），經文爲二，然序文則一也。是以，從孟康、朱駿聲之說，故列此例所引爲「佚書」。

# 第二章 名地理

## 略 述

　　此章乃總括《漢書》文中，有關漢時古今地名之沿革，而出於《尚書》之文者。

　　《漢書‧地理志》載錄今本〈禹貢〉乙篇，《漢書》所載地名，多源於〈禹貢〉。《地理志》有言曰：「先王之耄既遠，地名又數改易，是以采獲舊聞，考耄詩書，推表山川，以綴〈禹貢〉《周官》《春秋》，下及戰國、秦、漢焉。」故愚變本文體例，以羅列與〈禹貢〉文字相異者，條析比對；因此，『凡例』中之「謹案」「又案」，皆作爲字形字義商榷之用，特誌於此。

1、協和萬邦。〈堯典〉

　　書云：『協和萬國。』〈地理志〉卷二八上　頁1523

謹案：今本作「邦」，《漢書》多作「國」。詳見本篇，第六章，例1。

2、懷山襄陵。〈堯典〉

　　堯遭洪水，『襄山襄陵』。〈地理志〉卷二八上　頁1523

謹案：今本作「懷」，《漢書》作「襄」者——

　1.《史記‧五帝本紀》作：「懷山襄陵。」

　2. 王充《論衡‧感虛》（卷五，頁14）云：「堯之洪水滔天，懷山襄陵。」

　3.《說文》八篇上、衣部：「襄，俠也。」段注：「俠當作夾，轉寫之誤。」十篇下、心部：「懷，念思也。」段注：「古文又多叚懷爲襄者。」

　　故知《漢書》作「襄」爲本字，他本作「懷」者則爲叚借字，因襄、懷二字皆

讀「戶乖切」，乃雙聲疊韻，同音叚借也。又《漢書·儒林傳》言《史記》中之〈堯典〉多『古文說』，蓋《史記·五帝本紀》作「懷」爲古文說，《漢書·地理志》作「襄」乃今文說；抑或今、古文說，字同作「懷」，而後今文三家異文則別出「襄」。

3、隨山刊木。〈禹貢〉

　　隨山㭎木。〈地理志〉卷二八上　　頁1524

謹案：今本作「刊」，《漢書》作「㭎」——

1. 《史記·夏本紀》：「行山表木。」《索隱》云：「刊木立爲表記。」是訓「刊」爲「表」字，即《史記》以詁訓字「表」代「刊」字。

2. 《說文》四篇下、刀部：「刊，剟也。」又曰：「剟，刊也。」刊、剟二字互訓，相轉注也，其本義乃「削去」之誼。

3. 《說文》六篇上、木部：「㭎，槎識也。從木𣆄闕。夏書曰：『隨山㭎木。』讀若刊。」又曰：「㭎，篆文從开。」段注：「刊者，除去之意，與㭎訓槎識不同。蓋壁中古文作『㭎』，今文尙書作『㭎』，則未知何時改爲刊也。」

4. 東漢靈帝初年〈執金吾丞武榮碑〉（見《隸釋》卷十二，頁7～8）刻曰：「刊石勒銘。」（案：《隸辨·碑攷上》卷七，云：「其文有云：『遭孝桓大憂戚、哀悲慟、疾隕靈。』……武君之卒，必在靈帝初年也。」故亦以此碑立於東漢靈帝初年。）

5. 靈帝光和四年〈稟長蔡湛頌〉（見《隸釋》卷五，頁1～2）銘云：「㭎銘樹石（案：今依《隸辨》卷一，補「石」字。頁81）……立碑起頌，刊斯石焉。」

　　綜上之言，《說文》所錄古文尙書作「㭎」，《漢書》作「㭎」，逮及靈帝時之二碑，一言「刊石勒碑」，一言「㭎銘樹石」，甚至〈蔡湛頌〉碑文中，已並存「㭎」「刊」二字。故「刊」「㭎」二字於靈帝時已並用。

4、至于岳陽。……至于衡漳。〈禹貢〉

　　至于嶽陽。……至于衡章。〈地理志〉卷二八上　　頁1524

　　師古曰：「衡章，謂章水橫流而入河也。」

謹案：今本作「岳」，《史記·夏本紀》《漢書》俱同，字竝作「嶽」者——

1. 伏生《尙書大傳·虞夏傳》云：「維元祀，巡守四嶽八伯。」

2. 班固《白虎通義·號》云：「故尙書曰：『帝曰：「諮四岳。」』」（見（清）陳立《白虎通疏證》卷二）。

3. 《說文》九篇下、山部：「嶽，東岱、南靃、西華、北恒。王者之所以巡狩所

至。从山獄聲。岳，古文。象高形。」

據《說文》，「岳」乃古文「嶽」字，《尚書大傳》《史記》《漢書》皆作「嶽」，則用今文說也。然陳立所錄《白虎通義》作「岳」者，蓋後人據僞孔本而改，陳立未察耳。

5、（1）**厥土惟白壤，厥賦爲上上錯，厥田惟中中。**〈禹貢〉

　　　厥土惟白壤，厥賦上上錯，厥田中中。〈地理志〉卷二八上　頁1524

　　　其土白壤，賦上上錯，田中中。《史記・夏本紀》

謹案：今本較〈地理志〉多出「爲」「惟」字。《史記》乃隱栝之文，故省者益多。〈地理志〉仿此例者共有玖則，《尚書》多於《漢書》者，依次羅列於后，其間或不加案語——

　　（2）**厥田惟中下，厥賦貞。**〈禹貢〉

　　　厥田中下，賦貞。〈地理志〉卷二八上　頁1525

　　（3）**厥田惟上下，厥賦中上。厥貢鹽。**〈禹貢〉

　　　田上下，賦中上。貢鹽。〈地理志〉卷二八上　頁1526

　　（4）**厥田惟上中，厥賦中中。厥貢惟土五色。**〈禹貢〉

　　　田上中，賦中中，貢土五色。〈地理志〉卷二八上　頁1527

　　（5）**厥土惟塗泥，厥田惟下下，厥賦下上，上錯。厥貢惟金三品。**
　　　　〈禹貢〉

　　　厥土塗泥，田下下，賦下上錯。貢金三品。〈地理志〉卷二八上　頁1528

　　　其土塗泥，田下下，賦下上，上錯。貢金三品。《史記・夏本紀》

謹案：今本與〈夏本紀〉、鈔本〈岩崎本〉P：373〈內野本〉P：395〈足利本〉P：418〈影天正本〉P：433〈八行本〉P：448《書古文訓》P：455《唐石經》P：477 俱同，字竝作「賦下上，上錯」，《漢書》較諸本少一「上」字。愚以爲當從《漢書》作『賦下上錯』爲是。於（1）例中，亦有『厥賦爲上上錯』句，〈禹貢〉言『錯』者，以其雜出而不純，乃降其品秩爲低一品，故言『錯』。

吾人皆知〈禹貢〉分上上、上中、上下、中上、中中、中下、下上、下中、下下九品，而加『錯』字，則降秩一品，故當無言『上錯』而升秩一品者。是以僞孔傳從《史記》衍一『上』字，乃於其傳文中言：「田第九，賦第七，雜出第六也。」以爲迴護之辭也。

　　（6）**厥土惟塗泥，厥田惟下中，厥賦上下，厥貢羽、毛。**〈禹貢〉

厥土塗泥，田下中，賦上下。貢羽、旄。〈地理志〉卷二八上　頁 1529

其土塗泥，田下中，賦上下。貢羽、旄。《史記‧夏本紀》

謹案：今本作「毛」，《史記》《漢書》俱同，字竝作「旄」，《說文》七篇上、方部：「旄，幢也。」八篇上、毛部：「毛，眉髮之屬及獸毛也。」毛、旄二字同讀「莫袍切」，是以雙聲疊韻，「旄」乃叚借作「毛」，亦訓爲「毛」。

（7）厥田惟中上，厥賦錯上中。厥貢漆。〈禹貢〉

田中上，賦錯上中。貢漆。〈地理志〉卷二八上　頁 1530

（8）厥田惟下上，厥賦惟下中三錯。厥貢璆。〈禹貢〉

田下上，賦下中三錯。貢璆。〈地理志〉卷二八上　頁 1531

（9）厥田惟上上，厥賦中下。厥貢惟球。〈禹貢〉

田上上，賦中下。貢球。〈地理志〉卷二八上　頁 1532

6、島夷皮服。〈禹貢〉

鳥夷皮服。〈地理志〉卷二八上　頁 1524

謹案：今本作「島」，《史記》《漢書》俱同，字竝作「鳥」者──

1. 《漢石經‧禹貢‧顧氏藏拓》P：348 殘字作「鳥夷皮▲（服）」。

2. 鈔本〈內野本〉P：390〈足利本〉P：415〈八行本〉P：445 與今本俱同，字竝作「島」。

3. 〈影天正本〉P：430 作「嶋」。

4. 《書古文訓》P：463《唐石經》P：472 俱同，字竝作「㠀」。

5. 阮元〈校勘記〉云：「臧琳曰：『孔傳：「海曲謂之㠀。」』正義曰：『孔讀鳥爲㠀。』鄭元云：『鳥夷，東方之民，搏食鳥獸者也。』王肅云：『鳥夷，東北夷國名也。』與孔不同。據此知鄭、王本皆作『鳥夷』，孔傳雖讀鳥爲㠀，然未改經字，故正義本亦作鳥也。」

阮元之說，甚是。漢人作「鳥夷」，僞孔本亦作「鳥夷」，因傳文有「海曲謂之㠀」句，故鈔本便流傳「㠀」「島」之異本，至《唐石經》仍作「㠀」字。逮及今本（即「重刊宋本十三經」）乃作「島」，蓋自宋代始矣。

7、濟、河惟兗州。〈禹貢〉

泲、河惟兗州。〈地理志〉卷二八上　頁 1525

謹案：今本作「濟」，《漢書》作「泲」者──

1. 《史記·夏本紀》:「濟河維沇州。」字亦作「濟」。
2. 《周禮·夏官·職方氏》:「河東曰兗州。……其川河、泲。」
3. 《說文》十一篇上、水部:「泲,沇也。東流入海。」又曰:「沇,沇水出河東垣東王屋山。東爲泲。」又曰:「濟,濟水出常山房子贊皇山,東入泜。」
4. 鈔本〈伯三六一五〉P:352〈岩崎本〉P:368同,字竝作「濟河惟沇州」。
5. 〈內野本〉P:391〈足利本〉P:415〈上圖本〉P:430〈八行本〉P:445《唐石經》P:472俱同,字竝作「濟河惟兗州」。
6. 《書古文訓》P:463則與《漢書》同,皆作「泲」。
7. (清)段玉裁於「泲」字下注云:「郡志漢碑皆作濟,則知漢人皆用濟,班志許書僅存古字耳。風俗通說四瀆,曰『濟出常山房子贊皇山,東入泜』,酈氏譏其說,亦可證泲字之久不行矣。」

由此觀之,吾人可知泲、沇同爲一水異稱,出於王屋之源名爲「沇」東入於海之委名爲「泲」《漢書》作「泲」爲正字;然「泲(沇)」「濟」乃爲二水,同《史記》作「濟」之諸本,則爲譌字。

## 8、灉、沮會同。〈禹貢〉

雍、沮會同。〈地理志〉卷二八上 頁1525

謹案:今本作「灉」,《漢書》作「雍」者——

1. 《史記·夏本紀》:「雍沮會同。」與《漢書》同。
2. 《周禮·夏官·職方氏》:「共浸盧維。」鄭玄注:「盧維,當爲雷雍,字之誤也。」
3. 段玉裁《古文尚書撰異·禹貢》(卷三)云:「雍者,灉之隸變,字不从水。夏本紀、地理志皆作雍,不從水,是古、今文尚書皆不作灉也。後人加水旁而釋,以爾雅水自河出爲灉。恐非是。」

段說是也。當從〈夏本紀〉《漢書》及《周禮》鄭玄注,字作「雍」。

## 9、作十有三載乃同。〈禹貢〉

作十有三年乃同。〈地理志〉卷二八上 頁1525

謹案:今本作「載」,《史記》《漢書》皆作「年」者——

1. 《史記》集解引鄭玄曰:「治此州正作不休,十三年乃有賦,與八州同。」
2. 《尚書》正義引馬融曰:「禹治水三年,八州平,故堯以爲功。而禪舜是十二年,而八州平。十三年而兗州平。兗州在舜受終之年也。」

由上可知，漢人今文說，字作「年」；如馬、鄭二氏之古文說者，字亦作「年」，故今、古文經文，本字作「年」，梅賾謹守《爾雅·釋天》：「載，歲也。夏曰歲、商曰祀、周曰年、唐虞曰載，歲名。」而改經文作「載」。

**10、厥篚織文。**〈禹貢〉

厥棐織文。〈地理志〉卷二八上　頁 1525

謹案：今本作「篚」，《漢書》作「棐」者——

1. 《孟子·滕文公下》：「其君子實玄黃于篚，以迎其君子。」今本《孟子》作「篚」，許書引逸古文〈周書〉（案：今傳《逸周書》無『實玄黃于匪』五字，而許慎所引乃為古文，故以『逸古文〈周書〉』名之，以與《逸周書》有所區隔也。）作「匪」。

2. 《史記·夏本紀》：「厥篚織文。」與今本同。

3. 《說文》五篇上、竹部：「篚，車笭也。」十二篇下、匚部：「匪，器似竹匧。從匚非聲。逸周書曰：『實玄黃于匪。』」

4. 《說文》六篇上、木部：「棐，輔也。從木非聲。」

綜上之言，從「竹」旁之「篚」，乃專指「車笭」；「匪」，才是容器；「棐」本義為「輔佐」，是以三字本義殊異。又匪、棐二字同音，讀「府（非）尾切」，非母，十五部；篚音「敷尾切」，敷母，十五部。由是知三字於古同音、或音近而流轉者，字可相通叚。據《說文》載逸〈周書〉之文作「匪」，則古文作「匪」，今文以「棐」「篚」叚借為「匪」。

**11、達於河。**〈禹貢〉

通於河。〈地理志〉卷二八上　頁 1525

謹案：今本作「達」，《漢書》作「通」者——《史記·夏本紀》亦作「通於河」。《隸釋》（卷十四）載《漢石經·顧命》P：2687 殘字作「通殷」，今本〈顧命〉作「達殷」。

是以，《史記》《漢書》《漢石經》皆作「通」，乃漢人今文說也；今本作「達」者，蓋梅賾以詁訓字代之？抑或漢人古文家之謂歟？疑之，故誌於此，留待明之者出也。

**12、瀦淄其道。**〈禹貢〉

惟甾其道。〈地理志〉卷二八上　頁 1526

謹案：今本作「灘淄」，《漢書》作「惟甾」者——

1. 《史記‧夏本紀》：「灘淄其道。」與今本竝同。

2. 《詩經‧齊風譜》正義引鄭玄箋：「灘淄，兩水名。」《毛詩》，古文說也，是古文作「灘淄」。

3. 《說文》十一篇上一、水部：「灘，灘水出琅邪箕屋山，東入海。徐州浸。夏書曰：『灘淄其道。』从水維聲。」

4. 鈔本〈伯三六一五〉P：352〈晁刻古文尙書〉P：461《書古文訓》P：463 竝同，字作「惟甾」。

5. 鈔本〈岩崎本〉P：369 作「淮甾」。

6. 鈔本〈內野本〉P：392〈足利本〉P：416〈影天正本〉P：431〈八行本〉P：446《唐石經》P：473 俱同今本，字竝作「灘淄」。

7. 《釋文‧尙書音義上》云：「灘，音惟，本亦作惟，又作維。」

綜上之文，《說文》引《尙書》作「灘淄」，又《詩經‧齊風譜》鄭玄注曰：「灘淄」，皆古文說也，亦可證〈夏本紀〉所載〈禹貢〉，本『多古文說』。

然（宋）開寶年間改訂之《釋文》並有「灘、維、惟」之異本，吾人觀之鈔本，尙有作「灘」者。段玉裁《古文尙書撰異》（卷三）云：「地理志述禹貢作惟；瑯邪郡箕下云：『禹貢維水。』則作維；靈門下、橫下、折泉下，又皆作淮；王子矦表城陽頃王子東淮矦類封北海，北海郡別無淮水，亦當是灘之異文。……是灘、維、惟、淮一也。尙書後案云尒。其實班氏書一篇一郡內，不應字體混淆亂如此，皆轉寫失之也。」段說甚是。蓋漢人以「灘淄」爲古文說，今文則字作「惟甾」者，或叚「惟」作「維」，而義訓「灘」；或如段氏之言，今文作「灘甾」，其異文者，皆轉鈔之失也。

## 13、海濱廣斥。〈禹貢〉

海瀕廣潟。〈地理志〉卷二八上　頁1526

謹案：今本作「濱」，《漢書》作「瀕」者——〈夏本紀〉云：「海濱廣潟。」字同今本作「濱」。《說文》十一篇下、瀕部：「瀕，水厓，人所賓附也。」段注：「瀕、賓以疊韻爲訓（案：濱、賓二字，段注皆讀「必鄰切，十二部」，故不僅疊韻音近爲訓，更是雙聲疊韻，以同音爲訓。）。瀕，今字作濱。召旻傳曰：『瀕，厓也。』采蘋、北山傳皆曰：『濱，厓也。』」

故知「瀕」爲本字，「濱」乃後起字。以《毛詩》觀之，則瀕、濱二字亦爲古文說矣。皮錫瑞《今文尙書攷證》（卷三）云：「史記作濱，俗字，當從漢書作瀕。」恐誤也。《說文》無「濱」，亦不能斷其爲俗字。

又案：今本作「斥」，《史記》《漢書》俱作「潟」，《史記》集解、《釋文》並引鄭玄
　　　注：「斥，謂地鹹鹵。」《文選・海賦》（卷十二）：「襄陵廣舄。」李善注：「尙
　　　書曰：『懷山襄陵』，又曰：『海濱廣斥』。史記曰：『斥爲舄，古今字也。』」
　　綜上文，李善以「斥」「舄」爲古今字，則「斥」古文說，「舄（潟）」乃今文說，
是也。

## 14、大野既豬。〈禹貢〉

　　大壄既豬。〈地理志〉卷二八上　　頁 1527

謹案：今本作「大野」，《漢書》作「大壄」者——

1. 〈夏本紀〉：「大野既都。」字同今本作「野」。

2. 《說文》十三篇下、里部：「野，郊外也。从里予聲。壄，古文野。」

3. 東漢順帝永建六年〈國三老袁良碑〉（案：本例援引諸碑，俱見《隸釋》，此碑
　　銘見卷六，頁5～9）銘曰：「其未或適齊樆（案：（清）顧藹吉《隸釋》卷三，
　　「樆」作「壄」字，與《說文》同。顧氏按：「壄，即壄字。漢書地理志：『齊
　　地，虛危之分壄也。』……隸釋誤釋作楚，楚或作樆，此字異。」頁52）」

4. 桓帝延熹三年〈楚孫叔敖碑〉（同上，卷三，頁4～7）刻曰：「野無螟貸。」

5. 靈帝光和六年〈白石神君碑〉（同上，卷三，頁22～25）刻曰：「朝野充盈。」

6. 靈帝熹平三年〈繁陽令楊君碑〉其辭曰：「壄無姦回。」

7. 鈔本〈伯三四六九〉P：353〈岩崎本〉P：371〈內野本〉P：393〈足利本〉P：
　　417〈影天正本〉P：432〈八行本〉P：447 俱同，皆作「大壄尢豬」（案：《說
　　文》無錄「壄」字。）。

8. 〈書古文訓〉P：464 與《漢書》同，字竝作「壄」。

9. 《唐石經》P：474 與今本同，字竝作「大野既豬」。

　　是故，《說文》雖分「壄」「野」爲古今字，然於東漢時碑文二字竝用，便知漢
人「壄」「野」不分耳。然〈楊君碑〉碑銘所誌之「楊君」，乃東漢楊震之孫、楊富
波之少子。楊震從太常桓郁受「歐陽尚書」，其子楊賜、其孫楊彪皆以明《尚書》入
仕累官，而楊修便是楊彪之子也。

　　吾人知「楊君」乃楊震之玄孫，而震又諳「歐陽尚書」，且碑銘又言：「世受尙
書爲國師。」此碑言「弟富波之少子」，惟「弟」上闕字二十九，不能確定立碑之人
與「楊君」之關係（或爲其諸父伯父輩）；但吾人能據之以推碑文作「壄」，當從「歐
陽尙書」之學而鐫刻，復據《熹平石經》用「歐陽尚書」，則《漢書》作「壄」，蓋
即歐陽尙書之學。

15、淮夷蠙珠暨魚。〈禹貢〉

　　淮夷蠙珠臮魚。〈地理志〉卷二八上　頁 1527

謹案：今本作「暨」，《漢書》作「臮」者——

　1.　〈夏本紀〉云：「淮夷蠙珠臮魚。」，字亦作「臮」。

　2.　《詩經・魯頌・泮水》正義引〈禹貢〉：「徐州淮夷蠙珠泊魚。」則唐初有作「泊」
　　　之本。

　3.　鈔本〈伯三四六九〉P：353〈岩崎本〉P：372〈足利本〉P：417〈影天正本〉
　　　P：432〈八行本〉P：448 俱同，字竝作「泉」。

　4.　〈內野本〉P：394《書古文訓》P：464 俱同，字竝作「臮」。

　5.　《唐石經》P：475 與今本同，字竝作「暨」。

　　　綜上觀之，《唐石經》以前流傳之偽孔本，多作「臮」「泉」（案：「泉」亦「臮」
字之省筆。），而無一作「暨」者。今本為宋刊本，故從《唐石經》作「暨」，蓋衛
包所改耶；經文當以「臮」為正字。

16、陽鳥攸居。〈禹貢〉

　　陽鳥逌居。〈地理志〉卷二八上　頁 1529

謹案：今本作「攸」，《漢書》作「逌」者——

　1.　〈夏本紀〉云：「陽鳥所居。」《爾雅・釋言》：「攸，所也。」《史記》用詁訓
　　　字代經文。

　2.　王充《論衡・書虛》（卷四）云：「陽鳥攸居。」

　3.　鈔本皆同《漢書》作「逌」。

　4.　《唐石經》P：476 則同今本，字竝作「攸」。

　　　綜上而論，漢人有用「攸」、「逌」者；唐初鈔本則作「逌」，而《唐石經》作「攸」，
蓋衛包改訂之本也。段玉裁《古文尚書撰異》（卷三）云：「攸，紀（案：指〈夏本
紀〉）作所，故訓也。志作「逌（案：逌即逌），古字也。」段說甚是。班固〈幽通
賦〉云：「栗取弔于逌吉兮」，亦用古字作「逌」。

17、羽畎夏翟。〈禹貢〉

　　羽畎夏狄。〈地理志〉卷二八上　頁 1527

謹案：今本作「翟」，《漢書》作「狄」者——

　1.　《周禮・天官・染人》：「秋染夏。」鄭玄注：「染夏者，染五色謂之夏者。其
　　　色以夏狄為飾，禹貢曰：『羽畎夏狄。』是其總名。」

2. 〈夏本紀〉云：「羽畎夏狄。」同《漢書》，字竝作「狄」。

3. 鈔本〈伯三六一五〉P：353〈岩崎本〉P：371《書古文訓》P：464 俱同《漢書》，字竝作「狄」。

4. 〈足利本〉P：417〈影天正本〉P：431〈八行本〉P：447《唐石經》P：475 與今本同，字竝作「翟」。

5. 段玉裁《古文尚書撰異》（卷三）云：「古狄、翟異部相假借。有假借翟爲狄者，如春秋傳『翟人』是也。也有假借狄爲翟者，如尚書之『夏狄』，毛詩（案：〈邶風・簡兮〉）：『右手秉翟。』，韓詩作『秉狄』。以五經異義知之。」

　　觀之上述，《毛詩》古文說作「翟」，《韓詩》今文說作「狄」，兩漢用「狄」字，皆今文說；然鄭玄注用今文「狄」，或其所據古文本字亦作「狄」。鈔本有「狄」「翟」並存，蓋緣於東晉僞本「古文用」「翟」之異歟。

18、厥草惟夭，厥木惟喬。〈禹貢〉

　　屮夭木喬。〈地理志〉卷二八上　頁 1528

謹案：〈地理志〉作「屮夭木喬」，乃隱栝〈禹貢〉經文，省「厥」「惟」各二字也。《說文》一篇下、屮部：「屮，艸木初生也。」段注：「古文以屮爲艸字。」又艸部：「艸，百芔也。」段注：「俗以草爲艸。」故知「艸」爲正字，「草」乃俗字。《漢書》用古文「屮」叚借爲「艸」；《僞孔傳》用俗字「草」也。

19、瑤、琨。〈禹貢〉

　　瑤、瓚。〈地理志〉卷二八上　頁 1528

謹案：今本與〈夏本紀〉俱同，字竝作「琨」，《漢書》作「瓚」者，段玉裁《古文尚書撰異》（卷三）云：「釋文曰：『琨，音昆。馬本作瓚。韋昭音貫。按此謂『馬本作瓚』，與漢書同。韋昭注漢書：『瓚，音貫也。』志作瓚而音貫。……皆本漢書音義。』

　　段氏又言：「說文一篇玉部琨字下曰：『石之美者。从玉昆聲。夏書曰：「楊州貢瑤琨。」』又瓚字下曰：『琨，或从貫。』此蓋今文尚書作瓚，古文尚書作琨，故竝列之。」

　　然許慎所本《尚書》，或引自孔安國古文之說，故言「貢瑤琨」，故字作「琨」者爲古文說，是也；然馬融曾爲杜林所得「古文尚書」作傳，同時還有賈逵爲之作訓，鄭玄爲之作注，而《釋文》引曰：「馬本作瓚。」段氏以作「瓚」爲今文說，則馬融所傳者亦今文也。

## 20、沿于江海。〈禹貢〉

　　均江海。〈地理志〉卷二八上　　頁 1528

謹案：今本作「沿」，《史記》《漢書》俱同，字竝作「均」者——

1. 鈔本與《唐石經》亦同，字則竝作「沇」。
2. 《釋文·尙書音義上》：「沇，鄭本作松。松當爲沿。馬本作均，云：『均，平。』」
3. 段玉裁《古文尙書撰異》（卷三）云：「今文尙書作均，夏本紀、地理志皆云：『均江海。』可證。馬本依今文尙書也。鄭本作松，松者沿之字誤，故云：『當爲沿（案：愚所據《釋文》作「沇」字。）。』此蓋壁中文轉寫以木水淆溷，公台不分而鄭正之。」

　　段說是也。惟馬融作「均」者，蓋用今文說。

## 21、沱潛既道。雲土夢作乂。〈禹貢〉

　　沱灊既道。雲夢土作乂。〈地理志〉卷二八上　　頁 1529

謹案：今本作「潛」，〈夏本紀〉作「涔」，《漢書》作「灊」者——

1. 《史記》集解引鄭玄注：「水出江爲沱，漢爲潛。」是作「潛」者，爲古文說也。
2. 《說文》十一篇上、水部：「灊，灊水出巴郡宕渠，西南入江。」又曰：「潛，涉水也。一曰藏也。一曰漢爲潛。」
3. 《釋文·尙書音義上》云：「馬云：『沱，湖也。泉出其中而不流者謂之潛。』」
4. （清）王先謙《詩三家義集疏·周頌·潛》（卷二五）有言：「韓、魯潛作涔。」則《史記》作「涔」，乃今文說。

　　綜合上述，作「涔」爲今文說，作「潛」「灊」爲古文說。

又案：今本、〈夏本紀〉皆作「雲土夢」，《漢書》作「雲夢土」者。鈔本與《唐石經》俱同，字竝作「雲土夢」；惟〈八行本〉P：449 作「雲生土夢作乂」，衍一「生」字。

　　觀上文，除今本外，諸本皆作「雲土夢作乂」，而不合稱「雲夢」者。宋，沈括《夢溪筆談·辯證二》云：「舊尙書禹貢云：『雲夢土作乂。』太宗皇帝時（案：阮元〈禹貢·校勘記〉（卷六）云：「筆談所謂『太宗』乃宋太宗也。胡胐明《禹貢錐指》乃以爲唐太宗，殆誤矣。」另王鳴盛《尙書後案》亦襲胡渭之說，竝誤。又《禹貢錐指》（卷六）稱《史記》《水經注》並作「雲土夢」，誤也！《水經注·夏水》（卷三二）作「雲夢」，《水經注》通篇無一作「雲土夢」者，有曰「雲中」也。），得古本尙書，作『雲土夢作乂。』詔改〈禹貢〉從古本。」

　　據沈括之言，則宋太宗時流傳本作「雲夢土」，後得唐世通行本——古本——其字作「雲土夢」，故下詔改從唐本。沈括更進一步說明「雲」在江之北，「夢」在江之南，而釋「雲土夢作乂」句爲「雲方土而夢已作乂」。雲、夢二澤，因長江四季水量多寡而有消長，江水少時，則湖面消退，露出淤積可耕之濕地，蓋即經文「土」之義也，而今稱此淤泥地爲「湖田」。又因江北勢低，故待江北之「雲」露出「土」（湖田）時，則江南之「夢」所出「土」（湖田），就早已耕田耤穀矣！則〈八行本〉之衍「生」一字，便更爲生動恰切。（案：沈括之文，論述繁多詳盡，俱見《夢溪筆談校證》頁 199～201，此不贅述。）然今可知經文正字當作「雲土夢作乂」，《漢書》所述作「雲夢土作乂」者，誤也！

22、礪、砥、砮、丹。〈禹貢〉

　　厲、砥、砮、丹。〈地理志〉卷二八上　　頁 1529

謹案：今本、〈夏本紀〉俱同，字竝作「礪」，《漢書》作「厲」者——

1. 《尚書》正義引鄭玄注：「礪，磨刀刃石也。」
2. 《詩經・大雅・公劉》：「取厲取鍛。」
3. 《左傳・哀公十六年》：「勝自厲劍。」
4. 《禮記・儒行》：「砥厲廉隅。」

　　由是觀之，作「礪」者，爲古文說；然作「厲」者，則今、古文說均有。據此，（清）陳喬樅《今文尚書經說攷》（卷三上）言：「史記礪字，當從漢書作厲爲正。」云云，則未免武斷。

23、伊、洛、瀍、澗。〈禹貢〉

　　伊、雒、瀍、澗。〈地理志〉卷二八上　　頁 1530

謹案：今本作「洛」，《史記》《漢書》竝同，字俱作「雒」——

1. 東漢順帝永建六年〈國三老袁良碑〉（見《隸釋》卷六，頁 5～9）刻曰：「隱居河洛。」
2. 桓帝永興元年〈孔廟置守廟百石孔龢碑〉（見《隸釋》卷一，頁 14～17）銘云：「奏雒陽宮。」
3. 桓帝永壽三年〈韓勑碑陰〉（見《隸釋》卷一，頁 20～22）其辭曰：「河南雒陽。」
4. 鈔本與《唐石經》俱同，字竝作「洛」。
5. 段玉裁《古文尚書撰異》（卷三）云：「凡禹貢雒字，今本皆改爲洛，此衞包所

爲也。……兩漢人書洛字通作雒，其或作洛者，改寫之。」

　　據《說文》十一篇上一、水部：「洛水，出左馮翊歸德北夷界中，東南入渭。」段注：「雍州洛水，豫州雒水，其字分別，自古不紊。……雒不見於詩：『瞻彼洛矣。（案：《詩經・小雅・瞻彼洛矣》）』傳曰：『洛，宗周溉（案：『溉』字據〈瞻彼洛矣〉鄭玄注補。）浸水也。』。洛不見於左傳，傳凡雒字皆作雒。如僖七（案：『七』當爲『十一』二字之形譌。）年：『伊雒之戎。』宣三年：『楚子伐陸渾之戎，遂至於雒。』則知『洛水』乃是宗周王畿之溉浸之水，在〈禹貢〉屬「雍州」，《淮南鴻烈・墜形訓》：「洛出獵山。」高誘注：「雍州水也。」相當於今之陝西省境；『雒水』當是成周之『雒邑』，亦即〈禹貢〉：「導洛（案：此『洛』字當作『雒』）自熊耳，東北會于澗瀍，又東會于伊，又東北入于河。」中之「洛水（案：此『洛』字當作『雒』）」，在〈禹貢〉屬「豫州」，《淮南鴻烈・墜形訓》：「雒出熊耳。」高誘注：「豫州水也。」相當於今之河南省境。是以，宗周所依爲『洛水』，成周所傍爲『雒水』，非同爲一水之異稱耳。故東漢順帝時所立之〈袁良碑〉，其銘曰：「隱居河洛。」其『洛』字乃『雒』字之誤（見《左傳・僖公十一年》〈禹貢〉〈墜形訓〉）。

　　綜上之言，今本作「洛」，乃前有所承，唐初流傳之本皆作「洛」，故不能斷言其爲衛包所改。再者，《史記》作「雒」當是今文說；然漢碑也有「洛」「雒」並存者，段氏之言『兩漢人書洛字通作雒，其或作洛者，改寫之』云云，觀〈袁良碑〉，則段說是也；然其言：「後人書豫水（案：『豫水』乃言豫州之水，此指雒水也。）作洛，其誤起於魏裴松之」云云者，則微誤！誤以『雒水』爲『洛水』者，最晚當起於東漢順帝永建六年〈國三老袁良碑〉，較之魏文帝時注《三國志》之裴松之，尙早約百年。

　　又〈地理志〉中，上文有「逾于洛」，下文有「浮于洛」，惟此作「雒」者，蓋後人據今本改之，僅此一「雒」未改作「洛」耳。實誤也！三「洛」字當均作「雒」。

## 24、被孟豬。〈禹貢〉

　　被盟豬。〈地理志〉卷二八上　頁 1530

**謹案：** 今本作「孟」，〈夏本紀〉作「明」，《漢書》作「盟」，段玉裁《古文尙書撰異》
　　　　（卷三），所論甚允：「蓋明、盟、孟、望，古音皆讀如芒，在第十部。……
　　　　皆同音通用，古有不拘，非可以今、古文截然分別之例例之也。」

## 25、西頃因桓是來。〈禹貢〉

　　西頃因桓是徠。〈地理志〉卷二八上　頁 1531

謹案：今本、〈夏本紀〉俱同，字竝作「來」，《漢書》作「倈」者——

1. （後魏）酈道元《水經注・桓水》（卷三六，頁440～441）注云：「尚書又曰：『西傾因桓是來。』馬融、王肅云：『西治傾山，惟因桓水是來。言無他道也。』」

2. 《史記》集解引鄭玄曰：「雍、戎二野之閒，人有事於京師者，道當由此州而來。」

3. 《漢書・武帝紀》：「氐羌倈服。」師古曰：「倈，古往來之來也。」

4. 《說文》無「倈」「徠」字，於五篇下、來部：「來，周所受瑞麥來麰也。……天所來也，故爲行來之來。」

5. 東漢桓帝永興元年〈孔廟置守廟百石孔龢碑〉（見《隸釋》卷一，頁14～17）刻曰：「四時來祠。」

6. 桓帝永壽二年〈魯相韓勑造孔廟禮器碑〉（見《隸釋》卷一，頁17～20）銘云：「獲麟來（案：来即來也）吐。」

7. 靈帝建寧元年〈衛尉衡方碑〉（見《隸釋》卷八，頁 1～4）其辭曰：「歸来洙泗。」

8. 漢碑〈唐公房碑〉（見《隸辨》卷一，頁 58）銘曰：「休謁往徠。」（清）顧藹吉按：「爾雅釋言：『格、懷，徠也。（案：今本〈釋言〉『徠』作「來」，蓋顧氏所據之本，字作「徠」。）』釋文：『徠，今作來。』」

綜上之言，《史記》、今本作「來」，是用本字，漢碑作「徠」，乃用俗字。然《漢書》作「倈」，蓋「徠」字之譌誤。

26、澧水攸同。〈禹貢〉

酆水逌同。〈地理志〉卷二八上　頁1532

謹案：今本與〈夏本紀〉同，字竝作「澧」，《漢書》作「酆」者——

1. 鈔本〈九條本〉P：378 作「豐（案：豐即豐字）」。〈內野本〉P：401〈足利本〉P：421〈影天正本〉P：436〈八行本〉P：452《書古文訓》P：466《唐石經》P：481 俱同今本，字竝作「澧」。

2. 段玉裁《古文尚書撰異》（卷三）云：「文王有聲作『豐水』。正義引禹貢：『東會于豐。』此字從水旁者，恐是俗字。地理志作『酆水』，文王作邑于『豐』，正以在『豐水』之西名之。水經渭水篇作『豐水』，獨爲合古。……本不從水也，尚書蓋衞包加『水』，開寶增釋文曰：『澧，芳弓反。』」

從上可知，《詩經》作「豐水」，乃古文說無疑，從之者除《水經・渭水》外，尚有鈔本〈九條本〉。又孔穎達等引〈禹貢〉作「豐」，故其所據之本乃作「豐」。然

有加「水」旁之「澧」，或爲《史記》之以流俗字代經文，抑或後人據今本而改，未可斷言。至於《漢書》作「酆」者，〈郊祀志〉作「豐澇」，蓋爲轉鈔之失者。

27、織皮：崐崙。〈禹貢〉

　　織皮：昆侖。〈地理志〉卷二八上　頁 1532

謹案：今本作「崐崙」，〈夏本紀〉作「昆侖」，《漢書》作「昆侖」者——

　1.《西漢揚雄》〈長揚賦〉作「橫鉅海，漂昆侖。」

　2.《史記》索隱引鄭玄曰：「崐崙、析支、渠搜，三山之野者，皆西戎也。」又《尚書》正義引鄭玄云：「別有昆侖之山，非河所出者也。」

　3. 東漢桓帝延熹二年〈張休崖涘銘〉（見《隸辨》卷一，頁 75）碑云：「宜乎昆侖。」

　4.《說文》六篇上、木部：「櫾，崐崙山河隅之長木也。」然《說文》山部，無「崐崙」二字（案：竊以爲《說文》從「山」旁之『崐崙』，乃後人據今本《尚書》而改也）。

　5.《釋文・尚書音義上》（頁 11）云：「馬云：『崐崙在臨羌西。』」

　6. 鈔本〈九條本〉P：379《書古文訓》P：466 俱同《史記》，字竝作「昆侖」。

　7.〈內野本〉P：402〈足利本〉P：422〈影天正本〉P：437〈八行本〉P：453《唐石經》P：482 皆同今本，字竝作「崐崙」。

　　綜上可知，《史記》、漢碑竝作「昆侖」，是今文說；《漢書》作「昆侖」，一有「山」旁，一無「山」旁，蓋轉鈔之失，字亦本作「昆侖」。而唐初鈔本竝有作「昆侖」「崐崙」之異，《唐石經》從之乃成定本，字皆從「山」旁，作「崐崙」。

28、渠搜。〈禹貢〉

　　渠叟。〈地理志〉卷二八上　頁 1532

謹案：今本與《史記》俱同，字竝作「搜」，《漢書》作「叟」，蓋今文說三家之異文；然〈武帝紀〉元光元年五月武帝詔云：「北發渠搜」，又〈地理志〉於朔方郡下，云：「渠搜，中部都尉治，莽曰：『溝搜』。」字皆作「搜」，抑或爲轉鈔之失，不敢斷言，誌之以待明者。

29、至于陪尾。〈禹貢〉

　　至于倍尾。〈地理志〉卷二八上　頁 1533

謹案：今本作「陪」，〈夏本紀〉作「負」，《漢書》作「倍」。據《說文》八篇上、人部：「倍，反也。」又十四篇下、阜部：「陪，重土也。一曰滿也。一曰陪臣

陪備也。」四篇下、肉部:「背,脊也。」倍,音「薄亥切」,並母,一部;陪音「薄四切」,並母,古音在一或四部;背音「補妹切」,幫母,古音在一部。是「背」「倍」「陪」三字,於古時爲雙聲疊韻的同音字,或爲疊韻音近,故可通叚。

## 30、岷山之陽。〈禹貢〉

嵤山之陽。〈地理志〉卷二八上　頁 1533

謹案:今本作「岷」,〈夏本紀〉作「汶」,《漢書》作「嵤」者——《史記》索隱云:「汶,一作嵤,一又作岐。」〈禹貢〉經文,上有「岷嶓既藝」,下有「岷山導江」,今本皆作「岷」,而〈地理志〉則作「岷嶓既藝」,此例及下文則又作「嵤」。蓋後人轉鈔之誤,當三字皆作「嵤」。

段玉裁《古文尚書撰異》(卷三)云:「岷,俗字也,當依說文作『䢵』,或省作「嵤」。魏大饗碑有岷字。」段說甚是。《史記》雖從今文說,字作「汶」,然又一本作「嵤」;而《漢書》卻「岷」「嵤」摻雜,故字本作「䢵」,其省作「嵤」,復再省而作「岷」字者也。

## 31、至于合黎。〈禹貢〉

至于合藜。〈地理志〉卷二八上　頁 1534

謹案:今本、〈夏本紀〉俱同,字竝作「黎」,《漢書》作「黎」者——

1. 《淮南鴻烈・墜形訓》(卷四,頁 57)云:「弱水出自窮石,至于合黎。」
2. 《史記》集解引馬融曰:「合黎,地名。」
3. 《史記》索隱引鄭玄曰:「地說云:『合黎山在酒泉會水縣東北。』
4. 《水經注・禹貢山水澤地所在》(卷四十,頁 508)經曰:「合黎山在酒泉會水鎮東北。」酈道元注:「合黎,山也。」

由上可知,漢人不分今、古文說,字皆作「合黎」;而《漢書》作「合藜」,或爲今文三家之異文也。

## 32、東至于澧。〈禹貢〉

東至于醴。〈地理志〉卷二八上　頁 1534

謹案:今本作「澧」,〈夏本紀〉《漢書》俱同,字竝作「醴」者——

1. 《史記》集解引馬融曰:「醴,水名。」又引鄭玄曰:「醴,陵名也。大阜曰陵。長沙有醴陵縣。」

2. 鈔本〈伯四〇三三〉P：358〈九條本〉P：382 俱同《史記》《漢書》，字竝作「醴」。

3. 〈內野本〉P：406〈足利本〉P：425〈影天正本〉P：440〈八行本〉P：456《書古文訓》P：468《唐石經》P：486 則同本今，字竝作「澧」。

　　據段玉裁《古文尚書撰異》（卷三）云：「唐石經已下，醴作澧，蓋依禰包妄改。又經開寶改釋文之醴爲澧也。……攷說文水部澧字云：『水出南陽雉縣衡山，東入汝。』不云：『出武陵，至下雋，入江。』此可證南陽澧水字从水；武陵醴水，字不从水。」段氏分別「澧水」「醴水」二水之不同，一在南陽，一在武陵，足稱有識！然其言「依禰包妄改」，實過於武斷，畢竟清儒未見今世傳存之鈔本，乃有其言，吾人亦不得咎責，惟隨時題誌耳。

　　綜合上述，《史記》《漢書》、馬融、鄭玄皆作「醴」，是今、古文俱作「醴」，而僞孔本亦有二字並存之傳本，惟《唐石經》從字作「澧」之本也。

## 33、溢爲滎。〈禹貢〉

　　軼爲滎。〈地理志〉卷二八上　　頁1534

　　師古曰：「軼與溢同。言濟水入河，並流而南，截河，又並流溢出，乃爲滎澤。一曰軼，過也。音逸。」

**謹案：** 今本作「溢」，〈夏本紀〉作「泆」，《漢書》作「軼」者——

1. 《左傳・閔公二年》傳云：「乃狄人戰于滎澤。」杜預注：「此滎澤，當在河北。」則春秋時稱「滎澤」，字从「火」。

2. 《周禮・夏官・職方氏》鄭玄注：「入于河，泆爲滎。」正義曰：「禹貢濟出王屋，始出衰。東流爲濟，南渡河，泆爲滎。春秋戰於滎澤是也。」

3. 《史記》集解引鄭玄注：「泆爲滎。」

4. 鈔本〈九條本〉P：383 作「泆爲滎」。

5. 鈔本〈內野本〉P：407〈足利本〉P：425〈影天正本〉P：440〈八行本〉P：457《書古文訓》P：468 俱同《史記》，字竝作「泆為滎」。

6. 《唐石經》P：487 與今本俱同，字竝作「溢爲滎」。

　　綜上之言，古文說字當作「泆爲滎」，而《史記》《漢書》改古文「滎」爲今文之「滎」。然鄭玄注亦作「泆爲滎」，則今、古文說，其字竝同也。逮及梅賾僞作，仍以「泆爲滎」爲古文，是故鈔本以及《周禮》正義所見之唐時《尚書・禹貢》猶作「泆爲滎（滎）」。故段玉裁《古文尚書撰異》（卷三）云：「今禹貢作溢者，禰包改。」此論甚允。至於《漢書》作「軼」，蓋今文三家之異文也。

34、**又東至于菏。**〈禹貢〉

　　天東至于荷。〈地理志〉卷二八　頁 1534

**謹案：**今本作「菏」，〈夏本紀〉《漢書》俱同，字竝作「荷」者。據《說文》十一篇
　　　　上一、水部：「菏，菏水，在山陽湖陵南。禹貢：『浮于淮泗，達于菏。』」
　　　　段玉裁《古文尚書撰異》（卷三）於「浮于淮泗，達于菏」條下，引《說文》
　　　　《水經注・濟水》二篇皆作「浮于淮泗，達于菏」，而論古文尚書不作「達
　　　　于河」，是也。

　　　　段氏又舉《五經文字》《尚書古文疏證》《韻會舉要》《禹貢錐指》《尚書後案》
　　等籍冊之記載（案：詳見《撰異》卷三，頁 20～26，及頁 74，「又東至于菏」條下
　　文。），復經蔣廷錫《尚書地理今釋》、本師李振興先生《尚書學述・禹貢》之反覆
　　疏證，確定「菏」有二義，即由濟水所匯成之湖曰「菏澤」，一名「湖陵」，後更名
　　爲「湖陸」（案：東漢章帝封東平王劉蒼子爲湖陸侯，湖名從主人，故稱「湖陸」。），
　　澤在今山東省定陶縣東南。另由「菏澤」而出之支流，便是「菏水」，或單名「菏」，
　　東至于魚臺注入泗水。

　　　　是以，歷經諸賢縝密之考據，吾人乃知《史記》《漢書》之誤以「浮于淮泗，達
　　于菏」「又東于至菏」二句，作爲「浮于淮泗，達于河」「又東至于荷」者也。

35、**四隩既宅。**〈禹貢〉

　　四奧既宅。〈地理志〉卷二八上　頁 1536

　　師古曰：「奧，讀曰墺，謂土之可居者也。宅亦居也。言四方之土已可定居也。」

**謹案：**今本作「隩」，〈夏本紀〉《漢書》俱同，字竝作「奧」者——

1. 伏生《尚書大傳・唐傳》云：「壇四奧。」鄭注：「奧，內也。」是《大傳》《史
　　記》《漢書》竝用今文說，字作「奧」。

2. 段玉裁《古文尚書撰異》（卷三）云：「玉篇土部墺字注曰：『於報、於六二切。
　　四方之土可居。』引夏書：『四墺既宅。』此古文尚書作墺之明證也。」又引
　　《說文》十三篇、土部「墺」字，復言：「四方土可居也。从土奧聲。埠，古
　　文墺字也。……汗簡曰：『埠，古文墺字，見尚書。』此其（案：『其』乃指
　　許慎）所據禹貢亦必作墺。」由上可知，漢人今文說皆作「奧」，此當無疑；
　　而古文說則作「墺」，亦然也。

3. 鈔本〈伯四八七四〉P：359 作「垇」。

4. 鈔本〈九條本〉P：385 作「奧」。

5. 鈔本〈內野本〉P：408〈足利本〉P：426〈影天正本〉P：441〈八行本〉P：

458 俱同，字竝作「炧」。

6. 《書古文訓》P：468 作「圫」。「圫」字，據李遇孫《尚書隸古定釋文》（見《尚書文字合編》附錄一，頁 142）云：「圫，壌。今作隩。」其案云：「說文土部：『圫，古文壌。』汗簡土部引尚書同。玉篇土部：『壌，於報、於六二切，四方之土可居。夏書曰：「四壌既宅。」本亦作隩。（案：段氏所引《玉篇》，無『本亦作隩』四字）又史記、漢書竝作奧。師古曰：『奧，讀曰壌。』」

7. 《唐石經》P：488 則同今本，字竝作「隩」。

　　觀鈔本皆不作「隩」，可證段氏之言不虛：「衛包與堯典奧字，同改爲隩，尤非尚書古訓。周語：『宅爲九隩。』韋注：『隩，內也。九州之內皆可宅居也。』此用爾雅：『匡內爲隩。』之訓。……奧、隩字易識，壌字罕見，後人多以其所知，改所不知。」

　　故知「隩」字，蓋爲衛包所改。然段氏之言，亦有不當者。《說文》十篇上、火部：「燠，熱在中也。」段注：「洪範庶徵曰燠曰寒。古多叚奧爲之。小雅：『日月方奧。』傳曰：『奧，煖也。』」又今本〈堯典〉有「厥民隩」句，〈敦煌本堯典釋文殘卷（即〈伯三三一五〉）〉P：11 字便作「炧」，〈釋文殘卷〉於「炧」下云：「古燠字。於六反。室也。馬云：『煖也。』」由上可知《僞孔傳》字正作「炧」，馬融言：「煖也。」，梅賾注：「室也。」此正〈說文〉所據本也。

　　今〈堯典〉以「仲春、仲夏、仲秋、仲冬」四季氣候溫度之高低，分別教以百姓「析、因、夷、燠」，或春耕、夏耘、秋收、冬藏，以應四季之變化。隆冬之際，人無鳥獸之毳以禦寒，惟使其宅居燠煖，乃適合人類生存，本師李振興先生所言甚是：「這種做事的方法，卻是非常有條理、有次序、有規則的，套句現在的話說，那也是十分科學的。」（見《尚書學述・堯典》頁 375）若依段氏之見，易「燠」爲「壌」，復訓爲「居」，則失經義甚矣！

　　故由〈釋文殘卷〉：「炧，室也。」句，故知衛包依僞孔之傳文，逕以「隩」字代「炧」，而不取「奧」之叚借爲「燠」，訓爲「煖」之「奧」字，此衛包失之甚矣！亦由〈釋文殘卷〉作「炧」字，而知〈禹貢〉諸鈔本作「炧」字者，乃《僞孔傳》之本字也，衛包則改「炧」爲「隩」，因二字並訓爲「室」，皆是人之可居之所也。

　　總結上論，「奧」爲今文說，「壌」乃古文說之正字，今作「隩」者，乃衛包所改；而鈔本作「炧（燠）」者，蓋梅賾所據古文本即作「炧」字者也。

## 36、九川滌源。〈禹貢〉

　　九川滌原。〈地理志〉卷二八上　　頁 1536

謹案：今本作「源」，〈夏本紀〉《漢書》俱同，字竝作「原」者，今本《周禮・地官・序官》於「川衡」條下，鄭玄注云：「川，流水也。禹貢曰：『九川滌源（案：段玉裁《古文尚書撰異》卷三，「滌源」字作「滌原」。）』」蓋段氏所據《周禮》板本，非阮元所用之「十行本」。據《說文》載「原」爲篆文，是知「原」爲本字，而「源」則爲後起字。故《史記》《漢書》用本字「原」，今本則以後起字「源」代之。

37、**百里賦納總**。〈禹貢〉

百里賦內總。〈地理志〉卷二八上　頁 1537

謹案：今本、〈夏本紀〉俱同，字竝作「納」，《漢書》作「內」者——

1. 今本〈皋陶謨〉有「工以納言」句，《魏石經》P：283 三體品字式殘石，古、篆、隸三體皆作「內言」。蓋「品式石經」以爲古、今文說皆作「內」，而不作「納」。

2. 東漢靈帝建寧五年〈李翕析里橋郙閣頌〉（見《隸釋》卷四，頁 11～13）刻曰：「歲、數千兩（輛），遭遇隤納，人物俱隋，沈沒洪淵。」隤有墜落之義，〈郙閣頌〉乃言析里之淵深橋危。歲有車馬千輛墜沒於橋下洪淵，而李翕改建危橋，綏濟百姓，故勒石爲頌。

是以，今文說作「納」，而《漢書》作「內」者，乃用古文說也。詳見本篇，第十二章，例 6。

38、**導河積石**。〈禹貢〉

贊曰：「禹本紀言河出昆侖，昆侖高二千五百餘里，日月所相避隱爲光明也。自張騫使大夏之後，窮河原，惡睹所謂昆侖者乎？故言九州山川，尚書近之矣！至禹本紀、山經所有，放哉！」〈張騫李廣利傳・贊〉卷六一　頁 2705

鄧展曰：「漢以窮河原，於何見昆侖乎？尚書曰：『道河積石』，是謂河原出於積石。積石在金城河關，不言出昆侖也。」

謹案：班固此〈贊〉以張騫等人窮黃河之源，卻不見所謂的「昆侖山」，故班固以〈禹本紀〉〈山經〉所載多放蕩迂闊不可信之辭，而認爲〈禹貢〉所記九州山川才是正確之資料。

又案：《說文》三篇下、寸部：「導，引也。从寸道聲。」段注：「經傳多假道爲導，義本通也。」道、導二字同音，讀「徒皓切」，乃雙聲疊韻，同音通作。

　　■■上述〈地理志〉所迻錄〈禹貢〉經文，以溯先王之迹，下及秦、漢山川之

名者，凡今本「邦」，〈志〉皆作「國」、「刊」作「栞」、「岳」作「嶽」、「島夷」作「鳥夷」、「濟」作「沛」、「灘」作「雍」、「載」作「年」、「籚」作「棐」、「導」作「道」、「濱」作「瀕」、「野」作「壄」、「暨」作「臮」、「攸」作「逌」、「草」作「屮」、「潛」作「灊」、「洛」作「雒」、「納」作「內」者，僅列一例，餘皆如此。

# 第三章　頌君德

## 略　述

　　歷代之君，莫不喜其臣之歌厥功、頌厥德者，然此章所錄《漢書》迻引《尙書》之文，除當朝之臣而頌其君者，尙有天子欣慕古聖賢君之贊，亦有遠述有漢之先帝，以爲稱美者。

1、東出于陶丘北。〈禹貢〉

　　贊曰：春秋晉史蔡墨有言，『陶唐氏』既衰，其後有劉累。〈高帝紀〉卷一下　頁81

　　師古曰：「許慎說文解字云：『陶，丘再成也（案：《說文》十四篇下、阜部云：「陶，再成丘也。」今依師古注，復誌之於此。），在濟陰。夏書曰：『東至陶丘（案：《說文》作「東至于陶丘」。）。陶丘有堯城，堯嘗居之（案：《說文》作「堯嘗所尻」。），後居於唐（案：《說文》無此四字。），故堯號陶唐氏。』斯得之矣。」

謹案：此班固此傳〈贊〉文所述，頌漢帝本系源出於帝堯。雖《漢書》未言出處，惟師古注引之，故亦收錄於此。

又案：師古注與《說文》差異頗大，鈔本〈伯三六二八〉P：359〈九條本〉P：383竝作「東至于陶丘北」；〈內野本〉P：407〈足利本〉P：425〈影天正本〉P：440〈八行本〉P：457《書古文訓》P：468《唐石經》P：487，俱同今本，竝作「東出于陶丘北」。據〈禹貢〉經文，多作「至于」，僅於此處言「出于」者，蓋爲「至于」之譌，段氏（見《古文尚書撰異・禹貢》卷三，頁74）

之論甚允：「禹貢道水罕言『出』者，此經『出』字當依說文作『至』。」

2、**敷納以言。**〈皋陶謨〉

九月，詔諸侯王公卿郡守舉賢良能言極諫者，上親策之，『傅納以言』。〈文帝紀〉卷四　頁127

師古曰：「傅讀曰敷，敷陳其言而納用之。」

謹案：〈皋陶謨〉載禹爲舜陳治國之道，言爲政者亦需隨時舉用賢德之士，令其陳言而知其能，並試以適當之職，以行德惠下民之政；而《漢書》逐錄《尚書》經文，明爲記錄史實，暗喻文帝亦有虞舜、帝禹之德也。

又案：今本作「敷納」，《漢書》作「傅納」者——

1. 《左傳‧僖公二十七年》：「夏書云：『賦納以言，明試以功，車服以庸。』。」杜注：「尚書虞夏書也。」孔疏：「古文作『敷納以言』。」

2. 《漢書‧敘傳》亦言：「時舉『傅納』。」又〈成帝紀〉鴻嘉二年詔曰：「古之選賢，『傅納以言』，明試以功。」

3. 《尚書‧堯典》有「敬敷五教，在寬」句，東漢桓帝延熹七年〈泰山都尉孔宙碑〉（見《隸釋》卷七，頁4～5），其銘曰：「祗傅五教。」字則同《漢書》作「傅」。

4. 靈帝中平五年〈巴郡太守張納碑〉（見《隸釋》卷五，頁10～12），其銘爲：「乃訓五品，居教在寬。」顧藹吉（《隸辨》卷一，頁43）按：「變攵從殳作毃。」是漢人已有作「傅」「敷」者。

5. 鈔本〈內野本〉P：295〈八行本〉P：324 竝作「專內」。

6. 〈足利本〉P：306〈影天正本〉P：315《唐石經》P：340 俱同於今本，竝作「敷納」；惟《書古文訓》P：331 作「傅內」。

既然漢人並用「傅」「敷」字，則作「敷納」者是否爲古文說，實屬未定之天；又《書古文訓》作「傅內」，則「傅」亦可以是今文說耶？蓋漢人以「傅（方遇切，非母，五部）」、「敷（芳無切，敷母，五部）」二字疊韻復爲旁紐雙聲，古音常通轉，故音近通叚，蓋二字爲三家今文說之異，實無關今、古文說之別，惟古文說用「敷」字耳。

3、**海隅出日，罔不率俾。**〈君奭〉

元光元年五月，詔賢良曰：「朕聞昔在唐虞，畫象而民不犯，『日月所燭，莫不率俾』。」〈武帝紀〉卷六　頁160

謹案：武帝詔文迻錄《尚書》經文而稍變易之，以示武帝欣慕堯、舜時之民風教化。

又案：今本作「罔不」，詔文引經文則作「莫不」，鈔本〈伯二七四八〉P：2268〈內野本〉P：2286〈八行本〉P：2315《書古文訓》P：2320 俱同，竝作「亡（罔）弗」；惟〈足利本〉P：2296〈影天正本〉P：2305 作「罔不」。由是可知，今文說作「莫不」，而古文說則作「罔不」。楊樹達先生《詞詮》『莫』字（卷一，頁 25）條下云：「莫，同動詞，無也。」又『罔』字（《詞詮》卷八，頁 554）條下云：「罔，同動詞，無也。罔有攸赦。書」。

4、武王既伐東夷，肅慎來賀。〈賄肅慎之命・序〉

5、織皮、崑崙、析支、渠搜，西戎即敘。〈禹貢〉

五月，詔賢良曰：「周之成康，刑錯不用，德及鳥獸，教通四海。海外『肅眘』，北發『渠搜』，氐羌徠服。」〈武帝紀〉卷六　頁 160

師古曰：「周書序云：『成王既伐東夷，肅眘來賀』，即謂此。

應劭曰：「禹貢『析支』、『渠搜』屬雍州，在金城河關之西，西戎也。」

謹案：漢武帝元光元年，詔令廣求賢良直諫之士，詔文乃檃括《尚書》經文，以稱揚周代成、康之治，刑錯不用，政通四海，蠻夷率服，教化天下之盛世。藉其之盛，以勸進賢能極諫之士，相輔爲國。於是董仲舒、公孫弘等出焉。

又案：今本作「武王」，相臺岳氏本作「成王」，《史記・周本紀》、鈔本〈內野本〉P：2596〈觀智院本〉P：2605〈足利本〉P：2613〈影天正本〉P：2619〈八行本〉P：2628《唐石經》P：2641 俱同，竝作「成王」，故今本〈書序〉以爲「武王」者實誤，當作「成王」才是。

又案：「肅慎」，《史記・周本紀》作「息慎」，《爾雅・釋地》云：「東陵阠，南陵息慎。」知「息慎」爲「八陵」之一。息，音「相即切」，心母，一部；肅，音「息逐切」，心母，三部。是以二字爲雙聲，其音近通叚。

又「肅慎」，武帝詔文、師古注竝作「肅眘」，《漢書・司馬相如傳》有〈子虛賦〉云：「邪與肅慎爲鄰。」故不論是作「肅慎（《左傳・昭公九年》《國語・魯語下》〈書序〉《山海經・海外西經》等」）」，或是「息慎」（〈周本紀〉〈釋地〉《尚書・書序》孔疏引馬融注」），皆可知「肅眘」便是「肅（息）慎」，亦「眘」即「慎」字。

鈔本〈內野本〉P：2596 作「眘」，其他諸本竝作「慎」。然——

1. 《說文》無「眘」字；其於十篇下・心部：「慎，謹也。从心眞聲。㥲，古文。」
2. 〈邾公華鐘〉作「眘（慎）爲之名」（見郭沫若《周代金文圖錄及釋文》，頁

191)，〈叔夷鐘〉云：「眚（慎）中厥罰」（同上，頁202～208。）

3. 《尚書・多方》有「明德慎罰」句，《魏石經》P：2388 三體直式殘石古文作「晉」，篆文作「憒」，漢隸作「慎」。是金文、石經古文皆从「⊙（日）」，與《說文》「慎」字之古文竝同。

4. 〈敦煌本舜典釋文殘卷（即〈伯三三一五〉）〉P：72 云：「眚，古慎字。」吳士鑑先生（見〈唐寫本經典釋文校語・下〉頁3）於「眚」字條下云：「說文『慎』，古文从『大』从『日』；此从『目』，蓋傳寫之譌。元朗敘錄云：『從眚徽五典以下』，正作『眚』，尚未爲後人所改。汗簡日部引尚書同。」

故知从「目」者，乃與「日」形近譌誤也，字當从「⊙（日）」作「眚」爲是！

6、贊曰：昔周成以孺子繼統，而有管蔡四國流言之變。孝昭幼年即位，亦有燕、盍、上官逆亂之謀。成王不疑周公，孝昭委任霍光，各因其時以成名，大矣哉。〈昭帝紀〉卷七　頁233

師古曰：「四國，謂管、蔡、商、奄也。流，放也。武王崩，成王幼弱，周公攝政，四國乃流言曰：『公將不利於孺子』，遂致風雷之異。成王既見金縢之冊，乃不疑周公。事見豳詩及周書大誥。」

謹案：班固以《尚書》所載成王與周公故事，比美昭帝與霍光，臣盡忠、君不疑之美事！雖前承武帝奢侈虛耗，而知行輕繇薄賦之政，並舉賢良、問疾苦，外與匈奴和親，內能與民休息，固乃頌之。

7、克明俊德，以親九族。九族既睦，平章百姓。百姓昭明，協和萬邦。〈堯典〉

夏六月，詔曰：「蓋聞：『堯親九族，以和萬國。』」〈宣帝紀〉卷八　頁246

師古曰：「尚書堯典云：『克明俊德，以親九族。九族既睦，平章百姓。百姓昭明，協和萬邦。』故詔引之。」

謹案：宣帝此詔乃隱括《尚書》經文，藉〈堯典〉載帝堯之德，能親九族、和萬國，以其「親親」之愛而使黎民廣被恩澤；乃思效法其德，故詔文引之，而欲令「宗室屬未盡而以罪絕，若有賢材，使得自新」。

8、※蕭韶九成，鳳凰來儀。夔曰：「於予擊石拊石，百獸率舞，庶尹允諧。」〈皋陶謨〉

書不云乎？『鳳凰來儀，庶尹（案：「尹」原作「不」，今依〈校勘記〉改。）允諧。』〈宣帝紀〉卷八　頁254

師古曰：「虞書益稷之篇曰：『簫韶九成，鳳皇來儀，擊石拊石，百獸率舞，庶尹允諧。』言奏樂之好，鳳皇以其容儀來下，百獸相率舞蹈。是乃眾官之長，信皆和輯，故神人交暢。」

謹案：此乃宣帝元康元年三月之詔令，其首言『乃者鳳皇集泰山、陳留，甘露降未央宮』，故有鳳皇、甘露之福瑞。宣帝乃檃栝《尙書》經文，藉以大赦天下，以應福瑞，協寧百姓。

又案：（清）孫星衍《尙書今古文注疏》（卷二）自注云：「史遷無『夒曰於予擊石拊石』之文。」其疏曰：「或史公節其文，或今文無之。」

《漢書》有『夒曰於予擊石拊石』，而《史記》無者——

1. 《周禮‧春官‧大司樂》鄭玄注：「簫韶九成，鳳皇來儀。夒又曰：『於，予擊石拊石，百獸率舞，庶尹允諧。』」

2. 皮錫瑞以宣帝此詔、《後漢書‧明帝紀》詔文，並皇甫謐《帝王世紀》、《左傳‧莊公三十二年》孔疏引服虔注，皆無『夒曰』以下等八字，而論曰：「子慎習今文，其所引以亦『鳳皇來儀，百獸率舞』連文，無『夒曰』八字；漢修西嶽廟記亦曰：『鳥獸率舞，鳳皇來儀』；若後漢書崔寔傳曰：『樂作而鳳皇儀，擊石而百獸舞』，其所引有『擊石』字，乃用堯典文，非皋陶謨文也。」（見皮氏《今文尙書攷證》卷二，頁26）

　　竊以爲孫氏之見是也，而皮氏則誤。蓋皮氏所引諸文，皆檃栝之辭，吾人怎可以偏概全？反之，孫氏則考慮到各書所引或節錄經文，乃不敢驟下斷語。據《漢石經》（案：即《尚書文字合編》所錄，於西元1962年、1968年河南洛陽出土石經，爲顧頡剛拓藏之本，《尚書文字合編》簡稱爲〈顧氏藏拓〉。此一拓本，屈萬里先生《漢石經尚書殘字集證》乙書，尚未收錄者。）P：279顧頡剛所藏拓本，正有『予擊石拊石百獸率舞庶尹』十字，正可反證皮氏之言「其所引有『擊石』字，乃用堯典文，非皋陶謨文也」甚誤！復證以此詔文，知漢代今文〈皋陶謨〉，確有『夒曰，於，予擊石拊石』八字。

## 9、允恭克讓，光被四表。〈堯典〉

咸曰：「陛下聖德，充塞天地，『光被四表』。」〈宣帝紀〉卷八　頁270

謹案：此乃宣帝甘露二年時，詔議有司，謀謨呼韓邪單于於甘露三年正月來朝事宜，群下咸以迻錄《尙書》頌美帝堯之經文，稱揚宣帝政教仁風行於四海，故匈奴慕化而朝，自古未有。

10、蠻夷率服。〈堯典〉

　　　昔書稱:『蠻夷帥服』。〈景武昭宣元成功臣表〉卷十七　頁635

　　　師古曰:「舜典之辭也。言王者德澤廣被,則四夷相率而降服也。」

謹案:此《漢書》逐錄《尚書》經文,以稱頌景、武、昭、宣、元、成諸先帝之教
　　　化行於四夷,而使蠻夷欣慕諸夏,故相率來服之功。

又案:今本作「率」,《漢書》作「帥」者——

　　1. 鈔本〈內野本〉P:88《書古文訓》P:137 竝作「衛」。

　　2. 〈足利本〉P:103〈影天正本〉P:115 竝作「衛」。釋

　　3. 〈八行本〉P:128 作「𧗽」,即今之「率」字。〈敦煌本舜典釋文殘卷(即〈伯
　　　三三一五〉)〉P:75 云:「衛,古𧗽字。」吳士鑑〈唐寫本經典釋文校語・下〉
　　　(頁23〜24)於「衛」字條下云:「衛,古率字。今本闕此條,注疏本改作率。」
　　　案:衛為衛之省文。漢朱龜碑(案:東漢靈帝中平二年〈幽州刺史朱龜碑〉,
　　　見《隸釋》卷十,頁22〜24)『不衛天常』。魏三體石經(案:三體直式漢隸作
　　　『衛』,《魏三字石經集錄》,頁38。)左傳遺字『諸侯衛』,字並同。說文:『衛,
　　　將衛也。』荀子富國篇:『將率不能則兵弱』,是以『率』為『衛』也。經傳皆
　　　以『帥』為『衛』字。汗簡行部(黃錫全《汗簡古文注釋》卷一,行部:『衛,
　　　率。鄭珍云:『率,鳥罟也。達,達道也。達,將帥本字,經典皆用作率。』」,
　　　頁123〜124。)引尚書正作『衛』。」

　　4. 段玉裁《古文尚書撰異》(卷一下,頁28)云:「古率、帥通用。如毛詩:『率
　　　時農夫』,韓詩作:『帥時農夫』。」

　　5. 皮錫瑞《今文尚書攷證》(卷一,頁 49)言:「儀禮聘禮:『使者朝服帥眾介
　　　夕。』鄭注:『古文帥皆作率。』『帥大夫以入。』鄭注:『古文帥為率。』古
　　　文作『率』,則今文多作『帥』可知。毛詩:『率時農夫。』韓詩作『帥時農夫。』
　　　毛用古文,韓用今文,亦其證。」

　　　綜上所言,作「帥」為今文說,作「率」為古文說是也。

11、懋遷有無,化居,烝民乃粒,萬邦作乂。〈皋陶謨〉

　　　贊曰:「書云:『楙遷有無。』周有泉府之官。……故民賴其利,『萬國作乂』。」
　　　〈食貨志〉卷二四下　頁1185〜1186

謹案:班固〈贊〉文檃栝《尚書》經文,以稱美周代有職掌貿易,遷徙天下食貨以
　　　互通有無,民因其便而萬國咸乂之治。

又案:今本作「懋」,班固引經作「楙」,而〈敘傳〉作「茂遷」者,乃懋、茂、

栬、貿四字同音通叚，即栬、茂、懋皆叚借爲「貿」，並訓爲「貿」也。詳見本篇，第十八章，例 71。

再者，今本作「邦」，《漢書》凡「邦」字，多作「國」。詳見本篇，第六章，例 1。

## 12、欽哉！惟時亮天功。〈堯典〉

夫大人者，與天地合其德，與日月合其明，故聖王在上，總命群賢，以『亮天功』，則日之光明，五色備具。〈五行志〉卷二七下之下　頁 1508

師古曰：「虞書舜典。帝曰：『咨，二十有二人，欽哉，惟時亮天功。』謂敕六官、十二牧、四嶽，令各敬其職事，言定其功，順天道也。故志引之。」

謹案：班固隱栝《尚書》經文，以頌帝舜之德，並戒後世之爲君人者，當效帝舜之知人善任，因材器使，令賢德者在位，以惠澤下民也。

## 13、元首明哉！股肱良哉！〈皋陶謨〉

司馬相如〈封禪文〉，其辭曰：「書曰：『元首明哉！股肱良哉！』。」〈司馬相如傳〉卷五七下　頁 2601

師古曰：「此虞書益稷之辭也。元首，君也。股肱，大臣也。」

謹案：司馬相如病歿，留〈封禪文〉（案：據《昭明文選》所題爲稱），言封禪之事。相如迻錄《尚書》經文，乃在稱頌三代之世，君莫盛於堯，臣莫賢於后稷二聖。天子觀此賦，沛然改容，下詔令博士、諸儒，議定封禪之禮。乃於相如卒後五歲，祭后土，八年而禮中岳，至梁甫，禪肅然。

## 14、輯五瑞。〈堯典〉

武帝奇司馬相如〈封禪文〉，以問兒寬。寬對曰：「陛下躬發聖德，統『楫』群元，宗祀天地，薦禮百神。」〈兒寬傳〉卷五八　頁 2630

張晏曰：「楫，聚也。」臣瓚曰：「楫當作輯。」師古曰：「輯、楫與集，三字並同。虞書曰：『楫五瑞』是也，其字從木。瓚曰：『當爲輯』，不通。」

謹案：由於司馬相如〈封禪文〉，上乃詔議諸儒五十餘人，欲仿古巡狩封禪之制，諸儒未能有定。武帝遂問兒寬，寬藉隱栝《尚書》經文，並加改易以爲用，稱頌武帝統輯百官，明治天下之盛德，是應天地、昭符瑞之功。故寬以爲諸儒既無法議定封禪巡狩之儀，則武帝亦得以聖裁其制也！

又案：今本作「輯」，兒寬引經作「楫」者——

1. 《史記・五帝本紀》《漢書・郊祀志》俱同，字竝作「揖五瑞」。

2. 《漢書‧武帝紀》元封元年詔曰：「西蠻北夷，頗未『輯』睦。」師古注：「輯與集同。集，和也。」

3. 元封五年詔曰：「朕巡荊揚，『輯』江淮物。」如淳曰：「輯，合也。」師古曰：「輯與集同。」

4. 元光六年詔曰：「將吏新會，上下未『輯』。」師古曰：「輯與集同」。吾人就武帝三篇詔文觀之，「輯睦」「未輯」皆訓爲「和諧」，用「集」之引申義；「輯物」則訓爲「集合」，是用「集」之本義。

5. 《漢書‧元后傳》云：「『輯』濯越歌。」師古曰：「輯與楫同，濯與櫂同，皆所以行船也。」此則以「輯」借爲「舟楫」之「楫」字。

6. 《詩經‧大雅‧板》：「辭之『輯』矣」，〈大雅‧抑〉：「『輯』柔爾顏」，毛傳竝云：「輯，和也。」〈大雅‧公劉〉：「思『輯』用光」，鄭箋：「思輯用光，言民相與和睦，以顯於時也。」三「輯」字皆叚借爲「集」，用引申義「和睦」「和諧」爲訓。

7. 《漢書‧高帝紀》轅生說漢王曰：「使韓信等『輯』河北趙地。」師古曰：「輯與集同，謂合也。詩序曰：『勞來還定安集之。』春秋左氏傳曰：『群臣輯睦。』他皆類此。」此「『輯』河北趙地」，字亦叚借爲「集」，訓爲「和諧」。

8. 《左傳‧僖公十五年》：「群臣『輯』睦。」〈宣公十二年〉：「而卒來『輯』睦。」〈成公十六年〉：「我若群臣『輯』睦以事君。」〈昭公七年〉：「以『輯』寧爾民。」〈定公四年〉：「『輯』其分族。」杜預注：「輯，音集。」〈襄公十九年〉：「其天下『輯』睦。」〈襄公三十一年〉：「辭之『輯』矣」，杜預注：「言辭輯睦則民協同。」此七「輯」字，音同「集」，故叚借爲「集」，訓作「和諧」。

綜上可知「輯」「集」同音通叚，其訓「集合」乃用「集」之本義，其訓「和諧」則爲「集」之引申義。

《說文》四篇上、雥部：「雧，群鳥在木上也。从雥木。集，雧或省。」又十四篇上、車部：「輯，車輿也。从車咠聲。」段注：「爾雅：『輯，和也。』版詩毛傳同公劉傳曰：『和睦也。』引申義行，本義遂廢。」又六篇上、木部：「楫，所以櫂舟也，從木咠聲。」十二篇上、手部：「揖，攘也。从手咠聲。」輯、集二字同讀「秦入切」，從母，七部；楫讀「子葉切」，清母，七部；揖則音「伊入切」，影母，八部。段氏古韻十七部，七部「侵」韻，八部「覃」韻，於古時同屬「侵」韻（鄭庠古韻六部），是四字古音爲疊韻，音近通叚，其義爲「眾鳥和合而集」，即「和合」之義。

以此觀之鈔本——

1. 〈敦煌本舜典釋文殘卷（即〈伯三三一五〉）〉P：73云：「楫，徐音集。王云：

『合也。』馬云：『斂也。』」吳承仕〈唐寫本尙書舜典釋文箋〉（見《尚書文字合編‧附錄二》頁 293～320。以下引文，見頁 308）云：「今本作『輯』。段玉裁曰：『《唐石經》以下作輯，是衞包改也。字當作揖，從木亦非。』案：段說近之，從手從木，隸書形近通作。又案：僞《傳》（案：乃指梅賾《僞孔傳》傳文）云：『輯斂』，是舍王從馬也。而丁晏謂：『《正義》實用王注本。』可謂失之眉睫矣。」又龔道耕〈唐寫本尙書釋文攷證〉（見《尚書文字合編‧附錄二》頁 321～392。以下引自頁 374～375）云：「案據師古所引，則唐初《尙書》自作『揖』，與《釋文》本同。」

2. 鈔本〈內野本〉P：82〈足利本〉P：99〈影天正本〉P：111〈八行本〉P：124及《唐石經》P：143 俱同今本，字竝作「輯」。

3. 《書石文訓》P：135 作「揖」，與〈舜典釋文殘卷〉、師古注竝同。

故知段玉裁《古文尙書撰異》（卷二）云：「唐初本尙不從車，從車者衞包所改。」乙句誤矣！其又云：「白虎通說朝聘：『尙書曰：「輯五瑞。」』玉裁按：輯當是本作揖，淺人改之。」此又誤也！字作「輯」者，正與武帝元封五年詔文「輯江淮物」合。

皮錫瑞《漢碑引經攷》（卷二，頁 16），錄魏文帝黃初元年〈魏封孔羨碑〉，其銘：「揖五瑞。」皮氏案云：「證以此碑，則從手者爲是。」此論亦非是。「揖」本義爲「揖攘」，即拱手而推攘，並無「集輯」之義，乃叚「揖」爲「集」，故言「揖五瑞」。是以，師古之言，並無不妥，其所據本作「揖」，與〈兒寬傳〉〈舜典釋文殘卷〉竝同！今本《尙書》、《唐石經》之作「輯」者，則與〈武帝紀〉、諸鈔本竝同！若直言衞包所改，似失之允當！

## 15、昔君文王武王，宣重光。〈顧命〉

癸亥宗祀，日『宣重光』。〈兒寬傳〉卷五八　頁 2632

李奇曰：「太平之世，日抱重光，謂日有重日也。」

**謹案**：武帝既封泰山、禪梁甫，還登明堂。兒寬迻錄《尙書》經文，藉〈顧命〉之美周文王、武王二君之德，媲美漢武帝，以爲上壽之祝賀文也。

## 16、光被四表。〈堯典〉

化溢『四表』，『橫被』無窮。〈王褒傳〉卷六四下　頁 2828

**謹案**：宣帝時詔令王褒爲「聖主得賢臣」頌其意，故褒乃賦〈聖主得賢臣頌〉以對。王褒隱栝《尙書》經文，藉帝堯之世，上有耳聰目明之君，下有術德兼

修之臣，內有垂拱優游之治，外有蠻夷率服之功，以美當時宣帝廣招賢能治術者以進之聖意。

又案：今本作「光被」，而王褒引經文作「橫被」者——

1. 《禮說・樂記》：「鐘聲鏗，鏗以立號，號以立橫，橫以立武。」鄭注：「橫，充也。」正與下文〈蕭望之傳〉言「充塞」合。

2. 《禮記・孔子閒居》：「孔子曰：『夫民之父母乎，必達於禮樂之原，以致五至而三無，以橫於天下。……志氣塞乎天地，此之謂五至。』鄭玄注：「橫，充也。」又合於下文「志氣塞乎天地」之誼。班固〈西都賦〉（見《昭明文選》卷一）云：「故橫被六合。」

3. 《漢書・王莽傳》載王莽上奏太后曰：「昔唐虞橫被四表。」

4. 〈蕭望之傳〉載黃霸、于定國議匈奴來朝之儀，曰：「陛下聖德充塞天地，光被四表。」

5. 班固〈西都賦〉（見《昭明文選》卷一）云：「是故橫被六合。」

6. 班固〈典引〉（見《昭明文選》卷四八）言：「神靈日照，光被六幽。」則《漢書》所載，並有作「光被」「橫被」者；而《文選》所收班固二文，亦並存「光被」「橫被」者。

7. 東漢靈帝建寧五年〈成陽靈臺碑〉（見《隸釋》卷一，頁8～13）刻曰：「廣彼之恩。」皮錫瑞《漢碑引經攷》（卷二）案語：「靈臺碑引被作彼者，隸釋云：『以彼爲被。』隸辨按：『廣韻寢衣之被，上聲讀；覆被之被，去聲讀。』據此碑以彼爲被，則同音而借。」

8. 靈帝光和二年〈樊毅復華下民租田口筭碑〉（見《隸釋》卷二，頁6～7）其辭云：「廣被四表」。

9. 靈帝光和六年〈成陽令唐扶頌〉（見《隸釋》卷五，頁7～10）碑云：「追惟堯德廣被之恩。」碑末有立碑人「處士閭葵班」之自序，其文：「班字宣高，脩春秋。……班業次龔（案：龔，奉也。）劉謙治尙書歐陽（案：『歐陽』即言歐陽尙書），次廉仲絜小夏矦。」班之承劉謙授歐陽尙書，又次廉仲絜傳小夏侯尙書，而此碑乃班爲悼念唐扶而立，則碑文亦必出班之手也！

是以，班受今文尙書之歐陽、小夏侯兩家之說，其辭作「廣被」者，可知歐陽、小夏侯必亦爲「廣被四表」；復此碑立於《熹平石經》之後，吾人亦可推溯，以歐陽尙書爲底本所鎸刻之《漢石經》碑文（《漢石經》用歐陽尙書本，經彼岸許景元先生於1981年《考古學報》第二期，所刊〈新出熹平石經尙書殘石考略〉乙文，據新出土《漢石經・校記》刻石殘文，鎸有『大▲夏侯言』『大夏侯無』『小夏侯』P：3171

『大小』P：3169『大▲▲言▲』『大夏』P：3170 諸言，證論《熹平石經‧尚書》
係據歐陽本刻石，劉起釪先生《尚書學史》頁 73、吾國黃彰健先生《經今古文學問
題新論‧論漢石經》頁 253～296 論證無疑。），竝作「廣被四表」！故立於靈帝之
三石碑文，〈靈臺碑〉早於《熹平石經》，字仍作「廣彼（被）」，是以東漢時人皆作
「廣被」也。

　　逮及漢獻帝延康元年〈魏公卿上尊號奏〉（見《隸釋》卷十九，頁 3～8）其辭
云：「光被四表」。三國（吳主、皓）天璽元年（案：即晉武帝咸寧二年）〈吳禪國山
碑〉（案：皮氏《漢碑引經攷》卷二，引作〈吳封禪國山碑〉，今據（清）翁方綱《兩
漢金石記》卷十八，頁 17，改。）碑文云：「格亏上下，光被八幽。」此二碑正立
於《正始石經》前後，再證以唐初鈔本俱作「光被四表」，則亦可推斷《魏石經》必
然銘刻「光被四表」之文。

　　綜上之言，蓋西漢時，或有作「光被」「廣被」之今文說；至東漢，則知歐陽、
小夏侯尚書竝作「廣被四表」，據此以論，西漢作「光被」之今文說，乃大夏侯尚書
是也！《漢書‧循吏傳》載：「（黃）霸因從勝（夏侯勝）受尚書獄中，再踰冬，積
歲乃出。」故黃霸從大夏侯受《尚書》，又其引〈堯典〉言：「光被四表」，復證以上
文愚論，則大夏侯尚書作「光被四表」，亦可謂鐵證如山！逮及漢末獻帝，乃另出「光
被」之文，爾後至晉武帝時，碑文則改爲「光被」，於是《魏石經》作「光被」應無
疑慮。此皆得諸金石之功也！

## 17、無偏無黨，王道蕩蕩。〈洪範〉

　　書曰：『不偏不黨，王道蕩蕩。』〈東方朔傳〉卷六五　　頁 2852

　　師古曰：「周書洪範之辭也。」

謹案：武帝時，因昭平君醉殺主傅，獄繫內官。因其爲隆盧公主之子，是武帝之姪
　　　也。故眾臣議以罪贖，然武帝言：「法令者，先帝所造也，用弟故而誣先帝
　　　之法，吾何面目入高廟乎！又下負萬民。」東方朔乃上壽，逐錄《尚書》經
　　　文，稱頌武帝賞不避仇讎，誅不擇骨肉，天下之幸甚也！朔藉〈洪範〉經文
　　　以言王道行之中正，不偏不黨，爲君上解憂。

又案：今本作「無」者，漢人多作「不」或「毋」。學界煩請查閱本篇，第十八章，
　　　例 38。

## 18、元首明哉，股肱良哉。〈皋陶謨〉

　　贊曰：「故經謂：『君爲元首，臣爲股肱』，明其一體，相待而成也。」〈魏相、

丙吉傳・贊〉卷七四　頁 3150～3151

謹案：班固藉《尚書》載皋陶與舜相互贊美對方之歌謠，以比相、吉二臣之賢良，適逢宣帝明主，乃成「中興」之美名。然而班固所謂之『經』，在此乃指《尚書大傳・咎繇謨》，其文曰：「元首明哉，股肱良哉。元首、君也，股肱、臣也。」是檃栝《尚書大傳・咎繇謨》之文也。

## 19、自朝至于日中昃，不遑暇食。〈無逸〉

薛宣上疏曰：「陛下至德仁厚，哀閔元元，躬有『日仄』之勞，而亡佚豫之樂。」〈薛宣傳〉卷八三　頁 3386

師古曰：「周書亡逸之篇稱文王之德曰『至于日中仄，弗遑暇食』，宣引此言也。仄，古側字也。佚與逸同。」

謹案：是時，成帝初即位，薛宣為中丞，宣雖美贊成帝之有聖治；然而陰陽不合，聖化不洽者，皆因官吏多行苛政之故。上嘉納其議，貶退稱進，黑白分明，於是政教大行！

又案：東漢靈帝光和二年〈樊毅復華下民租田口筭碑〉銘有「誠聖朝，勞神日厢，廣被四表」句（案：皮錫瑞《漢碑引經攷》卷二，頁 46，作〈樊毅修華嶽碑〉，誤，今依《隸釋》卷二改。），字正作『昊』，與今本同，而不是作「仄」！此碑立於《熹平石經》之後，當依《熹平石經》文字作「昊」。蓋「昊」為今文說，而「仄」乃古文說也。

「昊」，《偽孔傳》作『日昳』，《魏石經》P：2163～P：2164 三體直式殘石有「朝至于日中厢」句，其古文作『𣆀』，篆文為『𣆏』，漢隸正作「仄」，《書古文訓》P：2221 竝同。鈔本〈伯三七六七〉P：2175〈伯二七四八〉P：2182 同作「庂」，「庂」即「仄」字，惟其形稍譌增筆。〈內野本〉P：2190〈足利本〉P：2200〈影天正本〉P：2208〈八行本〉P：2215 皆作「昃」，其字實與今本、《唐石經》P：2229 同，即作「昊」是也。

又案：《說文》七篇上、日部曰：「厢，日在西方時側也。从日仄聲。易曰『日厢之離』。」段注：「隸作昃，亦作昊」。小徐本、矢部又出昊字，則複矣。夫製字各有意義，晏、景、昝、旱之日在上，皆不可易也。日在上而干聲則為不雨，日在旁而干聲則為晚，然則厢訓為日在西方，豈容移日在上。形聲之內非無象形也。阻力切，一部。」『厢』字於甲骨文有之，或作𣆉（前七・四三・二）、𣆄（前四・九・一）𣆇（前四・八・七），金文則作𣆈（滕庂厢戟）。董作賓先生（見《常用古文字字典》日部厥條下引《殷曆譜・下編》）

以為：「卜辭昃字从日从 為會意字， 為大，人立正面之象， 或 則象人影之側斜，日昃則人影側也。」然小徐本《說文》別出「昗」字，蓋小篆誤將大（ ）形改為矢（ ），故為矢聲之形聲字。

《說文》十篇下、夨部：「夨（ ），傾頭也。」段注：「阻力切，十一部（案：仄亦阻力切，一部，此言十一部，誤也。《說文通訓定聲》列　、仄、是同韻，且段氏古韻十七部派分庚韻為十一部，之韻為一部，庚、之互不相混。三字反切下字俱同為『一』，其韻當派屬一部之韻為是。）」今見〈滕　仄戟〉作『 』，與「夨」之篆文『 』字形相似，於是由「大」譌為「夨」。

又《說文》九篇下、厂部：「仄，側傾也。从人在厂下。 ，籀文，从夨，夨聲。」段注：「傾下曰仄也，此仄下云傾也，是之謂轉注。古與側、昃字相假借。夨，傾頭也，昃亦作昗，當是籀文昃字。」《國語・楚語上》載左史覵相言：「周書曰『文王至于日中昗，不皇暇食，惠于小民，唯政之恭』。」郭忠恕《汗簡》卷四，字正作『 』，黃錫全（《汗簡注釋》卷四，頁 342）云：「此形原當作 ，與〈師鼎〉 ・〈琱生段・二〉之 形體相同。」其說是也。所以，古文作「昃（昗、昗）」，今文則作「仄」。

**20、光被四表。**〈堯典〉

丞相霸、御史大夫定國議曰：「陛下聖德充塞天地，『光被四表』。」〈蕭望之傳〉卷七八　頁 3282

**謹案：**漢宣帝時呼韓邪單于歸附而欲朝，宣帝乃詔公卿議其朝覲之儀。時黃霸、于定國逐錄《尚書》經文，以帝堯時，德充四海，惠施萬民之化，稱美宣帝亦有帝堯之治，故匈奴嚮漢家之風，慕化而朝也。

**又案：**西漢時人引〈堯典〉作「光被」者，乃為大夏侯尚書之學；作「廣被」者，為歐陽、小夏侯之學也。詳見本章，例 15。

**21、流共工于幽河洲，放驩兜于崇山，竄三苗于三危，殛鯀于羽山，四罪而天下咸服。**〈堯典〉

莽……封侯伯子男凡三百九十五人，曰：「……反虜逆賊，不得旋踵，應時殄滅，『天下咸服』。〈翟義傳〉卷八四　頁 3438

**謹案：**此乃王莽襲用《尚書》經文，宣誥天下底定，而封眾位功臣，並自為頌美也。

**22、用德彰厥善。**〈盤庚〉上

書不云乎：『用德章厥善。』〈王嘉傳〉卷八六　頁 3493

師古曰：「商書盤庚之辭也。」

謹案：哀帝初立，政事朝令夕改，多所變動，王嘉乃上疏匡正哀帝。此例迻錄《尚書》經文，明爲稱頌孝宣皇帝之知人善任，因董賢舉發東平王劉雲之謀叛，孝宣皇帝藉加封之德以彰顯董賢之善行；實爲反諷哀帝不能惟賢是用，政令反覆之失。

又案：漢人引此經，多作「章」。詳見本篇，第十八章，例45。

23、明明揚側陋。〈堯典〉

及至孝宣，繇『仄陋』而登至尊，興于閭閻，知民事之囏難。〈循吏傳〉卷八九　頁3624

師古曰：「仄，古側字。仄陋，言非正統，而身輕微賤也。繇與由同。」

謹案：漢宣帝初生之時，會巫蠱坐罪，繫郡邸獄，幸廷尉監邴吉憐幼兒無辜，宣帝乃得以倖免；後大赦，居於民間，依附嗇夫許廣漢兄弟，及祖母家史氏，因孝宣帝非長於宮中，又嘗爲繫罪之身，其血緣雖爲武帝一脈，畢竟非『太子』之尊，而是武帝之曾孫，因而便爲師古所稱『非正統』之謂耳。故《漢書》迻錄《尚書》經文，藉帝堯舉舜於側陋之事，稱頌同出於民間之宣帝，亦有帝舜之德。

又案：今本作「側陋」，〈百官公卿表〉亦言：「揚側陋。」《漢書》此傳詔文引作「仄陋」者——

1. 鈔本〈伯三〇一五〉P：7〈八行本〉P：50《唐石經》P：62 與今本俱同，並作「揚側陋」。

2. 〈內野本〉P：23〈足利本〉P：32〈影天正本〉P：40 與〈循吏傳〉俱同，並作「揚仄陋」。

3. 《書古文訓》P：54 作「敭仄陋（案：陋即陋字之省筆譌字。）」。

4. 〈敦煌本堯典釋文殘卷（即〈伯三三一五〉）〉P：12 記：「敭，古揚字，舉也。」「仄，字又作側，古側字。」吳士鑑〈唐寫本經典釋文校語・上〉（頁18）云：「說文『揚』古文作『敭』。文選沈休文宋書恩倖傳論云：『明敭幽仄。』李注引尚書正作：『明明敭仄陋』。此古文書也。」吳氏又曰：「考工記車人：『行山者，側輮（案：今本《周禮・冬官・考工記・車人》作：「行山者，仄輮」。鄭注：「故書仄爲側。……側當爲仄。」）。』鄭注云：『當爲仄。』說文：『仄，側傾也。』洪範：『無反無側。』馬注：『側，傾也。』是古仄、側同字。」由是，初唐流傳之本，字本作「敭仄陋」或「揚仄陋」；而後作「側」字者，乃

天寶三年改字之後的流傳本。

　　再者，漢安帝元初四年〈郊令景君闕銘〉（見《隸釋》卷六，頁4～5）其辭曰：「明明側陋。」（案：『明』蓋即『明』字之變體。）」皮錫瑞《漢碑引經攷》（卷二，頁9～10）云：「堯典：『明明揚側陋』。史記五帝本紀作：『悉舉戚貴及疏遠隱匿者。』段玉裁曰：『悉舉訓明，揚貴戚訓明，疏遠隱匿訓側陋，蓋今文尚書作：「明揚明側陋。」』」

　　按〈景君碑〉似與段說合，可爲段說之一證。碑云：『景君三世傳歐陽尚書（案：皮氏所言：「碑云景君三世傳歐陽尚書」甚誤！實乃洪适考證該碑而作之釋文，其碑文實爲：『序君存時，恬然無欲，安貧樂道，信而好古，非法不言。治歐陽尚書傳祖父河南尹，父步兵校尉業。』故洪适乃言：『景君三世傳歐陽尚書。』）史記亦用歐陽尚書，故所據本同也。」另於漢靈帝光和四年〈三公山碑〉（見《隸釋》卷三，頁15～18）刻曰：「陵側陋。（案：『陵』爲『陵』之變體。）」

　　由上之〈景君碑〉知歐陽尚書作「側陋」，而《漢書・百官公卿表》作「側陋」，蓋亦爲歐陽之學也；〈循吏傳〉・漢碑所引作「仄陋」者，蓋爲大夏侯之學（案：小夏侯曾從歐陽高受《尚書》。）也。故漢人已有「仄陋」「側陋」之異文；天寶三年前之傳本，皆從大夏侯說作「仄陋」，蓋梅賾以爲《漢石經》作「側陋」，而欲有別於今文，故改用「側」之古字作「仄」，逮及衞包時，復改「仄」作「側」，而《唐石經》承其改乃傳至於今！

## 24、西戎即敘。〈禹貢〉

　　書曰：『西戎即序。』禹既就而序之，非上威服致其貢物也。〈西域傳〉卷九六下　頁3929

謹案：班固此〈贊〉逐錄《尚書》經文，以稱美帝禹之時，勤修王德，不以武力威服四夷，而諸蠻慕華夏政教自爲歸附，並致其貢；反之，漢武帝因文、景垂拱，民用積累五世，士強馬盛，而思以戎師闢疆，以致民力屈而財用竭，連年凶饉，寇盜並起。此〈贊〉暗合「遠人不服，則修文德以來之」之旨！

又案：今本作「即敘」，此〈贊〉引經文作「即序」者——

1. 《史記・夏本紀》作「西戎即序」。
2. 《漢書・地理志》：「西戎即敘。」
3. 《漢書・敘傳》：「西戎即序，夏后是表。」張晏曰：「表，外也。禹就敘以爲外國也。」師古曰：「此說非也。表，明也，明以德化也。」師古之言甚允。
4. 段玉裁《古文尚書撰異》（卷三）云：「敘，紀、志皆作序。今本志作敘者，淺

人改也。」

5. 鈔本〈伯三一六九〉P：364〈九條本〉P：379〈內野本〉P：402〈足利本〉P：
   422〈影天正本〉P：437〈八行本〉P：453《書古文訓》P：466《唐石經》P：
   482 俱同，字竝作「即敘」。

6. 《說文》九篇下、广部：「序，東西牆也。从广予聲。」段注：「攴部曰次第，
   謂之敘。經傳多假序爲敘。」又三篇下、攴部：「敘，次第也。从攴余聲。」

段說是也！《史記》《漢書》皆作「即序」，〈地理志〉作「即敘」，恐是後人據
僞孔本改也。「序」的本義乃「庠序」之誼，因與「敘」字雙聲疊韻（案：二字均讀
「徐呂切，五部」。），古時同音，故可通叚，以「序」借爲「敘」，復訓爲「敘」也。
皮錫瑞《今文尚書攷證》（卷三）云：「荀悅漢紀引書曰：『西戎即序。』言皆順從其
序也。」可知，兩漢引此經皆作「即序」是也（案：荀悅爲東漢末年時人，獻帝時
累官至秘書監侍中。）。

25、釐降二女于媯汭，嬪于舜。〈堯典〉

書美『釐降』。〈外戚傳〉卷九七上　頁 3933

謹案：漢代國祚初立，先有宗室之叛——七國之亂；後因幼主或少主入嗣大統，太
　　　后輔政，乃有外戚專擅之憂，而至新莽篡立，漢祚中絕。班固列〈外戚傳〉，
　　　不無以誡西漢殷鑑不遠之意也。此傳隳栝《尚書》，以〈堯典〉記帝舜能齊
　　　其家，故堯禪之以政，申言夫婦之際，乃人道之大倫，合陰陽之變，輯萬物
　　　之統，此爲人君者，可不愼歟！

（清）黃生《義府》（卷上）於『釐降』條下云：「書堯典：『釐降二女于媯汭，
嬪于虞。』孔謂：『舜能以義理降下二女之心。』則于媯汭三字，爲贅設矣。此專欲
表舜之德，然不知古書固無贅設字也。蔡傳以爲治裝下嫁，語若近俚，反得事實。
史五帝紀，易飭下字，此亦主堯言，然下有『帝曰欽哉』字，欽即飭也。」蔡沈、
黃生俱以『釐降』爲稽古之俚語，誠可謂卓見也！

26、※王宅憂，亮陰三年。偽〈說命〉上

王鳳上書辭謝曰：「陛下即位，思慕『諒闇』，故詔臣鳳典領尚書事，上無以明
聖德，下無以益政治。今有莩星天地赤黃之異，咎在臣鳳，當伏顯戮，以謝天
下。今『諒闇』已畢，大義皆舉，宜躬親萬機，以承天心！」〈元后傳〉卷九
八　頁 4017

師古曰：「商書云：『高宗諒闇』。諒，信；闇，默。言居父喪信默，三年不言

也。」

謹案：漢成帝建始元年，夏四月，有黃霧四塞終日。上問於下，皆言太后諸弟無功為侯，外戚未曾有之，故天現異象。時王鳳專權，聞眾議皆責己，乃懼而上書辭罷官爵，此為王鳳檃栝《尚書》經文，藉殷高宗居父喪，『三年不言』之故事，頌成帝雖遭父喪之痛，然有高宗之德。其文所言「今諒闇已畢」者，當指成帝自元帝駕崩，至建始元年四月，少有政出而為言。

又案：今本作「亮陰」，王鳳引經文作「諒闇」者——

1. 《史記‧魯周公世家》言：「乃有亮闇。」

2. 《左傳‧隱公元年》正義引馬融注：「亮，信也。陰，默也。為聽于冢宰，信默而不言。」

3. 《詩經‧商頌譜》正義引鄭玄注：「諒闇轉作梁闇。楣謂之梁。闇，廬也。小乙崩，武丁立。憂喪三年之禮，居凶廬柱楣，不言政事。」

4. 《論語‧憲問》：「子張曰：『書云：「高宗諒闇，三年不言。」』」

5. 《尚書大傳‧殷傳》：「書曰：『高宗梁闇，三年不言。』」

6. 《漢書‧五行志》：「高宗承敝而起，盡涼陰之哀。」

7. 《白虎通義‧爵》：「尚書曰：『高宗諒闇三年。』是也。」又〈四時〉云：「故尚書曰：『……諒闇三年。』」（案：見（清）陳立《白虎通疏證》卷一，頁40；卷九，頁431。）

8. 《公羊傳‧文公九年》何休注：「子張曰：『書云：「高宗涼闇，三年不言。」』」

9. 東漢順帝漢安二年〈北海相景君碑陰（案：皮錫瑞《漢碑引經攷》卷二，頁45～46，其作〈北海相景君碑〉，然碑陽並無『諒闇沈思』四字，實刻於碑陰。《隸釋》無錄。今依《隸續》所錄為稱，卷十六，頁3～8）〉刻曰：「惟故臣吏，慎終追遠，『諒闇』沈思，守衛墓園。……聖典有制，三載闕二字，當離墓側。」皮氏云：「此碑以臣吏居景君喪為諒闇，不以為嫌；若從後儒為天子居喪之名，則此碑不可通矣。衡方碑（案：即東漢靈帝建寧元年〈衛尉衡方碑〉。見《隸釋》卷八，1～3。）云：『寢闇苫凷。』正可為鄭注：『闇，廬。』之證。孔傳從馬氏以亮陰為信默，非是。」

綜上而言，共有作「諒闇」「亮陰」「亮闇」「梁闇」「涼闇」五類，其中除馬融乃古文說，故其所見古文本作「亮陰」外，其餘四類皆今文說之異文。段玉裁《古文尚書撰異‧無逸》（卷二二）云：「諒、涼、亮、梁古四字同音，不分平仄也。闇、陰，古二字同音，在侵韻，不分侵、覃也。」段說甚是，茲有五類，乃古音相同而通叚也。

今傳鈔本皆作「亮陰」，乃梅賾從所見經文、所注傳文而偽作古文〈說命〉乙篇。是故，「亮陰」為古文說，「諒闇」為今文說也。

又案：師古注：「商書云：『高宗諒闇。』」今本《尚書》無「高宗諒闇」四字為句者，蓋師古依古籍而檃栝為言也。因師古言「商書曰」，故從之言『偽〈說命〉』，而不以〈無逸〉經文為論。

27、允恭克讓，光被四表。〈堯典〉

    莽復奏曰：「今西域良願等復舉地為臣妾，昔唐堯『橫被四表』，亦亡以加之。」
    頁 4077

謹案：太后納平憲所奏而賜王莽邑地，莽謝而復奏之言。莽乃迻錄《尚書》經文，盛贊太后（平帝時）居攝之功，德比帝堯，猶有過之。後太后依莽之奏，置西海郡，時在元始四年，事見〈平帝紀〉

又案：今本作「光被」，《漢書》引經文多作「橫被」。甩本篇，第三章，例 15。

28、正月上日，受終于文祖。在璿璣玉衡，以齊七政，肆類于上帝，禋于六宗，望于山川，徧于群神。……五載一巡守，群后四朝，敷奏以言，明試以功。〈堯典〉

    舜乃在璿璣玉衡，以齊七政，遂類于上帝，禋于六宗，望于山川，辯于群神。……五歲一巡狩，群后四朝。《史記·五帝本記》
    北斗七星，所謂「旋、璣、玉衡，以齊七政。」《史記·天官書》
    尚書曰：「舜在璇璣玉衡，以齊七政，遂類于上帝，禋于六宗，望山川，徧群神。……，柴，望秩于山川。……五載一巡狩。」《史記·封禪書》
    復下書曰：「伏念予之皇始祖考虞帝，『受終文祖。在璇璣玉衡，以齊七政，遂類于上帝，禋于六宗，望秩于山川，徧于群神，巡狩五載，群后四朝，敷奏以言，明試以功。」〈王莽傳〉卷九九中　頁 4131

謹案：新莽建國五年，莽以四夷不足吞滅，轉求諸稽古之事。此乃迻錄《尚書》經文，而稍有變異，藉〈堯典〉載舜五年一巡狩故事，而欲仿之。

又案：今本與王莽所引經文，有所差異者，有下列諸例：

    一、今本作「璿璣」，莽作「璇璣」，《史記》作「璿璣」「旋璣」「璇璣」三類。吾人先廓清「璇璣玉衡」的意義，而后再因其義而論其字。〈天官書〉以「旋」「璣」「玉衡」為「北斗七星」，乃檃栝之稱，〈天官書〉索隱引《春秋運斗樞》：「斗，第一天樞，第二旋，第三璣，第四權，第五衡，第六開陽，第七搖光。第一至第四為

魁，第五至第七爲標，合而爲斗。」又引《文耀鉤》云：「斗者，天之喉舌。玉衡屬杓，魁爲璇璣。」

是以「璿璣」乃北斗七星中第二、第三星，復以此二星名統稱第一至第四星，即「魁」；第五至第七星統稱「杓」或「標」，而以第五星「衡」爲其代稱，曰「玉衡」。故因北斗七星有「璿」「璣」「衡」三星名，後乃有依『北斗』而製器以爲法度，即後世之謂「渾儀」（案：沈括《夢溪筆談·象數》卷七，云：「天文家有渾儀，測天之器，設於崇臺，以候垂象者，則古機衡是也。」頁 295。）。「渾儀」之上有刻度，用茲以觀天，一如「權衡」之上有銖鈞斤兩，可以爲測度也。吾人由而知之，「璿璣玉衡」者，乃先爲星名，後因人仿天象製器，乃引星名爲器名。而經文曰：「在璿璣玉衡」，語譯則爲「（以渾儀）觀察璿璣玉衡」，故經文所指實爲儀器——渾儀，而非星名也。

經文所指既爲「儀器（渾儀）」，則字作「璿璣玉衡」，蓋無可疑——

1. 《史記》索隱引馬融曰：「璿，美玉也。璣，渾天儀，可轉旋，故曰璣。衡，其中橫筲。所以視星宿也（案：『所以視星宿也』六字，愚依《尚書》正義引補。）。以璿爲機，以玉爲衡，蓋貴天象也。」

2. 《史記》集解引鄭玄曰：「璿璣玉衡，渾天儀也。」故字作「璿璣」者，從鄭玄用古文說也。

3. 伏生《尚書大傳·唐傳》云：「正月上日，受終于文祖，在旋機玉衡，以齊七政。……旋機者何也？傳曰：『旋者，還也。機者，幾也、微也。其變幾微而所動者大，謂之旋機。是故，旋機謂之北極。』鄭玄注：「渾儀：中筲爲旋機，外規爲玉衡也。（案：《史記·天官書》索隱引鄭玄注《大傳》。）伏生《大傳》，乃今文說也，字作「旋機」者，當言星名，而非指「渾儀」之器！

吾人皆知『北斗七星』依四季之不同，而改變其方向，即以「魁」四星之第一、二星，亦即「天樞」與「旋」間肉眼所見之距離，往「天樞」星方向，延伸五倍，而得「北極星」。古人以「北極星」爲中心，『北斗』帝車率眾星體圓而繞天頂乙週（實乃因地球公轉所呈現之天象），是以第二星名「旋」，取其「環繞而迴旋」之義；第三星名「機」，取其「發動運轉」之義。因此，伏生自爲傳曰：「旋機謂之北極。」正指「北斗七星」而言，統稱「斗」；而以「魁」所遙指之「北極星」，稱爲「北辰」、或曰「北極」！

然鄭玄因今文言「旋機」，正與古文「璿璣」合，乃援引「渾儀」中之「筲」爲「旋機」（案：字當作「璿璣」，用古文說。），而未辨「璿璣」乃觀天之「渾儀」；「旋

機」實爲「北斗」之星名，二者音同而形義皆殊。愚復引《漢書》以爲「璿璣」「旋機」二辭迥異之證——

1. 〈律曆志〉言：「衡權者：衡，平也；權，重也。……其在天也，佐助旋機，斟酌建指，以齊七政，故曰：『玉衡』。」

2. 〈天文志〉云：「北斗七星，所謂『旋、璣、玉衡，以齊七政。（案：此乃《漢書》逐錄〈天官書〉之文。）』吾人可從《史記》《漢書》書例觀之，二書若引《尚書》述帝舜故事，則皆作「璿璣」或「璇璣」，字皆從「玉」旁。若只言星名者，便作「旋機」「旋璣」，字皆不從「玉」旁（案：旋璣之璣，字當爲機。因以「玉」爲飾而貴之，乃後起之誼，此當爲機動之本義，字作「機」。）。

故愚爲之結言，字作「旋機」「旋璣」者，係指天體「北斗七星」而言；字作「璿璣」「璇璣」者，則直稱觀天象之「渾儀」爲言，而與清儒所謂「今、古文家」之學說全然無涉也！

又皮錫瑞《今文尚書攷證》（卷一）（案：《漢碑引經攷》卷二略同。）直言：「淺人用其（案：『其』指馬融、鄭玄。）說，遂改史記等書『旋機』字亦從玉，不知古無測天儀器，故大傳、史記不以機衡爲渾儀；古無測五星法，故大傳史記不以七政爲七緯。攷兩漢人所引經義，皆以機衡爲星。……長楊賦曰：『是以玉衡正而泰階平也。』玉衡與泰階對舉，亦必以爲星名。劉歆逐初賦曰：『惟太階之侈闊兮，機衡爲之難運；懼魁杓之前後兮，隊隆集於河濱。』子駿習古文尚書者，而以機衡與太階、魁、杓竝言，則以爲星名，與今文不異。其時馬、鄭異說尚未出也。」

皮氏之說，囿於今、古文之見甚矣！其既言馬、鄭異說未出，子駿乃以「機衡」與「魁杓」相對爲言星名，此亦無礙「璿璣」之爲「渾儀」者。子駿以「機、魁」「衡、杓」相對爲文，「機」星屬「斗魁」，「衡」星屬「斗杓」，合之二者，正是「機衡」，更是「魁杓」，同指「北斗七星」，本無可疑；其作「璿璣（渾儀）」者，原爲異指，何來淺人所改云云！

再者，皮氏以爲『古無測天儀器與測五星法』，此說尤不能令人信服！若古無方圓規矩、繩墨刻漏、璿璣玉衡等測量工具，如何有宮室車輿、錙銖斤兩之制？又如何觀天文、順地理、丈量釐測，伻來以圖？清儒計較今、古文之分，若此之甚者，眾矣，殊不知古人聰敏，自有分別耳！吾人得天之眷，能一覽聖人之言，當順經義以治經，訓詁雖爲入手法門，亦不能凌駕於經義之上，如此乃不負聖人遺教之諄諄矣！

（清）黃生《義府》（卷上）於『在璿璣玉衡』條下云：「書舜典：『在璿璣玉衡。』在之入聲爲察，古四聲未定，故借『在』爲『察』，非以『察』訓『在』也。」

黃生之論，甚允。

　　二、今本作「肆類」，《史記》《漢書》俱同，字竝作「遂類」者——

1. 顧頡剛先生所拓藏，於一九六二、一九六八年河南洛陽出土之《漢石經》殘字，即〈顧氏藏拓〉P：65 其字則作：「以齊七政，遂下闕」，則與《史記》《漢書》竝同。

2. 鈔本〈敦煌本舜典釋文殘卷（即〈伯三三一五〉）〉P：73，字正作「肆」，其下云：「音四。字，王云：『次也。』馬云：『故也。』」

3. 鈔本、《唐石經》俱同，字竝作「肆」。

　　故知作「遂類」者，乃今文說，且爲歐陽、小夏侯尚書之學；而作「肆」者，王引之《經傳釋詞》「肆」字條下，云：「肆，遂也。書堯典：『肆類于上帝』又曰：『肆覲東后』。史記五帝紀『肆』竝作『遂』。遂、肆聲相近，方俗語有侈弇也。」蓋梅賾以音近通叚而借「肆」爲「遂」；抑或其字古文本就作「遂」，是否《史記》《漢書》亦以音近而叚借爲「遂」，則不得而知矣。

　　三、今本作「望于」，《史記》《漢書》俱同，竝作「望秩于」者。《公羊傳·隱公八年》（唐）徐彥疏引鄭玄曰：「望秩于山川者，遍以尊卑祭之五嶽。」則今、古文說竝同，皆有「秩」字。蓋梅賾僞作時，涉上下文作「類于」「禋于」「遍于」，而刪「望秩于」之「秩」字，以合於上下文例。

　　四、今本作「守」，《史記》《漢書》俱同，字竝作「狩」者——

1. 《史記》集解引鄭注曰：「巡守者，巡視所守也。」

2. 《孟子·梁惠王下》：「天子適諸侯曰巡狩。巡狩者，巡所守也。」

3. 《孟子·告子下》：「孟子曰：『……天子適諸侯曰巡狩。』

4. 班固《白虎通義》（卷六）有論「巡狩」者，其文作「巡狩」「巡守」不一（見（清）陳立《白虎通疏證》頁 288～298）

5. 〈敦煌本舜典釋文殘卷（即〈伯三三一五〉）〉P：73 其字正作「守」，其下云：「詩救反。本或作狩。注守禁謂同。」吳士鑑先生〈唐寫本經典釋文校語·下〉（頁 10）案曰：「守禁謂同，蓋元朗所采王注，今已脫去。謂字疑有譌。」

　　由上可知，古文說並存作「狩」「守」之異者，今文說則作「狩」。

**29、咨！四岳。有能奮庸，熙帝之載，使宅百揆，亮采惠疇。**〈堯典〉

　　『疇咨熙載』，髦俊並作。〈敘傳〉卷一百下　　頁 4237

**謹案：**班固隰栝《尚書》經文，以帝舜問於四岳之長，謀求心懷惠愛、日起有功之人，便令其掌理百揆庶事，以光大帝堯事業之故事，藉以媲美漢武帝之功勳。

30、**洪惟我幼沖人。**〈大誥〉

孝昭『幼沖』，冢宰惟忠。〈敘傳〉卷一百下　頁4238

謹案：班固隰栝《尚書》經文，以〈大誥〉載成王幼年嗣位，又有周公爲輔居攝，
平三監之叛，奠有周丕丕之基，以媲美漢昭帝幼沖即位，有顧命之臣——霍
光，受遺詔輔少主，內靖燕刺王劉旦之密謀逆反，事詳《漢書·武五子傳》。

31、**惟時帝舉，敷納以言。**〈皋陶謨〉

中宗明明，齌用刑名，『時舉傳納』，聽斷惟精。〈敘傳〉卷一百下　頁4238

師古曰：「虞書舜典曰：『敷納以言』。」

謹案：班固隰栝《尚書》經文，述禹爲帝舜陳治國之道，以「惟時帝舉」爲時時不
忘舉用賢德之人，並劾之「敷納以言」，由其言而知其人之能居何職，乃舉
賢任人之道。固乃藉茲以媲美漢宣帝，有帝舜、帝禹之治也。

又案：師古以爲引自僞孔本〈舜典〉，誤矣！僞孔本〈舜典〉乃言「敷奏以言」，若
依師古所據僞孔本《尚書》，其當言：「虞書益稷曰：『敷納以言。』」。

另今本作「敷」，班固引經文作「傳」者，蓋「敷」「傳」二字，皆三家今文之
異，惟古文說用「敷」字耳。詳見本章，例2。

32、**柔遠能邇。**〈堯典〉

『柔遠能邇』，煇耀威靈，龍荒幕朔，莫不來庭。〈敘傳〉卷一百下　頁4238

謹案：班固迻錄《尚書》經文，藉〈堯典〉載帝舜命十二牧分治十二州，而諄諄告
之諸牧，以「由近及遠、由親及疏、由卑而高」的漸進態度，治理人民；用
茲媲美漢宣帝德被天下，澤惠萬民，甚至匈奴亦慕諸夏教化而歸附。

33、**高明柔克。**〈洪範〉

孝元翼翼，『高明柔克』。〈敘傳〉卷一百下　頁4239

師古曰：「翼翼，敬也。尚書洪範云：『高明柔克。』謂人雖有高明之度，而當
執柔，乃能成德也。敘言元帝有柔克之姿也。」

謹案：班固迻錄《尚書》經文，以〈洪範〉載箕子爲周武王陳大法九章之故事，以
美漢元帝有「以德懷之」的「柔克」之治。所謂「高明」者，即〈敘傳〉下
文所言「故老」「亮直」之輩，「故老」邦國所以重之，「亮直」則爲高風亮
節之士，鄉里敬之。欲網羅此等人材，用強硬脅迫的手段，必不克成功；惟
有以德惠之施而懷柔延攬，而爲朝廷所用，以惠黎民。

34、惟時亮天功。〈堯典〉

　　婉孌董公，『惟亮天功』。〈敍傳〉卷一百下　頁 4239

　　師古曰：「婉孌，美貌。亮，助也。尙書舜典曰：『僉亮天功』，故引之也。」

謹案：班固騶栝《尙書》經文，藉〈堯典〉載帝舜以四岳、九官、十二牧共「二十
　　　有二人」爲治天下之股肱，以「惟時亮天功」之言爲結，勗勉二十二人當竭
　　　盡心力，以發揚人之代天理官、善育百姓之德。故以茲媲美漢哀帝，雖任董
　　　賢爲公，欲共成天功之勳；然董賢才識不足，不堪其任，乃至折橈而凶。

又案：師古引作「僉亮天功」者，今本僞〈周官〉有「寅亮天地」句，蓋師古騶栝
　　　二文而爲言：「尙書舜典」。

35、予乘四載，隨山刊木。〈皋陶謨〉

　　『夏乘四載』，百川是導。〈敍傳〉卷一百下　頁 4244

謹案：班固迻錄《尙書》經文，藉〈皋陶謨〉載禹「思日孜孜」，自陳帝舜命其治水，
　　　而設「四乘（案：猶今言「四種交通工具」。）」——陸行載車，水行乘舟，
　　　泥行乘毳，山行則樏——以利交通。固引之以說明治河之艱難，上自帝堯命
　　　鯀歷禹，以溝渠疏導河患，下及漢成帝乃有集大成之功，故著〈溝洫志〉以
　　　導河浚川、水路交通之事，並稱美成帝治水一如帝禹之功。

36、西戎即敍……五百里荒服。〈禹貢〉

　　『西戎即序』，夏后是表。周穆觀兵，『荒服』不旅。〈敍傳〉卷一百下　頁 4268

謹案：〈禹貢〉依中國爲中心，以四方距中國之遠近而分爲「五服」。此言「荒服」
　　　者，（宋）蔡沈《書經集傳》（卷二）云：「以其荒野，故謂之荒服。」「荒服」
　　　於「五服」中，距離中國最遠，故以爲中國流放罪人之地。

　　　〈敍傳〉所指「西戎」「荒服」云云，實泛指「西域」而言；然以夏后禹與周穆
王對舉，實爲班固刻意之作——夏禹任土作貢，隨山刊木，以德治天下，西戎諸國
因慕華風，乃自靖而附敍；反之，周穆王興師征伐，西域乃叛，故不入貢於王廷！

　　　此爲固著〈西域傳〉之微旨，言爲政者當以德化民，施惠百姓，而非兵馬倥傯，
殺戮以立威者也！此正合《論語‧季氏》之言：「故遠人不服，則脩文德以來之。」
之微旨也！

又案：今本作「敍」，《漢書》引則作「序」。詳見本章，例 24。

# 第四章　別官職

## 略　述

　　此章所錄《漢書》逐引《尙書》之文者，多爲《漢書》藉《尙書》以闡釋有漢一朝之官職，明其淵源、沿革，或漢人之創制。《漢書・官公卿表》羅列有司，上起伏羲、神農，下迄王莽篡位，於歷代君王股肱之輔、官職稱謂，皆有明確之解釋。

### 1、惇敍九族。〈皋陶謨〉

　　高帝七年二月，置宗正官（案：「官」字原作「宮」，今據〈校勘記〉改。）『以序九族』。〈高帝紀〉卷一下　頁 14

謹案：《尙書》言及「九族」之親者，除本傳所隳栝之〈皋陶謨〉外，另有〈堯典〉：

　　　「克明俊德，以親九族」句。上述三篇之文，看似雷同，實有差異——

　1.〈堯典〉之文，乃稱頌帝堯之德惠天下。

　2.〈皋陶謨〉則爲諫諍之言，是解釋「惇敍」的方法。

　3. 至於〈高帝紀〉所援用者，乃在說明建置——「宗正」——乙官的職責，主要在於職司厚序九族之親。

　　竊以爲「宗正」之官，乃依《尙書》經文所建置，源於〈皋陶謨〉爲其司職之內容，其目的則以〈堯典〉「以視九族」爲依歸（案：李偉泰先生《兩漢尚書學及其對當時政治的影響》，第七章〈兩漢尚書學對當時官制的影響〉無列此「宗正」官，故愚補列於此。又「宗正」乙官，不見於《周禮》，而見於《漢書・百官公卿表》卷十九上，其云：「宗正，秦官，掌親屬，有丞。」）。

又案：今本作「敍」，鈔本〈內野本〉P：245〈足利本〉P：253〈影天正本〉P：259

〈八行本〉P：264《書古文訓》P：270《唐石經》P：273 並同。惟此紀作「序」者，或今文三家之異。皮錫瑞《今文尚書攷證》（卷二，頁 2）云：「漢書平帝紀元始五年詔曰：『昔堯睦九族，舜惇敘之。』王莽傳曰：『書不云乎？惇序九族。』韋昭國語注曰：『謂諸惇敘九族。』蓋夏矦尚書作『惇敘』。……史記曰：『慎其身修思長，敦序九族。』史記惇皆作敦；敘皆作序。蓋歐陽尚書字也。」故不論今、古文，皆有作「敘」者。

又案：《說文》三篇下、攴部：「敘，次第也。从攴余聲。」段注：「古或假『序』為之。徐呂切，五部。」又九篇下、广部：「序，東西牆也。」段注：「徐呂切，五部。」知敘、序二字雙聲疊韻，古相通作。詳見本篇，第三章，例24。

2、乃命羲和，欽若昊天，厤象日月星辰，敬授人時。〈堯典〉

書載唐虞之際，『命羲和四子，順天文，授民時』。〈百官公卿表〉卷十九上　頁 721

應劭曰：「堯命四子分掌四時之教化也。」張晏曰：「四子謂羲仲、羲叔、和仲、和叔。」師古曰：「事見虞書堯典。」

謹案：《漢書》表列百官之職，其義在於通古今、明變化，而備溫故知新之義；亦即為「百官」解釋其淵源、職司。此隱栝《尚書》經文，為之釋名，以下十二例並同。故吾人可知「羲和」之官，主司天文曆法，授民時令、興廢，以與天地和合，猶後世之「司天監」乙官也。〈百官公卿表〉言：「王莽改大司農曰羲和，後更為納言。」

又案：今本作「人」，《漢書》作「民」，當依《漢書》之作為『民時』才是，今本作『人時』者，乃衞包所改也。詳見本篇，第一章，例3。

3、咨！四岳。朕在位七十載，汝能庸命，巽朕位。岳曰：「否德忝帝位。」曰：「明明揚側陋。」〈堯典〉

『咨四岳』，以舉賢材，『揚側陋』。〈百官公卿表〉卷十九上　頁 721

師古曰：「四嶽，分主四方諸侯者。」

謹案：《漢書》隱栝〈堯典〉經文。是「四岳」雖為四方諸侯，然亦兼有「舉賢材，揚側陋」之職責，然其舉材尤以隱忍於民間草莽者，故乃有帝舜之出也（案：〈堯典〉：「師錫帝曰：『有鰥在下，曰虞舜。』」）。漢無常設舉薦人才之官職，然嘗以博士（見〈武帝紀〉）、光祿大夫（見〈元帝紀〉）藉「循行天下」的方式，為朝廷延登賢俊，詳問隱處無位之士，招顯側陋，奏舉以用也。

4、咨十有二牧，曰：「食哉惟時，柔遠能邇。」〈堯典〉

　　『十有二牧，柔遠能邇。』〈百官公卿表〉卷十九上　頁721

　　應劭曰：「牧，州牧也。」師古曰：「柔，安也。能，善也。邇，近也。」

謹案：《漢書》逐錄〈堯典〉經文。州牧，是食民治民之官，總統一州庶事，職在安
　　　遠人而善近者。漢有「州牧」乙官，執掌監察省刺之事，與〈堯典〉迥異。
　　　成帝綏和元年更「刺史」之名爲「牧」，品秩二千石。哀帝建平二年復爲「刺
　　　史」，元壽二年再更爲「牧」。

又案：（清）王引之《經義述聞》於『柔遠能邇』條下云：「能與柔，義相近。大雅
　　　民勞篇：『柔遠能邇』。毛傳曰：『柔，安也。』鄭箋曰：『能，猶伽也。安遠
　　　方之國順伽其近者。』伽與如，古字通，是能爲如順之意，猶周官言安擾耳。
　　　能與而，古字通。故『柔遠能邇』，漢督郵班碑作『渜遠而邇』。……安善二
　　　義，竝與順伽相近，古者謂『相善』爲『相能』。」據王氏之說以補師古之
　　　不足。

5、僉曰：「伯禹作司空。」帝曰：「俞！咨禹。汝平水土，惟時懋哉！」
　　〈堯典〉

　　『禹作司空，平水土。』〈百官公卿表〉卷十九上　頁721

謹案：《漢書》隱栝〈堯典〉經文。師古注：「司空掌邦土也。」是「司空」乙官，
　　　執掌邦國之土木水利，猶後世之「工部」。

6、帝曰：「棄！黎民阻飢。汝，后稷，播時百穀。」〈堯典〉

　　『棄作后稷，播百穀。』〈百官公卿表〉卷十九上　頁721

　　應劭曰：「棄，臣名也。后，主也，爲此稷官之主也。」師古曰：「播謂布種也。」

謹案：《漢書》隱栝〈堯典〉經文。「后稷」乙官，主要是職司百穀播種之時令和方
　　　法，上古耕作之技術，或統歸「后稷」，惟「后稷」才知穀蔬播耕之時宜及
　　　方法，似與「羲和」之官有雷同之處。秦有「治粟內史」，漢有「大農令（景
　　　帝時更此名）」「大司農（武帝時更此名）」，但漢官之職乃以供輸平準，田冊
　　　戶籍爲主，與〈堯典〉之「后稷」不類。

7、帝曰：「契！百姓不親，五品不遜。汝作司徒，敬敷五教，在寬。」
　　〈堯典〉

　　『卨作司徒，敷五教。』〈百官公卿表〉卷十九上　頁721

謹案：《漢書》隱栝〈堯典〉經文。知「司徒」爲「三公」之一（案：此〈表〉下

文言：『或説：「司馬主天，司徒主人，司空主土，是爲三公。」』），主要是順人倫五教，以致百姓親和。漢有「丞相」「相國（高祖更爲此名）」之職，哀帝改爲「大司徒」。

又案：今本作「契」，《漢書》作「卨」，實「卨」爲「契」之古文。詳見本章，例20。

8、帝曰：皋陶！蠻夷猾夏，寇賊姦宄。汝作士，五刑有服。」〈堯典〉

『咎繇作士，正五刑。』〈百官公卿表〉卷十九上　頁721

應劭曰：「士，獄官之長。」張晏曰：「五刑謂墨、劓、剕、荆、宮、大辟也。」

謹案：《漢書》櫽栝〈堯典〉經文。『士』爲獄官之長，掌五刑之法，其官於秦爲「廷尉」，掌刑辟；於漢爲「大理（景帝更其名）」、「廷尉（武帝復之）」、「作士（哀帝時復名『大理』，王莽改此名）」，猶後世之「刑部」。

9、帝曰：「疇若予工？」僉曰：「垂哉！」帝曰：「咨垂，汝共工。」〈堯典〉

『垂作共工』，利器用。〈百官公卿表〉卷十九上　頁721

應劭曰：「垂，臣名也。爲共工，理百工之事也。」

謹案：《漢書》櫽栝〈堯典〉經文。知「共工」乙職，主機械之督造，便利器材之用。

「共工」爲「六卿」之一（案：此〈表〉言：「天官家宰，地官司徒，春官宗伯，夏官司馬，秋官司寇，冬官司空，是爲六卿。」）。臣瓚曰：「冬官爲考工，主作器械也。」後世之「工部」乃主營建督造之工程，「共工」則是主製作便利之器械，以利督造之用，乃不相同之官職。

於秦、漢時作「少府（案：李偉泰先生《兩漢尚書學及其對當時政治的影響‧兩漢尚書學對當時官制的影響》有言：「少府的屬官中，一部分和工事有關，如考工室（武帝更名爲『考工』）、尚方（師古注：『尚方主作禁器物。』）。」頁157）」，而後王莽改「少府」曰「共工」。

10、帝曰：「疇若予上下草木鳥獸？」僉曰：「益哉。」帝曰：「俞！咨益，汝作朕虞。」〈堯典〉

『蓋作朕虞，育草木鳥獸。』〈百官公卿表〉卷十九上　頁721

師古曰：「蓋，古益字也。虞，度也，主商度山川之事。」應劭曰：「蓋，伯益也。虞，掌山澤禽獸官名也。」

謹案：《漢書》櫽栝〈堯典〉經文。「朕虞」的職司，乃培育草木鳥獸之官，以用之

不虞匱乏也。漢武帝元鼎二年初置「水衡都尉」，掌育上林苑之草木鳥獸，後王莽改其名之爲「予虞」。

又案：今本作「益」，〈百官公卿表〉作「䝰」者——

1. 鈔本〈內野本〉P：92〈足利本〉P：105〈影天正本〉P：117《書古文訓》P：139 俱同，字竝作「𦔸」。
2. 惟〈八行本〉P：130～P：131 與《唐石經》P：151 同，竝作「益」（案：陳鐵凡先生〈敦煌本虞書校證〉，頁 26，言：「八行本……亦即山井鼎考文所謂宋板（阮校亦因此名）也。」）。因於〈八行本〉乃天寶三年改字之後的宋代板本，故其字多與《唐石經》、今本同。
3. 〈敦煌本舜典釋文殘卷（即〈伯三三一五〉）〉P：76 言：「嗌，字又作䪱，古益字。」吳士鑑（〈唐寫本經典釋文校語・下〉（頁 31）於「嗌」條下，案語：「漢書百官公卿表『𦔸作朕虞』，顏注曰：『䝰，古益字。』此作䪱，蓋有脫筆。說文『嗌』，籀文作『』；『隘』，小篆作『』。可見『益』之篆文叚用『嗌』也。汗簡冉部引尚書正作『𦔸』。」《汗簡》（卷中之二，頁 52）云：「，益。見尚書。」
4. 《魏石經・皋陶謨》P：280 品字式，「益」古文正作「」。

綜前所述，「𦔸」爲古文說，作「益」則用今文說也。

**11、帝曰：「咨四岳，有能典朕三禮？」僉曰：「伯夷。」帝曰：「俞！咨伯，汝作秩宗。」**〈堯典〉

『伯夷作秩宗，典三禮。』〈百官公卿表〉卷十九上　頁 721

應劭曰：「伯夷，臣名也。典天神、地祇、人鬼之禮也。」

謹案：《漢書》檃栝〈堯典〉經文。「秩宗」典三禮者，即掌理宗廟禮儀。於秦有「奏常」，景帝更名爲「太常」，後王莽改曰「秩宗」，更並「宗正」入於「秩宗」也。

**12、帝曰：「夔，命汝典樂，教胄子。」**〈堯典〉

『夔典樂』，和神人。〈百官公卿表〉卷十九上　頁 721

謹案：《漢書》檃栝〈堯典〉經文。「典樂」乙職，司音樂以和神人也。王莽改『大鴻臚（案：大鴻臚掌諸蠻夷歸義之事，似由〈堯典〉所衍申。）』曰『典樂』。

**13、帝曰：「龍，朕堲讒説殄行，震驚朕師。命汝作納言，夙夜出納朕命惟允。」**〈堯典〉

『龍作納言，出入帝命。』〈百官公卿表〉卷十九上　頁 722

應劭曰：「納言，如今尚書，管王之喉舌也。」師古曰：「自此以上皆堯典之文。」

謹案：《漢書》檃栝〈堯典〉經文。應劭之謂『如今尚書』云者，蓋以「尚書」爲出入文書公文之官而言也。黃本驥先生《歷代官職表・歷代官制概述》（頁 2）云：「尚書也只有辦理文書、傳達詔命之權，不能直接執行政務。」

是以漢代官職中，「僕射」「少府」「中書謁者令」「奉車都尉」「駙馬都尉」等職官，皆轄領「尚書」。王莽改「大司農」爲「義和」，後更名作「納言」。

又案：《漢書》作「出入帝命」，今本作「出納朕命」者——《說文》十三篇上・糸部「納」字下，段注：「古多叚『納』爲『內』字，『內』者『入』也。」是班固以「入」詁「納」，用叚借字。另師古注『以上皆堯典之文』，蓋師古乃从今文說也。

14、立太師、太傅、太保，茲惟三公。眞古文〈周官〉

『太師、太傅、太保，是爲三公』，蓋參天子，坐而議政，無不總統，故不以一職爲官名。〈百官公聊表〉卷十九上　頁 722

謹案：《漢書》逐錄《尚書》經文，更釋之以職司。（清）朱駿聲《尚書古注便讀・周官》（卷四，頁 9）云：「『立太師、太傅、太保，茲惟三公。』鄭志十一卷趙商所引周官眞古文也。」故從朱氏所言，名之曰：「眞古文〈周官〉」。惟《漢書》以「是爲」代「茲惟」也。

15、少師、少傅、少保，曰三孤。僞古文〈周官〉

又立三少爲之副，『少師、少傅、少保，是爲孤卿』，與六卿爲九焉。〈百官公卿表〉卷十九上　頁 722

謹案：《漢書》釋官之文，然爲梅賾所襲而僞作《古文尚書》，編入僞〈周官〉乙篇，屈萬里先生以其爲《僞孔傳》襲《漢書》而爲經文者。故於此名之「僞古文〈周官〉」，以誌其爲僞作也。詳見本章，例 19。

16、兢兢業業，一日二日萬幾。〈皋陶謨〉

相國、丞相，皆秦官，金印紫綬，掌丞天子助理『萬機』。〈百官公卿表〉卷十九上　頁 724

謹案：《漢書》檃栝《尚書》經文，爲釋『丞相』乙官之職司。

又案：鈔本同今本皆作「萬幾」，而《漢書》作「萬機」者——

1. 段玉裁《古文尚書撰異》（卷二）云：「漢、魏、晉、南北朝用萬機字，皆從木旁。班固典引李注：『尚書曰：兢兢業業，一日二日萬機。』」
2. 陳喬樅《今文尚書經說攷》（卷二）云：「幾者，機之渻文。」

蓋段說是而陳說非也。《說文》四篇下、絲部：「幾，微也，殆也。从絲从戍。戍，兵守也。絲而兵守者危也。」又六篇上、木部：「機，主發謂之機。」就政事而言，庶務豈只萬端，為政者務求見微知著，故常於細微處入手；若稍有不慎，放任妄為，則事壞政隳，國祚幾亡，是以為政一如戍兵，幽而不見則危矣！

《荀子・解蔽》有言曰：「人心之危，道心之微，危微之『幾』，惟明君子而後能知之。」真一語道破！倘據陳氏之見，僅以「幾」為「機」之省文，則亦訓為「機栝」之「機」，其於《荀子・議兵》亦有言：「城郭不辨，溝池不抇，固塞不樹，『機』變不張。」俱言器械也，相較於「危微之幾」，則別如天壤！故當從段氏之論也。

綜上十六例，吾人可知〈百官公卿表〉羅列之古今官職稱謂，上起伏羲、神農，下迄王莽篡位，於歷代君王股肱之輔，皆有明確之解釋，雖漢興依周制而設百官，實自承襲上古三代以降諸制耳！

17、乃同召太保奭，芮伯、彤伯、畢公、衛侯、毛公、師氏、虎臣、百尹、御事。〈顧命〉

18、立太師、太傅、太保，茲惟三公。真古文〈周官〉

昔者成王幼在繦抱之中，『召公為太保』，周公為『太傅』，太公為『太師』。保，保其身體；傅，傅之德義（案：「義」字本作「意」，今依〈校勘記〉改。）；師，道之教訓：此三公之職也。〈賈誼傳〉卷四八　頁2248

師古曰：「保，安也。傅，輔也。道讀曰導。」

謹案：漢文帝時，匈奴強而擾邊。時天下初定，制度疏闊之際，內適淮南、濟北二王為逆誅。此例乃賈誼上疏屢陳政事，多所匡建之大略。賈誼釋周代「三公」之職，以為文帝建官取才之用。

又案：《尚書》經文只明言召公奭是任「太保」之職，除〈顧命〉外，尚有〈召誥〉兩言「太保」。由賈誼諫疏之中，乃知周公任太傅，姜尚為太師。（清）朱駿聲《尚書古注便讀》（卷四）云：「『立太師太傅太保，茲惟三公』，鄭志十一卷趙商所引周官真古文也。」故以『真古文〈周官〉』名之，以別於『偽古文〈周官〉』。

19、少師、少傅、少保曰三孤。偽〈周官〉

於是爲置三少，皆上大夫也，曰『少保、少傅、少師』，是與太子宴者也。〈賈誼傳〉卷四八　頁2248

師古曰：「宴謂安居。」

謹案：此並上例皆賈誼爲文帝議謨建官設職之疏文，時賈誼爲梁懷王太傅，上甚重之；復漢祚初立，制度未備，誼乃陳其議，論建構官制，尤以輔翼太子之「三公」「三少」爲重，膺選博聞孝悌而有道術者爲任，則太子乃生而見正事，聞正言，行正道，左右前後皆正人，太子正則天下定矣！

又案：屈萬里先生《尚書集釋・僞古文尚書襲古簡注》云：「『少師、少傅、少保，曰三孤。』改易漢書百官公卿表之文。」故名之爲僞〈周官〉，以別於上例：「立太師、太傅、太保，茲惟三公」之眞古文〈周官〉。

20、帝曰：「棄，黎民阻飢。汝，后稷，播時百穀。」帝曰：「契，百姓不親，五品不遜，汝作司徒，敬敷五教，在寬。」帝曰：「皋陶，蠻夷猾夏，寇賊姦宄，汝作士。」……帝曰：「俞！咨益，汝作朕虞。」……帝曰：「俞！咨伯，汝作秩宗。」〈堯典〉

皋陶爲大理，后稷爲司農，……益爲右扶風，……契爲鴻臚，……伯夷爲京兆。〈東方朔傳〉卷六五　頁2860

師古曰：「以其作士，士亦理官。」

應劭曰：「益作舜虞，掌山澤之官也。諸苑多在右扶風，故令作之。」

應劭曰：「卨作司徒，敬敷五教。是時諸侯王治民，鴻臚主諸侯王也。」師古曰：「契讀與卨同，字本作偰，蓋後從省耳。」

應劭曰：「帝曰：『伯夷，汝作秩宗。』秩宗，主郊廟。京兆與太常同齋祀，故令爲之。」

謹案：此乃漢武帝問東方朔『何如主』，即今言「是位什麼樣的皇帝？」東方朔則以《尚書・堯典》先賢之任職，媲於漢初之官，於此可知漢官「大理」相當於〈堯典〉之「士」，亦可窺漢代制定官名，乃有從《尚書》迻遷變化而來。

又案：今本作「契」——

1. 鈔本〈伯三三一五〉P：75 契正作「卨」，下注云：「古文作禼，皆古偰字。」〈內野本〉P：90〈足利本〉P：104〈影天正本〉P：116《書古文訓》P：138 皆作「卨」，惟〈八行本〉P：129 作「契」。

2. 《說文》八篇上、人部：「偰，高辛氏之子，爲堯司徒，殷之先也。」段注：「經傳多作契，古亦假卨爲之。米部（按：當作内部）曰『卨，古文偰。』言古文，

假借字也。」

3. 《說文》十四篇下、内部：「嵒，蟲也。从厹象形，讀與偰同。禼，古文嵒。」
　　段注：「殷元王（玄王）以爲名，見漢書。俗改用偰契字。」

4. 《漢書·古今人表》作「禼」，乃从口不从厶。

5. 就「禼」之古文，〈伯三三一五〉與《說文》並同，字皆从厶，蓋从厶爲正字，而他本从口者，或於隸定時，以「口」爲「厶」之譌誤。

21、詢于四岳，闢四門，明四目，達四聰。咨十有二牧。〈堯典〉

　　何武與丞相方進共奏言：「古選諸侯賢者以爲州伯，書曰：『咨十有二牧』，所以廣聰明，燭幽隱也。」〈朱博傳〉卷八三　　頁 3406

　　師古曰：「虞書舜典之辭也。」

謹案：哀帝時，大司空何武與丞相翟方進共同奏議哀帝，罷撤刺史，更置州牧，以應古制。本傳之「古制」，便是《尚書》中的諸侯州伯，以其爲漢代官名——「州牧」。此迻錄《尚書》經文，惟「廣聰明」句，乃隱栝之言也。

22、乃命羲和，欽若昊天，厤象日月星辰，敬授人時。〈堯典〉

　　司馬：典致武應，考方法矩，主司天文，『欽若昊天，敬授民時』，力來農事，以豐年穀。〈王莽傳〉卷九九中　　頁 4101〜4102

　　師古曰：「欽，敬也。若，順也。力來，勸勉之也。」

謹案：此乃王莽去漢國號，即新建國元年就天子位時，分工派官之策文。莽迻錄《尚書》經文復增益之，以爲「司馬」乙職之職司。張晏注云：「月爲刑，司馬主武，又典天，故使主威行也。」

又案：今本作「人」，《漢書》作「民」，當依《漢書》之作爲『民時』才是，今本作『人時』者，乃衞包所改也。詳見本篇，第一章，例 3。

23、帝曰：「契，百姓不親，五品不遜。汝作司徒，敬敷五教在寬。」
　　〈堯典〉

　　司徒：典致文瑞，考圜合規，主司人道，『五教』是輔，帥民承上，宣美風俗，『五品』乃訓」。〈王莽傳〉卷九九中　　頁 4102

謹案：此乃新莽建國元年所布任之職官，以隱栝《尚書》經文，釋其職司之内容。「司馬」主司人道，以布五教，順五品也。

又案：今本作「遜」，王莽引作「訓」，《說文》三篇上、言部：「訓，說教也。从言

　　　　川聲。」二篇下、辵部：「遜，遁也。从辵孫聲。」《爾雅‧釋詁下》：「訓，
　　　　道也。」是「訓」有「導之使順」之義。

　　訓音「許運切」，曉母，十三部；遜音「穌困切」，心母，十三部。由是二字疊
韻，古音相近，故可通叚。《僞孔傳》傳云：「遜，順也。」即以「遜」叚借爲「訓」，
而釋義爲「順」。故王莽作「訓」，蓋爲《尚書》本字無誤，梅賾則以「遜」之借爲
「訓」而改，此亦難掩今本《尚書》僞纂之跡。

24、僉曰：「伯禹作司空。」帝曰：「俞！咨禹，汝平水土，惟時懋哉。」
　　　　〈堯典〉
　　　　司空：典致物圖，考度以繩，主司地里，『平治水土』，掌名山川，眾殖鳥獸，
　　　　蕃茂草木。」〈王莽傳〉卷九九中　　頁 4102
謹案：此亦新莽政權所策命「司空」乙職之職司，以櫽栝《尚書》經文，賦予「司
　　　　空」主司地理、平水土、繁鳥獸、掌山川之事也。

# 第五章　劾黜陟

## 略　述

　　此章所錄之文，皆爲《漢書》援引《尚書》以爲譏刺權貴專擅、百官阿諛者；或爲有司奏議、考試功能，以爲陟罰臧否者。總括而言，即是時人對其時政之評議。吾人於其中可知能言極諫之士，如何藉《書》以爲諷喻；忠藎爲民之官，如何執《書》以衛社稷；賢德能惠之臣，如何仗《書》以曝姦宄！林林總總，均收於此章，一覽有漢乙朝運用《尚書》之妙。

### 1、奪攘矯虔。〈呂刑〉

　　元狩六年六月，詔曰：「日者有司以幣輕多姦……將百姓所安殊路，而『撟虔』吏因乘勢以侵蒸庶邪？」〈武帝紀〉卷六　頁180

　　孟康曰：「虔，固也。矯稱上命以貨賄用爲固。尚書曰『敓攘撟虔』。」韋昭曰：「凡稱詐爲矯，強取爲虔。左傳曰：『虔劉我邊垂』。」師古曰：「撟與矯同，其字從手。矯，託也。虔，固也。

**謹案**：武帝元狩年間，幣輕（猶今言『通貨膨脹』）農傷，山澤之禁紊亂其時，百姓莫衷一是，無錯手足，正予「矯虔吏」可乘之機，欺上瞞下，巧取豪奪，故武帝遣六臣循行天下，以訪民間疾苦。詔文檃栝《尚書》經文，剪裁得宜，以誠官吏之失職、矯命、詐斂也。

**又案**：今本作「矯虔」，詔文作「撟虔」。段玉裁《古文尚書撰異》（卷廿九，頁3～4）云：「周禮司刑鄭注作『撟虔』，賈疏引呂刑：『寇賊姦軌，奪攘撟虔。』玉裁按，武帝元狩六年詔曰：『撟虔吏』，……唐初釋元應眾經音義卷十三曰：

『撟，擅也，假詐也，亦舉手也。尚書：「撟誣上帝。」……賈逵曰：「非先王之法曰撟。……無罪曰誣。」字從手，今皆作矯也。』卷廿五又曰：『說文：「撟，擅也。」擅稱上命曰撟。字體從手，今皆作矯。』玉裁謂：『俗作撟詔，字皆從矢作矯，而不知說文明云：「撟，舉手也。一曰擅也。」擅訓則專指偽稱上命者言之。故孟康、韋昭、元應說，皆與說文合。自淺人以從矢爲「撟詔」正字，師古用其說。……小顏與元應同時，六書之學乃遜於緇流若此。觀元應所引偽仲虺之誥，字作「撟誣」，而今本作「矯」，呂刑同是，可知也。況漢詔、鄭注、孟康、賈公彥引呂刑，字皆從手，確有明證乎！今本大傳及說文「攴（案：《說文》所錄『矯』，其字在『矢』部。）」部作「矯」，恐皆淺人所改也。』」

段氏之論，是非參半。今據鈔本——

1. 〈內野本〉P：2928〈足利本〉P：2947〈影天正本〉P：2959〈八行本〉P：2971《書古文訓》P：2984 俱同，竝作「矯虔」。

2. 惟〈岩崎本〉P：2910 作「橋虔」，蓋「橋」爲「撟」之譌誤（案：蓋从「木」與从「手」旁，形近易譌。）。

是以唐初鈔本中，就已經流傳「撟」「矯」並存之異本，段氏言「皆淺人所改」，又譏師古爲「小顏與元應同時，六書之學乃遜於緇流若此」云云，實屬偏見。

又案：竊以爲（宋）蔡沈《書經集傳》（卷六）之言，較諸家注文爲允：「矯虔者，矯詐虔劉也。」「矯詐」則各家之訓並無差別，然蔡沈以「虔劉」訓「虔」字，則十分切恰——

1. 《左傳·成公十三年》：「虔劉我邊垂。」杜預注：「虔、劉，皆殺也。」

2. 《尚書·盤庚上》：「重我民，無盡劉。」《偽孔傳》云：「劉，殺也。」

是『虔』、『劉』二字皆訓「殺」，知「矯虔」乃矯稱上命，巧取豪奪，恣意妄爲，甚至殺人越貨，此〈呂刑〉所以名之爲「寇賊」者，亦是詔文云：『姦滑爲害，野荒治苛者』，乃稱之爲「撟虔吏」。

## 2、敷奏以言，明試以功。〈堯典〉

各奉職奏事，以『傅奏其言，考試功能』。〈宣帝紀〉卷八　頁247

謹案：宣帝地節二年五月一日始親政聽事，此《漢書》櫽括《尚書》之文，復變易之，以形容宣帝稽劾百官，以爲黜陟；暗喻宣帝亦有帝堯之德。《漢書》言「敷奏」，皆作「傅奏」。詳見本篇，第三章，例2。

3、流共工于幽洲，放驩兜于崇山，竄三苗于三危，殛鯀于羽山，四罪而天下咸服。〈堯典〉

　　贊曰：「伍被安於危國，身為謀主，忠不終而詐讎，誅夷不亦宜乎！『書放四罪』。」〈伍被傳・贊〉卷四五　頁2189

　　師古曰：「謂流共工，放驩兜，竄三苗，殛鯀也。事見虞書。」

謹案：班固檃栝《尚書・堯典》：「四罪而天下咸服」句，以言伍被參與淮南王之叛，故其罪當誅也。

4、至於再，至于三，乃有不用，我降爾命，我乃其大罰殛之。〈多方〉

　　書曰：『至于再三，有不用，我降爾命。』〈文三王傳〉卷四七　頁2218

　　師古曰：「此周書多方篇之辭也。言我教汝，至于再三，汝不能用，則我下罰黜汝命也。」

謹案：漢哀帝建平年間，梁王劉立復殺人，上遣廷尉、大鴻臚持節即訊，然劉立卻矯稱疾病，置辭驕嫚。於是群臣皆以為劉立罪過益深，不能輔導，故迻錄《尚書》經文而稍易之，以諫哀帝收其璽綬，下陳留獄，以維綱紀，以行正法也。

又案：《漢書》乃迻錄〈多方〉經文，惟《漢書》作「至于再三」又無「乃」字，今本〈多方〉作「至于再，至于三，乃有不用，我降爾命。」故今本〈多方〉較《漢書》所引多出三字。段玉裁《古文尚書撰異》（卷二四）云：「此少『至于乃』字，蓋今文尚書本然。」今據王充《論衡・譴告》（卷十四）云：「管蔡篡畔，周公告教之，『至於再三』。」則可證段氏所言不誤。即漢時之今文說，其經文作『至于再三』；而字作『至於再，至于三』者，蓋為古文說也。

5、帝曰：「龍！朕聖讒說殄行，震驚朕師。」〈堯典〉

　　書曰：『讒說殄行，震驚朕師。』〈賈捐之傳〉卷六四下　頁2837

　　師古曰：「虞書舜典之辭也。言讒巧之說，殄絕君子之行，震驚我眾。」

謹案：元帝時，石顯擅權，賈捐之、楊興共奏於上，諫元帝收石顯之權；未料，反遭顯所誣陷。此乃顯迻錄《尚書》經文，以言賈、楊二人心懷詐偽，欲謀大位。捐之竟坐罪棄市，興則髡鉗為城旦。

6、臣無有作福作威玉食。〈洪範〉

　　奢侈『玉食』。〈陳萬年傳〉卷六六　頁2901

　　師古曰：「玉食，美食如玉也。」

謹案：《漢書》藉《尚書》之辭，以刺陳咸（陳萬年之子）憑殺伐立威，奢侈飲食
　　　之行。此《漢書》檃栝《尚書》之文。

7、惟文王尚克修和我有夏，亦惟有若虢叔，有若閎夭，有若散宜生，
　有若泰顛，有若南宮括。又曰，無能往來，茲迪彝教，文王蔑德，
　降于國人。〈君奭〉

　　雲數上疏，言丞相韋玄成容身保位，『亡能往來』。〈朱雲傳〉卷六七　頁 2914
　　李奇曰：「不能有所前卻也。」師古曰：「周書君奭之篇稱周公曰：『惟文王尚克
　　修和有夏』，有若虢叔、閎夭、散宜生、泰顛、南宮括。又曰：『亡能往來』。故
　　雲引此以爲言也」。

謹案：朱雲藉〈君奭〉之辭，以形容丞相韋玄成身君居輔弼之位，卻不服股肱之事，
　　　故朱雲數上疏屢諫元帝黜罰之。此蓋全襲《尚書》文，惟「無」作「亡」者，
　　　實《漢書》文「無」多作「亡」耳。

又案：今本作「無」，鈔本〈伯二七四八〉P：2265 作「無」，而〈內野本〉P：2281
　　　〈足利本〉P：2293〈影天正本〉P：2302〈八行本〉P：2312 竝作「亡」，今
　　　本與《唐石經》P：2329 皆作「無」。此傳引「無能往來」，蓋漢人讀以「來」
　　　句絕，楊筠如《尚書覈詁》（頁 206）謂：「往來，漢書朱雲傳『丞相韋元成，
　　　容身保位，亡能往來』，是以往來爲進賢退不肖之意。」其說甚確：此傳乃
　　　朱雲上疏參劾韋氏，知西漢人本作此解，以檃栝下文『茲迪彝教』，即屈萬
　　　里先生（見《尚書集釋・君奭》頁 209）之言：「言虢叔等如不勤勉履行法
　　　教，則文王即無德惠降於國人也。」正合此傳與《尚書》經義。

　　　又（宋）蔡沈《書經集傳》（卷五）云：「夏氏曰：『周公前既言文王之興，本此
五臣』，故又反前意而言曰若此五臣者，不能爲文王往來奔走於此導迪常教，則文王
亦無德降及國人矣。」（宋）金履祥（見《書經注》卷十）亦言：「向無五人爲之往
來宣導彝教，則文王豈能自使治化，下達於國人。」按此二說亦通；惟《僞孔傳》
傳曰：「有五賢臣，猶曰其少，無所能往來。」則失之甚矣。

　　　近人趙延早《尚書正譌・君奭》認爲經文當作『惟能往來，迪茲彝教，文王茂
德，降于國人』，可備乙說；然趙氏以「蔑爲茂之譌」因而改易，實不及于省吾（見
《雙劍誃尚書新證》卷三，頁 229）之見：「甘誓『威侮五行』，王引之（見《經義
述聞》）謂『威』當作『威』，蔑之叚借。是也！詛楚文威作威，〈王孫鐘〉（亦即『王
孫遺者鐘』，見郭沫若《周代金文圖錄及釋文》頁 160～162）威作威，二字形極相
似，此言『文王蔑德降于國人』，即文王威德降于國人也。是威譌爲威，又叚爲蔑。」

8、流共工于幽州，放驩兜于崇山，竄三苗于三危，殛鯀于羽山，四罪而天下咸服。〈堯典〉

　　昔堯放四罪而天下服，今除一吏死眾皆惑。〈鮑宣傳〉卷七二　頁3087

　　師古曰：「四罪，流共工于幽州，放驩兜于崇山，竄三苗于三危，殛鯀于羽山也。」

謹案：鮑宣此述〈堯典〉所載舜流放共工等『四凶』之故事，藉之以諫哀帝不該免孔光等人之官職，反而進用外戚幸臣；正可與舜做對比。但鮑宣之議，仍不爲哀帝所納。

9、※三載考績，三考黜陟幽明。〈堯典〉

　　經曰：『三載考績，三考黜陟。』〈李尋傳〉卷七五　頁3188

　　師古曰：「虞書舜典之辭也，言三年一考功績，三考一行黜陟也。」

謹案：此櫽栝〈堯典〉之文。哀帝即位之初，待詔尋，使侍中問尋何以災異——水出地動，日月失度，星辰亂行——頻仍，直言毋諱。自此例以下共三則，皆尋之言，李尋藉《尚書》之辭，以申言治國之道，欲速則不達。《僞孔傳》及師古注，皆不如《尚書大傳・堯典》之謂：「三歲而小考者，正職而行事也。九歲而大考者，黜無職而賞有功也。」

又案：〈谷永傳〉引《尚書》作「三載考績，三考黜陟幽明」，與此傳之句讀不同——

1. 西漢董仲舒（《春秋繁露・考功名》卷七）云：「天子歲試天下，三試而一考，前後三考而絀陟，命之曰『計』。」

2. 西漢司馬遷（《史記・五帝本紀》）云：「三歲一考功，三考絀陟，遠近眾功咸與。」

3. 東漢王符（《潛夫論・考績》）云：「書曰：『三載考績，黜陟幽明。』蓋所以昭賢愚而勸能否也。」

4. 東漢王充（《論衡・治期》卷十七）云：「上古之黜陟幽明考功，據有功而加賞，案（皮錫瑞引作『按』，見《今文尚書攷證》卷一）無功而施罰。」

5. 東漢應劭（《風俗通・山澤・五嶽》卷十）言：「嶽者，埆功考德，黜陟幽明也。」

6. 東漢班固（《白虎通義・攷黜》見（清）陳立《白虎通疏證・攷黜》卷七）言：「尚書曰：『三載考績，三考黜陟。』其文後又兩引『三考黜陟』。」

7. 皇甫謐（《帝王世紀》）言：「三載一考績，黜陟幽明。」（見（宋）李昉《太平御覽・皇王部》卷八一『帝舜有虞氏』條下引文。）

8. 東漢桓帝永興元年〈平都相蔣君碑〉（見《隸釋》卷六，頁15～17。）、桓帝延

熹七年〈泰山都尉孔宙碑〉（見《隸釋》卷七，頁4～8。皮錫瑞《漢碑引經攷》卷二，頁24，作〈太山都尉孔宙碑〉。今從《隸釋》。）、桓帝延熹九年〈山陽太守祝睦後碑〉（見《隸釋》卷七，頁8～10。然皮氏《漢碑引經攷》卷二，頁24，作〈山陽太守祝睦碑〉恐誤，該〈祝睦碑〉乃立於延熹十年。今從《隸釋》。），此三碑均立於《熹平石經》之前，碑文竝言『三載考績』。

綜上可知，西漢之儒多於『黜陟』句絕，逮及東漢，則兼有讀於『幽明』句絕者。故段玉裁《古文尚書撰異》（卷一）以爲「今文家皆於『黜陟』句絕也」之論，稍誤矣；因漢儒今文家亦有於『幽明』句絕者，當從皮錫瑞（見《今文尚書攷證》卷一）之言「蓋三家今文之異也」較爲妥善。

**又案**：上述諸例皆以爲「三歲一考，三考（九年）黜陟幽明」——

1. 稽劾先秦典籍，《韓非子・五蠹》載：「當舜之時，有苗不服，禹將伐之，舜曰：『不可！上德不厚而行武，非道也。』乃修教三年，執干戚舞，有苗乃服。」其曰『修教三年』，蓋是以三年時間而攷之。

2. （宋）羅泌（《路史・後紀十一・疏仡紀・有虞氏》）更申言之：「三載一攷績，三考黜陟幽明。」男苹注：「三攷，九年。周傳（案：『周傳』指《尚書大傳・堯典》）攷績訓云：『三歲小攷，正職而行事。九歲大攷，黜無職，賞有功也。』一之三以至九年，天數窮矣，陽德終矣。」

3. 然而《周禮・天官・大宰》卻云：「歲終，則令百官府各正其治，受其會，聽其致事，而詔王廢置。三歲，則大計群吏之治而誅賞之。」《周禮》則以一歲一攷，三歲共三攷而黜陟誅賞。

愚以爲《尚書大傳》之說是也！〈堯典〉云：「帝曰：『格汝舜！詢事考言，乃言底可績，三載，汝陟帝位。』」（宋）蘇軾（見《書傳・堯典》卷二，頁3）言：「考三年而其言驗，乃致其功。」堯試舜三年而禪帝位，此三年一攷之試！經文後言「正月上日，受終于文祖。」則堯老而舜攝政。在〈堯典〉有記鯀治水乙事：「九載，績用弗哉。」於是舜攝政而治其罪——殛鯀于羽山（見〈堯典〉）——故天下咸服！蘇軾（見《書傳・堯典》卷一，頁8）更直言：「九年三考而功不成。」則舜以三年之試而受堯之禪，乃爲天子；鯀則因三考九年、功績不成而遭舜之黜罰，殛于羽山，此正合『三歲一考，九年而黜陟誅賞』之例！《尚書》經義昭然，著毋庸議。《周禮》以一歲一攷，三歲三攷而黜陟誅賞，乃別出之例，斷斷不可以其爲《尚書》之訓。

10、皋陶曰：「都！亦行有九德，亦言其人有德，乃言曰『載采采』。」
　　禹曰：「何？」皋陶曰：「寬而栗，柔而立，愿而恭，亂而敬，擾而

毅，直而溫，簡而廉，剛而塞，彊而義，彰厥有常吉哉。……天敘有典，勅我五典五惇哉。」〈皋陶謨〉

丞相衡、御史大夫譚位三公，『典五常九德』。〈王尊傳〉卷七六　頁3231

師古曰：「五常，仁、義、禮、智、信也。九德，寬而栗，柔而立，愿而恭，亂而敬，擾而毅，直而溫，簡而廉，剛而塞，強而義也。事見虞書皋陶謨也。」

謹案：此例乃李尋彈劾匡衡、張譚之言。李尋矚栝《尚書》經文，以陳二人畏石顯貴幸擅權，不知以美風化俗、篤行司徒之職；反而阿諛曲從、附下罔上，無大臣輔政之義，乃不忠之罪人也。

又案：《古文尚書注・堯典》：「慎徽五典。」《史記集解》引鄭玄注曰：「五典，五敬也。蓋試以司徒之職。」《周禮・天官・大宰》鄭玄注：「典，常也，經也，灋也。」《爾雅・釋詁上》亦言：「典、法，常也。」又〈堯典〉：「五品不遜。」《偽孔傳》傳云：「五品，謂五常。」是以「五常」即「五典」、「五教」、「五品」，名異而實一也。本傳用「常」，乃「典」之訓詁字。至於「五典」的內容，有以下諸說——

1. 五教：與八元，使布五教于四方，父義、母慈、兄友、弟恭、子孝，內平外成。（《左傳・文公十八年》）

2. 五教：聖人有憂之，使契為司徒，教以人倫，父子有親，君臣有義，夫婦有別，長幼有序（案：今本『序』作『敘』，依《唐石經》改），朋友有信。（《孟子・滕文公上》）

3. 五品：父、母、兄、弟、子也。（《史記集解》引鄭玄注）

4. 《禮記・中庸》：「天命之謂性。」鄭玄注：「木神則仁，金神則義，火神則禮，水神則信，土神則知。」是鄭玄合陰陽「五行」與人之「五性」為言。

5. 班固《白虎通義・性情》言：「五性者何謂？仁、義、禮、智、信也。」（（清）陳立《白虎通疏證》卷八，謂：「『五性』舊作『五常』，譌。」今從之改。）

6. 王充《論衡・問孔》卷九，其言：「五常之道，仁、義、禮、智、信也。」

7. 〈堯典〉：「慎徽五典，五典克從。」《偽孔傳》云：「五典，五常之教，父義、母慈、兄友、弟恭、子孝也。」

8. 〈泰誓下〉：「狎侮五常。」孔疏：「五常即五典，謂父義、母慈、兄友、弟恭、子孝；五者，人之常行。」

9. 《莊子・天運》：「天有六極五常。」（唐）成玄英疏：「五常，謂五行；金、木、水、火、土，人倫之常性也。」（王先謙《莊子集解》引成氏《莊子注疏》）

10. 《荀子・非十二子》：「案往舊造說，謂之五行。」（唐）楊倞注：「五行，五

常；仁、義、禮、智、信是也。」

11. （宋）蔡沈《書經集傳・舜典》言：「慎徽五典，五典克從。」釋「五典」為「五典，五常也。父子有親、君臣有義、夫婦有別、長幼有序、朋友有信是也。」

12、〔宋〕蘇軾《書傳》言：「五教，父義、母慈、兄友、弟恭、子孝。」

13. （宋）金履祥《尚書注》，釋「五典」之為：「其典則君臣、父子、兄弟、夫婦、朋友之五典也。」

14. 五常，五行也。《禮記・樂記》：「道五常之行」，鄭玄注：「五常，五行也。」（清）孫希旦（《禮記集解》）謂：「五常之行，仁、義、禮、智、信之德也。」

綜上可知「五典」的內容，約分三類：一為父義、母慈、兄友、弟恭、子孝。二是今之言「五倫」。三則配以金、木、水、火、土之仁、義、禮、智、信。三說皆不礙《尚書》經義，學者各取之。

漢碑〈司空文烈侯楊公碑〉（見皮錫瑞《漢碑引經攷》卷二，頁 20～21。）有碑銘曰：「命公作司徒，而敬敷五教，以親百姓。」皮氏案：「此用今文尚書，多一『而』字。史記五帝本紀、殷本紀皆作『而敬敷五教』，列女傳引經亦作『而敬敷五教』，皆今文尚書也。足利古本（案：不僅〈足利本〉P：104，竝〈內野本〉P：90〈影天正本〉P：116〈八行本〉P：129 都有『而』字；惟《書古文訓》P：138《唐石經》P：149 與今本同，俱無『而』字。）亦有『而』字。碑下文云：『父義、母慈、兄友、弟恭、子孝。』與左傳義同。應劭漢書注曰：『五教：父義、母慈、兄友、弟恭、子孝也。』則今文說與古文說不異。」

**又案**：另〈甘誓〉所言：「有扈氏『威侮五行』，怠棄三正。」（《墨子・明鬼下》述〈禹誓〉文，與此十一字均同。）〈甘誓〉稱有扈氏「威侮五行」，猶如〈泰誓下〉言商王紂之「狎侮五常」，亦如〈堯典〉中，帝舜見百姓不親，又「五品不遜」，乃命契作司徒，以「敬敷五教」。「威侮五行」、「狎侮五常」、「五品不遜」三者，一言以蔽之，曰：「亂常。（見《尚書・甘誓》偽孔傳）」，不必特如東坡（《書傳》卷六）以「五德終始」而言『王者各以五行之德王，易服色及正朔。』之云者！

**又案**：今本、岳本、〈八行本〉P：266《唐石經》P：275 竝同，字皆作「彊而義」

1. 〈足利本〉P：254〈影天正本〉P：260 則作「彊而誼」，餘同今本。

2. 〈內野本〉P：247 作「彊而誼」，餘文皆同今本。凡鈔本作「誼」者，旁小注

皆書「義」。

3. 《魏石經》P：243 品字式殘碑，僅存「繇曰寬而栗，柔而立，愿」諸字，「陶」
　作「繇」。

鈔本之作「彊」者，與「彊」形近而譌，「彊」、「強」段借字（《說文》十三篇
上、虫部，段注：「段借爲彊弱之彊。」）。

另「誼」字，《說文》三篇上、言部：「誼，人所宜也，从言宜，宜亦聲。」段
注：「誼、義，古今字。」而金文彝銘未見（依全廣鎮《兩周金文通假字研究》，頁
175）。《說文》七篇下、宀部云：「宜，所安也。从宀之下，一之上，多省聲。」段
注：「漢石經作宜。」又十二篇下、我部言：「義，己之威義也，从我从羊。」段注：
「古者威儀字作義，今仁義字用之。儀者度也，今威儀字用之。誼者人所宜也，今
情誼字用之。鄭司農注周禮肆師：『古者書儀但爲義，今時所謂義爲誼』，是謂義爲
古威儀字。」又〈肆師〉鄭司農注：「義讀爲誼。」是宜、誼、義三字，古時同音（俱
疑母、歌部），所以三字可相通段。故段玉裁（見《說文解字注》『誼』字下，段氏
注文。）所言不虛：「周時作誼，漢時作義，皆今仁義字也。其威儀字，則周時作義，
漢時作儀。」

11、帝曰：「吁！靜言庸違，象恭滔天。」〈堯典〉

　　御史大夫奏尊『靖言庸違，象龔滔天。』〈王尊傳〉卷七六　　頁 3235

　　師古曰：「引虞書堯典之辭。靖，治也。庸，用也。違，僻。滔，漫也。謂其
　　言假託於治，實用違僻，貌象恭敬，過惡漫天也。漫音莫天反。一曰，滔，漫
　　也。」

謹案：此爲御史大夫彈劾王尊之文，藉《尚書》之辭以爲之。下文復提及「靖言庸
　　　違，放殛之刑」，但下文所言，乃湖三老公爲尊翻案平反之用，正與上文相
　　　對。「放殛之刑」乃指〈堯典〉所載帝舜懲處共工、兜驩、三苗和鯀四罪之
　　　刑。

又案：今本作「靜」——

1. 鈔本〈伯三〇一五〉P：5〈八行本〉P：48《唐石經》P：61 同今本皆作「靜
　言庸違，象恭滔天」。

2. 〈內野本〉P：21〈足利本〉P：31〈影天正本〉P：39 則作「彭言」，《書古文
　訓》P：53 竝同，且於「彭」旁加小注書「靜」。

3. 〈康誥〉言『今惟民不靜』，《魏石經》P：1761 三體直式之古文作「彫」，〈內
　野本〉P：1776〈足利本〉P：1789〈影天正本〉P：1800〈八行本〉P：1812

皆作「靜」。

4. 王國維先生（《海寧王靜安先生遺書‧魏正始石經殘石考‧康誥》頁 3416）云：
「彤，說文青之古文作[古文字]，屮者生之省，[古文字]者丹之訛也。」此（案：指石經古文）誤以彤爲彰。汗簡引義雲章，以[古文字]爲彤字，以[古文字]爲瞻字。」據《說文》丹之古文作「[古文字]」，彤之古文作「彤」；青，許書言：「東方色也，木生火。從生丹。丹青之信言必然。」意謂人之言語，誠信如丹青昭然之色，故「彤」謂丹飾，從彡丹；「彰」謂青飾（案：青字依段玉裁注文改，許書作清），從彡青。「彡」乃毛飾畫文，二意乃是以丹色、青色所飾畫之文。

竊以爲王氏言「[古文字]」爲「彤」之譌，不若爲「彰」之譌省也！而陳鐵凡先生（見〈敦煌本虞書校證〉頁 27，引〈敦煌本堯典釋文殘卷〉）云：「彰，古靜字。」是彰、靜爲古今字，甚是。

故「靜言」就上述諸例，有『誠信』之意，謂人之所言如丹朱青藍之色，純然而不相混。「靜言庸違」，便是吾人所謂之「說是一套，做又是一套」，於是後來才被帝舜流于幽州。（宋）蔡沈（《書經集傳‧堯典》）云：「靜言庸違者，靜則能言，用則違背也。」正合於愚意；實不必如古注訓「善」「飾」「治」「安」「謀」等曲折詮釋經義！

又案：今本作「象恭」──

1. 鈔本〈內野本〉P：21〈足利本〉P：31〈影天正本〉P：39〈八行本〉P：48《唐石經》P：61 並作「恭」；惟《書古文訓》P：53 作「龔」。

2. 〈君奭〉言：『大弗克恭上下』，《魏石經》P：2241 三體直式之古文作「[古文字]」，篆文作「[古文字]」，漢隸作「龔」，鈔本〈伯二七四八〉P：2262 作「恭」，〈內野本〉P：2275〈足利本〉P：2290〈影天正本〉P：2299〈八行本〉P：2308 並作「龔」（案：〈足利〉〈影天〉二本『龍』作『竜』。）據全廣鎭先生（見《兩周金文通假字研究》頁 242～246）的統計：金文無「恭」「龔」字，而有「共」「龏」字。「恭」字始見於戰國印文，金文多叚「共」爲「恭」，且金文均作「龏」，典籍則多作「恭」。

但是《說文》分列龏、龔二字，一從廾，一從共。廾，居竦切；龏，紀庸切；龔，俱容切；三字反切上字同屬「見母」，下字同在「東韻」，是以三者雙聲疊韻。再者「共」字，甲、金文中不作「廾」，皆作「共」（見《常用古文字字典》「共」條下，頁 153～154），多爲「[古文字]」，象兩手捧著一種器具之形，是以「共」通作「拱」或訓「同」，這些都是「共」的引申義。商承祚先生（見《石刻篆文編》卷三，頁 13）所言甚是：「金文從廾作龏，廾、共一字。許誤分龏、龔爲二字。古文假龍爲

龔。」另《春秋・文公九年》經云：「葬曹共公。」《魏石經》（同上邱書，頁 71；又呂振端先生《魏三體石經殘字集證》頁 266）殘石古文作「龏」，篆文爲「龏」，漢隸作「恭」，音皆讀「俱容切」。《唐石十三經》該板頁殘缺，無法得知；然今本作「曹共公」。

綜上之言，三體石經之古文叚「龍」爲「共」，而篆文則作二字「龏（龔）」（見《魏石經》P：2241 三體直式之篆文）和「恭」（見呂振端先生《魏三體石經殘字集證》頁 266），但音義則共、龏、龔、恭皆同，惟引申義則有「恭敬」「奉行」「供給」「共同」之分（段氏於《古文尚書撰異・甘誓》之『今予惟共行天之罰』條下，辨證詳實，此不贅述。）。簡言之，訓「恭敬」則作「龏（龔）」「恭」，讀爲「恭」；訓「奉行」則作「龏（龔）」「共」，不可讀爲「恭」，應讀「龔」；訓「供給」者，作「龏（龔）」「共」，讀爲「供」，不可讀爲「恭」。

12、召公爲保，周公爲師，相成王爲左右，召公不說，周公作君奭。〈君奭・序〉

寶曰：「周公上聖，召公大賢。尙猶有『不相說』，著於經典，兩不相損。」〈孫寶傳〉卷七七　頁 3263

師古曰：「周書君奭之序曰『召公爲保，周公爲師，相成王爲左右，召公不說，周公作君奭』是也。兩不相損者，言俱有令名也。召讀曰邵。說讀曰悅。」

謹案：平帝初立，會越嶲郡上黃龍游於江之瑞，有臣孔光，馬官等言此瑞乃應王莽功德直比周公，故宜告廟；但孫寶奏書反對，藉《尚書》所述周、召二公俱爲賢聖之人，猶有『不悅』之事，更何況當朝百官賢聖無出二公者，實爲譏刺群臣，妄言福祥，誇稱莽德應瑞之阿附醜行也！

本師李振興先生於其《尚書學述・君奭》，及同書〈附錄一・我讀《尚書・君奭》篇的兩點淺見〉〈附錄二・附〈君奭〉篇原典注譯〉三文中，指出書小序所言『召公不說』之說，乃爲『莫須有』的觀點，因『在經文中實在找不出召公不說之言』，就連『不說的意念也無法找到』（見〈附錄二・附〈君奭〉篇原典注譯〉頁 1041）。本師所援以爲證者有三：

1. 君薨，冢宰攝政，此乃古制。今武王崩，成王幼，周公以冢宰之職攝政，乃理所當然之事。見《論語・憲問》孔子答子張問『高宗諒陰，三年不言』事，子曰：「何必高宗，古之人皆然。君薨，百官總己以聽命於冢宰三年。」

2. 東漢馬融（案：《史記・燕召公世家》集解引）、（三國）徐幹（案：見《中論・智行》）二人，皆疑周公貪位之說，亦不能成立。吾人可自〈金縢〉〈無逸〉〈洛

誥〉〈多士〉〈多方〉等篇，則『周公貪位之說』，不攻自破。

  3. 〈君奭〉全篇，無一語言及「召公疑周公」或「召公不說」之文。

    本師之言是也！此皆漢代經師、儒士，受制於《尚書‧小序》之文，曲解經義以合於《尚書‧小序》之云云者，吾輩豈可重蹈覆轍哉！

又案：今本作「說」，《論語‧學而》作『不亦說乎』，《魏石經》（《石刻篆文編》卷三，頁6）古文一體殘石字作「 」，商承祚先生注：「魏一體石經，《論語‧學而》：『▲不亦說▲乎（案：此處兩字左旁有 "▲" 者，乃石經殘缺，而據今本《論語》補。）。』借敓爲說，說即悅字。古用說，今用悅。」

  1. 東漢桓帝延熹八年〈西嶽華山廟碑〉（見《隸辨》卷五）作『民說無疆』，顧藹吉按：「廣韻云：『悅，經典通用說。』」《左傳‧僖公二十七年》記載趙衰之言：「臣亟聞其言矣！說禮樂而敦詩書。」

  2. 東漢靈帝建寧四年〈西狹頌〉（見《隸辨》卷五）刻作『敦詩悅禮』，即檃栝趙氏之言。

  3. 另《爾雅‧釋詁上》『悅』字條下，郝懿行義疏云：「悅者，古作說。說文『說釋』即『悅懌』也。經典悅、說通用。」據《說文》段注，說字音讀「弋雪切」、十五部，喻紐；敓字音讀「徒活切」、十五部，定紐；反切下字『雪』之介音爲「y」，屬四等呼——開、齊、合、撮——之「攝口呼」，反切下字『弋』又是喻紐，故『說』字發「喻紐四等」的音。依曾運乾〈喻母古讀考〉（轉錄陳新雄《音略證補》頁247。）言：「喻于二母，本非影母的濁聲，于母古隸牙聲匣母，喻母古隸舌聲定母，部仵秩然，不相陵犯。」竺家寧先生（《聲韻學‧上古的聲母》）於『喻四古歸定』條下所載諸例中，有「書說命，釋文本亦作兌命」乙文，更可證「說」「敓」二字於上古時爲雙聲疊韻，故可通叚也。

13、墨辟疑赦，其罰百鍰，閱實其罪；劓辟疑赦，其罰惟倍，閱實其罪；剕辟疑赦，其罰倍差，閱實其罪；宮辟疑赦，其罰六百鍰，閱實其罪；大辟疑赦，其罰千鍰，閱實其罪。〈呂刑〉

    左將軍丹等奏：「商位三公，爵列侯，親受詔策爲天下師，不遵法度以翼國家，而回辟下媚以進其私，執左道以亂政，爲臣不忠，罔上不道，甫刑之辟，皆爲上戮，罪名明白。」〈王商傳〉卷八二　頁3374

謹案：此乃史丹檃栝《尚書》經文，藉日蝕之異象，以參劾丞相王商罔上不道、亂政營私，於〈呂刑〉之罰，俱爲死罪。其實，史丹所參諸罪，皆欲加之辭也。

又案：《爾雅‧釋詁上》：「辟，皋也。」《說文》十四篇下、辛部云：「皋，犯瀘也。

从辛自。言皋人戚鼻苦辛之憂。秦以皋似皇字，改爲罪。」〈呂刑〉五罪之
罰，即墨辟、劓辟、荆辟、宮辟和大辟五刑。鈔本〈岩崎本〉P：2919～P：
2920〈內野本〉P：2938～P：2939《書古文訓》P：2979 竝作「皋」；〈足利
本〉P：2953～P：2954〈影天正本〉P：2965～P：2966《唐石經》P：3000
～P：3001 則俱同今本作「罪」。詳見本篇，第十八章，例 69。

14、帝曰：「吁，咈哉！方命圯族。」〈堯典〉

　　傅太后詔丞相御史曰：「高武侯喜無功而封，內懷不忠，附下罔上，與故大司
　　空丹同心背畔，『放命圯族』，虧損德化，罪惡雖在赦前，不宜奉朝請，其遣就
　　國。」〈傅喜傳〉卷八二　頁 3381

　　應劭曰：「放棄教令，毀其族類。」

謹案：哀帝時傅太后（案：即〈朱傅傳〉中之「定陶太后」）欲求與成帝之母齊尊，
　　　爲傅喜、孔光、師丹所議罷，太后不欲其輔政，藉《尙書》經文以爲罷黜之
　　　據，然哀帝終不聽。

又案：傅太后詔文迻錄《尙書》經文作『放命』，今本作『方命』者，阮元〈校戡記〉
　　　按語：「群經音辨匚部云：『匚，放也。甫妄切。書：匚命圯族。』」《說文》
　　　十二篇下、匚部：「匚，受物之器，象形。凡匚之屬皆从匚。讀若方。」段
　　　注：「方本無正字，故自古叚方爲之。……府良切，十部。」《說文》八篇下、
　　　方部：「方，併船也。」所謂「受物之器」就是今人泛指的容器，容器若呈
　　　不規則的形狀，確實比規則形狀的容器所能裝載的容量要少得多。因此《周
　　　易・坤卦・六二》爻辭言：『直方大』，其義正是「既直且方正」的『容器（事、
　　　物、心志）』，當然所裝載的容量就大！

　　　廖雲仙先生（見《虞夏商書斠理》，頁 39）以爲『蓋匚、方，古今字』，疑稍誤；
竊以爲匚、方二字同音通作，是也；但匚、方爲古今字，則有待商榷。因二字於古
並存，不可因二字通叚而斷作古今字，觀《說文》段注，並未提及匚、方爲古今字
之迹，乃於此提掣以誌疑。

又案：鈔本〈敦煌本堯典釋文殘卷（即〈伯三三一五〉）〉，其言：「亡命，如字。馬
　　　云：『方，放也。』徐云：『鄭、王音放。』」殘卷作『亡』者，與『匚』形
　　　近而譌誤。

　　1.《孟子・梁惠王下》有『方命虐民。』句，趙岐注：「方猶逆也。逆先王之命
　　　但爲虐民之政。」阮元〈校勘記〉「方猶逆也」條下云：「閩、監、毛三本同。
　　　廖本、孔本、韓本、考文古本，逆作放。」正義引鄭玄注：「方，放。謂放棄

教命。」《書古文訓》P：53 正作『亡』，〈內野本〉P：22〈足利本〉P：32〈影天正本〉P：40〈八行本〉P：49《唐石經》P：61 同今本竝作『方』。

2. 《史記・五帝本紀》作『負命毀族』，是「負命」「放棄教命」「逆先王之命」三者殊途同歸，「逆」意近於「負」（陳鐵凡先生〈敦煌本虞書校證〉，頁29），放棄則不遵行，不遵即是逆！

究其音讀，方，府良切，非母，十部；放，甫妄切，非母，十部；負，房九切，奉母，古音在一部。知方、放雙聲疊韻，同音可通作；但是非、奉不同紐。（清）丁韻漁（見《尚書異字同聲攷》卷二）以爲「方與負俱輕脣、非母字，一聲之轉」，實乃丁氏不察之誤。

故《史記》作『負』，蓋僅以義訓而已。段玉裁（見《古文尚書撰異》卷一）云：「古文尙書作方，今文尙書作放。說文十三篇土部曰：『虞書曰：「方命圮族。」』此古文尙書也。」段玉裁又言：「漢書敘傳曰：『諸侯方命』，此當是本作放命，而孟康注引古文尙書曰：『方命圮族』，因改正文作『方』耳。」

愚以爲古文作「方」，今文作「放」是也；然是否爲後人據孟康注而改「放」作「方」者，則不得而知。

15、無曠庶官，天工人其代之。〈皋陶謨〉

御史大夫于永卒，谷永上疏曰：「帝王之德莫大於知人，知人則百僚任職，『天工不曠』。」〈薛宣傳〉卷八三　頁3391

師古曰：「工，官也。曠，空也。」

謹案：成帝時，谷永上疏力薦薛宣任御史大夫之職，永乃隱栝《尙書》經文以爲用，推崇薛宣之有善政，舉錯皆恰當其時，威德並行，姦宄絕息，乃是任御史大夫之賢材。

16、知人則哲，能官人。〈皋陶謨〉

故皋陶曰：『知人則哲，能官人。』〈薛宣傳〉卷八三　頁3391

師古曰：「虞書皋陶謨之辭也。哲，智也。無所不知，故能官人也。」

謹案：此並上例，皆谷永舉薦薛宣任職御史乙職，所奏上疏之文。谷永逐錄《尙書》經文，以帝舜之能知人善任，故享太平之世，以彰顯御史大夫一職，斷非庸材所能堪任。若成帝舉薛宣爲任，便如帝舜之德也。後，帝果詔用薛宣。

又案：谷永雖逐錄經文，然於『知人則哲，能官人』句上，兼有『皋陶曰』三字。溯自《史記・五帝本紀》以下，歷代注疏家均以此七字爲禹之言，無一認爲

是出於皋陶之口。吾人皆知伏生所傳《今文尚書》，就有〈皋陶謨〉，司馬遷從孔安國問故，亦載〈皋陶謨〉之文；後《古文尚書》出，而與今文諸篇俱同，是以不論今、古文家，此七字都是禹答皋陶之文，絕非皋陶之言，斷然無疑！

但為何谷永卻云：『皋陶曰』？愚意以為谷永所謂之『皋陶曰』云云，乃是指《尚書》篇名，一如『書云』、『書曰』等，並非皋陶其人。至於〈武帝紀〉因誅淮南、衡山二王，乃下詔云：「朕聞咎繇對禹曰：『在知人，知人則哲，惟帝難之』。」亦同此傳，乃武帝檃栝〈皋陶謨〉之上下文，而冠之皋陶為禹陳謨，非此十一字皆皋陶之言也！又師古於〈武帝紀〉注言：「帝謂堯也。」非是，當依此傳谷永之云：「虞帝之明，在茲壹舉，可不致詳。」經文「惟帝難之」之「帝」，乃是帝舜！

## 17、臣之有作福作威玉食，其害于而家，凶于而國。〈洪範〉

司隸校尉涓勳奏言：「宣本不師受經術，因事以立姦威。案浩商所犯，一家之禍耳，而宣欲『專權作威，乃害于乃國』，不可之大者。」〈翟方進傳〉卷八四頁 3413

師古曰：「周書洪範云：『臣之有作福作威，乃凶于乃國，害于厥躬』，故引之。」

**謹案**：成帝時浩商犯案逃亡，丞相薛宣等奏請遣掾史等官追捕，而涓勳以為誖理，故藉《尚書》經文以劾奏宣等人。

**又案**：涓勳檃栝〈洪範〉經文，復加增益——

1. 《漢書·劉向傳》述劉向引《書》曰：「臣之有作威作福，害于而家，凶于而國。」師古注：「言唯君得作威作福。」

2. 〈武五子傳〉載齊懷王閎賜策曰：「厥宥愆不臧，乃凶于乃國，而害于爾躬。」

3. 〈武五子傳〉載廣陵厲王胥賜策曰：「臣不作福，不作威。」師古注：「臣無有作威作福。」

4. 〈王嘉傳〉載王嘉上疏：「臣無有作威作福，亡有玉食；臣之有作威作福玉食，害于而家，凶于而國。」

綜上之言，《漢書》所錄有二，一為「作威作福」，一為「作福作威」，無獨有偶，師古注亦分此二者。段玉裁《古文尚書撰異》（卷十三）言：「先威後福，蓋今文尚書如是；若古文尚書，則先福後威。公羊疏（案：乃《公羊傳·成公元年》，《史記·宋微子世家》，裴駰《史記集解》並引鄭玄注。）引鄭注『作福專慶（案：《集解》引慶字作爵，且賞罰二字下，皆有也字。）賞，作威專刑罰』是也。惟漢書武五子傳廣陵厲王胥賜策曰：『書云：臣不作福，臣不作威。』此先福後威，而師古注曰：

『周書洪範云：臣無有作威作福。』似唐初所據古文尚書，亦有先威後福者，而策文引今文尚書乃櫽栝之罿，不嫌或異。」

段氏之言恐非是，不論是伏生或孔安國，皆以古文爲本而讀以今文也，是以安國得「逸書十餘篇（案：〈逸書〉乃指伏生所傳之外者。）」（見《史記·儒林列傳》）；又劉向以中古文校三家經文，「文字異者七百有餘，脫字數十」（見《漢書·藝文志》），足見漢初早已將今、古文合而爲一，所爭論者，不過文字之古今而已。《史記·宋微子世家》亦作「作福作威」者，則《史記》之本，今文耶？抑古文耶？再者，古人引經據典，是否一如目前之考證詳實，蓋多以其記誦之文以誌之於籍冊，故以「威」「福」二字之先後而斷，誠不足爲據！

**又案：**再者，段氏認爲師古注所據之唐初古文尚書，亦有作「先威作福」之本者，依目前所存鈔本〈內野本〉P：1508〈足利本〉P：1522〈影天正本〉P：1534〈八行本〉P：1547《書古文訓》P：1556 全是「先福後威」者，並未見段氏之言有作「先威作福」者。

段氏有『小顏』之譏，其於〈大誥〉之「天棐忱辭」條下（見《古文尚書撰異》卷十五）云：「小顏引古，多不爲分別之罿。如下文引詩『秩秩大猷，聖人謨之』，唐初詩無作『猷』者，直改同班文耳。……凡引古，辭同字異者，必仍其字而爲之說，李善注文選，其例最善。……後人所宜師法。」是以段氏前以「諶忱」字異而小顏，更譏師古有迎合班固之文；後則又以「威福」二字之先後，反云顏氏之另有異本歟？

**愚案：**「秩秩大猷」句，語出《詩經·小雅·巧言》，今本作「奕奕寢廟，君子作之；秩秩大『猷』，聖人莫之」，鄭玄箋云：「猷，道也。」

1. 猷，《說文》十篇上、犬部有『猶』而無『猷』，其言：「猶，玃屬，从犬酋聲。」段注：「以周切，三部。今字分猷、謀字，犬在左；語助字，犬在右。經典絕無此例。」

2. 《爾雅·釋詁下》曰：「迪、繇、訓，道也。」郝疏：「繇者，行之道也。說文作繇，云『隨從』也。爾雅上文云：由，從也。是由與繇同（《說文》十二篇下、由部：「由，或繇字。」），通作繇。」

3. 另〈釋宮〉曰：「路、場、猷、行，道也。」郝疏：「猷者，說文作邎，云『行邎徑』也。通作繇。釋詁云：繇，道也。又通作猶，詩采芑傳：猶，道也。」

是以《說文》無「猷」字，而有由、猶、繇、繇、邎字，可知「猷」爲後來增益之字。故以之觀《詩經》今文三家，王先謙《詩三家義集疏》（卷十七）云：「魯

莫作漠，齊作謨、猷作繇。」綜上之言，毛、魯、韓三家作「猷」，而齊詩作「繇」，蓋師古所據或本之齊詩，抑或猷、猶、繇通用之唐初鈔本，豈可斷言師古乃阿附班固之徒而小之！

又案：《隸釋》（卷十四）載《漢石經·洪範》P：1475 殘文作『家而凶于而國』，鈔本與今本同，於「家」字下無「而」字，屈萬里先生《漢石經尚書殘字集證》（卷二，頁 12）以爲當多一『而』字：「自『而凶于而國』至『謀及乃心』，唐本（即《唐石經》）與漢石經字數亦同；然唐本『凶』字上無『而』字，又『稽疑』上衍『七』字，是唐本欠一字復衍一字也。」其實《隸釋》所載無誤，〈武五子傳〉載漢武帝封齊懷王閎賜策文，正作：「厥有愆惟不臧，『乃凶于乃國（案：惟《隸釋》以二『乃』字作二『而』字。）』，而害于爾躬。」則《漢石經》當刻『而凶于而國』，此爲歐陽尚書本也。

今本、鈔本、《唐石經》作『凶于而國』者，或梅賾獻書之古文定本，但尚有師古所見之古（今）文異文，其文作『臣之有作福作威，乃凶于而國，害于厥躬』者，亦見〈武五子傳〉載漢武帝封齊懷王閎賜策文，正作：「厥有愆惟不臧，『乃凶于乃國，而害于爾躬』。」由此可知師古所據傳本之博雜，亦可見師古考據之詳實精深，愚眞眞不知段玉裁爲何有『小顏』之譏耶！

又案：涓勛逐錄〈洪範〉經文（案：此經文乃指《隸釋》所載鈔摩的《漢石經·尚書》殘字爲言。）：「乃害于乃國」，以誇言薛宣奏議之害。鈔本皆作『其害于而家』，《唐石經》P：1570 竝同，亦作『其』。（清）王引之《經傳釋詞》云：「其，猶「乃」也。……洪範曰：『使羞其行而邦其昌（王引之案語：言使羞其行而邦乃昌也。）』又曰：『女雖錫之福其作女用咎』又曰：『臣之有作福作威玉食，其害于而家，凶于而國』。」楊樹達先生《詞詮》（卷二）『乃』字條下云：「乃，對稱人稱代名詞。爾也，汝也。」又（卷十）『而』字條下云：「而，人稱代名詞。對稱用，汝也，讀上聲。」所以，「乃」、「而」二字，皆可訓爲「汝」「爾」也。

18、帝曰：「吁！靜言庸違，象恭滔天。」〈堯典〉

莽下詔曰：「義父故丞相方進，險詖陰賊，兄宣『靜言』令色，外巧內嫉。」〈翟義傳〉卷八四　頁 3436

師古曰：「靜，安也。令，善也。言其陽爲安靜之言，外有善色，而實嫉害也。」

謹案：此乃莽隱栝《尚書》經文，藉以稱翟義之兄——翟宣的罪狀，就像遭帝舜所流放「四凶」之一的「共工」。

又案：《漢書》於〈王尊傳〉中，湖三老公援引御史大夫彈劾王尊之辭，字作「靖言庸違」，而此作「靜言」者，蓋今文三家之異文耳。

師古前注：「靖，治也。」乃同《爾雅‧釋詁下》之文；此注「靜，安也。」「靜」之本義為「審」，而叚借作「安竫」之「竫」。《說文》十篇下、立部：「竫，亭安也。」而「靖，立竫也」，言人之立容安竫。故「靖」「靜」「竫」均有「安定」之義。詳見本章，例11。

引申之，凡動亂不安之事物，必待治理而使之寧靜安定，故亦訓作「治」。然師古二文不作同一注解者，蓋所據版本以「安」訓「靜言」之「靜」，另以「治」訓「靖言」之「靖」，故知師古依其所據之本而誌之。

### 19、今予惟恭行天之罰。〈甘誓〉

莽下詔曰：「天遣大將軍『共行皇天之罰』，討海內之讎，功效著焉，予甚嘉之。」
〈翟義傳〉卷八四　頁3436

謹案：此同於上例，皆是王莽大勝義軍所頒詔之誥文。莽襲《尚書》經文，復增益「皇」字，以加強其辭義。而於本傳中，翟義亦同樣援引〈甘誓〉此句，而櫽栝經文作「共行天罰」。而今本作「恭行」，本傳皆作「共行」。詳見本章，例11。

### 20、※三載考績，三考黜陟幽明。〈堯典〉

經曰：『三載考績，三考黜陟幽明。』〈谷永傳〉卷八五　頁3448
師古曰：「虞書舜典之辭。言居官者三年一考其功，三考則退其幽闇無功者，升其明明有功者。」

謹案：谷永待詔公車答成帝問災異事，建始三年日蝕、地震同日俱發，永乃藉《尚書》經文，以諫成帝審思治人之術無他，惟論材舉士，必試以其職，考功實以符其德；同時亦不用比周之虛譽，不聽浸潤讒愬之言，自然小人日消而俊艾日隆。

### 21、※九德咸事，俊乂在官。〈皋陶謨〉

又曰：『九德咸事，俊艾在官。』未有功得於前，眾賢布於官而不治者也，〈谷永傳〉卷八五　頁3448

謹案：此同上例，亦谷永待詔公車而答上問災異事。永則迻錄《尚書》經文，引皋陶與禹謀議建國君民之道，永藉其言而勸諍成帝陟罰臧否，必以其官試其

事，無功毋封，無過毋罰，比周邪僞之徒不得進，抱功修職之吏無得隱，尊賢考功，天下無不治者也。

又案：今本作「乂」，此傳谷永引經作「艾」，二字皆從「乂」得聲，字相通作。詳見本篇，第六章，例6。

22、**天命有德，五服五章哉。**〈皋陶謨〉

嘉封還詔書，因奏封事諫上及太后曰：「臣聞爵祿土地，天之有也。書云：『天命有德，五服五章哉！』王者代天爵人，尤宜愼之。」〈王嘉傳〉卷八六　頁3498

師古曰：「虞書咎繇謨之辭也。言皇天命於有德者以居列位，天子諸侯卿大夫士尊卑之服采章各異也。」

謹案：時會哀帝祖母傅太后薨，上因遺詔，欲加封董賢，並賜傅晏、傅商、鄭業爲列侯國。王嘉乃封還詔令，更藉封事而上諫哀帝，嘉迻錄《尙書》經文，旨在強調人民土地皆王者代天而治，不論封賞黜罰，皆須應天命而爲，尤其裂地而封，若不得其宜，眾庶不服，感動陰陽，致令聖體久疾不癒也！此皆不爲順天應人之封，故不當益加封賞。

王嘉迻錄〈皋陶謨〉，經文下有「有封有罪，五刑五用哉！」句，則省而以詔封之事代之，嘉由正面立說，而隱於反面作結，非熟諳《尙書》者不得爲之也！

23、**帝曰：皋陶，蠻夷猾夏，寇賊姦宄。**〈堯典〉

莽大怒，乃策尤曰：「視事四年，『蠻夷猾夏』不能遏絕，『寇賊姦宄』不能殄滅。」〈王莽傳〉卷九九下　頁4156

謹案：天鳳六年，嚴尤任大司馬，諫王莽不當擊匈奴，而應以敉平山東盜賊之患爲務，數諫不聽，嚴尤乃著疏三篇以諷。王莽大怒，迻錄《尙書》經文，以帝舜之憂蠻夷寇賊之不靖，而命皋陶作「士」；藉之以責嚴尤尸位素餐，故嚴尤上印罷歸！

24、**※帝曰：皋陶，蠻夷猾夏，寇賊姦宄。**〈堯典〉

地皇元年七月，大風毀王路堂。復下書曰：「即位以來，……『蠻夷猾夏，寇賊姦宄』，人民正營，無所錯手足。深惟厥咎，在名不正焉。」〈王莽傳〉卷九九下　頁4160

謹案：王莽藉大風毀王路堂之異，迻錄《尙書》經文，下詔罪己，自莽即位以來，

蒼生哀哀，蠻夷寇賊不絕，皆因莽於攝政時，封其子爲諸侯王，乃名不正、言不順之事，故有此天罰之譴。故爲因應此災，今則正其子王安、王臨爲諸侯王之名，便可上順天心，禳災得福矣！

25、言曰從。……從作乂。〈洪範〉

　　書云：『言之不從，是謂不乂。』〈王莽傳〉卷九九下　頁4176

　　師古曰：「洪範之言。乂，治也。」

謹案：天鳳四年，四方飢寒之民，流竄聚眾，號曰赤眉。地皇三年，饑饉未除，旱蝗薦臻，關東人相食，困乏流離者益眾。王莽遣大夫教民草木爲酪，酪不可食，雖開倉賑鹏，仍未足萬一。莽復下詔，開天下山澤之禁，更免百姓賦稅，並引《易經·象卦》卦辭：「損上益下，民說（案：即悅也）無疆。」復檃栝《尚書》經文，變易爲言，勉百官不僅順從其言而行，更應盡其所能，以此惠民之政澤加百姓。故莽由反面立說，稱「不從」便是「不乂」，即不善治民者，黜罰之。

又案：今本、《史記》俱同，字竝作「艾」，《漢書》多作「乂」，《漢石經》作「艾」，《魏石經》古文作「叟」，篆、隸二體竝作「乂」。漢人之有作「乂」「艾」者，蓋今文三家之異，而作「艾」歐陽尚書之學（因《漢石經》採歐陽尚書之本。），《魏石經》則以「乂」爲古文尚書正字。詳見本篇，第六章，例6。

# 第六章　美臣賢

## 略　述

　　此章所錄，大多爲天子之美其臣，或群臣間之褒贊：有思慕稽古之賢臣，而爲之贊者；更有憚懼權貴，而爲之掩過飾非、誇勳偽功之言；也有大權旁落、迫於時勢而出無奈之言也！

1、協和萬邦，黎民於變時雍。〈堯典〉

　　善乎，杜業之納說也！曰：「昔唐以『萬國致時雍』之政，虞、夏以多群后饗共己之治。」〈杜欽傳〉卷六十　529

　　師古曰：「雍，和也。堯典云：『黎萌於變時雍』，故杜業引之也。」

謹案：《漢書》美杜業藉隱栝《尙書》經文，以帝堯之能協和萬邦，德惠天下之功，使成帝復紹蕭何之治、輕徭薄賦、與民休息、安苗裔、繼絕姓等事誼，杜業之功不可沒也！

又案：鈔本皆同今本作「萬邦」「黎民」，未見師古所據作「黎萌」者。《說文》六篇下、邑部：「邦，國也。」又口部：「國，邦也。」故「國」「邦」二字互訓，是《漢書》以「邦」之互訓字「國」代之。

　　另《說文》十二篇下、民部：「民，眾萌也。」段注：「古謂『民』曰『萌』。漢人所用不可枚數。」民音「彌鄰切」，明母，十一部；萌音「武庚切」，微母，古音在十部。明、微二母，乃輕重相變之脣音，音間有流轉；復十、十一部分別是陽、庚二韻，皆發「ŋ」音，是「民」「萌」古音相近，故可通叚也。

2、帝曰：「皋陶，蠻夷猾夏，寇賊姦宄。汝作士。」〈堯典〉

　　若夫舜修百僚，咎繇作士，命以『蠻夷猾夏，寇賊姦軌』，而刑無所用，所謂善師不陳者也，〈刑法志〉卷二三　頁1088

　　師古曰：「虞書舜典舜命咎繇之文也。猾，亂也。夏，諸夏也。寇謂攻劫，賊謂殺人。在外爲姦，在內爲軌。」

謹案：班固迻錄《尚書》經文，藉舜命皋陶作士師，典五刑以治；然皋陶恢弘德治，不用五刑而蠻夷率服，化民成俗之事，正是班固所謂「善師不陳」之典範，亦即寓教於刑之終極目標。此例乃藉稱美皋陶之德，以誡後世之君人者，當正身修德，遷化百姓；而非刑戮立威，殺伐以服人也！

又案：今本作「宄」，班固引經文作「軌」者——

　1. 《左傳・成公十七年》傳曰：「亂在外爲姦，在內爲軌。」

　2. 伏生《尚書大傳・夏傳》：「蠻夷猾夏，寇賊奸宄。（案：《太平御覽》卷二百零九，職官部七，頁1。引《尚書大傳》曰：「蠻夷猾夏，寇賊姦宄。」）」

　3. 《史記・五帝本紀》：「寇緝姦軌。」集解引鄭玄注：「出內爲姦，起外爲軌。」

　4. 《漢書・元帝紀》詔云：「殷周法行而姦軌服。」

　5. 《漢書・王莽傳》載王莽下書曰：「蠻夷猾夏，寇賊姦宄。」

　6. 《說文》七篇下、宀部：「宄，姦也，外爲盜，內爲宄。從宀九聲，讀若軌」又十四篇上、車部：「軌，車轍也。從車九聲。」

　7. 東漢桓帝延熹五年〈成皋令任伯嗣碑〉（見《隸續》卷十五，頁3～4）刻曰：「姦軌歛手。」

　8. 〈敦煌本舜典釋文殘卷（即〈伯三三一五〉）〉P：75，字作「姦宄」，其下云：「字又作宄，古文作宄，皆音軌。」吳士鑑先生〈唐寫本經典釋文校語・下〉（頁29）云：「說文：『宄，從宀九聲，讀若軌。』古書無作『宄』者。」蓋因『九』『几』形近而譌也。

　9. 鈔本俱同今本，字竝作「宄」。

　　綜合上述，《史記》作「軌」，伏生《大傳》作「宄」；〈元帝紀〉作「軌」，〈王莽傳〉作「宄」，如是則今文說並存「軌」「宄」之異文。又《左傳》、《史記集解》引鄭玄注作「軌」，《說文》作「宄」，如是則古文說亦有「軌」「宄」之異文。然作「宄」者，用本義；作「軌」者，則叚借爲「宄」，其義亦訓爲「宄」，乃因二字同音通叚也。

3、予則孥戮汝，罔有攸赦。〈湯誓〉

　　贊曰：「及至困厄『奴僇』，苟活而不變，何也？」〈季布傳・贊〉卷三七　　頁 1984

謹案：此乃班固稱美季布之辭，隱栝《尚書》經文而爲言。

又案：今本作「孥戮」，班固引此經文作「奴僇」者——

1. 《史記・殷本紀》：「予則帑僇女，無有攸赦。」

2. 鈔本〈內野本〉P：612〈足利本〉P：615〈影天正本〉P：618〈八行本〉P：
622 俱同，字竝作「孥弱」；惟《書古文訓》P：623 作「伮弱」。

3. 今本〈甘誓〉亦有「予則孥戮汝」句，《史記・夏本紀》亦作「予則帑僇女」。

4. 鈔本〈伯二五三三〉P：496〈九條本〉P：498《書古文訓》P：510 俱同，字
竝作「伮弱」；〈內野本〉P：501〈足利本〉P：504〈影天正本〉P：506〈八
行本〉P：509 俱同，字竝作「孥弱」。

5. 陳鐵凡先生〈敦煌本夏書斠證〉（頁 11）於「予則伮弱女」條下云：「案伮爲
《說文》古文奴。汗簡引《書》，亦作伮。漢書王莽傳引此作奴。經文當本如
此。林義光曰：『奴，從又持女，與奚字同意。』奴戳疑即執而戮之之意。孥
爲許書所無，玉篇云：『孥，子也。』殆後起之字。史記夏本紀作帑，當又由
孥而譌。」另於「弗用命弱于社」條下云：「集韻云：『戮，古作弱。』僇，
許訓『痴行僇僇』，段爲戮。」（同上，頁 11）

6. 《說文》四篇上、羽部「翏」字下，段注：「匡謬正俗云：『弱，古文戮字。湯
誓云：「予則孥弱女。」』按弱正翏之譌，假借字。」

7. 《史記・魯世家》：「僇越大夫常壽過。」司馬貞索隱：「僇，辱也。」由是可
知「弱（弱）」「僇」段借爲「戮」，其義含有殺、辱二誼。

8. 皮錫瑞《今文尚書攷證》（卷四）云：「史記作：『予則帑僇女。』帑，淺人所
改，當從漢書引作『奴』。」據《說文》七篇下、巾部：「帑，金幣所藏也。」
又十二篇下，女部：「奴，奴婢皆古辠人。周禮曰：『其奴男子入于辠隷，女子
入於舂薨。」皮氏之說，是也。

9. 近人胡楚生先生於〈甘誓中的「戮」與「孥戮」〉（見《南洋大學學報》第二期，
頁 148～156）乙文中，說道：「奴與帑，各有本義，一爲罪人，一爲金幣所藏，
本無關涉。金幣所藏之帑，以爲妻字之帑，乃造字之假借，後人又造『孥』字，
以當妻子之義，爲晚出之字。至若〈甘誓〉中之「孥」字，敦煌本作「奴」不
作「孥」，則〈甘誓〉中此字，實罪人之「奴」，非妻子之「孥」，審矣。……
故許君說文，不收此字（案：《說文》無「孥」字。），降至晉代，始見於字書
之中，是則「孥」字製字之由，展轉曲折有如此者，故知〈甘誓〉中「奴」之

謂「㝱」，實係校勘之事，其與引申或通借之字，情相近而實並不同，不宜誤之爲一也。」

胡氏之見甚確。故作「奴僇」爲正字，亦爲今文說也；作「㝱戮」則是以晚出之字代今文之「奴僇」，而僞稱古文也。

## 4、公無困哉！我惟無斁其康事。〈洛誥〉

書稱：『公毋困我！』唯將軍（王鳳）不爲四國流言自疑於成王，以固至忠。〈杜欽傳〉卷六十　頁2676

謹案：成帝時，杜欽見外戚王鳳專權日盛，曾戒之曰：「然管蔡流言而周公懼。」以勸王鳳急流勇退；頃之，會日蝕之異，京兆尹王章劾奏王鳳專權太過，宜廢勿用，以應天變。天子納其言，欲罷鳳之爵，鳳亦有稱病致仕之心。此時，杜欽反而迻錄《尚書》經文，勸進王鳳應以周公至忠之心，不因流言而輕言退職！誠然，上又復起用王鳳，反下王章死獄。

杜欽同引周公懼流言不利孺子之事，先是勸退王鳳，後是勸進王鳳，雖並指乙事，其別之如天壤亦不遑多讓！讀此傳，亦自警惕吾人讀書識文，當多方思索，才不致陷於窠臼之中。

又案：今本作「困哉」，杜欽引經文作「困我」者——

1. 《漢書·元后傳》：「書不云乎？公無困我。」亦作「困我」。
2. 《後漢書·祭祀志》劉昭注引東觀書曰：「章帝賜東平憲王蒼書曰：『宜勿隱，思有所承，公無困我。』同作「困我」。
3. 段玉裁《古文尚書撰異·雒誥》（卷二十）云：「按此皆用今文尚書也。周書（案：此指《逸周書》）祭公解：『王曰：「公無困我哉！」兼有我、哉二字。疑古文尚書無我字，語意不完。古我、哉二字相似易譌，如說文汓字誤爲洓，是其證也。』」
4. 皮錫瑞《今文尚書攷證》（卷十八）云：「僞孔本用哉，刪我，文義不完。」

王、皮二氏之說，甚是，今本作「公毋困哉」，語義未完，當依《逸周書·祭公（案：愚所本乃（清）朱右曾《逸周書集訓校釋》卷八，題爲「祭公」，無「解」字。今依朱氏書爲名也。）》言：「公無困我哉。」爲是。因〈洛誥〉經文下接「我惟無斁其康事」句，恰巧正爲「我、哉、我」三字連綴，而古時又無適當之句讀符號，故段氏乃言「我、哉二字相似易譌」，固只知「語意不完」，而忽略其字正作「我、哉、我」三字連文爲言耳。

5、※納于大麓。〈堯典〉

上報曰：「君相朕躬，不敢怠息，萬方之事，『大錄』于君。」〈于定國傳〉卷七一　頁3045

謹案：西漢元帝永光二年，春霜夏寒，日青無光，時于定國爲丞相，因數見災異而自感惶恐，乃上書自劾黜位。然元帝則隱栝《尙書》經文，藉堯試舜總納百官庶事乙事，以稱美于定國總理萬機，日夜未曾怠慢，乃君之良輔也，以挽留于定國。

又案：此傳作『大錄』，而〈王莽傳〉由張竦所擬，陳崇所上奏太后，以頌王莽功德之文，其字作『大麓』，實漢人言『大麓』，多以與『大錄』同。西漢有領、平尙書事；東漢有領、錄尙書事，其中之『錄尙書事』乙職，其稱便由〈堯典〉：『納于大麓』而來，以其職乃總理領錄庶政萬機之謂也。是以，作『大麓』者，蓋爲大夏侯之學也，作『大錄』者，乃爲今文說之異文也。詳見本章，例9。

6、九德咸事，俊乂在官。〈皋陶謨〉

詔曰：「毀譖仁賢，誣愬大臣，令『俊乂者』久失其位。」〈孔光傳〉卷八一　頁3362

太后詔曰：「太師光，……今年耆有疾，『俊乂』大臣，國惟之重。」〈孔光傳〉卷八一　頁3363

謹案：此二例皆隱栝《尙書》經文，以稱揚孔光輔政之德。前例乃哀帝黜罷傅嘉爲庶人，因其挾姦罔上、欺矇聖聽，朋黨比姦、壅蔽聖德，以毀譖誣愬孔光，致令哀帝誤罷光之職。

後例乃平帝幼年嗣位，太后稱制而委政於王莽，孔光懼王莽之威，常稱疾而不與莽同朝。太后知之，乃下詔以推崇光有輔弼之功，復又因年耆老邁，詔令免朝，以避與莽並朝。

又案：今本作「俊乂」，《漢書》作「俊艾」者——

1. 《史記・夏本紀》：「九德咸事，俊乂在官。」
2. 《史記・殷本紀》：「巫咸治王家有成，作〈咸艾〉、作〈太戊〉。」
3. 《史記・三王世家》載武帝封三王——齊王、燕王、廣陵王——策文中，末皆云：「於戲！保國艾民，可不敬與！王其戒之。」（案：金德建《金德建古文字學論文集・史記引今文尚書考》頁149，僅言：『封廣陵王策曰』云云，實三王之策文竝有，蓋金氏未審。）

4. 〈書序〉云：「伊陟贊于巫咸，作咸乂四篇。」

5. 《隸釋》（卷十四）載《漢石經・洪範》P：1475 殘字云：「次六日艾孔作乂用三德。」今本〈洪範〉作「乂用三德」。

6. 鈔本、《唐石經》P：1562 俱同，字竝作「乂用三德」。而今本〈皋陶謨〉作「俊乂」，鈔本〈內野本〉P：248〈足利本〉P：255〈影天正本〉P：261《書古文訓》P：271 俱同，字竝作「畯乂」；惟〈八行本〉P：266 作「俊乂」，然諸本皆作「乂」。

7. 皮錫瑞《今文尚書攷證》（卷二）云：「史記、鹽鐵論、論衡、後漢書楊震、楊賜傳，皆作『俊乂在官』，蓋歐陽尚書作『乂』。史記、王仲任、楊氏父子皆習歐陽尚書者也。」

8. 東漢靈帝光和六年〈白石神君碑〉（見《隸釋》卷三，頁 22～25）銘曰：「濟濟俊乂。」靈帝建安十年〈巴郡太守樊敏碑〉（見《隸釋》卷十一，頁 9～11）銘為：「書載俊乂。」

9. 靈帝中平二年〈郃陽令曹全碑〉（見《隸辨》卷四，頁 43）鐫曰：「儁艾王敞王畢等。」（清）顧藹吉按語：「儁從雋，雋下從弓，碑變從乃。」

10. 另有不詳年月，但為漢碑碑文無疑者，《水經注・沔水》（卷廿八，頁 365）宜城縣太山之下有廟，漢末名士數十人，朱軒華蓋，同會於廟下，荊州刺史雅歎其盛，號曰：『冠蓋里』，而刻石銘之，此銘即為皮錫瑞《漢碑引經攷（卷二，頁 25）所謂之〈宜城縣太山冠蓋里銘〉。（後魏）酈道元注：「其辭曰：『峨峨南岳，烈烈離明，實（案：皮氏《漢碑引經攷》字作「定」，今依《水經注》作「實」。）敷儁乂。』」

11. 〈郎中郭君碑〉（見《隸釋》卷十七，頁 4～5）銘云：「缺北俊艾。」

綜上觀之，漢代有引經作「俊乂」者，蓋歐陽尚書之學；另引經作「俊艾」者，如《隸釋》所存《漢石經》殘字，同為歐陽尚書之學；復印證於漢碑五方刻文，雖五碑皆立於《熹平石經》之後，依然就各家師法而作「俊乂」「俊艾」和「儁艾」。

又案：《說文》十二篇下、丿部：「乂，芟艸也。从丿乀相交。刈，乂或从刀。」段注：「引申之，乂訓治也。」又一篇下、艸部：「艾，冰臺也。从艸乂聲。」段注：「古多借為乂字，治也。」

《爾雅・釋詁下》：「乂，治也。」郝懿行疏：「乂者，嫛之叚借也。說文云：『嫛，治也。』引『虞書曰：有能俾嫛。』爾雅釋文：『乂，字又作嫛，通作乂（《經典釋文・爾雅音義上中》卷七，頁 7。『嫛』字作『嫛』，『通』字作『乂』。愚案：字當作「嫛」，《尚書・君奭》有「咸乂王家」「用乂厥辟」二句，《魏石經・君奭》P：2247、

P：2251 三體直式，其古文字正作「乂」，而篆、隸二體則作「乂」。）』……又通作艾，詩（案：〈小雅・小旻〉）：『或肅或艾。』傳：『艾，治也。』」

　　乂，音「魚廢切」，疑母，十五部；艾，讀「五蓋切」，疑母，十五部，二字雙聲疊韻，字相通作。

## 7、股肱良哉。〈皋陶謨〉

　　書不云乎？『股肱良哉！』〈循吏傳・黃霸傳〉卷八九　頁3631

　　師古曰：「虞書益稷之辭。」

謹案：宣帝下詔稱揚黃霸治民，天下第一，在其轄內田者讓畔，路不拾遺。詔文乃迻錄《尚書》經文，以稱頌霸之德行純善，爲宣帝之股肱。

## 8、公無困哉。〈洛誥〉

　　書曰：『公毋困我！』〈元后傳〉卷九八　頁4023

　　師古曰：「周書洛誥載成王告周公辭也。言公必須留京師，毋得遠去，而令我困。」

謹案：此成帝之以〈洛誥〉載周成王欲周公輔政，不忍其離之故事，藉以爲成帝、王鳳之比，以頌重臣之德。此傳所述史事，與〈杜欽傳〉所引略同，實同指一事。詳見《漢書・杜欽傳》（頁2676）；或本篇，第六章，例4。

## 9、舜讓于德，弗嗣。〈堯典〉

　　書曰：『舜讓于德，不嗣。』公之謂也。〈王莽傳〉卷九九上　頁4058

　　師古（案：「師古」字本作「書」，今依〈校勘記〉改作「師古」。）曰：「虞書舜典之辭，言舜自讓德薄，不足以繼帝堯之事也。」

謹案：此亦陳崇（張竦所草立）上奏，稱頌王莽功業德行之文。張竦迻錄《尚書》經文，言王莽事事謙退，動輒固辭，一如〈堯典〉所載帝舜謙讓帝位一般。

又案：今本作「弗嗣」，張竦引經文作「不嗣」者——

1. 鈔本皆同今本，字竝作「弗嗣」。
2. 段玉裁《古文尚書撰異》（卷一）云：「後漢書班固傳典引曰：『有于德不台，淵穆之讓。』章懷太子注曰：『前書曰：「舜讓于德，不台。」音義曰：「台，讀曰嗣。」』玉裁案：云『前書曰舜讓于德不台』者，王莽傳文也。王莽傳張竦帥奏稱莽功德曰：『舜讓于德不台。』竦用今文尚書也。俗本依古文改爲『不嗣』，而師古不辨。云『音義曰台讀曰嗣』者，韋昭說也。李善注文選典引，

云：『漢書音義曰：「昭曰古文台爲嗣。」謂今文尚書之「台」，古文作「嗣」也。』『台讀曰嗣』四字，當在『古文台爲嗣』五字之上。此文字異者，七百有餘之一也。」

3. 孫星衍《尚書今古文注疏》（卷一下）云：「弗嗣作不懌者，史記自敘曰：『唐堯遜位，虞舜不台。』班固典引云：『有于德不台，淵穆之讓。』皆作『台』。集解引徐廣曰：『今文尚書作「不怡」。怡，懌也。』釋詁云：『怡、懌，樂也。』言德不足以悅服人也。經文作『嗣』者，李善注文選典引云：『漢書音義韋昭曰：「古文台爲嗣。」〈魏公卿上尊號奏〉（案：此碑立於東漢獻帝延康元年。見《隸釋》卷十九，頁3～8）云：『光被四表，讓德不嗣。』裴松之引魏王上書云：『猶執謙讓于德不嗣。』蓋今文作怡，古文作嗣。嗣者，釋詁云：『繼也。』」

綜合上述，漢人引此經「弗嗣」之「弗」，字皆作「不」。又徐廣言：「今文尚書作『不怡』。」韋昭曰：「台讀曰嗣。」可知漢人今文說乃作「不怡」「不台」。然而張竦草奏之文作「不嗣」，於其時「古文尚書」並未立於學官，亦無經師立說傳授，古文仍屬宮中秘書，張竦又非典中書校官，必不知「古文尚書」作「不嗣」！復以馬、鄭二氏皆無注文則知「古文尚書」與「今文尚書」字同作「不嗣」，亦即〈魏公卿上尊號奏〉乃依《漢石經》作「不嗣」也！

愚以爲字作「不怡」「不台」「不嗣」者，皆今文三家之異文；惟字作「不嗣」者，蓋是歐陽尚書之學。逮及東漢古文說方盛，經文亦同於今文，字作「不嗣」，而梅賾爲變造定本，以「弗」代今文「不」字，遂「弗嗣」成爲僞古文定本，而與「不怡」「不台」「不嗣」之今文說別也！是以，非師古之不識今文尚書作「不台」者，乃其所據今、古文諸本中，固有作「不嗣」者也。

10、納于大麓，烈風雷雨弗迷。〈堯典〉

書曰：『納于大麓，列風雷雨不迷。』公之謂矣。〈王莽傳〉卷九九上　頁4059
師古曰：「虞書舜典敘舜之德。麓，錄也。言堯使舜大錄萬機之政。一曰，山足曰麓。言有聖德，雖遇風雷不迷惑也。」

謹案：陳崇以張竦所擬之文，上奏太后，歌頌王莽輔翼漢室之功。張竦逐錄《尚書》經文，藉〈堯典〉載帝堯禪位舜故事，以美王莽身爲三世重臣，總三公之職，填安國家，四海輻湊，禮樂政教，無不得安其所，有德施下民，統理萬機之功。

又案：〈于定國傳〉作「大錄」，而張竦引經文作「大麓」者——

1. 伏生《尚書大傳‧虞夏傳》言：「故堯推尊舜而尚之，屬諸侯焉，致天下於大麓之野。」又云：「堯推尊舜，屬諸侯，致天下於大麓之野。」鄭玄注：「山足曰麓。麓者錄也。古者天子命大事、命諸侯，則爲壇國之外。堯聚諸侯命舜陟位居攝，致天下之事使大錄之。」其又曰：「尚書曰：『堯將禪舜，納之大麓之野，烈風雷雨不迷，致之以昭華之玉。』」則伏生亦以「大麓」爲山林；而鄭玄則兼取「麓，山足」「麓，錄也」二義。

2. 《史記‧五帝本紀》：「堯使舜入山林川澤，暴風雷雨，舜行不迷。」又云：「舜入于大麓，烈風雷雨不迷。」蓋太史公以「大麓」爲山林川澤之謂也。

3. 《漢書‧于定國傳》：「上報定國曰：『萬方之事，大錄於君。』」元帝時，于定國爲丞相，則元帝以丞相總理萬機之職，而言之「大錄」；又元帝從孔霸授大夏侯尚書，故作「大錄」者，大夏侯尚書之學也。

4. 王充《論衡‧正說》（卷二八）云：「入于大麓，烈風雷雨不迷。言大麓，三公之位也。居一公之位大總錄二公之事，眾多並吉。……復令人庶之野而觀其聖，逢烈風疾雨，終不迷惑，堯乃知其聖，授以天下。」蓋王充以堯試舜有三，一妻以二女；二試以治修（大總錄）；三入之於野（入于大麓），此亦兼用二義。

5. 班固〈封燕然山銘〉（見《文選》卷五六）云：「納于大麓。」〈封燕然山銘〉乃記車騎將軍竇憲，大破匈奴，登燕然山，鐫石勒功，而固作其文，以誌漢威德。固以「大麓」稱美竇憲，以憲爲王師之帥，亦總統軍務軍令者。

6. 東漢靈帝光和二年〈陳球後碑〉（見《隸釋》卷十，頁 5～8）刻曰：「升大鹿。」（見皮錫瑞《漢碑引經攷》卷二，頁 12～13，云：「陳球碑『麓』作『鹿』，省文。」）〈太尉汝南李公碑〉（見皮錫瑞《漢碑引經攷》卷二，頁 12～13）作：「內則大麓。」

7. 魏文帝黃初元年（案：即漢獻帝建安二十五年。）〈魏受禪表〉（見《隸釋》卷十九，頁 8～11）其辭曰：「書陳納于大鹿。……遵大鹿之遺訓。」皮氏案語（見皮錫瑞《漢碑引經攷》卷二，頁 12～14）：「大陸縣今有堯臺，高與城等（案：言『堯臺』與『大陸縣』縣城等高。），乃堯禪舜之處。……與此碑合，則以大鹿爲受禪之地，出於漢末。」

綜前所述，「大麓」「大鹿」之義，有言「山林川澤」者，有說「主錄庶事」者，另有（清）劉逢錄《尚書今古文集解》（卷一）所言：「納于大麓，孟子所謂：『使之主祭而百神享之，是天受之也。烈風雷雨弗迷，謂風雨時節，百穀順成神享之徵。』」近人曾運乾《尚書正讀》（卷一）從之，復申言：「此即禮所云：因吉土以饗帝于郊，而風雨節、寒暑時也。」諸說皆得經文之旨，然未臻完備。

再者，東漢所設「尚書」官職，有「錄尚書事」乙官——

1. 東漢和帝章和二年三月庚戌，皇太后詔曰：「以彪（案：指鄧彪）為太傅，賜爵關內侯，錄尚書事，百官總己以聽。」（見《後漢書・和帝紀》）

2. 東漢殤帝延平元年，太尉張禹為太傅，司徒徐防為太尉參錄尚書事，百官總己以聽。（見《後漢書・殤帝紀》）

3. （宋）李昉《太平御覽・職官部・摠敘尚書》（卷二一二，頁 6）引桓譚《新論》曰：「昔堯試舜於大麓。麓者，領錄天下事，如今之尚書官矣。宜得大賢智，乃可使處議持平。」

由是可知「尚書」乙職，乃總錄庶事以出納政令，而東漢更置「錄尚書事」之官，則其以「總錄」訓「大麓」者也。

本師李振興先生《尚書學述》（頁 386）深究微言，張皇幽緲，而言：「自堯以女妻舜，至四門穆穆，所言皆為人事，人事和洽，然後薦之於天，而天亦受之，此為天與人歸之驗。」直證聖人本心！

是以，此五類之說，俱有其殊勝之處；然於《漢書》此傳，則當從王充、鄭玄之說——以「大麓」訓為「大錄」——為宜也。

又案：今本《史記》《尚書大傳》俱同，字竝作「烈」，惟〈王莽傳〉引作「列」者，蓋三家今文之異也。詳見本篇，第九章，例 12。

## 11、禹錫玄圭，告厥成功。〈禹貢〉

是以『伯禹錫玄圭』。〈王莽傳〉卷九九上　　頁 4060

師古曰：「尚書禹貢云：『禹錫玄圭，告厥成功。』言賞治水功成也。」

謹案：此亦為張竦所草，陳崇所奏，以頌揚王莽輔弼漢室之功。張竦隳栝《尚書》經文，藉禹以治水功成，告於帝舜乙事，作為此疏文之結語，並直以夏禹比之王莽，可謂推崇備至。

師古以為『禹錫玄圭，告厥成功。』乃言帝舜因禹治水功成，而以『圭』賞之，蓋誤也。班固《白虎通義・瑞贄》云：「五玉者各何施？蓋……珪以質信。」（見（清）陳立《白虎通疏證》卷八，頁 350）又言：「合符信者，謂天子執瑁以朝，諸侯執圭以覲天子。……故覲禮曰：『侯氏執圭升堂。』尚書大傳：『天子執瑁以朝諸侯。』又曰：『諸侯執所受珪與璧，朝于天子。無過者，復得其珪以復其邦，有過者，留其珪，能正行者，復還其珪。三年珪不復，少黜以爵，六年珪不復，少黜以地，九年珪不復，而地畢削。』珪所以還何？以為珪信瑞也！」（見（清）陳立《白虎通疏證》卷八，頁 354～355）

　　由是觀之，古時君臣以『圭』爲信符，君命臣事，頒『圭』以爲信贄，臣則以君所頒之『圭』贄而藉以行事，百工庶民，見『圭』贄猶如天子親臨，得以便宜行事；逮臣執『圭』贄以回奏君事成，君則先收其前所頒之『圭』贄，復以臣所奏並事之所成以爲考劾，而行賞罰（無過者，復得其珪以復其邦；有過者，留其珪；能正行者，復還其珪。三年珪不復，少黜以爵，六年珪不復，少黜以地，九年珪不復，而地畢削）。此即〈堯典〉：「輯五瑞；既月乃日，覲四岳群牧，班瑞于諸侯」及「三載考績，三考黜陟幽明」之謂也！〈禹貢〉言：『禹錫玄圭，告厥成功。』之「錫」字，當是指諸侯執『圭贄（信物）』以覲天子之禮。後因禹平水土，楙遷有無，天下安居，故帝舜乃因禹『無過』，而『復得其珪』，禹乃得『以復其邦』。斷非師古所謂『賞治水功成』之云云者也！

## 12、惟公德明，光于上下。〈洛誥〉

　　　太后詔曰：『唯公功德，光於天下。』〈王莽傳〉卷九九上　　頁 4071

**謹案：**太后此詔，乃迻錄《尚書》經文而稍變易之，以〈洛誥〉載成王之美周公之勤於施政，德被四海故事，將王莽比爲周公，以盛贊其功。

**又案：**今本作「惟」「于」，此詔作「唯」「於」者——

1. 《漢石經‧康誥》殘字作：「不友于弟維下闕人下闕」「罪維天下闕」P：1756「維天下闕」P：1759（案：《唐石經》P：1834 殘隕莫辨。）；《唐石經》P：1830～1831 作：「大不友于弟。惟弔茲，不于我政人得罪，天惟與我民彝大泯亂。」

2. 《魏石經》「惟天弗畀」P：2098「予其曰：惟爾」P：2099 此二「惟」字，古體字作「隹」，篆、隸二體竝作「惟」；《唐石經》作「惟天不畀不明厥德」P：2150，「予其曰：惟爾洪無度」P：2151。

3. （清）王引之《經傳釋詞》「惟」字條下云：「惟，發語詞也。……字或作唯，或作維。家大人曰：『亦作雖。』」

4. 《說文》十篇下、心部：「惟，凡思也。」段注：「經傳多用爲發語之詞，毛詩皆作維，論語皆作唯。古文尚書皆作惟，今文尚書皆作維。古文尚書作惟者，唐石經可證也，今文尚書作維者，漢石經殘字可證也。俗本匡謬正俗乃互易之，大誤。又魯詩作惟，與毛詩作維不同，亦見漢石經殘字。」

　　段說是也。今文有作「維」「唯」字者；古文說則作「隹」「惟」也。四字皆從「隹」得聲，古音相近，故可通叚。

**又案：**《爾雅‧釋詁上》：「于，於也。」此詔乃以詁訓字「於」代經字「于」。

13、九族既睦，平章百姓，協和萬邦，黎民於變時雍。〈堯典〉

今『九族親睦，百姓既章，萬國協和，黎民時雍』。〈王莽傳〉卷九九上　頁4072

謹案：公卿大夫、百官、富平侯張純等九百零二人，咸引〈堯典〉頌揚帝堯德被天下，教化四海之治，藉以稱頌王莽俱有九命上公之尊，九錫登等之寵。此乃隳栝《尚書》經文，以帝堯媲美王莽。

又案：今本作「萬邦」者，《漢書》多作「萬國」。詳見本章，例 i。

14、鳳皇來儀。〈皋陶謨〉

平憲上奏曰：『『鳳皇來儀』，神爵降集。」〈王莽傳〉卷九九上　頁4077

謹案：王莽遣平憲以金幣誘塞外羌人，使獻地內屬；憲為稱頌莽而誇飾蠻夷賓服，乃迻錄〈皋陶謨〉經文，藉夔所言合和神人、齊集百獸之能，以比之王莽。故上奏太后，益莽以封國領邑！

15、昔公勤勞王家。〈金滕〉

其在于京，奕世宗正，『劬勞王室』，用侯陽成。〈敘傳〉卷一百下　頁4247

謹案：班固迻錄《尚書》經文，藉〈金滕〉載成王啓龠見書，執冊以泣，乃知周公忠藎於王室。固以周公媲美劉德，德居「宗正」之職，兢兢業業，未曾懈怠。而於漢宣帝地節年間，以親親之善，其行謹厚，受封為陽城侯（案：〈敘傳〉作「成」，〈楚元王傳〉作「城」，今依傳文。）。

又案：今本作「勤勞」，班固引作「劬勞」者——《史記·魯周公世家》、伏生《尚書大傳》俱同今本，字竝作「勤勞王家」。《爾雅·釋詁上》：「劬勞，病也。」《說文》十三篇下、力部：「勤，勞也。」今就經義而言，字作「勤勞」為是。

16、勗哉，夫子！尚桓桓。〈牧誓〉

長平『桓桓』，上將之光。〈敘傳〉卷一百下　頁4254

謹案：衛青於武帝元朔二年，取河南地，置朔方郡，封為長平侯。此例乃班固隳栝《尚書》經文，藉〈牧誓〉載武王發勗勉諸王侯軍，其師威儀赫赫，其士桓桓勇武，以救百姓，恭行天罰故事，以媲美衛青，稱其為上將之首，亦有桓桓之勇、赫赫之威也。

17、禹拜昌言曰：「俞！」〈皋陶謨〉

『讜言』對訪，爲世純儒。〈敘傳〉卷一百下　　頁4255

謹案：班固隱栝《尚書》經文，以〈皋陶謨〉載禹、皋陶二人，於帝舜之前，互陳
　　　治民之道，而帝舜亦能敷納以言，施之于民，正所謂「允迪厥德，謨明弼諧」
　　　之治也。固以帝舜、禹、皋陶等上古聖君賢臣故事，以稱美武帝與董仲舒之
　　　君臣和諧，共謀國事，誠可謂君修德於上，臣盡職於下，自然德被萬民，九
　　　族惇敘也。

又案：兩漢之人多以「讜言」「讜言」「忠讜」爲文，惟《史記》稱「昌言」者用本
　　　義。《說文》七篇上、曰部：「昌，美言也。」十篇上、黑部：「讜，不鮮也。」
　　　昌音「尺良切」，穿母，十部；讜音「多郎切」，端母，十部，二字疊韻音近，
　　　發音部位亦同，惟不同紐，其音間有流轉，故「昌」「讜」於古音相近而可
　　　通叚。詳見本篇，第十三章，例15。

18、御王冊命。曰：「皇后憑玉几，道揚末命，命汝嗣訓。」〈顧命〉

　　　博陸堂堂，受遺武皇，擁毓孝昭，『末命導揚』。〈敘傳〉卷一百下　　頁4259

謹案：武帝後元元年病，遺詔封霍光爲博陸侯。二年，武帝游五柞宮，病甚，帝曰：
　　　「立少子，君行周公之事。」明日帝崩，少子乃漢昭帝。是以，班固迻錄《尚
　　　書》經文，藉〈顧命〉載成王將崩，遺命召公、畢公，率諸侯輔佐康王故事，
　　　以稱美霍光、金日磾二臣，亦如召公、畢公之輔也。固倒置經文，乃爲求『合
　　　韻』之故。

19、番番良士，旅力既愆，我尚有之。〈秦誓〉

　　　營平『皤皤』，立功立論，以不濟可，上論其信。〈敘傳〉卷一百下　　頁4259

謹案：趙充國爲漢武帝舊臣，宣帝立，封營平侯。時西羌叛反，充國年七十餘，上
　　　老之，問御史丙吉誰可將兵者？充國自薦，上笑允諾，將兵一萬，屯田以守。
　　　後宣帝令擊西羌，充國不從，乃上屯田之策，以逸待勞，雖無大捷之報，然
　　　邊境亦得以安居。

　　　班固乃隱栝《尚書》經文，藉〈秦誓〉載秦穆公於崤之戰一役，鎩羽而歸，深
咎己罪，而稱揚皤皤老臣蹇叔之謀，悔恨當初不從黃髮良士之言；以老臣蹇叔，媲
美趙充國，言充國不僅有皤皤良士之見識，更爲仡仡勇武之良將也。

又案：今本作「番番」，班固引經文作「皤皤」者——

　1.《史記‧太史公自序》：「番番黃髮。」又〈秦本紀〉：「謀黃髮番番。」張守節
　　　正義云：「番番當作皤皤，白頭貌。」

2. 班固〈東都賦・辟雍詩〉（見《文選》卷一，頁 30）云：「皤皤國老，乃父乃兄。」

3. 張衡〈南都賦〉（見《文選》卷四，頁 11）云：「於是乎鮐齒鮐背之叟，皤皤然被黃髮者。」

4. （晉）左思〈魏都賦〉（見《文選》卷六，頁 19）曰：「皤皤惛惛。」

5. （晉）陸機〈漢高祖功臣頌〉（見《文選》卷四七，頁 18）曰：「皤皤董叟（案：即〈高帝紀〉所載高祖至洛陽，新城三老董公獻謀，以漢軍衣素服爲義帝發喪，告諸侯共擊項羽。），謀我平陰，三軍縞素，天下歸心。」

6. 鈔本與《唐石經》俱同今本，字竝作「番番」。

綜前之述，東漢、魏、晉之人，多作「皤皤」，惟《史記》作「番番」——

1. 《周易・賁卦・六四》爻辭曰：「賁如皤如。」正義曰：「皤是素白之色。」

2. 《說文》七篇下、白部：「皤，老人白也。从白番聲。易曰：『賁如皤如。』」二篇上、采部：「番，獸足謂之番。」

3. 皤音「薄波切」，並母，古音在十四部；番音「附袁切」，奉母，十四部。二字疊韻，又「並」「奉」二紐皆爲脣音，惟輕重之別耳。然依清儒錢大昕《十駕齋養新錄・古無輕脣音》云：「凡輕脣之音，古皆讀爲重脣。」是以「奉」母古讀爲「並」母聲，是以「番」「皤」二字，古同音通叚也。「番」「皤」二字，蓋爲三家今文說之異文也。《史記》張守節正義云：「番番當作皤皤。」蓋非是。

20、惟辟作威。〈洪範〉

高平師師，『惟辟作威』。〈敘傳〉卷一百下　頁 4261

師古曰：「尚書洪範云：『惟辟作威』，言威權者，唯人君得作之耳。」

謹案：宣帝時，封魏相爲高平侯，時霍光之子禹爲右將軍秉政，竟欲謀矯太后詔，先斬丞相，後廢天子，事發伏誅，宣帝始親理萬機。班固藉〈洪範〉之辭，稱美魏相以崇君道而黜私權（誅霍禹），克盡輔弼之責也。

21、如虎如貔。〈牧誓〉

義得其勇，『如虎如貔』。〈敘傳〉卷一百下　頁 4262

謹案：班固迻錄《尚書》經文，藉〈牧誓〉載周武王於牧野陳兵誓師，勖告將士當效法虎、貔、熊、羆之勇猛，以伐商紂，恭行天罰故事，媲美翟義有其父高陵侯翟方進剛正不阿之勇武，興義師以討莽賊，然未克厥功，磔尸棄市，夷滅三族，宗爲鯨鯢，哀矣哉！

# 第七章 明漢儀

## 略 述

此章所錄雖僅五則，然亦可一窺漢人車輿服制、遷廟毀廟、異族朝覲之儀也。

1、克明俊德，以親九族。九族既睦，平章百姓。百姓昭明，協和萬邦。
〈堯典〉
　平當上書言：「昔者帝堯南面而治，先『克明俊德，以親九族』，而化及萬國。」
〈平當傳〉卷七一　頁 3049
　師古曰：「虞書堯典序堯之德曰：『克明俊德，以親九族。九族既睦，平章百姓。
百姓昭明，協和萬邦。』故云然也。」

謹案：元帝時，丞相韋玄成奏罷太上皇寢廟園；平當力陳不當行之，乃迻錄《尚書》
　　　經文以諫元帝，為何德修不應於今，反倒災害數見，更不可廢太上皇寢廟，
　　　應尊奉禮樂以廣聖德，上乃納其言，詔復廟園。

2、立定厥功，惟克永世。漢人僞古文〈泰誓〉
　書云：「『建功立事，可以永年』正稽古，傳於亡窮。」〈平當傳〉卷七一　頁 3049
　師古曰：「今文泰誓之辭。言能正考古道以立功立事，則可長年享國。」

謹案：此同上例，皆平當駁議丞相韋玄成奏罷太上皇寢廟園乙事。此引自漢武帝時
　　　後得之《尚書・泰誓》經文，重申古來聖王明君皆克能盡孝，配天敬祖，乃
　　　可享永世之業，立千秋之勳。故不可廢廟。

又案：今本〈泰誓〉參篇乃僞作，師古言『今文泰誓之辭』，甚是。《漢書・刑法志》
言：「書曰：『立功立事，可以永年。』」，〈郊祀志〉有：「正稽古立功立事，
可以永年」句，並此共三例，則兩漢所見〈泰誓〉並同，然有「立功」「建
功」之別，或爲今文三家之異文。

　　陳喬樅《今文尚書經說攷》（卷十，頁 12）案云：「漢書儒林傳：『平當與陳翁
生俱治歐陽尚書，由是歐陽有陳、平之學。』是當所引書作『建功立事』者，乃歐
陽本也。匡衡等所引泰誓作『立功立事』者，蓋夏侯本也。班固亦習夏侯尚書，故
引泰誓與匡衡同。」眾所皆知伏生傳本無〈泰誓〉，至漢武帝末始得——

1. 《尚書正義》引鄭玄書論云：「民間得泰誓，劉向別錄曰：『武帝末，民有得泰
　　誓于壁內者，獻之；與博士使讀說之，數月，皆起傳以教人。』」

2. 劉歆〈移太常博士書〉有言：「至孝武帝時，……泰誓後得，博士集而讀之。
　　故詔書稱曰：『禮壞樂崩，書缺簡脫，朕甚閔焉。』」

3. 王充《論衡・正說》亦言：「宣帝之時，得佚尚書及易、禮各一篇。」

　　而《後漢書》載漢宣帝本始年間才由河內女子所獻『古文泰誓三篇』，《後漢書》
所述，蓋疑也！鄭、王、劉氏父子皆不言〈泰誓〉篇數，惟《論衡・正說》僅云：『佚
尚書及易、禮各一篇』；然《後漢書》則直言『三篇』，當是依《歐陽尚書》（案：皮
錫瑞《今文尚書經說攷》卷三十，云：「蓋歐陽尚書，……分大誓之篇爲三，故較夏
侯之合爲一篇者，多出二篇耳。」）所分〈泰誓〉三篇而爲言。故愚從四子之說，以
漢時所得之〈泰誓〉，乃漢武帝末年得之於民間所獻『漢人僞古文〈泰誓〉』，是以歐
陽、大、小夏侯三家乃有之（見王先謙《尚書孔傳參正・序例》，其言：「先謙案：
此一篇爲一卷也。伏生之二十九篇，……既以康王之誥合於顧命，則二十八篇矣。
仍爲二十九者，王充、房宏皆云：『後得太誓，二十九篇始定。』是後漢人見歐陽、
大、小夏侯本皆有太誓，合爲二十九篇之證。」）。

　　又〈洪範〉言「建立卜筮人」，《廣雅・釋詁四》云：「建，立也。」《說文》二
篇下、廴部云：「建，立朝律也。」『建』『立』二字互訓也。然陳喬樅以引「建功」
「立功」之異，而斷『班固亦習夏侯尚書，故引泰誓與匡衡同』者，今〈平當傳〉
卻引作「建功」字，則班固是否又習歐陽尚書？竊以爲班固所學表現於《漢書》的
敘述文及贊文之中，倘若述及他人之言，則全依其人之文而不敢擅爲變易之，吾人
斷不必強爲區分。

### 3、車服以庸。〈益稷〉

　　『厥馴有庸』，惟愼惟祗。〈韋玄成傳〉卷七三

孟康曰：「駟，駟馬也。尚書：『車服以庸』。庸，功也。」師古曰：「庸亦常也，即上『車服有常』同義也。祗，敬也。」

謹案：此乃韋賢少子韋玄成因故遭劾奏，而貶黜父爵所作劾責自己之詩句，其上有「車服有常」句，是描述其先祖之事；「厥駟有庸」句，乃言韋孟輔翼元、夷二王；後有「嫡彼車服，黜此附庸」，則是韋玄成自責之辭；末有「威儀車服，唯肅是履」句，共三言「車服」如何者。吾人從玄成貶爵之因──侍祀孝惠廟，當晨入朝，天雨淖，不駕駟馬車而騎至廟下──便遭劾黜，乃因其不守車服之儀！

由此觀之，此傳之言「車服」，已非〈堯典〉之言『考績』，亦非〈皋陶謨〉之言『舉賢』二義（愚依孫星衍《尚書今古文注疏・皋陶謨・疏》之論，頁9～10。）。應從伏生（《尚書大傳・堯典》）之說：「古之帝王，必有命民。民能敬長憐孤，取舍好讓，舉事力者，命于其君。得命，然後得飾車駢馬，衣文駢錦。未有命者，不得衣，不得乘。乘、衣有罰，庶人木車單馬，衣布帛。」《後漢書・輿服志》記曰：「書曰：『明試以功，車服以庸』。夫禮服之興也，所以報功章德、尊仁尚賢；非其人不得服其服，所以順禮也。」玄成因不駕駟車而騎至惠廟，乃不順禮之行為，故遭貶黜。此即董仲舒（《春秋繁露・度制》卷八）所言：「故貴賤有等，衣服有制，朝廷有位，鄉黨有序，則民有所讓而不敢爭，所以一之也。書曰：『鑾服有庸』，誰敢弗讓，敢不敬應，此之謂也。」

又案：孟康注：「庸，功也」，乃據《左傳・僖公二十七年》引《尚書》曰：「夏書曰：『賦納以言，明試以功，車服以庸』。」杜預注：「庸，功也。」師古則據《爾雅・釋詁上》：「典、法、庸、常也。」此當從師古注，較為妥貼。故玄成於元帝時，又作詩引己為鑑，以誡其後人，詩云：「於肅君子，既令厥德，儀服此恭，棣棣其則。咨余小子，既德靡逮，曾是『車服』，荒嫚以隊。……蹉我後人，命其靡常，靖享爾位，瞻仰靡荒。慎爾會同，戒爾『車服』，無嫡爾儀，以保爾域。」可證『車服』乃指職司之車馬、服飾、舉措、行止諸禮儀，定要名符其實，不可逾越或不及。

## 4、曰若稽古帝堯……欽若昊天。〈堯典〉

『欽若稽古』，承順天心。〈韋玄成傳〉卷七三

師古曰：「若，善也。稽，考也。……虞書堯典曰：『欽若昊天』，又『曰若稽古帝堯』，故衡總引之。」

謹案：此乃匡衡〈告祭毀廟文〉之言，檃栝《尚書》經文為用。元帝時，貢禹奏請

罷郡國廟，上因寢疾而夢祖宗譴罷廟之舉，而詔衡議復諸廟，衡力言不可，乃作此文，藉《尚書》之辭併合爲文；然上因連年久疾而盡復諸廟之祀。

又案：《爾雅・釋詁上》：「若，善也。」又〈釋言〉：「若、惠，順也。」郝懿行疏云：「善者，和順於道德，故又訓順。……惠者，釋詁云：『愛也』，惠訓愛，與順訓愛同。表記云『節以壹惠』，鄭注『惠猶善也』，惠訓善，與若訓善又同矣。」故若、順、惠、順，義可互訓。鈔本、今本與此傳竝同，俱作「欽若」；《漢書・藝文志》與《史記・五帝本紀》則同作「敬順」，《爾雅・釋詁下》：「欽，敬也。」是〈五帝本紀〉與〈藝文志〉皆以故訓字代之。

5、書曰：『戎狄荒服』，言其來服（按：服，依〈校勘記〉補），荒忽亡常。
〈蕭望之傳〉卷七八　頁3282

師古曰：「逸書也。」

謹案：宣帝時呼韓邪單于來朝，詔議其禮儀，望之則藉逸《書》之文，稱外夷及比敵之國，宜待以不臣之禮，其位在諸侯王之上，假使戎狄叛服，亦不得視爲叛臣。如此，可使有漢之信讓行於蠻貊，福祚流於無窮。故知望之以「荒服」言戎狄之叛服不定，若以之爲臣，臣叛，則討逆綏靖，既受兵災之禍，又無仁治之名！

又案：『荒服』，今本〈禹貢〉曰：「五百里荒服：三百里蠻，二百里流。」馬融（《古文尚書注》卷三、《史記集解》引）注：「政教荒忽，因其故俗而治之。」又「蠻，慢也。禮簡怠慢，來不距，去不禁，流行無城郭常居。」（宋）蔡沈《書經集傳》言：「以其荒野，故謂之荒服。」

『荒服』乃王畿之外「五服」最偏遠之地，其距王畿最遠，故屈萬里先生以《廣雅，釋詁一・上》所列『荒，遠也』爲訓。就諸家注文，皆申論禹行「五服」之制，以遠近爲治化的準則，本師李振興先生於《尚書學述・禹貢》篇，言之甚切。

又案：綜上之言，諸家注文全和蕭望之釋義不同，故循師古之爲逸文。至於『荒』字之釋義——

1. 鈔本〈伯二五三三〉P：366〈九條本〉P：387 字作「巟」。

2. 〈內野本〉P：411〈足利本〉P：428〈影天正本〉P：443《唐石經》P：490 俱同今本，字竝作「荒」。

3. 《周易・泰・九二》爻辭曰：「包荒，用馮河。」

4. 《釋文》：「荒，本亦作巟。」盧文弨（見《經典釋文攷證・周易音義攷證》）云：「舊作『巟』，譌。」

5. 鈔本正有作『巟』者，見諸〈八行本〉P：460；而《書古文訓》P：469 字作『巟』亦同。

又《廣雅》作『荒』，則諸本从『亡』，乃从『亾』之形譌也。《說文》：「巟，水廣也。」字正作『巟』。巟、荒，二字經傳多通用（見陳鐵凡先生〈敦煌本虞書校證〉頁 8）。

# 第八章　杜戚貴

## 略　述

　　在君主世襲之制度下，倘若爲幼主入嗣大統，則多由母后輔弼而攝政，於是后妃之從兄子弟、外家父執，大都位居要職、專權秉政，於是大權旁落，即爲時人所謂之「外戚干政」。此章所列，多爲外戚權貴之作威作福，上蔽天聽，下賊百姓，而爲當時賢德之士、耿直之官所上諍於帝，或爲防微杜漸之功，或爲亡羊補牢之救也！

1、古人有言曰：「牝雞無晨；牝雞之晨，惟家之索。今商王受惟婦言是用。」〈牧誓〉

　　昔武王伐殷，至于牧壄，誓師曰：『古人有言曰：「牝雞無晨；牝雞之晨，惟家之索。」今殷王紂惟婦言用。』繇是論之，黃龍、初元、永光雞變，乃國家之占，妃后象也。〈五行志〉卷二七中之上　頁1370

謹案：班固逐錄《尚書》經文，藉〈牧誓〉載殷紂與妲己晝夜荒淫，惟婦言是用，以致酒池肉林，民不聊生，後武王恭行天罰以滅之之故事，言西漢宣帝（黃龍）、元帝（初元、永光）及成帝，三世多爲后妃受寵、外戚專權秉政，故班固以「雞變」諷喻之。

又案：今本作「商王受」，《史記・周本紀》《漢書》言「紂」，不言「受」，段玉裁《古文尚書撰異》（卷十二）云：「凡今文尚書作『紂』；凡古文尚書作『受』。史記、漢書無言『受』者。」段說是也。

　　再者，班固引經文作「婦言用」，今本作「婦言是用」，衍一「是」字者──

－121－

1. 《史記・周本紀》亦作「維婦言是用」。

2. 鈔本〈斯七九九〉P：1391〈內野本〉P：1400〈足利本〉P：1405〈影天正本〉P：1409《書古文訓》P：1416 俱同今本，字竝作「婦言是用」。

3. 〈神田本〉P：1395〈八行本〉P：1414 俱同《漢書》，字竝作「婦言用」。

4. 《唐石經》P：1420 所刻，以「惟婦言用」句之「言用」二字右旁行間，多刻一小字「是」。此即段氏所引：「顧氏亭林曰：『唐石經：「惟婦言是用。」是，旁注。』亦即阮元〈校勘記〉所述：「唐石經『是』字旁注。」

　　綜前所言，《史記》《漢書》之今文說，已有「言是用」與「言用」之異；而鈔本亦分「言是用」與「言用」二本；逮及《唐石經》則以「是」加於「言用」之旁，為小字，蓋《唐石經》以「言用」先刻，後補「是」於其旁，亦主「言是用」與「言用」並存；抑或以「言用」為正字耶？陳鐵凡先生引日本宿儒內藤湖南（虎次郎）博士於鈔本〈神田本〉影本所附跋文，並陳氏考證，乃言：「『惟婦言用』，漢書五行志引此經及舊本治要並同。唐石經『言』下『是』字，乃後人旁註。林崎本亦如是。諸本有『是』字者，皆仍唐石經遂竄入正文也。但史記周紀已作『維婦人言是用』，亦與漢書異；則歐陽夏侯異義所致。尾本治要有『是』字，則校者臆改，不足據矣。」（見陳鐵凡先生〈日本古鈔本尚書考略〉頁 217）今從二氏之說，以經文作『惟婦言用』為正字也！

2、※簫韶九成，鳳皇來儀。夔曰：「於！予擊石拊石，百獸率舞，庶尹允諧。」〈皋陶謨〉

　　劉向乃上封事諫曰：「故『簫韶九成，而鳳皇來儀；擊石拊石，百獸率舞』，四海之內，靡不和寧。」〈劉向傳〉卷三六　頁 1933

謹案：西漢元帝初元二年春地震、夏有客星見於昴、卷舌之間，時有災異出；復有外戚平恩侯許嘉（案：見〈元帝紀〉頁 279）、史氏，宦官弘恭、石顯四人專擅弄權。向遂與蕭望之、周堪等議黜四人，卻反遭譖愬，下三人獄，望之自殺。向乃上封事諫書，迻錄《尚書》經文，藉夔能和神人、諧庶尹故事，陳言眾賢雜遝，推讓敬肅，以諧致和，乃獲上天之助也。是以朝臣和於內，百姓驩於外；反之，若朝廷之上，爭功諉過，權貴專擅，作威作福，以致神人不和，百官爭於朝，而萬物鬥於野，則災祅頻仍也！

3、臣之有作福作威玉食，其害于而家，凶于而國。〈洪範〉

　　臣聞人君莫不欲安，然而常危；莫不欲存，然而常亡，失御臣之術也。夫大臣

操權柄，持國政，未有不爲害者也。……故書曰：『臣之有作威作福，害于而家，凶于而國。』〈劉向傳〉卷三六　頁1959

師古曰：「周書洪範也。而，汝也。言唯君得作威作福，臣下爲之，則致凶害也。」

謹案：成帝初立，大將軍王鳳秉政，倚太后，專國權，政由鳳出，災異漸甚。劉向遂上封事諫成帝，藉隳栝《尙書》經文，議黜王鳳，毋授之以政，則王氏永存；保其爵祿，劉氏長安，不失社稷也。

## 4、※武王勝殷，殺受，立武庚，以箕子歸，作洪範。〈洪範〉

臣聞『箕子佯狂於殷，而爲周陳洪範。……箕子非疏其家而畔親也。不可爲言也』。〈梅福傳〉卷六七　頁2917

謹案：漢成帝時災異數見，大將軍王鳳權傾朝野，群下莫敢正言。此並下例皆梅福上書諫正之言，述箕子身爲紂王諸父，並非疏家叛親，是紂王不納正言，而有喪國之患；梅福乃藉《尙書》所述箕子與紂王史事，以諫正漢成帝不納正言反又加戮忠良，以至折直士之節，結諫臣之舌，實乃國家之患也！

又案：梅福明通《尙書》，箕子佯狂乙事，西漢已傳，《淮南鴻烈·管俗訓》：「王子比干，非不知箕子被髮佯狂以免其身也，然而樂直行盡忠以死節，故不爲也。……今從箕子視比干，則愚矣；今從比干視箕子，則卑矣。」此正爲箕子佯狂於殷之事。又《尙書大傳·洪範》則記載箕子爲武王陳「洪範九疇」云：「武王勝殷，繼公子祿父，釋箕子之囚，箕子不忍爲周之釋，走之朝鮮。武王聞之，因以朝鮮封之。箕子既受周之封，不得無臣禮，故于十三祀來朝，周武王因其朝而問洪範。」然此二事卻不見於《僞孔傳》、《尙書正義》，或僅爲漢代經師有說經之言。

## 5、※無若火始燄燄。〈洛誥〉

書曰：『毋若火始庸庸。』勢陵於君，權隆於主，然後防之，亦亡及已。〈梅福傳〉卷六七　頁2922

師古曰：「周書洛誥之辭也。庸庸，微小貌也。言火始微小，不早撲滅則至熾盛。大臣貴擅，亦當早圖黜其權也。」

謹案：此與上例同爲梅福藉《尙書》之辭以諫正之文，旨在強調權臣易世專擅一如火勢初起，便加以撲滅；否則，即如星火燎原，一發不可收拾，屆時一切之補救，業已無濟於事矣。

又案：今本作「無」，《漢書》作「毋」者——。

1. 鈔本〈伯二七四八〉P：2022〈內野本〉P：2033〈八行本〉P：2067《書古文訓》P：2076 俱作「亡」。

2. 〈足利本〉P：2046〈影天正本〉P：2056 作「罔」。

3. 〈足利本〉「罔」旁小注作「无」；《唐石經》P：2084 同今本作「無」。

   然今文作「無」者，《漢書》多作「毋」。詳見本篇，第十八章，例38。

又案：今本作「火始燄燄」，《漢書》作「火始庸庸」者——

1. 鈔本〈伯二七四八〉P：2022〈內野本〉P：2033〈八行本〉〈足利本〉P：2046〈影天正本〉P：2056 作「罔」P：2067《書古文訓》P：2076《唐石經》P：2084 俱同今本，字竝作「燄燄」。

2. 皮錫瑞《今文尚書攷證》（卷十八）云：「疢康說按庸燄聲相近。左傳文十八年『閻職』，史記齊世家作『庸職』，說苑復恩篇作『庸織』。閻古讀如燄，小雅豔妻煽方處，漢書谷永傳對策作『閻妻』是也。」

3. 段玉裁《古文尚書撰異》（卷二十）云：「毋若火始庸庸，蓋今文尚書也。炎與庸雙聲，融風古亦作炎風。」

4. 《左傳・莊公十四年》傳曰：「申繻對曰：『人之所忌，其氣燄以取之，妖由人興也。』」杜預注：「尚書洛誥：『無若火始燄燄』。」阮元（〈校勘記〉）言：「石經初刻燄作炎，是也；改作燄，大誤。釋文亦作炎。案：漢書五行志、藝文志引傳文並作『其氣炎以取之』，顏師古注：『炎讀與燄同。』」

阮、段二氏皆認為作『燄』誤，作「炎」才是，凡為「燄」者皆後人所改！竊以為非是——段氏既言『炎與庸雙聲』，以「庸庸」為今文尚書經文；然而讀「以贍切」的『炎炎』，與讀「以冉切」的『燄燄』，就不是雙聲字嗎？曷以「庸炎」二字則是，而斷「庸燄、炎燄」二者為非？由此疑段氏之論非是！

1. 觀《說文》十篇上、火部：「炎，火光上也。」又「燄，火行微，燄燄然。」許慎以火勢熾烈訓「炎」，火之始燃行微訓「燄」，二字本義殊異，且許慎更以「燄燄然」來形星火之狀態。「炎炎」乃火勢強烈，不可收拾；「燄燄」則是火始初燃，其苗尚微，猶能加以撲滅，若以「炎炎」釋經義或梅福之言，斷不能通，當從今本作『燄燄』才是！

2. （清）簡朝亮《尚書集注述疏》（卷十九）說得允當，其言：「庸庸者，燄燄之聲轉也。莊十四年左傳杜注引作炎炎，亦異文也。大公六韜云『熒熒不救，炎炎奈何』。」正是火之「燄燄」始燃，其苗若屋下鐙燭之光一般「熒熒」微弱，若不及時發現，趁早予以撲滅，逮及火勢坐大，一舉燎原之時，只能望著「炎

炎」烈火，把一切化爲飛灰烏有！

　　故作『燄燄』者，古文也；作『庸庸』、『炎炎』者，皆是一聲之轉，並爲今文尚書之異文。

## 6、※釐降二女于嬀汭，嬪于虞。〈堯典〉

　　昔舜飭正二女，以崇至德。〈谷永傳〉卷八五　　頁 3446

　　師古曰：「虞書堯典云：『釐降二女于嬀汭，嬪于虞』。謂堯以二女妻舜，觀其治家，欲使治國，而舜謹敕正躬以待二女，其德益崇，遂受堯禪也。飭與敕同。」

謹案：漢成帝建始三年冬，日食、地震同日俱發，谷永待詔公車而答成帝問災異事。

　　　　谷永先以〈無逸〉之慎節遊田觀樂之虞，日夜躬親勤政，乃可享千秋丕基；後又迻引《尚書》載堯妻舜以二女而由治家之行，觀治國之道，乃禪政於舜。藉之以勉成帝遠倖臣、捐妻黨，故云：「未有閨門治而天下亂者也」，此與《韓非子・八姦》有異曲同功之妙。

## 7、※臣無有作福作威玉食；臣之有作福作威玉食，其害于而家，凶于于國，人用側頗僻，民用僭忒。〈洪範〉

　　箕子戒武王曰：『臣無有作威作福，亡有玉食；臣之有作威作福玉食，害于而家，凶于而國，人用側頗辟，民用僭慝。』〈王嘉傳〉卷八六　　頁 3494

　　師古曰：「周書洪範載箕子對武王之辭也。玉食，精好如玉也。而，汝也。僭，不信也。慝，惡也。」

謹案：王嘉迻錄《尚書》經文，以答哀帝詔問日蝕之異，藉箕子爲周武王謨陳〈洪範〉九疇之法，以諫諍哀帝當知人善任，擢拔賢俊之士，退讒賊姦宄之徒，以順尊卑之序，和合陰陽之統；反之，則臣上君下，國則危矣！王嘉此指重臣駙都尉董賢，治大第、引王渠、仗其寵幸，則作威作福，勢凌於王家，故諫哀帝黜遠董賢，而進直士也。

又案：今本作「頗僻」，王嘉所引作「頗辟」者——

1.　《隸釋》（卷十四）所載《漢石經・洪範》P：1475 殘字，正作「頗辟」，與嘉竝同。

2.　鈔本〈島田本〉P：1487〈內野本〉P：1509〈八行本〉P：1548《書古文訓》P：1556 亦同於王嘉所錄，字作「頗辟」。

3.　〈足利本〉P：1523〈影天正本〉P：1535 則作「頗僻」，與今本同。

4.　《史記・宋微子世家》：「人用側頗辟，民用僭忒。」裴駰《集解》引馬融曰：

「辟，君也。」蓋《史記》於此用古文說，字作「辟」。

綜上之言，不論今、古文說，於漢時皆作「辟」，逮及梅賾僞作之定本出，而有作「頗僻」之本。「辟」「僻」皆从「辟」得聲，古音相近，故可通作。

又案：王嘉引經字作「僭慝」，今本作「僭忒」者——

1. 《史記·宋微子世家》云：「民用僭忒」。

2. 鈔本〈內野本〉P：1509〈八行本〉P：1548 與《史記》、今本俱同，字竝作「僭忒（案：《説文》十篇下、心部，「忒」字从心弋聲，鈔本字从戈，蓋增筆之譌也。）」。

3. 〈島田本〉P：1487 作「潛忒（案：僭、潛皆从「朁」得聲，同在七部，故疊韻音近，故可通叚。）」。

4. 《書古文訓》P：1556 作「朁忒（案：僭、朁皆从「朁」得聲，於古音近，故可通叚。）」。

5. 段玉裁《古文尚書撰異》（卷十三）云：「嘉釋書曰……僭差不一，正訓忒字，此謂假慝爲忒。但顏注自本於馬季長，馬云：『忒，惡也。（案：《古文尚書馬鄭注·洪範》卷六，《釋文》引：「馬曰：『忒，惡也。』」頁6)』此又謂假忒爲慝。」

段說是也。《説文》有「忒」無「慝」字，《爾雅·釋言》：「爽，忒也。」「爽，差也。」王嘉之言「僭差」者，即「僭爽」「僭忒」也。二字所以爲『叚借』之義，乃因「忒」「慝」義訓相同之故，故相通叚。

# 第九章　論災異

## 略　述

　　鬼神、災異、機祥、休咎、五福、六沴之說，較之先秦，則兩漢尤甚！儒家「敬鬼神而遠之」，側重人事；墨家「明鬼信鬼」，強調冥冥之報。

　　此章所錄《漢書》迻引《尚書》之文者，多出自於〈堯典〉〈洪範〉，或直引經文以釋災異之象，或援用經文以應災異之變。多爲臣下以答天子之問袄異者，並藉袄異之出，而爲諫正時蔽之諍言。

1、※昔武王中流未濟，白魚入於王舟，俯取以燎，群公咸曰：「休哉！」
〈終軍傳〉卷六四下　頁2816

謹案：漢武帝元狩元年，冬十月，行幸雍，祠五時，適獲白麟、奇木二異物，博謀群臣。終軍則隳梧《尚書大傳》之文，以武王伐紂得白魚之兆，示天人相應之理；今得白麟并角，奇木眾枝內附，而論斷必有蠻夷慕教化而歸附者。數月後，越地及匈奴王率眾來降。然終軍所述白魚之兆，或從伏生《大傳》(案：《太平御覽・皇親部》卷一百四十六，頁1，引《尚書大傳》言：「太子發升于舟，中流，白魚入于舟。王跪取。出俟，以燎。群公咸曰：『休哉。』」)，或於漢初便已流傳之故事，愚未敢遽定，姑以其文出《尚書大傳》。

2、※亂而敬，擾而毅。〈皋陶謨〉

時數有災異，丞相司直何武上對事曰：「……光祿勳慶忌行義修正，『柔毅敦厚』，謀慮深遠。」〈辛慶忌傳〉卷六九　頁2997

師古曰：「和柔而能沈毅也。尚書咎繇謨曰：『擾而毅』。擾亦柔也。今流俗書本

－127－

柔字作果者，妄改之。」

謹案：丞相何武櫽栝《尚書》之文，以論災異事。師古則藉《尚書》經文，作此傳『柔毅敦厚』之釋。今本、鈔本皆同師古注文作『擾而毅』，未見作『柔』或作『果』者。

又案：師古注：『今流俗書本柔字作果者妄改之』句，當指〈辛棄忌傳〉之『柔毅』為言，是師古所見之俗本有作『果毅』者，與《尚書》不同，故云『妄改之』。然而，魏·〈呂君碑〉（《隸辨》卷三，頁51）作『天姿果毅』，是以「柔毅」行於西漢，而「果毅」在曹魏時代已行之；倒是今本之『擾毅』，不見漢、魏時人所稱引，碑文作『擾』者，多為「騷擾」「侵擾」之義，如——

1. 靈帝建寧二年〈史晨後碑〉作『侵擾百姓』。

2. 建寧四年〈劉脩碑〉之『煩擾吏民』。

3. 建寧五年〈靈臺碑〉之『軍甲數擾』。

4. 靈帝中平二年〈曹全碑〉言『萬民騷擾』等（以上四碑文，皆出《隸辨》卷三，頁45），均不同於《尚書》經義。

故師古據《尚書》而言妄改，竊以為不然，實乃二者各有所據耳。「擾」，而沼切，見母，古音在三部；「柔」，耳由切，見母，三部。故擾、柔二字於古音為雙聲疊韻，同音通作。《周禮·夏官·服不氏》條下云：「服不氏掌養猛獸，而教擾之。」鄭玄注：「擾，馴也。教習使之馴服，王者之教無不服。」『馴服』與『柔順』意義相近，二字又於古同音，則何武上封事曰：「柔毅敦厚」者，蓋三家異文或有作『柔而毅』者耶？

3、※厤象日月星辰。〈堯典〉

書曰：『曆象日月星辰』。〈李尋傳〉卷七五　頁3180

師古曰：「虞書堯典之辭也。」

謹案：李尋三藉《尚書》之辭，用以說王根，根輔政，時多災異，此言視天文，察地理，觀日月消息，候星辰行伍，參民俗，揆山川變動，皆可制法度；考禍福，舉錯順逆，成敗有兆，即可轉禍為福，社稷無憂。

又案：今文作「厤」——

1. 小夏侯本作「曆」（皮錫瑞《今文尚書攷證·堯典》卷一，皮氏案語：『李尋師張山拊，受小夏侯尚書，所引者小夏侯說也。』）。

2. 唐鈔本〈內野本〉P：15〈足利本〉P：28〈影天正本〉P：36〈八行本〉P：44竝同作「歷」。

3. 《唐石經・堯典》P：57 作「曆」，與李尋引同。

4. 《魏石經・君奭》P：2249 三體直式之古文正作「歷」（見邱德修先生《魏石經古篆字典》頁 10）。《說文》九篇下、厂部云：「厤，治也。」又二篇上、止部云：「歷，過也傳也。从止厤聲。」段注二字爲郎擊切，雙聲疊韻，同音通作。

5. 《說文》無「曆」字。

綜上可知，古文本作「歷」，又作「厤」乃同音通叚，然作「曆」者，段玉裁《古文尚書撰異》（卷一）謂：「字本從止，衞包改從日。」段說是也。

## 4、※敬授人時。〈堯典〉

書云：『敬授民時。』〈李尋傳〉卷七五　頁 3188

師古注：「虞書堯典之辭也。言授下以四時之命，不可不敬也。」

謹案：此尋待詔黃門，而引《尚書》經文，答上所問災異事。申諫朝廷疏於時序月令，雖深耕易耨而不得其穫，實非人爲，乃不得天時之故。故應尊天地，重陰陽，敬四時，嚴月令，以順時氣。

又案：今本作「人時」，乃衞包改「民時」爲「人時」，然當從《漢書》作「民時」爲是也。詳見本篇，第一章，例 3。

## 5、※水曰潤下。〈洪範〉

書曰：『水曰潤下。』〈李尋傳〉卷七五　頁 3189

師古曰：「周書洪範之辭也。」

謹案：尋藉《尚書》之辭，以釋爲王之道修明，則百川通理；若偏黨失綱，則踊溢爲敗。水雖陰動而卑，卻順勢下流，不失其道。時適汝、穎二水決溢，正應王莽專權之兆，是諫哀帝稍抑外戚大臣，此則以《詩經・小雅・十月之交》受周王恩寵之皇甫卿士，比擬王莽。

## 6、※初一曰五行，次二曰敬用五事，次三曰農用八政，次四曰協用五紀，次五曰建用皇極。〈洪範〉

書曰：『羞用五事，建用皇極。』〈孔光傳〉卷八一　頁 3359

師古曰：「周書洪範之言。羞，進也。皇，大也。極，中也。」

謹案：西漢哀帝元壽元年正月朔（一月一日），會日蝕之象，後十餘日傅太后崩，此以下四例皆光答哀帝問日蝕事。藉〈洪範〉及伏生〈洪範五行傳〉相互爲

言，示太后不慎行「五事」——貌、言、視、聽、思，復不建大中之道——皇之不極，正合〈洪範五行傳〉之言『時則有日月亂行』，導至『六沴之作』，適會『歲之朝、月之朝、日之朝（元年正月朔）』，其災異禍祅應在后王，故太后崩；以此反諫諍哀帝爲政當『愼行五事、建皇之極』，否則，亦難逃天命之厄罰！

又案：孔光逐錄《尚書》經文，惟「敬用」作「羞用」者，段玉裁《古文尚書撰異》（卷十三）云：「作敬者，古文尚書也；作羞者，今文尚書也。班氏（案：此指〈藝文志〉也。）『羞』訓『進』，今文家說也。古文敬字從苟，與羞皆從羊。詩小雅小旻鄭箋云：『欲王敬用五事』，此古文尚書也。」段氏言之確然。字作「敬」者，用古文說；字作「羞」者，則爲今文說也。

另「皇極」，今文《尚書大傳》作「王極」，乃今文三家之異文。皮錫瑞《今文尚書攷證》（卷十一）曰：「鄭君大傳敘曰：『張生、歐陽生從其學而授之。』則作『王極』者當是歐陽本；班孟堅、蔡伯喈皆習夏侯尚書，故漢書與石經同作『皇極』，當是張生本；史記用歐陽尚書而亦作『皇極』者，案史記於『王極』之傳言獨作『王極』，疑此一篇當皆作『王極』字，其作『皇』乃改之未盡，故參差不一也。」皮氏之見恐誤。

案《隸釋》所錄《漢石經》P：1475殘字正作『皇極』，又皮氏所言《漢石經》乃小夏侯本，雖經屈萬里先生據民國十三年洛陽出土之三角形殘石，碑陰刻有《漢石經·敘》殘文共八十四字，中有『尚書小夏侯』五字，復證之吳維孝（即吳峻甫）先生所著《新出漢魏石經考》（卷一），《漢石經》出於小夏侯本之說；經彼岸許景元先生於1981年《考古學報》第二期，所刊〈新出熹平石經尚書殘石考略〉乙文，據新出土《漢石經·校記》刻石殘文，鑴有『大▲夏侯言』『大夏侯無』『小夏侯』P：3171『大小』P：3169『大▲▲言▲』『大夏』P：3170諸言，證論《熹平石經·尚書》係據歐陽本刻石，劉起釪先生《尚書學史》（頁73）、吾國黃彰健先生《經今古文學問題新論·論漢石經》（頁 253～296）論證，則《熹平石經·尚書》係據歐陽本刻石，斷斷無疑，鐵證如山！

故漢初或有作『王極』者，然漢人此經則多作『皇極』——

1. 漢碑〈膠東令王君碑〉（案：翁方綱《兩漢金石記》卷八，其案云：「碑有『黃初五』云云，是碑立於『黃初五年』之後，是魏碑也。」「黃初」是魏文帝年號，今依皮氏，雖列爲漢碑，然於此誌之。）云：「皇極不建。」

2. 〈太傅胡公碑〉（見《漢碑引經攷》卷二）言：「協大中于皇極。」

3. 〈胡公碑〉（見《漢碑引經攷》卷二）作：「亮皇極于六世。」

4. 〈開母廟石闕銘〉（案：據《兩漢金石記》卷九，載〈開母廟石闕銘〉刻於東漢安帝延光二年。）言：「皇極正而降休。」

5. 〈韓勑造孔廟禮器碑〉（案：據《隸釋》卷一載，刻於東漢桓帝永壽二年。）曰：「皇極之日」，另蔡邕〈爲陳留縣上孝子狀〉（見《今文尚書攷證》卷十一）云：「建用皇極。」

7、※**惟先格王正厥事**。〈高宗肜日〉

　　書曰：『惟先假王正厥事。』〈孔光傳〉卷八一　　頁 3359

　　師古曰：「商書高宗肜日之辭也。假，至也。言先代至道之王，必正其事。」

謹案：光以《尚書》言日蝕之異，源自起事之有不正，故災異數見，上天以之譴告天下，應予改正；若不畏天罰，輕忽簡誣，必定凶禍加甚！至於如何「正厥事」，光則以放讒諂、納耿介、退貪殘、進賢良、輕刑罰、薄賦斂，乃加恩澤於百姓。

又案：今本《尚書》作「格」，爲古文；《漢書》作「假」，乃今文說也。見〈成帝紀〉。詳見本篇，第十三章，例 3。

8、※**天既孚命正厥德**。〈高宗肜日〉

　　書曰：『天既付命正厥德』，言正德以順天也。〈孔光傳〉卷八一　　頁 3360

　　師古曰：「商書高宗肜日之辭。言既受天命，宜正其德。」

謹案：光答帝問日蝕事，乃逐引《尚書》經文爲據。前乃因太后行事不建「皇極」，再有日蝕之異，後則太后駕崩；於是勸諫哀帝施行德被下民之政，茲順承天之大命，便無禍祅，如此自不必躬行祈禳小術，因人德而配天命，必定可以銷禍興福。

又案：今本作『孚命』──

1. 孔光言『付命』，《漢石漢》殘字正作『天既付』（案：《隸釋》殘字作「寸」，今依段《古文尚書撰異》、皮《今文尚書攷證》二氏以「付」爲文。）。

2. 「孚」，甲骨文多爲「俘」之叚借，其義訓『俘虜（見《甲骨文字字釋綜覽》例 325、335、362、1008；于省吾《甲骨文字釋林》於「釋孚」例下，頁 299〜301。其言『孚和孷、得，均係俘之古文』，而本義有『收養戰爭中俘虜的男女以爲子，這就是孚的造字由來』，或備一說耳。）』。

3. 金文〈師𩁹毁〉作『孚受天命』（見《周代金文圖錄及釋文》，頁 139），〈叔夷鐘〉作『專受天命』（同上書，頁 203）。

4.《說文》三篇下、攴部云：「敷，敀也（案：段注『敀』字條下云『今字作施，施行而敀廢也。』）。从攴、尃聲。周書曰：『用敷遺後人。』（案：段氏注：『顧命文』，今本則在〈康王之誥〉。）」

　　知上述二篇金文「孚」、「尃」字，當讀爲「敷」，其訓作施行、廣布之義。故〈高宗肜日〉言「天既付命」，即金文之「孚（尃）受天命」！付，音「方遇切」；孚、尃、敷，同讀「芳無切」。丁韻漁《尚書異字同聲攷》（卷二）曰：「孚與付俱輕唇、敷母字，平去聲轉。按史記殷本紀『孚』作『附』，前漢孔光傳亦作『付』，據石經則壁中眞本作『付』可知。」

　　故《史記》《漢書・孔光傳》《漢石經》皆作「付（附）」，乃今文家師法不同，爲今文說；而今本作「孚」者，乃同於壁中眞本，是爲古文說，丁氏之見蓋是——鈔本〈伯二五一六〉P：1185〈伯二六四三〉P：1187〈岩崎本〉P：1189〈內野本〉P：1191〈元亨本〉P：1194〈足利本〉P：1197〈影天正本〉P：1199〈八行本〉P：1201《書古文訓》P：1202同作「孚」！

**又案：** 章太炎《古文尚書拾遺定本》於「高宗肜日：天既孚命正厥德」條下云：「殷本紀孚命作附命，孔光傳引書作付命，熹平石經同，據此是太史公以今文釋古文也。孚與附、付音雖近，然此似本作『受』，轉寫誤作『孚』。」實章氏未見金文正作「孚（尃）受天命」，而非形近轉寫之譌也！

### 9、※天棐忱辭。〈大誥〉

　　又曰：『天棐諶辭。』言有誠道，天輔之也。明承順天道在於崇德博施，加精致誠，孳孳而已。〈孔光傳〉卷八一　頁3360

　　師古曰：「周書大誥之辭。棐，輔也。諶，誠也。諶辭，至誠之辭也。棐音匪。諶音上林反。」

**謹案：** 此孔光總結日蝕三朝之異，後適會太后崩，申言孚受天命之帝，當博施以德政，上天自會降福禳災，乃天之誠諶於其命辭之證。

**又案：**《僞孔傳》云：「言我周家有大化誠辭，爲天所輔。」〈翟義傳〉所錄王莽仿〈大誥〉爲文作『粵天輔誠』（案：經文作『越天棐忱』。），及師古注皆同孔光釋文。

　　然字作「忱」「諶」者——據《說文》十一篇上、水部曰：「湛，沒也。」段注：「古書浮沈多作湛。湛、沈，古今字。」湛音「直林切」，沈音「直深切」，同爲澄紐，侵韻字，是爲雙聲疊韻。二字一從『甚（常忱切，禪母，七部）』，一從『冘（余箴切，喻母，七部）』而得其聲，據南基琬先生（見《說文段注古今字研究》頁161）

的論斷：「古字的聲符只能表聲，爲了加強字義，乃取聲義可兼表的聲符而造今字，如湛沈、澂澄古今字。」甚、尤二字亦疊韻聲近，故從甚、從尤得聲者，其字音亦相近或相同，而可通叚。

　　依《說文通訓定聲》所列，凡從「尤」、「甚」、「侵」、「先」之字，皆同在『侵』韻！是以諶、訦二字，段氏皆讀「是吟切」，七部；但於「訦」字下，則又注：『古音在八部』，是知諶、訦字今音同，而古音則分居七、八二部，「諶」從甚聲，古音在侵部；「訦」從尤聲，古音在談部，但同屬侵韻，侵、談旁轉，其聲亦相近。

　　吾人再從漢人其典籍所援引的例子來看——

1. 今本《詩・大雅・大明》作「天難忱斯」。毛傳：「忱，信也。」

2. 《說文》三篇上、言部「諶」字條下云：「諶，誠諦也。從言甚聲。詩曰：『天難諶斯』。」

3. 又「訦」字條下云：「訦，燕、代、東齊謂信，訦也。」《韓詩外傳》（卷十）云：「詩曰：『天難忱斯，不易惟王』。」一本「忱」或作「訦」（案：瞿紹江先生《韓詩外傳校釋》頁160，『天難忱斯』條下云：趙本（趙懷玉校語）作『訦斯』，校云（周廷寀校注）：「舊本作忱，今從《詩考》改。」瞿氏案：「活字本（明刊十行活字本）亦作『訦斯』。」）。

4. 又《詩・大雅・蕩》言：「其命匪諶」，毛傳：「諶，誠也。」鄭箋：「以誠信使之忠厚乎」。《說文》十篇下、心部曰：「忱，誠也。從心尤聲。詩曰『天命匪忱』。」

5. 《韓詩外傳》（卷五）言：「詩曰『天生蒸民，其命匪諶』。」一本「諶」或作「訦」。

6. 王符《潛夫論・卜列》作『天難諶斯』，而於〈相列〉則作『天難忱斯』，作「忱」者乃後人據《毛詩》改，《毛詩》作「忱」，用叚借字，三家作「諶」，用本字（（清）汪繼培《潛夫論箋》頁292，如是說。）愚以爲其論適反（待見下文）。

7. 董仲舒《春秋繁露・如天之爲》引《詩》曰：「天難諶斯，不易維王。」（案：皮錫瑞《說文解字引經攷・引詩攷》卷一，頁29，『諶』字條下案語，以此句出於〈天地陰陽篇〉，今從抱經堂本而改爲〈如天之爲〉。）是漢人多作『諶』。

　　愚將各本《尚書》中，所有引用「忱」「諶」，製成一表，相互比較之後，吾人可以看出各本或作「諶」「忱」，而無作「訦」者。此表中，除〈湯誥〉〈咸有一德〉〈說命〉爲後人僞作之外，共十一例中，僅僅只有〈君奭〉作『諶』，而《魏石經・君奭》P：2242 三體直式殘石漢隸作『忱』！竊以爲《尚書》不論今、古文諸本，皆當作『忱』！今本〈君奭〉之作『天難諶』者，蓋依三家《詩》之云『天難諶斯』

改，而不知〈君奭〉尚有『若天棐忱』乙句存也！

故知《毛詩》《魏石經》從古文作「忱」；三家《詩》、今本《尚書・君奭》則改從今文作「諶」。靈帝建寧四年〈博陵太守孔彪碑〉有文銘曰『上帝棐諶』，此碑立於《熹平石經》之前，吾人乃知漢人今文多用「諶」，《魏石經》古文用「忱」，一如涇渭之明，互不相奪。（清）王先謙（《詩三家義集疏・大雅・大明》）言『天難忱斯』，注云：「魯、齊作諶，韓作訦。」（卷廿一，頁4），又於〈蕩〉：『其命匪諶』，注云：「韓，諶作訦。」（卷廿三，頁1）皆可證諶、訦、忱三字，音近通作。又王莽仿〈大誥〉而擬作之〈莽誥〉，其誥文中有「天輔誠辭」、「奧天輔誠」二句，〈大誥〉經文則作「天棐忱辭」、「越天棐忱」句，是王莽以「輔」詁「棐」，「誠」詁「忱」。

吾人將之與〈孔光傳〉比辭而觀，乃得知漢人皆以「輔誠」釋「棐忱（諶）」；然下表於《魏石經》殘字得『棐』作『不』，細觀此『不』字，並非「棐」字之殘闕而誤判為『不』，是殘石本作『不』，是以，「天棐諶辭」乃言「天命之不可盡信依恃」，楊筠如（《尚書覈詁・大誥》）亦言：「棐，當讀為匪。……則『棐忱』即謂『匪諶』，言天無誠也。」楊氏與愚見竟不謀而合。

| | 偽 湯誥 | 偽咸有一德 | 盤庚・中 | 盤庚・中 | 偽說命・中 |
|---|---|---|---|---|---|
| 今　本 | 尚克時忱 | 天難諶 | 欽念以忱 | 爾忱不屬 | 王忱不艱 |
| 伯三六七〇 | | | 欽念以忱 | 爾忱弗屬 | |
| 伯二六四三 | | | 欽念以忱 | 爾忱弗屬 | 王忱弗艱 |
| 岩崎本 | | | 欽念以忱 | 爾忱弗屬 | 王忱弗艱 |
| 內野本 | 尚克時忱 | 天難諶 | 欽念以忱 | 爾忱弗屬 | 王忱弗艱 |
| | 偽 湯誥 | 偽咸有一德 | 盤庚・中 | 盤庚・中 | 偽說命・中 |
| 天理本 | | 天難忱 | | | |
| 元亨本 | | | 欽念以忱 | 爾忱弗屬 | 王忱弗艱 |
| 足利本 | 尚克時忱 | 天難諶 | 欽念以忱 | 爾忱弗屬 | 王忱不艱 |
| 影天正本 | 尚克時忱 | 天難諶 | 欽念以忱 | 爾忱弗屬 | 王忱不艱 |
| 八行本 | 尚克時忱 | 天難諶 | 欽念以忱 | 爾忱不屬 | 王忱弗艱 |
| 書古文訓 | 尚克時忱 | 天難忱 | 欽念以忱 | 爾忱弗屬 | 王忱弗艱 |
| 唐石經 | 尚克時忱 | 天難諶 | 欽念以忱 | 爾忱不屬 | 王忱不艱 |
| | 大　誥 | 大　誥 | 康　誥 | 康　誥 | 君　奭 |
| 今　本 | 天棐忱辭 | 越天棐忱 | 天畏棐忱 | 蔽時忱 | 若天棐忱 |

| 魏石經 | | | | | ▲▲不▲ |
|---|---|---|---|---|---|
| 伯二七四八 | | | | | 若天棐忱 |
| 內野本 | 天棐忱詞 | 粵天棐忱 | 天畏棐忱 | 蔽時忱 | 若天棐忱 |
| 足利本 | 天棐忱詞 | 越天棐忱 | 天畏棐忱 | 蔽時忱 | 若天棐忱 |
| 影天正本 | 天棐忱 | 越天棐忱 | 天畏棐忱 | 蔽時忱 | 若天棐忱 |
| 八行本 | 天棐忱 | 越天棐忱 | 天畏棐忱 | 弊時忱 | 若天棐忱 |
| 書古文訓 | 天棐忱詞 | 粵天棐忱 | 天畏棐忱 | 蔽時忱 | 若天棐忱 |
| 唐石經 | 天棐忱辭 | 越天棐忱 | 天畏棐忱 | 蔽時忱 | 若天棐忱 |
| | 君奭 | 多方 | 多方 | 多方 | 立政 |
| 今本 | 天難諶 | 爾曷不忱 | 圖忱于正 | 勸忱我命 | 忱恂于九德 |
| 魏石經 | 天難忱 | | | | |
| 斯二〇七四 | | 爾害弗忱 | 圖忱于正 | 勸忱我命 | 忱恂于九德 |
| 伯二六三〇 | | | | 勸忱我命 | 忱恂于九德 |
| 伯二七四八 | 天難忱 | | | | |
| 九條本 | | 爾害弗忱 | 圖忱于正 | 勸忱我命 | 忱恂于九德 |
| 內野本 | 天難諶 | 爾害弗忱 | 圖忱于正 | 勸忱我命 | 忱恂于九德 |
| 足利本 | 天難諶 | 爾曷不忱 | 圖忱于正 | 勸忱我命 | 忱恂于九德 |
| 影天正本 | 天難諶 | 爾曷不忱 | 圖忱于正 | 勸忱我命 | 忱恂于九德 |
| 八行本 | 天難諶 | 爾害弗忱 | 圖忱于正 | 勸忱我命 | 忱恂于九德 |
| 書古文訓 | 天難忱 | 爾害弗忱 | 圖忱于正 | 勸忱我命 | 忱恂于九德 |
| 唐石經 | 天難諶 | 爾曷不忱 | 圖忱于正 | 勸忱我命 | 忱恂于九德 |

（謹案：標「▲」者，石經殘碑無錄。）

10、※臣之有作福作威玉食，其害于而家，凶于而國。〈洪範〉

左將軍丹等問匡，對曰：「竊見丞相商『作威作福』，從外制中，取必於上，性殘賊不仁，遣票輕吏微求人罪，欲以立威，天下患苦之。」〈王商傳〉卷八二頁 3372

謹案：此與下例皆匡衡之語，時當成帝有日蝕，王鳳、史丹、匡衡等人藉機以奏罷商。上雖知眾人險僻，無奈迫於王鳳，乃收商相印，三日後，商嘔血而薨（案：王商代匡衡爲成帝相，時於建始三年；同年，王商不聽大將軍王鳳之求，

奏免與鳳有連婚之親的楊肜，因琅邪郡有災害一十四起，時楊肜爲琅邪太守。故王商與鳳、衡二人由此結怨。是以，班固〈王商傳·贊〉曰：「王商有剛毅節，廢黜以憂死，非其罪也。」）。此匡衡逐錄《尚書》經文，語出〈洪範〉，師古無注。

11、※周書曰：『以左道事君者誅』。〈王商傳〉卷八二　頁3372

　　師古曰：「逸書也。」

謹案：成帝時會日蝕，史丹問匡衡日蝕之議，而衡對答之言。王商代匡衡爲丞相，衡引《周書》之文，認爲商無尺寸之功，高居三公之位，身享三世之寵；卻執左道以亂政，誣罔誖逆大臣之節，於是應災異而有日蝕，故當誅罰，令討不忠，以防患於未發！

12、※烈風雷雨而弗迷。〈堯典〉

　　地皇元年七月，大風毀王路堂。復下書曰：「乃壬午餔時，有『列風雷雨』發屋折木之變。……伏念一旬，迷乃解矣。」〈王莽傳〉卷九九下　頁4159

　　師古曰：「先言列風雷雨，後言迷乃解矣，蓋取舜『納于大麓，列風雷雨不迷』以爲言也。」

謹案：王莽檃栝《尚書》經文，以帝舜受堯之試，烈風雷雨而不迷，自圓大風毀王路堂之災，又不忘比附帝舜之德，莽眞聰明之僞君子也。

又案：今本作「烈」，王莽下詔文引《尚書》作「列」者——

1. 《史記·五帝本紀》：「舜入于大麓，烈風雷雨不迷。」

2. 東漢順帝漢安二年〈北海相景君碑〉（見《隸釋》卷六，頁9～11）刻曰：「列宿歊精。……後來詠其烈。」

3. 桓帝延熹六年〈桐柏淮源廟碑〉（見《隸釋》卷二，頁12～14）其辭曰：「烈烈明府。」

4. 桓帝延熹九年〈山陽太守祝睦後碑〉（見《隸釋》卷七，頁8～10）鐫云：「稽列宿，覽四方。……功烈（案：《隸辨》卷五，頁32，字作『㶴』）著。」

5. 靈帝建寧元年〈史晨饗孔廟後碑〉（見《隸釋》卷一，頁27～29）鐫云：「并列本奏。」

6. 靈帝建寧三年〈淳　長夏承碑〉（見《隸釋》卷八，頁9～11）刻曰：「慕前賢剟，庶同如蘭。（案：《隸釋》所載，與吳士鑑先生引文稍異。）」

7. 靈帝熹平三年〈繁陽令楊君碑〉（見《隸辨》卷五，頁12～14）其辭曰：「復紹

祖烈。」

8. 靈帝熹平六年〈尹宙碑〉（見《兩漢金石記》卷十二，頁 11～14）銘曰：「列于風雅。」（清）顧藹吉（見《隸辨》卷五，頁 32）按：「說文劉從歺，歺上從𠦏，下從歺省。碑則不省歺而去𠦏，他碑亦作歺（案：即字作『列』），今俗因之。」

9. 漢碑〈酸棗令劉熊碑〉（見《隸釋》卷五，頁 15～18）刻曰：「列土封矦。……闕二字仁恩，如冬日威，猛烈炎夏。」

10. 另有不詳年月，但爲漢碑碑文無疑者，《水經注・沔水》（卷廿八，頁 365）宜城縣太山之下有廟，漢末名士數十人，朱軒華蓋，同會於廟下，荊州刺史雅歎其盛，號曰：『冠蓋里』，而刻石銘之，此銘即爲皮錫瑞《漢碑引經攷（卷二，頁 25）所謂之〈宜城縣太山冠蓋里銘〉。（後魏）酈道元注：「其辭曰：『蛾峨南岳，烈烈離明，實（案：皮氏《漢碑引經攷》字作「寔」，今依《水經注》作「實」。）敷僑乂。』」

11. 〈敦煌本舜典釋文殘卷（即〈伯三三一五〉）〉P：72，字作「剦」。其「剦」下云：「古列字。」吳士鑑先生〈唐寫本經典釋文校語・下〉（頁 5）曰：「今本闕此條。注疏本改作烈（案：言僞孔傳、〈正義〉改經、傳之文爲『烈』字。）。案：漢書賈誼傳：『列士徇名。』漢夏承碑：『慕前剦均。』以剦爲烈。」

12、〈內野本〉P：80〈足利本〉P：98〈影天正本〉P：110〈八行本〉P：122《唐石經》P：142 俱同本，字竝作「烈」。

13. 《書古文訓》P：135 則同〈釋文殘卷〉，字竝作「剦」。

　　據〈釋文殘卷〉，知「剦」爲古「列」字。而「剦」漢人作「烈」，其義訓作「猛烈」「光烈」也。至於「列」，或訓爲「排列」，或爲「割裂」義而叚借爲「裂」字。是故，《漢書》作「列」，《史記》作「烈」，蓋今文說三家之異文也，今本作「烈」者，則用古文說，當無疑。

# 第十章　愼刑罰

## 略　述

　　蓋自大地孕育人類開始，便有爭訟之事，《周易》有『訟卦』，孔子（見《論語‧顏淵》）亦有言曰：「聽訟，吾猶人也。必也使無訟乎！」可見訴訟官司之於人也，實立於無奈，亦行之無奈。

　　此章所錄，有以刑罰立威者，有天子命有司以省刑約律、行輕緩之政者，有哀憐天下無辜獲罪、而下詔罪己者，有勸誡百官愼刑明罰、咸庶中正者，更有以《尚書》大義而爲斷獄之法者。諸例皆一本《尚書》之於刑罰——哲人惟刑、哀敬折獄、審聽五辭、閱實其罪、刑罰中正——等原則，而歸於——『士制百姓于刑之中，以教祗德』——「寓教於刑」之大要，使天下共臻「刑期無刑」之善也。

1、文王作罰，刑茲無赦。〈康誥〉

　　元康二年春正月，詔曰：「書云：『文王作罰，刑茲無赦』。」〈宣帝紀〉卷八　頁255

　　師古曰：「周書康誥之辭也。言文王作法，罰其有亂常違教者，則刑之無放釋也。」

謹案：周文王以仁德聞而天下歸焉，尚仍須制法行罰，以懲亂常違教者，絕無寬道；宣帝則因官吏修身奉法，未有能稱其意，故悲憫蒼生或有冤情，而大赦天下，以與官吏屬精更始。故詔文迻錄《尚書》載文王制法行罰乙事，以彰其赦天下、愼刑罰之功。

2、即我御事，罔或耆壽，俊在厥服，予則罔克。〈文侯之命〉

　　鴻嘉元年春二月，詔曰：「書不云乎？『即我御事，罔克耆壽，咎在厥躬』。」〈成

帝紀〉卷十　頁315

文穎曰：「此尚書文侯之命篇中辭也。言我周家用事者，無能有耆老賢者，使國之危亡，罪咎在其用事者也。」師古曰：「『咎在厥躬』，平王自謂，故帝引之以自責耳。文氏乃云『咎在用事』，斯失之矣。」

謹案：成帝逐錄《尚書》經文，以申其用人不當，致使刑罰不中，無罪而蒙冤，眾官失職；除下詔罪己外，更以〈文侯之命〉為言，期群下能明哲慎罰，毋枉毋縱。

又案：今本作「罔或」，此詔引經文作「罔克」者——

1. 鈔本俱作「或」。

2. 《爾雅・釋言》：「克，能也。」

3. 楊樹達先生《詞詮》（卷三，頁 140）「克」字條下亦言：「克，能也。秉文文王，克昌厥後。詩」

4. 王引之《經傳釋辭》「有」字條下云：「有，猶『或』也。」又「或」字條下云：「或，猶『有』也。尚書古義曰：『無有作好，遵王之道；無有作惡，遵王之路。』呂覽引此『有』字通作『或』貴公篇。高誘曰：『或，有也。』古『有』字通作『或』，故言「罔克」者，猶言「不能」；作「罔或」者，猶言「沒有」，其意義相近耳。」

漢時，蓋有作「無有」「無或」者，其意義相近而通叚也。

又案：觀〈文侯之命〉，全篇乃周平王自責之辭；讀此詔，亦皆為成帝罪己之文，故文穎之言「罪咎在其用事者」，誤矣，當從師古言「帝引之以自責」。然師古亦有謬誤，即與文穎同將『咎在朕躬』列為《尚書》經文，鈔本並無「咎在朕躬」句；且經文「俊在厥服」與詔文「咎在朕躬」，文義字形皆異，而經文後曰：『其伊恤朕躬』。竊以為成帝所引僅只兩句——即我御事，罔克耆壽——八字，至於「咎在朕躬」，乃成帝以櫽栝《尚書》經文罪己之言，文、顏二氏俱將成帝罪己——『咎在朕躬』——四字，涉入《尚書》經文，反令段玉裁《古文尚書撰異》（卷三十，頁2～3）乃有『此今文尚書也』云云！

3、流共工于幽洲，放驩兜于崇山，竄三苗于三危，殛鯀于羽山，四罪而天下咸服。〈堯典〉

『唐虞之際，至治之極，猶流共工、放驩兜、竄三苗、殛鯀，然後天下服。』〈刑法志〉卷二三　頁1081

師古曰：「舜受堯禪，而流共工于幽州，放驩兜于崇山，竄三苗于三危，殛鯀于

羽山。」

謹案：班固隱栝《尚書》經文，藉〈堯典〉載舜流放『四凶』於四裔，使天下咸服
　　　故事，藉以重申「刑」之重要——治亂世用重典，太平之世則行禮樂之教，
　　　然「刑」亦不可廢也。

又案：今本作「驩兜」，班固引作「讙兜」者——

1. 《史記・五帝本紀》亦作「驩兜」。

2. 〈敦煌本堯典釋文殘卷（即〈伯三三一五〉）〉P：12「驩兜」字作『鴅』，下
　　云：「古驩字，呼端反。」『吺』，下云：「古兜字，丁侯反。驩兜，臣名也。」
　　吳士鑑先生〈唐寫本經典釋文校語・上〉（頁 11～12）云：「段懋堂氏謂古文
　　尚書作鴅吺，出於宋次道、王仲至家之本，陸氏所謂穿鑿之徒，務欲立異，依
　　傍字部改變經文。殊不知初唐時本已作『鴅吺』，正非宋、王輩所穿鑿改變也。」
　　讙音「呼官切」，曉母，十四部；驩音「呼官切」，曉母，十四部。是以「讙」
　「驩」二字雙聲疊韻，同音通叚。又師古此例注曰：「讙兜」，於〈鮑宣傳〉則注：「驩
兜」，雖顏氏忠於《漢書》文字，然於清儒眼中，便未免譏之曰：「小顏」矣！

4、大辟之罰其屬二百，五刑之屬三千。〈呂刑〉

　　成帝河平中，復下詔曰：「甫刑云：『五刑之屬三千，大辟之罰其屬二百。』今
　　大辟之刑千有餘條……令較然易知，條奏。」〈刑法志〉卷二三　頁 1103

　　師古曰：「甫刑，即周書呂刑。初為呂侯，號曰呂刑，後為甫侯，又稱甫刑。」

謹案：詔文迻錄《尚書》經文，然倒置為文。成帝藉〈呂刑〉所載「大辟」二百條，
　　　而於其時已衍生千餘條，律令百萬餘言，故詔令省刑約律，以絕無辜之冤獄。

5、欽哉欽哉，惟刑之恤哉。〈堯典〉

6、其罪惟均，其審克之。〈呂刑〉

　　成帝河平中，復下詔曰：「書不云乎？『惟刑之恤哉！』『其審核之』，務準古法，
　　朕將盡心覽焉為焉。」〈刑法志〉卷二三　頁 1103

　　師古曰：「虞書舜典之辭。恤，憂也，言當憂刑也。」

　　師古曰：「核，究其實也。」

謹案：成帝迻錄《尚書》經文，述〈堯典〉載帝舜告四方岳牧，斷獄之時，無心之
　　　過可赦，怙惡冥頑則罰，然必聽兩造、審五辭、持中正，以公正無私、哀矜
　　　惡獄之心，收刑期無刑之效也。藉此故事以詔議博士及明習律令者，蠲除苛

刻之罰，行寬仁之制，少誣枉之獄！

**又案：**今本作「審克」，詔文引作「審核」者，段玉裁《古文尚書撰異》（卷二九）
云：「克、核古音同在第一部，蓋古文尚書作克，今文尚書作核也。克當爲
核之假借，僞孔訓能，非也。」

竊以爲段說是非參半。其言「克」「核」音近通叚，正僞孔訓「能」之非，此二
言是也；其餘之論，恐非是。據《說文》六篇上、木部：「核，蠻夷之木皮爲匧，狀
如籢尊之形。」又七篇上、克部：「克，肩。」僞孔以「能」訓「克」，其本於《爾
雅·釋言》。而核之本義難明，不知所指，然亦絕非「審核」字，而「克」又無「審
核」之義，惟二字同在一部，核音「古音切」，見紐；克音「若得切」，溪母，反切
上字同屬牙音，音間有流轉，故「核」「克」音近；但非如段氏之言：「克當爲核之
假借」，而當言：「克、核爲劾之假借」方安。

《說文》十三篇下、力部：「劾，瀍有辠也。」「劾」之本義，便是以『法』定
實其罪！劾音「胡槩切」，匣母，一部。故「克」「核」「劾」三字疊韻，音近通叚。
是以，「克」「核」叚借爲「劾」，並訓「劾」。至於孰爲今文、孰爲古文，因二字皆
用假借字，愚亦無法辨識，惟待明之者出矣！

### 7、※流共工于幽洲，放驩兜于崇山，竄三苗于三危，殛鯀于羽山，四 罪而天下咸服。〈堯典〉

自古明聖，未有無誅而治者也，故舜有『四放之罰』，孔子有兩觀之誅，然後聖
化可得而行者。〈劉向傳〉卷三六　頁1946

**謹案：**西漢元帝元初二年，時有地震之災、客星之異，國有外戚平恩侯許嘉、史氏，
宦官弘恭、石顯之專擅。劉向遂與蕭望之等人議罷四人之職，卻反遭譖誣繫
獄，望之因而自殺，劉向爲此乃上封事以諫元帝。向隱栝《尚書》經義，諫
諍元帝，言君無誅罰之行，不足以敷陳教化；然陟罰臧否之時，應明哲慎察，
聽兩造，辨五辭，哀矜哲獄，是爲刑罰之本也！劉向暗喻元帝偏聽倖臣之讒，
而蒙蔽聖聰耳目，至使其身繫囹圄，而望之自殺，此皆元帝失察之過。

**又案：**今本作「洲」，師古注作「州」者——

1. 段玉裁《古文尚書撰異》（卷一下，頁20）云：「孟子萬章篇：『舜流共工於幽
州。』射義注：『流，猶放也。書曰：「流共工於幽州。」』王莽傳：『流棻于幽
州，放尋于三危，殛隆于羽山。』左氏文十八年正義引：『流共工于幽洲。』
孔傳：『幽州，北裔。』字皆作『州』。今尚書作『洲』者，衛包以俗字改也。」
2. 鈔本〈內野本〉P：86〈足利本〉P：101〈影天正本〉P：113〈八行本〉P：

126 與今本俱同，字竝作「洲」。

3. 《書古文訓》P：137 則同於《孟子》作「州」。

由上可知唐初流傳鈔本多作「幽洲」，惟《書古文訓》與師古注竝同作「州」。故段氏論儒包以俗字「洲」而改本字「州」者，實儒包所據之本已作「洲」，蓋非儒包改以俗字，段說微誤耳。

**又案**：劉向上封事諫文所云『舜有四放之罰』者，則向以「殛」非「誅死」之謂也

1. 《左傳‧文公十八年》云：「舜臣堯，賓于四門，流四凶族。」

2. 《孟子‧萬章上》：「萬章曰：『舜流共工于幽州，放驩兜于崇山，殺三苗于三危，殛鯀于羽山，四罪而天下咸服，誅不仁也。』」

3. 《周禮‧天官‧大宰》：「大宰以八柄詔王馭群臣。……七曰：『廢，以馭其罪。』八曰：『誅，以馭其過。』」鄭玄注：「**廢，猶放也，舜殛鯀于羽山是也。誅，責讓也**，曲禮曰：『齒路馬有誅。』」

4. 《國語‧周語下》（卷三）云：「堯用殛之于羽山。」韋昭注：「**殛，誅也。**」又〈晉語〉（卷八）云：「昔者暖（案：鯀即鯀也。）違帝命，殛之于羽山。」韋昭注：「**殛，放而殺也。**」

5. 《說文》四篇下、歺部：「**殛，殊也。从歺亟聲。虞書曰：『殛鯀于羽山。』**」又曰：「**殊，死也。一曰斷也。漢令曰：『蠻夷長有罪當殊之。』**」則《說文》以殛、殊皆訓『死』爲其本義也。

6. 《僞孔傳》傳曰：「**殛竄流放，皆誅也。**」

7. 〈敦煌本舜典釋文殘卷（即〈伯三三一五〉）〉P：74 於『殛』字下云：「**殛，紀力反。誅也，注同。**」

8. 裴駰《史記集解》引馬融注：「**殛，誅也。羽山，東裔也。**」（見孫星衍《古文尚書馬鄭注》卷一，頁 11，引）

9. （宋）蔡沈《書經集傳‧舜典》言：「**殛則拘囚困苦之。**」

10. 段玉裁《古文尚書撰異》（卷一下，頁 21～22）曰：「劉向謂『放流竄殛爲四放之罰』，今淺學謂殛爲殺，大誤。」

11. 皮錫瑞《今文尚書攷證》（卷一，頁 46）言：「蓋唐虞本無肉刑，故四凶之罪，止于流放也。」

總括而言，皮氏以爲『唐虞本無肉刑』，恐誤。觀〈堯典〉：「皋陶……汝作士，五刑有服。」僞孔傳：「五刑，墨劓剕宮大辟。」其中惟「墨刑」非「肉刑」耳！愚以爲孔疏之論最爲允當：「當在五刑而流放之，故知謂不忍加刑則流放之，

若四凶也。」既彰帝舜黜罰之嚴，亦可見虞舜不忍之仁也！

8、哀敬折獄。〈呂刑〉

　　贊曰：「于定國父子，『哀鰥哲獄』，爲任臣職。」〈于定國傳〉卷七一　頁3053

　　應劭曰：「哲，智也。」鄭氏曰：「當言折獄。」師古曰：「哀鰥，哀恤鰥寡也。哲獄，知獄情也。」

謹案：此班固檃栝〈呂刑〉之文，從《尚書大傳・甫刑》而稍變易之，以美于氏父子（定國及其父于公）斷獄無私於兩造之辭，亦無偏聽祖護。一如于公之謂：「我治獄多陰德，未嘗有所冤，子孫必有興者。」後果封侯傳世也！《易經・坤卦・文言》：「積善之家，必有餘慶。」信然！

又案：「哀敬折獄」，今本、《唐石經》P：3003，與鈔本〈岩崎本〉P：2922〈內野本〉P：2941〈足利本〉P：2955〈影天正本〉P：2967〈八行本〉P：2980並同。此〈贊〉作「哀鰥」者——

1. 段玉裁（《古文尚書撰異・呂刑》卷廿九，頁22）按云：「矜、鰥古同音互借，借矜爲鰥，亦借鰥爲矜。班書字作鰥，而顏注非也。」

2. 《尚書大傳・甫刑》引孔子之言：「古之聽民者：察貧窮，哀孤獨矜寡，宥老幼不肖無告。」又說：「聽訟雖得其指（皮錫瑞《今文尚書攷證・呂刑》卷廿六作「其情」，劉逢祿《尚書今古文集解・呂刑》卷廿七與〈大傳〉同。），必哀矜之。死者不可復生，絕（皮氏作「斷」劉氏與〈大傳〉同。）者不可復續也。書曰：『哀矜哲獄』。」

3. 《論語・子張》載：「孟氏使陽膚爲士師（案：《周禮・秋官・士師》云：『士師……察獄訟之辭，以詔司寇斷獄弊訟，致邦令』。猶今之調查局官員或警察之職。），問於曾子。曾子曰：『上失其道，民散久矣。如得其情，則哀矜而勿喜』。」

　　故『哀矜』絕非師古之注『哀恤鰥寡』，而是泛指斷獄者每遇決獄時「哀矜憐憫」的心情，因爲有刑罰則有不平之事，有不平之事則知民間疾苦而心生悲憫。段氏言『顏注非也』，甚允！然而段氏論斷：「疑偽孔本固作『矜』，傳釋『矜』爲『敬』，而衞包因依傳改經耳。」則誤，觀上述鈔本與今本竝作「哀敬折獄」，便知唐初傳本均作『哀敬』，蓋東晉獻書後而爲定本，絕非衞包所改！

　　另「哲獄」者，折、哲二字皆从折得聲，可相通作。詳見本篇，第十一章，例6。

　　皮錫瑞（《今文尚書攷證・呂刑》卷廿六）言之眞確：「漢書於明恔字作悊，而

此引哲獄字作哲，其義當與明悊之悊不同。蓋班氏意以明悊字當從心，哲斷字當從口。應劭注：『哲，知也』失之。」魏文帝黃初元年〈受禪表〉（《隸釋》卷十九，頁8～11）作「哀矜庶獄」，又〈司空文烈侯楊公碑〉（皮錫瑞《漢碑引經攷》卷二，頁53）作「折獄蔽罪于憲之中」，皆檃括《尚書》經文，於是可知漢、魏時人引〈甫刑〉多作「哀矜折獄」。

9、尊曰：「律無妻母之法，聖人所不忍書，此經謂造獄者也。」〈王尊傳〉卷七六　頁3227

　　晉灼曰：「歐陽尚書有此造獄事也。」師古曰：「非常刑名，造殺戮之法。」

謹案：王尊藉歐陽尚書所載造獄之事，以之斷獄，令不孝弗肖之逆子伏誅。又檢之《尚書歐陽夏侯遺說攷》（見《皇清經解續編》）、《尚書歐陽章句》（見《玉函山房輯佚‧經編‧尚書類》），並無此造獄事，蓋西漢傳本有錄，而後亡佚。雖歐陽建所傳為傳注而非經文，仍以之列為『佚書』。吾人從經典所載獄斷『不孝弗肖』之刑罰——《周禮‧地官‧大司徒》言：「以鄉八刑糾萬民。一曰：『不孝之刑。』」《孝經‧五刑》云：「子曰：『五刑之屬三千，而罪莫大於不孝！』要君者無上，非孝者無親，此大亂之道也。」——即可知漢人對「孝」之重視矣！其於後世之影響，亦極為深遠。

10、墨辟疑赦，其罰百鍰，閱實其罪；劓辟疑赦，其罰惟倍，閱實其罪；剕辟疑赦，其罰倍差，閱實其罪；宮辟疑赦，其罰六百鍰，閱實其罪；大辟疑赦，其罰千鍰，閱實其罪。〈呂刑〉

　　甫刑之罰，小過赦，薄罪贖，有金選之品，所從來久矣，何賊之所生？〈蕭望之傳〉卷七八　頁3277

　　師古曰：「呂侯為周穆王司寇，作贖刑之法，謂之呂刑。後改為甫侯，故又稱甫刑也。……呂刑曰：『墨辟疑赦，其罰百鍰；劓辟疑赦，其罰惟倍；剕辟疑赦，其罰倍差；宮辟疑赦，其罰六百鍰；大辟宜赦，其罰千鍰』，是其品也。」

謹案：宣帝時西姜叛反，張敞上書議行「贖刑之法」，以資隴西八郡之需；然望之及李彊力陳不可行「贖刑之法」，議「令民量粟以贖罪，如此則富者得生，貧者獨死，是貧富異刑而法不壹也。」故敞乃舉〈呂刑〉作贖刑故事，以為反駁；但望之二人引漢武帝天漢四年時，行「以五十萬錢減死罪一等」之令，反使豪彊吏民斂攣假貸，甚至成為盜賊以籌錢贖罪，於是群盜並起，法律不禁，終至兵災而誅者過半，皆是「以錢贖罪」之敗。上遂罷敞之議。

　　〈呂刑〉乃以『刑期無刑』為其終極目標，之所以設「贖刑」者，乃在於『疑』

一字！『疑』則不能明斷，不能明斷則憂『刑不當其罪』，故設「贖刑」以少無辜或不當之刑。張敞竟援引〈呂刑〉之仁，而以『贖刑』為隴西八郡之需，足見敞之不明經義若此！

又案：師古注並言「呂刑（〈賈誼傳〉）」「甫刑（〈蕭望之傳〉）」；《漢書》亦同，〈古今人表〉作「呂侯」，〈刑法志〉作「甫侯」，此傳則作「甫刑」。鈔本〈岩崎本〉P：2909〈內野本〉P：2927〈足利本〉P：2946〈影天正本〉P：2958〈八行本〉P：2970《書古文訓》P：2984《唐石經》P：2989 俱作「呂刑」，知唐初鈔本同作「呂刑」，今本延用之。

然西漢則作「甫刑」，見之《史記・周本紀》《尚書大傳・甫刑》；到了東漢，才有言「呂刑」者，而兩稱並存，裴駰（《史記集解》）引鄭玄曰：「書曰『周穆王以呂侯為相』。」蓋《偽孔傳》出，言呂侯『後為甫侯，故或稱甫刑』（呂，音「力舉切」，來母，五部；甫音「方矩切」，非母，五部，二字是為疊韻，故音近相通叚），此說甚確（鄭樵《通志》亦言：「呂、甫音近相通。」古國順先生從之，見《史記述尚書研究》頁 360）。

11、皇帝哀矜庶戮之不辜，報虐以威。〈呂刑〉

　　『報虐以威』，殃亦凶終。〈敘傳〉卷一百下　　頁 4266

　　師古曰：「尚書呂刑曰：『皇帝哀矜庶戮之不辜，報虐以威。』言哀閔不辜之人橫被殺戮，乃報告為虐者以威而誅絕也。」

謹案：班固迻錄《尚書》經文，藉〈呂刑〉載皇天哀憫無辜受戮之民，乃以威刑誅滅為虐與亂者，故作〈酷吏傳〉，以為殷鑑。

# 第十一章　釋經義

## 略　述

　　此章所錄《漢書》逐引《尚書》之文，皆爲援引《尚書》，並進而解釋經文大義者。其中猶以《漢書》十〈志〉所引《尚書》者佔多數之例耳。

　　班固藉《尚書》以解釋各〈志〉之篇章大要；吾人正可反其道而觀之，即可探知班固如何解釋《尚書》經文，亦透過《漢書》而知兩漢時人對《尚書》之運用！

1、※神爵元年三月，詔曰：「南部獲白虎、『威鳳』爲寶。」〈宣帝紀〉
　　卷八　頁259
　　晉灼曰：「鳳之有威儀者也。與尚書：『鳳皇來儀』同意。」

謹案：宣帝詔文名之「威鳳」，晉灼復以『鳳之有威儀者也』釋之，知晉灼訓「儀」
　　　爲「威儀」義，乃據《詩經》爲說（案：〈邶・柏舟〉〈小雅・賓之初筵〉〈小
　　　雅・既醉〉〈小雅・板〉〈小雅・抑〉〈小雅・泮水〉〈小雅・烝民〉〈小雅・
　　　瞻卬〉俱作『威儀』云云者。）。是言君子之起行坐臥，儀容俯仰，各有其
　　　威儀舉措，不可懈怠輕慢，褻玩狎侮。因文質彬彬，敬慎威儀，乃維民之則，
　　　維德之隅。故士君子猶不可一日稍離，況爲帝王、聖哲哉！

2、帝曰：「夔，命汝典樂，教胄子，直而溫，寬而栗，剛而無虐，簡而
　　無傲。詩言志，歌永言，聲依永，律和聲，八音克諧。」〈堯典〉
　　典者自卿大夫師瞽以下，皆選有道德之人，朝夕習業，以教國子。國子者，卿
　　大夫之子弟也。皆學歌九德，誦六詩，習六舞、五聲、八音之和。故帝舜命夔

曰:『女典樂,教胄子,直而溫,寬而栗,剛而無虐,簡而無敖。詩言志,歌咏言,聲依咏,律和聲,八音克諧。』〈禮樂志〉卷二二　頁1038

師古曰:「咏,古詠字也。在心爲志,發言爲詩。咏,永也。永,長也,歌所以長言也。」

謹案:班固迻錄《尚書》經文,藉〈堯典〉載帝舜命夔等二十二人,各盡其能,各司其職,宣揚代天理官治民之功,以說明「樂教」之重要。

礼以修外而爲異,樂以治內而爲同,是以王者未作樂之時,皆因襲先王之樂以教化百姓,逮民風悅樂,然後改作。礼乃行爲之誼,尊卑之次也,因時制宜,故各代不同,因襲者少而制宜者多也。此皆因禮教以修外,故異;樂以治內,故同。礼樂二教四達而不誖亂,則心有節,行有禮,聲有和,俗有樂,王道備矣!

是以班固乃釋經義,「胄子」猶「國子」,是爲卿大夫之子弟也,以禮樂之化於上,而德惠之施於下,收風行草偃之功!

又案:今本作「傲」,班固引經文作「敖」者——

1. 《詩經・小雅・桑扈》:「彼交匪敖。」今文三家詩,字皆作「敖」(見王先謙《詩三家義集疏》)。

2. 《左傳・文公一年》經云:「公孫敖會晉侯于戚。……公孫敖如齊。」《魏三字石經集錄》(頁40)三體直式殘字,古字作「夰」,篆、隸二體作「敖」。

3. 《史記・五帝本紀》:「簡而毋傲。」

4. 《說文》八篇上、人部:「傲,倨也。从人敖聲。」段注:「古多假敖爲傲。五到切,二部。」又四篇下、攴部:「敖,出游也。」段注:「經傳假借爲倨傲字。五牢切,二部。」十篇下、夰部:「夰,嫚也。从百从夰,夰亦聲。虞書曰:『若丹朱夰。』讀若傲。論語:『夰湯舟。』」段注:「嫚者,侮㑃也。傲者,倨也。夰夐傲音義皆同。古到切,二部。」

5. 東漢靈帝中平三年〈尉氏令鄭季宣碑〉(見《兩漢金石記・考定洪氏隸續鄭季宣碑》卷八,頁17~32)刻曰:「▲就湾憿。」(清)顧藹吉《隸辨》(卷四)按云:「集韻傲或從心。」

6. 〈敦煌本舜典釋文殘卷(即〈伯三三一五〉)〉P:76,字作「夰」。

7. 鈔本〈內野本〉P:93〈足利本〉P:106〈影天正本〉P:118〈八行本〉P:132《唐石經》P:153 俱同今本,字竝作「傲」;惟《書古文訓》P:137,字作「夰」。

綜上所述,《說文》《魏石經(古文)》、〈釋文殘卷〉作「夰」,則「夰」爲古文

說。然鈔本、今本改「㒳」作「傲」者，蓋東晉流傳異本，已有改爲「傲」者。《漢書》作「敖」，依《魏石經》觀之，其古文「㒳」，篆、隸乃爲「敖」，是「敖」則爲今文說；《史記》作「傲」，漢碑作「慠」，亦用今文也。

　　由是觀之，鈔本、今本作「傲」者，乃從今文說，非古文本作「傲」也。然《史記》述〈堯典〉多古文說（見《漢書・儒林傳》），抑或太史公於此，正作古文「傲」字，亦未定。

**又案：**今本作「永」，班固引經文作「咏」者——

1. 《禮記・樂記》：「歌，咏其聲也。」

2. 《爾雅・釋詁上》：「永，長也。」

3. 《史記・五帝本紀》：「歌長言，聲依永。」集解引馬融曰：「歌，所以長言詩之此意也。」又引鄭玄曰：「聲之曲折又依長言，聲中律乃爲和也。」

4. 《漢書・藝文志》：「詩言志，歌詠言。」

5. 王充《論衡・謝短》（卷十二，頁 12）云：「夏、殷衰時，詩何不作？尚書曰：『詩言志，歌詠言。』此時已有詩也。」

6. 《說文》十一篇下、永部：「永，水長也。象水巠理之長永也。詩曰：『江之永矣！』」段注：「引申之，凡長皆曰永。」又三篇上、言部：「詠，歌也。從言永聲。詠，或從口（即「咏」字）。」

7. 〈敦煌本舜典釋文殘卷（即〈伯三三一五〉）〉P：76，字作「永言」，其下云：「永，如字。長也。下同（案：指「聲依永」句。）。徐音詠。」

8. 鈔本〈內野本〉P：93〈足利本〉P：106〈影天正本〉P：118〈八行本〉P：132 俱同，二「永」字，上作「永」，下作「詠」。

9. 《書古文訓》P：139《唐石經》P：153 俱同今本，字竝作「永」。

　　綜前之述，《漢書》有作「咏」「詠」之異，然依《說文》，「詠」「咏」二字，實一字耳，師古注：「咏，古詠字也。」實誤。〈釋文殘卷〉皆作「永」，與今本、《唐石經》竝同。《史記》上作「長」下作「永」，實「長」乃「永」之訓詁字。皮錫瑞《今文尚書攷證》（卷一）云：「史記於上句『歌長言』作長，乃以故訓代經；下句『聲依永』不作長，仍爲永字，上下異文，疑史記所據經文上下兩永字，其音義必有異。若皆作永，皆訓長，上句『歌長言』可通，下句『聲依長』，不辭甚矣。釋文云：『永，徐音詠、』徐仙民讀『永』爲『詠』，蓋本今文尚書。疑史記『永』字，亦當讀『詠』，若漢志明作『咏』字。」

　　蓋皮氏之說，是非參半。其言《史記》以詁訓代經，是也；又云「經文上下兩『永』字，其音義必有異」則微誤：咏（詠）音「爲命切」、爲母，古音在十部；永

音「于憬切」、爲母，古音亦在十部，是以三字雙聲疊韻，古時同音通叚，故皮氏言「音義必有異」，當是「字義必有異」也。再者，皮氏據宋太祖開寶五年二月改定之今本《釋文》爲論，然以今本與〈釋文殘卷〉校讀，則刪去「長也下同」四字，即〈釋文殘卷〉之兩「永」字，皆同爲一字！

　　竊以爲太史公以「長」詁上句之「永」，乃用引申義，但其字本作「永」；下句太史公作「永」，則以「永」叚借爲「詠（咏）」，訓爲歌詠之誼。若此，則鈔本上句作「永」，下句作「詠」者，乃依《史記》爲文；〈釋文殘卷〉、今本、《唐石經》作兩「永」字，蓋依梅賾所改；至於《漢書》作兩「咏」字，與《史記》所本作兩「永」字，乃同爲今文三家之異文也；然《漢書》上句之「咏」，乃叚借爲「永」，義訓作「長」；下句之「咏」如字，音義皆爲「咏」。

3、夔曰：「於！予擊石拊石，百獸率舞。」〈堯典〉

　　書云：『擊石拊石，百獸率舞。』鳥獸且猶感應，而況於人乎？況於鬼神乎？放樂者，聖人之所以感天地，通神明，安萬民，成性類者也！〈禮樂者〉卷二二　頁 1039

　　師古曰：「虞書舜典也。石謂磬也。言樂之和諧也，至於擊拊磬石，則百獸相率而舞也。」

謹案：班固迻錄《尚書》經文，藉〈堯典〉所載夔上奏帝舜之言，以說明古聖先王設樂之教，非淫其心，放逸其志也；而是以樂感人，使民心得善，移風易俗，興雅頌之聲，使順五常，剛柔得中，上通於鬼神，下感於鳥獸，而人居其中，相感於衷而教化於無形矣！

4、天子作民父母，以爲天下王。〈洪範〉

　　洪範曰：『天子作民父母，爲天下王。』聖人取類以正名，而爲君爲父母，明仁愛德讓，王道之本也。〈刑法志〉卷二三　頁 1079

　　師古曰：「洪範，周書也。」

謹案：班固迻錄《尚書》經文，說明天子之爲百姓父母者，當行敬讓博愛之德，庶民心悅而從，黎首誠敬而歸，是以得爲君王者也。然愛尚待敬而不敗，德猶須威乃久立，故制禮以崇敬，作刑以明威也。

又案：今本作「以爲」，班固引經文作「爲」者——

　　《史記·宋微子世家》與鈔本、《唐石經》俱同今本，字竝作「以爲」。《隸釋》（卷十四）所載《漢石經》P：1475 殘字，僅存「爲天下王」四字，無法確定其上

有無「以」字。是以，班固所引經文，蓋省「以」一字耳。

5、**天秩有禮，自我五禮有庸哉。……天討有罪，五刑五用哉。**〈皋陶謨〉

　　書云：『天秩有禮』，『天討有罪』。故聖人因天秩而制五禮，因天討而作五刑。〈刑法志〉卷二三　頁1079

　　師古曰：「此虞書咎繇謨之辭也。秩，敘也。言有禮者天則進敘之，有罪者天則討治之。」

謹案：班固迻錄《尚書》經文，說明「五禮」「五刑」之制定，乃順天命之舉也。

6、**伯夷降典，折民惟刑。**〈呂刑〉

　　書云：『伯夷降典，悊民惟刑。』言制禮以止刑，猶隄之防溢水也。〈刑法志〉卷二三　頁1109

　　師古曰：「周書甫刑之辭也。悊，知也。言伯夷下禮法以道人，人習知禮，然後用刑也。」

謹案：班固迻錄《尚書》經文，藉〈呂刑〉述帝堯時，伯夷制禮作典以示萬民而導之，使人皆明法守禮，然後用刑以懲姦宄。此即孔子之言：「道之以德，齊之以禮，有恥且格。（見《論語‧為政》）」故班固以〈呂刑〉故事，論述刑罰蕃滋不絕之由，乃「禮制未立、死刑過制、生刑易犯」所致也。

又案：今本作「折民」，班固引經文作「悊民」者——

1. 今本〈呂刑〉下文「有哲人惟刑，無疆之辭。」句，字作「哲人」。伏生《尚書大傳‧周傳‧甫刑》云：「孔子曰：『古之刑者省之，今之刑者繁之，其教古者，有禮然後有刑，是以刑省也。今也反是，無禮而齊之以刑，是以繁也。』書曰：『伯夷降典禮，折民以刑。』謂有禮然後有刑也。」

2. 鈔本〈岩崎本〉P：2913.P：2925〈足利本〉P：2949.P：2957〈影天正本〉P：2961.P：2969《唐石經》P：2993.P：2944 俱同今本，前作「折民」，後作「哲人」。

3. 〈內野本〉P：2931.P：2944〈八行本〉P：2973.P：2982 俱同，前作「折民」後作「悊人」。

4. 陳鐵凡先生〈敦煌本商書校證〉（頁 45～46）於『知之日明明悊悊實作則』條下云：「內野本『悊』作『喆』。」其案曰：「悊，為說文古文哲，鐘鼎文亦從心作，與此同。玉篇：『喆，同哲。』釋文：『哲，本又作喆。』」

5. 《說文》二篇上、口部：「哲，知也。从口𣃔聲。悊，或从心。喆，古文哲，

从三吉。」段注：「或省之作喆。」又十篇下、心部：「悊，敬也。从心斯聲。」
段注：「悊與哲義殊，口部云：『或从心作悊。』蓋淺人妄增之。」

6. 東漢安帝元初元年〈謁者景君墓表〉（見《隸釋》卷六，頁 1～3）辭曰：「明哲幽通。」

7. 順帝永建元年〈國三老袁良碑〉（見《隸釋》卷六，頁 5～9）辭云：「使前喆孤名而君獨立。」

8. 順帝永和四年〈張平子碑〉（見《隸釋》卷十九，頁 18～21）刻曰：「馳心哲人。」

9. 順帝漢安二年〈北海相景君碑〉（見《隸釋》卷六，頁 9～11）鐫云：「豈夫仁哲。」

10. 桓帝延熹元年〈丹陽大守郭旻碑〉（見《隸續》卷三，頁3～5）刻曰：「既明且嚞。」

11. 桓帝延熹六年〈桐柏淮源廟碑〉（見《隸釋》卷二，頁 12～13）刻曰：「明哲所取。」

12. 靈帝建寧元年〈衛尉衡方碑〉（見《隸釋》卷八，頁 1～4）辭云：「能悊能惠。」

13. 靈帝建寧六年〈冀州從事張表碑〉（見《隸釋》卷八，頁 4～5）辭云：「千里折中。」下云：「伊喆人兮壽不將。」

14. 靈帝光和六年〈白石神君碑〉（見《隸釋》卷三，頁 22～25）刻曰：「古先哲王。」

15. 靈帝中平二年〈幽州刺史朱龜碑〉（見《隸釋》卷十，頁22～24）鐫曰：「馮儀喆人。」中平三年〈張遷碑〉（見《隸辨》卷五，頁 32）刻曰：「前喆遺芳。」

綜上所述，銘文有从心之「悊」，則《說文》所言：「悊，或从心。」斷非段玉裁——「蓋淺人妄增之。」——之論也。吾人觀之〈張表碑〉，碑文前述其能斷慎謀，故云：「千里折中。」其用「斷」之本義；又碑文稱頌張表之德，而言：「伊喆人兮壽不將。」此「喆人」，即其他碑銘之作「哲人」「喆人」「哲王」「能悊能惠」「既明且嚞」之「哲」字，其用本義「知（智）」也；亦即〈皋陶謨〉之言「能哲而惠」；〈大誥〉云：「爽邦由哲」、「弗造哲，迪民康」；〈康誥〉、〈酒誥〉之「殷先哲王」、「古先哲王」、「經德秉哲」等經文所言之『哲』。

段玉裁《古文尚書撰異》（卷二九）云：「釋文云：『馬、鄭、王皆音悊，馬云智也。』此謂馬、鄭、王本字作折，而讀爲悊。……悊當作折，班意以制止訓折，正同大傳說。淺人用馬、鄭本改折作悊，小顏又取馬、鄭說注之，殊失班意。潛夫論姓氏篇：『伯夷爲堯典禮，折民惟刑。』……古文、今文蓋皆作折，惟墨子（案：見

《墨子・尚賢中》）作哲爲異。」陳喬樅《今文尚書經說攷》（卷二九）亦從段氏之論。王引之《經義述聞》於『哲人惟刑』條下云：「哲當讀爲折，折之言制也，折人惟刑言制民人者惟刑也。……哲人惟刑猶云哲民惟刑。」三者皆以「哲」讀爲「折」，訓作「制」，其義爲「制民人者惟刑」。

　　竊以爲三子皆誤！《大傳》字正作「折」，然並不訓「折」爲「制」，而是直言「有禮然後有刑」。王引之既言：「哲人惟刑猶云哲民惟刑」，如是，則〈呂刑〉經文末云：「哲人惟刑，無疆之辭」，便是周穆王告呂侯以古之「祥刑」，其目的豈是三子之論「制刑以治民」焉？雖穆王世衰道微，然猶誠呂侯，「刑」非殺戮立威之器，而是「皇帝哀矜庶戮之不辜，報虐以威」之不得以也！

　　是以，經文言「中」者八矣，乃穆王諄諄之誠；五言「閱實其罪」，深懼殺戮無辜，使仇者快而親者痛也！穆王反覆申教，所爲者何焉？實德化天下，寓教於刑，惟良折獄，刑罰得中，以臻刑期無刑之善而已！若依前述三子之見，乙句「制民惟刑」，則何必施之禮樂教化？何來德惠天下之功？三子之說，得之於訓詁，亦受制於訓詁也！

　　班固逐錄〈呂刑〉，記述古時先有禮樂之教，而後才有刑罰之制，故以「折」訓爲「制」；漢碑除「折中」外，字皆作「哲」「悊」「喆」「嚞」，其義乃「知人則哲」實指『智慧』而言；「能哲能惠」乃指『德性』而言；足見班固抱持己意以解釋經文，當非漢代經說也。愚以爲皮錫瑞《今文尚書攷證》（卷二六）於『哀矜折獄』條下之言甚是，其云：「漢書明悊字作悊，而此引哲獄字作哲，其義當與明悊之悊不同。蓋班氏意以明悊字當從心，哲斷字當從口。」是以「悊民惟刑」，即是「惟良折獄」之旨也，同義而異辭。

## 7、刑罰世輕世重。〈呂刑〉

　　書云：「『刑罰世重世輕』。此之謂也。」〈刑法志〉卷二三　　頁1111

　　師古曰：「周書甫刑之辭也。言刑罰輕重，各隨其時。」

**謹案**：《荀子・正論》逐錄《尚書》經文，藉以論「刑」，言刑罰輕重有別，歷代各異，乃隨其時而制者也。而班固復援引〈正論〉篇文，作爲〈刑法志〉論「刑」之要義。

## 8、皋陶方祗厥敍，方施象刑惟明。〈皋陶謨〉

　　所謂『象刑惟明』者，言象天道而作刑，安有菲履赭衣者哉？〈刑法志〉卷二三　　頁1111

師古曰：「虞書益稷曰：『咎繇方祗厥德，方施象刑惟明』，言敬其次敘，施其法刑皆明白也。」

謹案：班固迻錄《尚書》經文，駁斥荀卿「古無肉刑而有象刑」之說。班固釋「象刑」之義，乃「象天道而作刑」，言天道有次，各依罪之輕重而施以刑罰，一如天體運行，秩然不紊。故班固不納古有「菲屨赭衣」之罰，以示其人之罪也。然而伏生《尚書大傳・周傳・甫刑》云：「有虞氏上刑赭衣不純，中刑雜屨，下刑墨幪，以居州里，而民恥之。」（案：《太平御覽・刑法部十一》（卷六四五）云：「尚書大傳曰：『唐虞之象刑，上刑赭衣不純，中刑雜屨，下刑墨幪，以居州里，而民恥之。』」字略有異。）據此，則伏生亦以為古有「象刑」者。

9、一人有慶，兆民賴之。〈呂刑〉

書曰：『立功立事，可以永年。』言為政而宜於民者，功成事立，則受天祿而永年命，所謂『一人有慶，萬民賴之』者也。〈刑法志〉卷二二　頁1112

師古曰：「今文泰誓之辭也。永，長也。」

師古曰：「呂刑之辭也。一人，天子也，言天子用刑詳審，有福慶之惠，則眾庶咸賴之也。」

謹案：班固迻錄漢武帝時後得之『偽今文〈泰誓〉』經文，為〈刑法志〉之結語，申言為政者治民，當以宜民安民為先，民易使而庶事可成就其功，此正《孟子・盡心下》：「民為貴，社稷次之，君為輕，是故得乎丘民而為天子。」之發揮，亦即下文「一人有慶，萬民賴之」之治也。

又案：今本作「兆民」，班固引作「萬民」者——

1. 《左傳・襄公十三年》傳曰：「書曰：『一人有慶，兆民賴之。』」
2. 《禮記・緇衣》：「甫刑云：『一人有慶，兆民賴之。』」
3. 《孝經・天子章》：「甫刑云：『一人有慶，兆民賴之。』
4. 《漢書・賈誼傳》：「一人有慶，兆民賴之。」
5. 《淮南鴻烈・主術訓》（卷九，頁136）云：「書曰：『一人有慶，萬民賴之。』」
6. 魏・何晏〈景福殿賦〉（見《文選》卷十一，頁31）云：「兆民賴只。」

　　據陳喬樅《今文尚書經說攷》（卷二九）云：「此所引書兆民作萬民，疑三家尚書之文或有不同也。」皮錫瑞《今文尚書攷證》（卷二六）亦言：「張衡東巡誥曰：『一人有慶，萬民賴之。』蓋三家異文。」二說蓋是也。故今文說並有『萬民』『兆民』之異，古文說則作『兆民』乙辭。

10、八政，一曰食，二曰貨。〈洪範〉

洪範八政，一曰食，二曰貨。食謂農殖嘉穀可食之物，貨謂布帛可衣，及金刀龜貝，所以分財布利通有無者也。〈食貨志〉卷二四上　卷1117

謹案：班固逐錄《尚書》經文，藉〈洪範〉八政之「食」「貨」為篇名，復釋「食」「貨」其義。

11、敬授人時。〈堯典〉

12、帝曰：「棄，黎民阻飢；汝，后稷，播時百穀。」〈堯典〉

堯命四子以『敬授民時』，舜命后稷以『黎民祖飢』，是為政首。〈食貨志〉卷二四上　卷1117

謹案：班固逐錄《尚書》經文，藉〈堯典〉載帝堯命羲仲、羲叔、和仲、和叔四人，觀天象以定四時，授民律曆以耕耨收藏、合於四時而作息；又述帝舜因黎民飢饉，乃命后稷授民藝殖生產之法，以足民食。此二則故事皆以「食」為主，故班固乃言「是為政首」！

又案：今本作「人時」，乃衞包改「民時」為「人時」，經文本字當從《漢書》作「民時」。詳見本篇，第一章，例3。

再者，今本作「阻飢」，班固引經文作「祖飢」者——

1. 《史記·五帝本紀》：「棄，黎民始。」集解引徐廣曰：「今文尚書作祖飢。祖，始也。」

2. 《詩經·周頌·思文》正義云：「舜典云：『帝曰：「弃！黎民俎飢，汝后稷，播時百穀。』注（案：此指鄭玄《尚書》注文，《史記集解》有引。）云：『俎讀曰阻。阻，厄也。時，讀曰蒔。始者洪水時，眾民厄於飢，汝居稷官，種蒔百穀，以救活之。』是黎民阻飢，后稷播殖百穀也。」正義並作「俎」「阻」字。

3. 鈔本〈敦煌本舜典釋文殘卷（即〈伯三三二五〉）〉P：75 字正作「俎」，其下云：「本又作阻。莊呂反。王云：『難也。』馬本作俎，云：『始也。』」

4. 吳士鑑先生〈唐寫本經典釋文校語·下〉（頁 27～28）按云：「蓋壁中故書作俎，故鄭云：『俎讀曰阻。阻，厄也。』學者既改經文作阻，則注文不可通，乃又倒之云：『阻讀曰俎。』經書中類此甚多。又曰，宋本毛詩正義：『黎民俎飢。俎讀曰阻。蘇州袁廷檮所藏本如是』與日本七經攷文（案：此指日人山井鼎《七經孟子考文》）合。今寫本正作俎字，可證明壁中古文之作俎矣。」

5. 〈內野本〉P：89〈足利本〉P：104〈影天正本〉P：116〈八行本〉P：129《唐石經》P：149俱同今本，字竝作「阻飢」；惟《書古文訓》P：138字作「爼」。

綜上之言，太史公以詁訓字「始」代經文本字，班固作「祖」，《爾雅‧釋詁上》：「祖，始也。」然太史公所代置之「經文」，是古文？抑是今文？若今文說所傳經文本字作「祖」，「祖」字非難識之字，太史公何必以詁訓字「始」替代之？故愚以爲今文說作「祖飢」，是也；而太史公言「始飢」，並非爲今文經作訓，而是太史公所據之板本爲「古文經」，其字當作「爼」。

據《說文》十四篇上、且部：「爼，禮爼也。从半肉在且上。」「爼」之本義，乃置肉之禮器，並無「始」之義。再者，「祖」之本義爲「始廟」即兼有「始」與「主廟」二義，又祖音「則古切」，精母，五部；爼音「側呂切」，莊母，五部，二字疊韻，且同爲齒音，惟輕（莊母）重（精母）之變耳，二字於古音幾同，故可通叚，即「爼」叚借爲「祖」，訓爲「始」也。

至於古文「爼」一本作「阻」者，蓋因鄭玄、王肅等古文家，爲別於今文家之傳授，另以叚借字「阻」釋之。因爼、阻亦从「且」得聲，音近通叚，故訓爲「難」，以言堯遭洪水，交通困塞，黎民受阻難而飢饉；此不同於今文說，亦言堯遭洪水，天下潦焉，黎民無法順時而作，故大飢荒。一是不能互通有無，相互接濟；一是桑田化爲滄海，無處可耕，二說皆合情合理，不分軒輊。然而梅賾之《僞孔傳》出，或已並存「爼」「阻」異本，而後鈔本以叚借字「阻」代本字「爼」而倡行，故衞包依所據本作「阻」而定，《唐石經》因之；惟孔穎達《正義》尚存留「爼」之遺跡，因此孔疏文中，乃兼有「爼飢」「阻飢」之異辭也。

## 13、懋遷有無，化居，烝民乃粒，萬邦作乂。〈皋陶謨〉

禹平洪水，定九州，制土田，各因所生遠近，賦入貢棐，『楙遷有無』，『萬國作乂』。〈食貨志〉卷二四上　頁1117

**謹案：**班固櫽栝《尚書》經文，藉〈皋陶謨〉載禹平洪水，隨山刊木，導河濬川，令九州互通有無，互取所需，是以天下大治之故事，申論「貨暢其流」之重要，乃繼「食」之後，爲在位者當急之務。由此，亦可知聖人以「安民」爲要，其次進於富而好禮，教而化之也。

**又案：**今本作「懋」，班固引經作「楙」，而〈敘傳〉作「茂遷」者，乃懋、茂、楙、貿四字同音通叚，即楙、茂、懋皆叚借爲「貿」，並訓爲「貿」也。詳見本篇，第十八章，例71。

再者，今本作「邦」，《漢書》凡「邦」字，多「國」。詳見本篇，第六章，例1。

14、八政：一曰食，二曰貨，三曰祀。〈洪範〉

　　洪範八政，『三曰祀』。祀者，所以昭孝事祖，通神明也。旁及四夷，莫不修之。
　　〈郊祀志〉卷二五上　　頁1189

謹案：〈郊祀志〉所言，皆壇墠、犧牲、覡巫、封禪、郊祀之事，故班固逐錄《尚書》
　　　經文，並加以解釋，吾人乃知祭祀之事，華夏四夷並同，皆爲上通神明，敬
　　　而不黷，民以物序，災禍不至，昭孝事祖，所求不匱也。

15、正月上日，受終于文祖。在璿璣玉衡，以齊七政。肆類于上帝，禋
　　于六宗，望于山川，徧于群神。輯五瑞，既月乃日，覲四岳群牧，
　　班瑞于群后。歲二月，東巡守，至于岱宗，柴，望秩于山川。肆覲
　　東后。協時、月、正日，同律度量衡。修五禮、五玉、三帛、二生、
　　一死、贄。如五器，卒乃復。五月南巡守，至于南岳，如岱禮。八
　　月西巡守，至于西岳，如初。十有一月朔巡守，至于北岳，如西禮。
　　歸。格于藝祖，用特。五載一巡守。〈堯典〉

　　虞書曰：『舜在璿璣玉衡，以齊七政。遂類于上帝，禋于六宗，望秩于山川，
　　徧于群神。揖五瑞，擇吉月日，見四嶽諸牧，班瑞。歲二月，東巡狩，至于岱
　　宗。〔岱宗，泰山也。〕柴，望秩于山川。遂見東后。〔東后者，諸侯也。〕
　　合時月正日，同律度量衡，修五禮五樂，三帛二生一死爲贄。五月，巡狩至南
　　嶽。〔南嶽者，衡山也。〕八月，巡狩至西嶽。〔西嶽者，華山也。〕十一月，
　　巡狩至北嶽。〔北嶽者，恆山也。〕皆如岱宗之禮。〔中嶽，嵩高也。〕五載
　　一巡狩。〈郊祀志〉卷二五上　　頁1191

謹案：漢興有郊天之禮，而無封禪之事，自司馬相如〈封禪賦〉出，武帝詔議諸儒，
　　　詢封禪之儀。掌故總百官之議，悉奏其儀而由武帝聖裁，故〈武帝紀・贊〉
　　　曰：「修郊祀、定曆數、建封禪、禮百神，號令文章，煥焉可述。」然《六
　　　經》之中載封禪巡狩諸儀，莫詳於《尚書・堯典》，是以，武帝封泰山、禪
　　　梁父，五年一巡狩，皆如〈堯典〉述舜故事，故班固檃栝《尚書》經文，並
　　　稍加注解，或詁訓以釋，欲令讀之者明矣！

又案：班固於此例所援引〈堯典〉經文，有增字以釋五岳之名者，以〔　〕標出。
　　　此僅論述舜攝政時所行舉錯──

　　一、「在璿璣玉衡，以齊七政」──細觀天象，敬授人時，攷訂律曆，以使舉措

合時也。

二、「類上帝，禋六宗，望山川，遍群神」——類、禋、望三者，皆祭祀之稱，各有其義，不可相混。祭天稱「類」，精絜以祀謂之「禋」，「望」則因其地遠，故望而祭之。合「類」「禋」「望」三祭，則群神之祀，皆在其中矣。

班固引經文作「遂」，今本作「肆」，王引之《經傳釋詞》於『肆』條下云：「肆，遂也。書堯典曰：『肆類于上帝。』又曰：『肆覲東后。』史記五帝紀『肆』竝作『遂』。肆、遂聲相近，方俗語有侈弇耳。」蓋王氏以「遂」「肆」二字，音近通叚，是也；若言《漢書》《史記》以通叚字代替經文本字，則誤也。顧頡剛先生所存《漢石經》P：65（見《尚書文字合編》殘石拓片），字正作「以齊七政遂下闕」。故知二史引此經文「肆類」「肆覲」皆作「遂類」「遂覲」者，《史記》《漢書》乃從歐陽尚書之說也。

至於王充《論衡·祭意》（卷二五）云：「尚書曰：『肆類于上帝，禋于六宗，望于山川，徧于群神。』」則同於今本，字竝作「肆」，蓋今文三家異說耳。

又〈敦煌本舜典釋文殘卷（即〈伯三三一五〉）〉P：73於『肆』字下云：「音四。字（案：此『字』乃指『肆』也），王云：『次也。』馬云：『故也。』」據此亦知東晉以降，流傳之僞孔本，字已作「肆」。

綜上所述，今文說有「肆」「遂」之異，字作「遂」者，當從歐陽、小夏侯之學，而字作「肆」者，蓋爲大夏侯之學也；至於古文說者，蓋梅賾所據古文板本，其字作「肆」，因《爾雅》無「肆」「遂」二字同訓之例。

三、「輯瑞班瑞，以覲群牧」——帝舜藉由輯瑞班瑞諸儀，以考察岳牧諸侯之治，猶今地方首長向中央行政首長作施政報告。諸侯覲見天子，奏其施政，不得隨意而行，故須選擇適當的時機，此即經文言「既月乃日」，亦可言「擇吉月日」也。然今本作「輯」，班固引經文作「揖」者，見諸《漢書》之〈武帝紀〉作「輯」，〈兒寬傳〉作「楫」，〈郊祀志〉因襲《史記·五帝本紀》作「揖」。實「楫」「輯」「揖」皆與「集」音近通叚，並訓爲「集」。詳見本篇，第三章，例14。

再者，今本作「覲」「群」，班固引經文作「見」「諸」，蓋依〈五帝本紀〉爲言也。《爾雅·釋詁下》：「覲，見也。」抑或《史記》《漢書》用今文說，蓋未定耳。

四、「巡狩四岳，以察其政」——前言帝舜藉輯瑞班瑞之時，聽聞四方之施政，當其時只是『聽聞』，而巡狩天下，便是以舜所聞，劾實其所見，猶今中央行政首長下鄉視察地方庶政。

巡狩天下，除詳劾地方諸侯施政得失外，主要是與四方諸侯協調、確定四時之分、十二月、三百六十六日、置閏成歲之律曆，統一律度量衡，修飾五禮——吉、

凶、軍、賓、嘉——之儀，定犧牲、玉、帛之制，明生、死二贄，各如其當，無過與不及。蓋遠古交通不便，九州各居一隅，又四方偏遠，雖觀天象而制曆法，隨世而制刑罰，尺寸斗斤方圓之制或有所易，若不藉巡狩之機，與地方充分協調，則度量衡不一，律法不同，曆數有別，則庶民如何安身立命，教化又如何風行？

又今本作「協」，《史記》《漢書》俱同，字竝作「合」者——

1. 《左傳·昭公七年》傳云：「史朝見成子，告之夢。夢協。」杜預注：「協，合也。」

2. 《周禮·秋官·小司寇》：「獄訟成，士師受中，協日刑殺，肆之三日。」鄭玄注：「協，合也，和也。和合支幹（案：支幹，猶言干支也。）善日，若今時望後利也。」

3. 《禮記·禮運》：「協於分藝。」鄭玄注：「協，合也。」

4. 《國語·周語上》：「和協輯睦，於是乎興。」韋昭注：「協，合也。」是以，《史記》《漢書》乃以詁訓字「合」，代經文本字「協」也。

再者，今本、鈔本、《唐石經》俱同，字竝作「二生」，《史記》《漢書》亦同今本。然——

1. 《漢石經》P：65（見《尚書文字合編·顧氏藏拓》）字作「三帛二牲一下闕」，不作「生」！

2. 《公羊傳·隱公八年》疏引鄭玄曰：「二生一死贄者，羔雁，生也，卿大夫所執；雉，死，士所執也。」

3. 《史記》集解引馬融曰：「二生，羔雁。」

4. 阮元〈校勘記〉云：「儀禮士昏記疏引尚書云：『三帛二生一死摯。』宋單疏本『生』作『牲』。考風俗通山澤篇，及劉昭注補後漢書祭祀志上，引此經俱作『二牲』。是漢世經文如此，孔傳古本蓋亦作『牲』，賈疏所引尚存其舊，今經及賈疏俱作『生』，古本遂湮矣。按史記封禪書、漢書郊祀志並作『牲』。」

阮氏之言蓋是。愚所據《漢書·郊祀志》作「生」，然師古注：「二牲，羔鴈也。」字則作「牲」，當是〈郊祀志〉本作「牲」，而為後人依今本《尚書》改其正文，而注不改。今據《漢石經》及師古注文，足證今文說「二生」字當作「二牲」；古文說仍為「二生」。

復言今本、《史記》作「五玉」，《漢書》作「五樂」者，駱文琦先生據孫星衍《尚書今古文注疏》、陳喬樅《今文尚書經說攷》、皮錫瑞《今文尚書攷證》三子之論，而言經文本字「五樂、五玉皆當有之」（見《漢書尚書說考徵》頁 50～51），竊以為尚待商榷。

1. 先論孫說，孫氏引伏生《尚書大傳‧虞夏傳》言巡狩四嶽八伯，共貢八樂——春祀泰山，貢陽伯之樂「南陽」、貢儀伯之樂「南陽」，此其樂二。夏祀霍山，貢夏伯之樂「初慮」、貢義伯之樂「朱于」，此其樂四。秋祀華山，貢秋伯之樂「苓落」、貢和伯之樂「歸來」，此其樂六。冬祀弘山（即恆山），貢冬伯之樂「緵緵」、貢和伯之樂（案：鄭玄注：「和伯樂闕。」今依『文淵閣四庫全書』補之。）「齊落」，此其樂八也。

吾人觀之，四嶽八伯之稱，四嶽——泰、霍、華、弘（恆）；八伯——陽（春）、夏、秋、冬；儀（案：愚以為此「儀」字當為「義」字之譌，〈堯典〉載帝堯命四子，其四子正是羲仲、羲叔、和仲、和叔；後世乃延用聖人之制，改「仲、叔」為「伯」，以尊之。）、義、和、和。故知『八樂』乃是天子以四時巡狩四嶽，八伯各貢一樂以奏，帝舜聞八伯所貢之樂，便知八伯所轄百姓之風俗性情，是否合於雅正之聲，抑或放淫之樂。故《大傳》特言「貢樂」。然「貢樂」之數為八，斷非〈堯典〉之言「五樂」；再者，《大傳》於下文有「五聲，天音也。」句，鄭玄注：「五聲，宮、商、角、徵、羽也。」是言「五聲」，非言「五樂」。何況《大傳》尚有闕文脫辭，孫氏以殘闕之文，論斷經義，似有溢過之虞也。

2. 從陳氏援引之例而論——

(1)《禮記‧王制》：「禮樂制度衣服正之。」（案：〈王制〉全句作「命典禮，考時月定日。同、律、禮、樂、制度、衣服，正之。……變禮易樂者為不從，不從者君流。」）

(2) 班固《白虎通義‧巡狩》云：「尚書曰：『遂覲東后，叶時月正日，同律度量衡，修五禮。』尚書大傳曰：『見諸侯，問百年。……變禮易樂者為不從，不從者君流。……有功者賞之。』」（見陳立《白虎通疏證》卷六，頁289）

〈王制〉所載與《白虎通義》所引自《尚書大傳》，文字大同而小異，蓋伏生引〈王制〉之文以釋《尚書》。愚所以不從陳氏之見，便是班固所引〈堯典〉僅止於『修五禮』！倘若班固所見之〈堯典〉經文，正如陳喬樅之言「修五禮五樂」云云，為何班固只援引「修五禮」，而不並言「五樂」？不論是出自〈王制〉或是《大傳》，其文辭皆並言「禮樂」，班固豈是斷章取義，穿鑿附會之徒？再者，《白虎通義》乃取諸儒論經之共通處為文，則班固當時只知「修五禮」之本，而不知經文之下，尚有作「五玉」或「五樂」之別本歟？

是以，唯一之解，便是經文本字便作「修五禮五玉」無疑！因經文

作「修五禮五玉」，故班固於〈巡狩〉所引，便止於「修五禮」，至於「五玉」二字經文，則見於《白虎通義・瑞贄》:「以尚書合言『五玉』也。」（見《白虎通疏證》卷八，頁 355）班固於明帝永平中始受詔，敘《漢書》，至章帝建初中乃成；而建初四年，章帝詔諸儒會白虎觀，議《五經》同異，後由章帝「稱制臨決」，班固於是統輯諸儒「通義」之處，而作《白虎通義》，明不主一家之言也。由是，則東漢《五經》傳授，有同有異，故〈堯典〉作「修五禮五玉」者，正是諸儒共同之見也！

（3）至於皮錫瑞據《尚書大傳》與《漢書・郊祀志》為論，亦循孫、陳二家之言，不出新意，故不再贅述！

（4）段玉裁《古文尚書撰異》（卷一下）云:「馬作玉，班作樂，蓋同一今文尚書而讀之者各異，因而治尚書者所從各異也！」大哉言也！

綜上之述，太史公時，今文說只傳歐陽乙家之學，且《史記》所述〈堯典〉，多古文說；馬融（見《史記》集解引）、鄭玄（見《公羊傳・隱公八年》疏引）所本俱同，字並作「五玉」。故可知今、古文說皆作「五玉」，而不作「五樂」也。

五、「五年一巡狩」——「巡狩」是為使中央、地方得以和諧同步，並藉以考劾諸侯治民之功過。其目地無他，惟「安民」而已。訂定「五年」之期，一則可合「三載考績」之制，二則蓋為「不擾民」。天子巡狩，勢必牽動萬民，故以「五年」為期，可免「朝令夕改」之虞，又可收「安民」之功。

今本作「巡狩」，《史記》《漢書》皆作「巡狩」，實作「狩」用今文說，作「守」乃古文說之用也；然古文亦有作「狩」者。詳見本篇，第三章，例28。

16、湯既勝夏，欲遷其社，不可。作夏社。〈夏社・序〉

湯伐桀，欲罷夏社，不可，作夏社。〈郊祀志〉卷二五上　頁1192

應劭:「遭大旱七年，明德以薦，而旱不止，故遷社，以棄代為稷。欲遷句龍，德莫能繼，故作夏社，說不可遷之義也。」師古曰:「罷，古遷字。夏社，尚書篇名，今則序在而書亡逸。」

謹案:遠古有「社詞」「稷詞」之祭，句龍平水土，死為社祠；柱能殖百穀，歿為稷祠。湯時大旱七年，欲遷社祠、稷祠，以應天命，蓋卧卜而問，卜得稷祠之主可遷，而社祠不可遷。故湯以周棄代柱入主稷祠，而不遷句龍之主也。經文亡逸，僅存〈序〉矣，乃為推測之辭。

又案:今本作「遷」，班固引〈書序〉作「罷」者——

1. 《隸釋》（卷十四）所載《漢石經・盤庚下》P：1013 今本作:「震動萬民以遷」，

石經殘字摹刻：「柢動萬民叺遷」。

2. 《春秋・僖公三十一年》：「衛遷于帝丘。」《魏石經》古文正作『𤯹』，與《說文》所錄「𡊄」字之古文正同。

3. 《說文》二篇下、辵部：「遷，登也。从辵䙴聲。拪，古文遷，从手西。」三篇上、舁部：「𡊄（𤯹），升高也。从舁囟聲。𡊄或从卩。𤯹，古文𡊄。」

4. 鈔本〈伯二五一六〉P：1015〈伯二六四三〉P：1019〈岩崎本〉P：1022〈內野本〉P：1026〈元亨本〉（案：旁小字補）P：1030《書古文訓》P：1042 俱同，字並作『𡊄』。

5. 〈足利本〉P：1034〈影天正本〉P：1037〈八行本〉P：1040《唐石經》P：1046 俱同今本，字並作『遷』。

　　𡊄、遷二字皆讀「七然切」，且二字字義並同，雖分居二部，實同一字也，證之以《魏石經》，邱德修先生《魏三體石經殘字集證》（頁 93）云：「是石經假『𡊄』字古文『𤯹』爲『遷』也。考『𡊄』、『遷』音義俱同，『𡊄』又作『𧥼』，而『𧥼』乃古『遷』字。……是『𧥼』乃『遷』之本字。」是以，𡊄、𧥼、遷三字，皆今文說。

17、越三日，丁巳，用牲于郊，牛二。〈召誥〉

　　書曰：『越三日丁巳，用牲于郊，牛二。』周公加牲，告徙新邑，定郊禮於雒。〈郊祀志〉卷二五下　頁 1254

　　師古曰：「周書洛誥之辭。」

謹案：郊者郊祀也。定郊者，擇定郊祀之所也。《禮記・王制》：「天子社稷皆太牢，諸侯社稷皆少牢。」《公羊傳・桓公八年》：「冬日烝。」何休注：「禮，天子諸侯卿大夫，牛羊豕凡三牲曰大牢；天子元士、諸侯之卿大夫，羊豕凡二牲曰少牢。」班固言其用「牛二」乃「加牲」者，蓋祭天告徙新邑，當具羊、豕二牲之「少牢」，而周公改「羊、豕」爲「牛二」，以隆禮也，故班固稱之「加牲」。班固逐錄《尚書》，藉周公隆禮加牲，以示訂定郊祀之禮，當敬慎其事，即《左傳・成公十三年》傳云：「國之大事，在祀與戎。」

　　再者，師古以爲班固所錄出於〈洛誥〉，大誤；當是〈召誥〉也！

18、三人占，則從二人之言。〈洪範〉

　　匡衡、張譚奏議曰：「臣聞廣謀從眾，則合於天心，故洪範曰：『三人占，則從二人言。』言少從多之義也。」〈郊祀志〉卷二五下　頁 1254～1255

謹案：成帝初即位，祭祀多不應古禮，故衡、譚二人奏議建郊祀之制。上詔五十八
　　　人共議，衡、譚等共五十人，皆以郊祀之禮，祭天於南郊，瘞地於北郊，此
　　　當其位也；天之於天子，因其所都而各饗其祀，此其處也。成帝長居長安，
　　　郊皇天反北之泰陰，祠后土反東之少陽，事與古殊制，乃議徙甘泉泰畤、河
　　　東后土之祠於長安，以合古帝王之制。另有許嘉等八人，則以甘泉、河東之
　　　祭，從來久遠，宜如故也。是以衡、譚迻錄《尚書》經文，藉〈洪範〉而言
　　　少從多，廣謀從眾，乃順天應人之舉，以說服成帝也。

又案：今本、《史記‧宋微子世家》皆同，字並作「之言」；而匡衡、張譚所引經文
　　　則無「之」字者，蓋今文三家異說，有繁省；抑或二人奏議時，而省「之」
　　　字，以強調從眾謀、順天心之意，並省語中助辭以加強其語辭也。

19、太誓曰：『正稽古立功立事，可以永年，丕天之大律。』〈郊祀志〉
　　　卷二五下　頁1255
　　　師古曰：「今文泰誓，周書也。稽，考也。永，長也。丕，奉也。律，法也。
　　　言正考古道而立事，則可長年享有天下，是則奉天之大法也。」

謹案：此同上例，成帝召五十八人議制郊祀，匡衡、張譚先列〈洪範〉：「三人占，
　　　則從二人之言。」言『少從多』之義。復引漢武帝後得『漢人僞古文〈泰誓〉』，
　　　經博士集讀，乃以今文列入三家之學，故師古乃曰：『今文〈泰誓〉（案：師
　　　古於此例所謂『今文〈泰誓〉』者，乃西漢博士集讀民間所獻之『漢人僞古
　　　文〈泰誓〉』，故其雖以『今文』傳之，愚亦列此例出於『僞今文〈泰誓〉』
　　　也。）。』言郊祀乃「稽古」之制，責許嘉等八人，不案經藝，不考古制；
　　　而倡己等五十人之共議，乃著於經傳，同於上世，便於利民，故爲漢家天下
　　　永世長存計，則當從五十人之眾議，遷泰畤、后土之祠於長安之南北郊，以
　　　爲萬世基業！天子從眾議也。

20、肆類于上帝，禋于六宗。〈堯典〉
　　　莽又奏曰：「書曰：『類於上帝，禋于六宗。』歐陽、大小夏侯三家說六宗，……
　　　名實不相應。日月靁風山澤，易卦六子之尊氣，所謂六宗也。」〈郊祀志〉卷
　　　二五　頁1268

謹案：平帝時，王莽迻錄《尚書》經文，以今文三家之釋〈堯典〉所載「六宗」，乃
　　　名不符實，當以日月雷風山澤爲「六宗」才是。故議以兆居「六宗」而爲「六
　　　畤」──郊天爲「泰畤」，瘞地於中央爲「廣畤」，東郊「勾芒畤」，南郊「祝

融時」，西郊「蓐收時」，北郊「玄冥時」，各配以日月風雷也。

21、在璿璣玉衡，以齊七政。〈堯典〉

　　北斗七星，所謂『旋、璣、玉衡，以齊七政。』〈天文志〉卷二六　　頁1274

謹案：古人觀天象、定律曆，以「北斗七星」所隨四時之變，而有運轉移動。是以，
　　　往古之人依「七星」所在位置之異，而畫分歲、時之制，即班固之言：「分
　　　陰陽，建四時，均五行，移節度，定諸紀──皆繫於斗。」

　　班固迻錄《尚書》經文，一釋之以「北斗七星」即「旋璣玉衡」之統稱。二則
解釋「北斗七星」乃居天文、律曆上的樞紐，不建「北斗」之制，則不明天體運行
幾微之變；不察幾微，則不知節度移易之時；不知節度，則算數莫得其數；無數以
算，則律度量衡隨遇而異，則百姓如何錯其手足？君人者又如何安其民焉？此皆言
「北斗七星」爲諸制之繫也！

又案：班固引作「旋璣」，今本作「璿璣」，〈王莽傳〉作「璇璣」乃因名「璿（璇）
　　　璣玉衡」，是指觀天之器──渾儀；而作「旋璣」「旋機（見《尚書大傳》）」
　　　者，乃指天體中之「北斗七星」。詳見本篇，第三章，例28。

22、星有好風，星有好雨。……月之從星，則以風雨。〈洪範〉

　　書曰：『星有好風，星有好雨，月之從星，則以風雨。』言失中道而東西也。〈天
文志〉卷二六　　頁1295～1296

謹案：古人蓋以「日」象君，以「月」象臣侯，以「星」象民。日行中道，而月、
　　　星隨之。班固言「箕星爲風」，位於東北；「巽在東南」，其星「軫」；西方爲
　　　雨，其星「畢」。是以，月去中道，移入「箕」「軫」則多風；同理，月去中
　　　道，移入「畢」則多雨。

　　班固迻錄《尚書》經文而釋之，以誡後世之君人者，當循行中正之道，則民安
居、教自化；若不循中道，則如風雨飄搖，黎民無所依恃，無安身立命之地矣。

23、日月之行，則有冬有夏。〈洪範〉

　　一日月爲風雨，日爲寒溫。……故書曰：『日月之行，則有冬有夏。』也。〈天
文志〉卷二六　　頁1296

謹案：上例釋「月」之運行，主風雨之象；此例釋「日」之運行，主寒溫之變化。
　　　古人以日、月、星，繞地而行，若有星溢其軌、失其度，則必有事相應於人。
　　　故日行失軌，則四季之變驟失其度，則或寒多不盡（案：較三月爲一季之日

數爲長）、酷夏不止也。

24、惟十有三祀，王訪于箕子。王乃言曰：「嗚呼！箕子，惟天陰騭下
民，相協厥君，我不知其彝倫攸敘。」箕子乃言曰：「我聞在昔，
鯀陻洪水，汨陳其五行，帝乃震怒，不畀洪範九疇，彝倫攸斁。鯀
則殛死，禹乃嗣興，天乃錫禹洪範九疇，彝倫攸敘。」〈洪範〉

故經曰：『惟十有三祀，王訪于箕子，王乃言曰：「烏嘑，箕子！惟天陰騭下民，
相協厥君，我不知其彝倫逌敘。」箕子乃言曰：「我聞在昔，鯀陻洪水，汨陳
其五行，帝乃震怒，弗畀洪範九疇，彝倫逌斁。鯀則殛死，禹乃嗣興，天乃錫
禹洪範九疇，彝倫逌敘。」』此武王問雒書於箕子，箕子對禹得雒書之意也。〈五
行志〉卷二七上　　頁1315

謹案：班固從劉歆之說，以〈洪範〉乃禹平水土，帝堯賜〈雒書〉（案：雒即洛），
　　　法而陳之，乃爲〈洪範〉也。班固藉箕子向武王陳禹得《洛書》之源由，以
　　　明示後人，〈洪範〉乃脫胎於《洛書》，是以含有五行休咎之道。故班固作〈五
　　　行志〉，乃依循〈洪範〉，而本之《洛書》，一以貫之也。

又案：班固引經文作「烏嘑」，今本作「嗚呼」者——

1. 《史記・宋微子世家》作「於乎」。

2. 《漢石經・無逸、君奭》P：2159. P：2237（見《隸釋》卷十四，頁3）竝作
　　「於戲」。（經許景元先生〈新出熹平石經尚書殘石考略〉乙文、劉起釪先生《尚
　　書學史》頁73. 黃彰健先生《經今古文學問題新論・論漢石經》頁253～296，
　　亦從其說，皆以《熹平石經・尚書》乃用歐陽尚書爲底本而鐫刻無疑。）

3. 《魏石經》P：2172古、篆、隸三體皆作「烏虖」。

　　《漢石經》用歐陽尚書之學，作「於戲」；而太史公作「於乎」，蓋孔壁古文，
或孔安國所授。因「烏」乃慈烏之謂，爲鳥名，故太史公以詁訓字「於」代本字「烏」，
而下字「乎」仍依古文本字，乃作「於乎」。（案：以上述諸例觀之，無一作「於乎」
者，蓋《史記》所本乃爲古文，字作『烏虖』然太史公以『於』叚借爲『烏』，『乎』
叚借爲『虖』，而言『於乎』也。）

　　《說文》五篇上、兮部：「乎，語之餘也。」虍部：「虖，哮虖也。」段注：「漢
書多假虖爲乎字。」二篇上、口部：「嘑，號也。」『嘑』乃『號呼』之義，音「荒
烏切」，曉母，五部；『虖』是『虎哮』之謂，音「荒烏切」，曉母，五部；『乎』則
爲『語氣辭』、無義，音「戶吳切」，匣母，五部。三字疊韻音近（案：『嘑』『虖』
二字，雙聲疊韻，古同音通作），復同爲「淺喉音」，發音部位相同，於古時三字字

音幾同也。是班固以「嘑」叚借爲「乎」,並訓爲語辭之「乎」。換言之,太史公、班固皆從古文說也。今本作『嗚呼』者,當用後起字也。

又案:今本作「攸」,班固引經文作「逌」者,漢時並存「攸」「逌」異本;至鈔本時則皆作「逌」,故知今文說以「攸」「逌」並行,然作「逌」乃用古字。後儒包改「逌」作「攸」字,《唐石經》遂因之,而傳誦至今。詳見本篇,第十八章,例 72。

25、初一曰五行,次二曰敬用五事,次三曰農用八政,次四曰協用五紀,次五曰建用皇極;次六曰乂用三德,次七曰明用稽疑,次八曰念用庶徵,次九曰嚮用五福、威用六極。〈洪範〉

『初一曰五行;次二曰羞用五事;次三曰農用八政;次四曰頝用五紀;次五曰建用皇極;次六曰艾用三德;次七曰明用稽疑;次八曰念用庶徵;次九曰嚮用五福,畏用六極。』凡此六十五字,皆雒書本文,所謂天乃錫禹大法九章常事所次者也。以爲河圖、雒書相爲經緯,八卦、九章相爲表裏。昔殷道弛,文王演周易;周道敝,孔子述春秋。則乾坤之陰陽,效洪範之咎徵,天人之道粲然著矣。〈五行志〉卷二七上　頁 1316

謹案:班固以〈洪範〉言大法九章共六十五字,乃爲〈洛書〉本文;而〈洪範〉則由此六十五字,演化而爲〈洪範〉乙篇之文。亦由於〈洪範〉本之〈洛書〉,故經文中多言五行,道陰陽,徵休咎,藉由班固之記述,吾人乃得以知之〈洪範〉實本自〈洛書〉矣!

又案:今本作「敬」,乃古文說也;〈孔光傳〉並此例,二者所引竝作「羞」,爲今文說也。詳見本篇,第九章,例 6。

再者,今本作「協」,班固此引作「旪」,《說文》十三篇下·劦部:「協,同眾之龢也。从劦十。旪,古文協,从口十。叶,旪或从日。」由是乃知旪、叶二字皆爲「協」之古文,故作「旪」「叶」者,乃古文說;而《僞孔傳》用「協」字,卻反用今文說也。

另今本作「乂」,班固引經文作「艾」者,《隸釋》(卷十四,頁 3)載《漢石經·洪範》P：1475 殘字,作「曰建用皇極次六日艾用三德下闕」。故字作「乂」者爲古文說;作「艾」者,爲今文說也。

26、知人則哲,能官人。〈皋陶謨〉

書云:『知人則悊,能官人。』故堯,舜舉群賢而命之朝,遠四佞而放諸壄。〈五

行志〉卷二七上　　頁 1320

師古曰：「虞書咎繇謨之辭。悊，智也。能知其材則能官之，所以爲智也。」

師古曰：「四佞，即四凶也。遠，離也。壄，古野字。」

謹案：班固迻錄《尚書》經文，舉堯、舜二帝有知人善任之智，同爲明哲之君，當能因材器使，黜罰臧否。故二帝舉稷、契、伯夷、皋陶等賢德之士，命以善治天下；亦流四凶——共工、驩兜、三苗、鯀——於荒服之野，投諸四裔以禦螭魅。班固藉〈皋陶謨〉所載皋陶與禹互陳治民之道，以強調知人善任，賞罰得中，非明哲之士不能爲之。

又案：今本作「哲」，班固引經文作「悊」，金文無從「口」之「哲」——

1. 然有從「心」之「悊」。〈王孫遺者鐘〉：「肅悊聖武。」（見郭沫若《周代金文圖錄及釋文》頁 160～162）

2. 抑或從「言」之「誓（案：誓叚借爲悊）」——〈番生𣪘〉：「克誓氒德」。（同上，頁 133～134）

3. 《說文》以爲「哲」字或從「心」作「悊」。

　　陳鐵凡先生以鐘鼎文作「悊」，斷「悊」乃古文「哲」字，是也。蓋小篆改從心之「悊」爲從口之「哲」，而另立「悊」字。因此，《說文》於口部「哲」字下言有或體作「悊」，另於「心」部又列「悊」字，此乃後世文字孳乳而異訓也。漢碑作「明哲」「悊惠」，二者實異體而同義，故今文說並存「哲」「悊」二字，然作「悊」者當爲本字，「哲」爲後起字。詳見本篇，第十一章，例 6。

27、伊陟相大戊，亳有祥，桑穀共生于朝。〈咸乂・序〉

28、其在高宗，時舊勞于外，爰暨小人。作其即位，乃或亮陰，三年不言。〈無逸〉

　　書序曰：『伊陟（案：「陟」原作「涉」，今依〈校勘記〉改）相太戊，亳有祥桑穀共生。』傳（案：此指伏生《尚書大傳》）曰：「俱生乎朝，七日而大拱。伊陟戒以修德，而木枯。」劉向以爲殷道既衰，高宗承敝而起，盡『涼陰』之哀，天下應之，既獲顯榮，怠於政事，國將危亡，故桑穀之異見。桑猶喪也，穀猶生也，殺生之秉失而在下，近草妖也。一曰，野木生朝而暴長，小人將暴在大臣之位，危亡國家，象朝將爲虛之應也。〈五行志〉卷二七中之下　　頁 1410

　　師古曰：「涼，信也。陰，默也。言居哀信默，三年不言也。涼讀曰諒。一說，涼陰謂居喪之廬也。謂三年處於廬中不言，涼音力羊反。據今尚書及諸傳記，

太戊卒，子仲丁立，卒，弟何亶甲立，卒，子祖乙立，卒，子盤庚立，卒，小乙之子武丁立，是爲高宗。桑穀自太戊時生，涼陰乃高宗之事。而此云桑穀即高宗時出，其說與尚書大傳不同，未詳其義也。或者伏生差謬。」

謹案：此例乃〈五行志〉逐錄〈書序〉以論「五行」休咎之說。殷太戊以桑穀共生於朝廷之上，不日便大如兩手合拱，以爲祅兆而憂。時伊陟爲相，告之：「祅不勝德。」太戊納其言而正身修德，天下以治，桑穀乃死。古聖人以勸其君「修德」，則機祥災異弗近於身，天下安寧，五福臻享也。

再者，班固引劉向之論，言殷高宗武丁即位，三年不言，言乃驩而天應之，殷道於焉中興。據《史記‧殷本紀》所言殷王世系，太戊與武丁相差有六世之多，若據陳夢家先生所作〈卜辭世系表〉（見《殷虛卜辭綜述》，頁 379）之論，二王則距十五世之多。然劉向以「桑穀之異」見於高宗，而非出於太戊之時，故師古言「未詳其義」，是也。至於是劉向抑或伏生之「差謬」，因未見劉向之文，尚無法論斷，然依〈書序〉，似當從伏生之論。

又案：《史記‧魯周公世家》《漢書》並漢碑，言『涼陰』則今文說共五類——諒闇、亮闇、梁闇、涼闇、涼陰；古文說則爲乙辭——亮陰。詳見本篇，第三章，例 26。

29、高宗祭成湯，有飛雉升鼎耳而雊。〈高宗肜日‧序〉

30、高宗肜日，越有雊雉。祖己曰：「惟先格王正厥事。」〈高宗肜日〉

書序又曰：『高宗祭成湯，有蜚雉登鼎耳而雊。』『祖己曰：「惟先假王，正厥事。」』劉向以爲雉雊鳴者雄也，以赤色爲主。於易，離爲雉，雉，南方，近赤祥也。劉歆以爲羽蟲之孽。易有鼎卦，鼎，宗廟之器，主器奉宗廟者長子也。野鳥自外來，入爲宗廟器主，是繼嗣將易也。一曰，鼎三足，三公象，而以耳行。野鳥居鼎耳，小人將居公位，敗宗廟之祀。野木生朝，野鳥入廟，敗亡之異也。武丁恐駭，謀於忠賢，修德而正事，內舉傅說，授以國政，外伐鬼方，以安諸夏，故能攘木鳥之妖，致百年之壽，所謂「六沴作見，若是共御，五福乃降，用章于下」者也。一曰，金沴木曰木不曲直。〈五行志〉卷二七中之下頁 1411

師古曰：「商書高宗肜日之序也。蜚，古飛字。雊音工豆反。」

師古曰：「祖己，殷賢臣。假，大也。言先代大道之王，能正其事，而災異銷也。」

謹案：此例亦爲〈五行志〉迻錄《尚書》經文，並及〈書序〉，以論「五行」休咎陰
陽之徵。此例，班固援引劉向、劉歆父子之言，復引《易經》爲說；實同上
例，乃誡後世爲君者，當舉賢良忠藎、明德愼罰之士，內以安諸夏，外以弭
邊患，修明教化，以服遠人，故能攘祅除災，致數百之壽年也！

　　觀之此例，〈五行志〉似並言「桑穀」「蜚雉」之異，集於武丁之世，故言：「攘
木鳥之妖」。「木」當指太戊之「桑穀」；「鳥」便是高宗之「蜚雉」。蓋班固亦從劉氏
父子之言；抑或以高宗總括太戊、武丁二異耶？

又案：今本、《史記‧殷本紀》俱同，字竝作「飛雉」，班固引作「蜚雉」者——

1. 《左傳‧僖公十六年》經曰：「六鶂退飛，過宋都。」〈五行志〉引作：「六鶂
退蜚，過宋都。」則《春秋》作「飛」，而〈五行志〉作「蜚」。

2. 《孟子‧滕文公下》：「周公相武王，誅紂伐奄，三年討其君，驅飛廉於海隅而
戮之。」趙岐注：「飛廉，紂諛臣。」

3. 《史記‧周本紀》載武王告周公曰：「告女，維天不饗殷，自發未生於今六十
年，麋鹿在牧，蜚鴻滿野。」正義云：「蜚音飛，古飛字也。」

4. 《史記‧秦本紀》：「蜚廉生惡來。惡來有力，蜚廉善走，父子俱以材力事殷紂。」

5. 《史記‧楚世家》載楚莊王曰：「三年不蜚，蜚將沖天；三年不鳴，鳴將驚人。」

　　據《說文》，有「飛」無「蜚」字。是以，依《春秋》作「飛」，《史記》正義之
言，「蜚」爲古「飛」字，係今、古文說並用「蜚」「飛」二字。然竊以爲「蜚」字
不見錄於《說文》，蓋「蜚」爲流俗字耶？因其爲流俗字，故《說文》不錄，而非是
古文「飛」焉？

又案：今本作「格」，爲古文說；〈五行志〉引經文作「假」者，乃今文說也。詳見
　　　本篇，第十三章，例3。

## 31、武王崩，三監及淮夷叛。〈大誥‧序〉

河內本殷之舊都，周既滅殷，分其畿內爲三國，詩風邶、庸、衞國是也。邶，
以封紂子武庚；庸，管叔尹之；衞，蔡叔尹之：以監殷民，謂之三監。故書序
曰「武王崩，三監畔」，周公誅之，盡以其地封弟康叔，號曰孟侯，以夾輔周
室；遷邶、庸之民于雒邑，故邶，庸、衞三國之詩相與同風。〈地理志〉卷二
八下　頁1647

謹案：班固隱括〈書序〉之文，以「三監」者，即《詩經‧國風》中之邶、庸、衛
　　　三國，合三國則爲殷之王畿舊址。

又案：今本作「叛」，班固引之作「畔」，《史記‧周本紀》亦作「畔」者——

1. 《春秋》凡言叛亂、背叛，字皆作「叛」。《左傳‧昭公二十一年》經曰：「宋華亥、向寧、華定，自陳入于宋南里以叛。」

2. 《公羊傳‧昭公二十一年》經曰：「宋華亥、向甯、華定，自陳入于宋南里以畔。」

3. 《公羊傳‧僖公四年》傳曰：「潰者何？下叛上也。國曰潰，邑曰叛。」則字又作「叛」。

4. 《論語‧陽貨》載子路之問孔子：「佛肸以中牟畔，子之往也如之何？」字竝作「畔」。

5. 《說文》十三篇下、田部：「畔，田界也。」二篇上、半部：「叛，半反也。」段注：「反，覆也。反者，叛之全；叛者，反之半。」

綜前所述，《說文》有畔、叛字，皆讀「薄半切」，十四部，乃雙聲疊韻，古同音通叚，乃「畔」叚借為「叛」，並訓作「叛」也。《史記》《漢書》多作「畔」，為今文說；《春秋》《左傳》僅作「叛」，為古文說；《公羊傳》二字互用，亦為今文說也。

## 32、嗚呼！予旦受人之徽言。〈立政〉

昔仲尼沒而『微言』絕，七十子喪而大義乖。〈藝文志〉卷三十　頁1701

李奇曰：「隱微不顯之言也。」師古曰：「精微要妙之言耳。」

**謹案**：班固隱括《尚書》經文，藉〈立政〉載周公還政成王，並以其所受前哲王之讜言、治民之法等，皆知不無言，言無不盡授予成王。（宋）蔡沈《書經集傳》（卷五）所云：「前（案：『前』乃指〈立政〉此句以前之經文也）所言，禹、湯、文、武任人之事，無非至美之言，我聞之於人者，已皆告孺子王矣。」周公忠藎之心，又於諄諄之教，恂恂善誘之中，再次顯露於吾人眼前。

**又案**：今本作「徽言」，班固引經文作「微言」者——

1. 《隸釋》（卷十四）所載《漢石經‧立政》P：2491殘字作「旦𠧩前人之徽言下闕」。

2. 「徽」，《說文》《汗簡》俱無，惟漢碑有之。東漢順帝漢安二年〈北海相景君碑〉（見《隸釋》卷六，頁9～11）刻曰：「徽（案：《隸續》作「徵」）弱蒙恩。」

3. 桓帝延熹八年〈老子銘〉（見《隸釋》卷三，頁1～4）其辭曰：「逃祿處徽」「譏時徽喻」。（清）顧藹吉《隸辨》（卷一，頁33）按語：「說文微從𢼸。𢼸，從人從攴從豈省。諸碑微皆變體，無從人者。」

4. 靈帝光和六年〈白石神君碑〉刻云：「宜史解徽」。

5. 靈帝初年（案：據《隸辨・碑攷》卷七，頁 30，顧氏云：「武君之卒，必在靈帝初年也。」）〈執金吾丞武榮碑〉（見《隸釋》卷十二，頁 7～8）刻云：「廣學甄（案：『甄』即『甄』省）徵」。

6. 魏文帝黃初元年（案：即漢獻帝建安二十五年）〈魏孔羨碑〉（見（清）翁方剛《兩漢金石記》卷十八，頁 1～3）鐫云：「紹繼微（案：《隸辨》卷一，頁 33，字作「徽」。）絕」。

　　綜上所述，漢碑不作「微」字，而以變體之「徵」行。故《漢石經・立政》殘字作「徵」，亦即「微」字。《說文》二篇下、彳部：「微，隱行也。春秋傳曰：『白公其徒微之。』」十三篇上、糸部：「徽，衺幅也。」微音「無非切」，微母，十五部；徽音「許歸切」，曉母，十五部，二字疊韻聲近。

　　因今文尚書乃伏生口述而曡錯鈔錄，因「微」「徽」疊韻音近，故歧出二字，一作「隱微」之「微」，一作「美善」之「徽」；而「微」爲今文說所取，「徽」爲古文說所本也。二字音近而異字異訓，非叚借之例，蓋即〈藝文志〉所言，劉向以中秘古文校三家今文經，有「文字異者七百有餘」之一例矣。

### 33、詩言志，歌永言。〈堯典〉

　　書曰：「詩言志，歌（案：「歌」本作「哥」，今依〈校勘記〉改。下同。）詠言。」故哀樂之心感，而歌詠之聲發。誦其言謂之詩，詠其聲謂之歌。〈藝文志〉卷三十　頁 1708

**謹案：**班固迻錄《尚書》經文，藉〈堯典〉以釋詩、歌之別也。

**又案：**今本作「永」，古文說也；班固引經文作「詠」，《論衡・謝短》引《尚書》亦作「詠」者，用今文說也。詳見本章，例 2。

### 34、《書》記先王之事，故長於政。〈司馬遷傳〉卷六二　頁 2717

**謹案：**《漢書》載司馬遷〈太史公自序〉之文。由此〈序〉，可知《尚書》在太史公心目中，是記載先王政事之書。故愚列之於「辨經義」。

### 35、五曰考終命。〈洪範〉

　　哀帝……詔制丞相御史：「蓋聞尚書：『五曰考終命』，言大運壹終。」〈李尋傳〉卷七五　頁 3193

　　師古曰：「尚書洪範五福之數也。言得壽考而終其命也。」

**謹案：**考終命乃〈洪範〉「五福」——壽、富、康寧、攸好德、考終命——之終極大

福。哀帝久病不癒，從夏賀良之議，詔議群臣，改建平二年爲太初元將元年（此傳省「元將」二字，因「太初」亦爲武帝紀元，故從〈哀帝紀〉補作「太初元將」，以分別之）。後月餘，上疾自若。

36、**於是敘《書》則斷〈堯典〉。**〈儒林傳〉卷八八　頁 3589

師古曰：「謂尙書起自堯典。」

謹案：此例雖不引經文，然可視爲漢人讀《尙書》的一種基本觀念，即師古所言：「謂尙書起自堯典。」。

37、**武王代紂……其後二百有餘年，周道衰，而周穆王伐畎戎，得四白狼四白鹿以歸。自是之後，荒服不至。於是作呂刑之辟。**〈匈奴傳〉卷九四上　頁 3744

師古曰：「即尙書呂刑篇是也。辟，法也，音闢。」

謹案：《漢書》以周武王之世，勤修王德，四夷慕化，以時入貢，名曰『荒服』。逮及穆王之時，周道中衰，未修王德，反以兵戎立威，荒服不至，於是作〈呂刑〉之法，以撫四夷。此乃班固解釋〈呂刑〉成篇之由也。

38、**惟人在我後嗣子孫，大弗克恭上下，過佚前人光，在家不知，天命不易，天難諶，乃墜其命。**〈君奭〉

書曰：『我嗣事子孫，大不克共上下，過失前人光。在家不知命不易。天應棐諶，乃亡隊命。』〈王莽傳〉卷九九上　頁 4080

謹案：西漢元帝駕崩，玄孫子嬰嗣位，時年二歲。太后迫於白石丹書、符命之說，乃下詔，命王莽居攝踐阼，如周公故事。此例爲太后下詔之後，群臣上奏之言，稱頌太后聖德昭然，深見天意，乃順天應人而詔令王莽居攝乙事。故群臣逐錄〈君奭〉經文，其中稍易文字，復加以解釋經義，其下文曰：「周公始攝則居天子之位，非乃六年而踐阼也。」可以做爲西漢末年，今文家對〈君奭〉所載周公居攝故事之釋義；一反《禮記・明堂位（案：此傳引作「明堂記」。）之以『周公踐天子位，六年朝諸侯，制禮作樂，而天下大服。』乃言周公居攝六年後，如踐阼而居天子位。

又案：《魏石經》P：2241〜2242 三體直式殘字作「惟▲人▲在我後嗣子孫，大弗克龔上下▲過▲佚▲前▲人光，▲在家▲不▲知，▲天命不易，天難忱，乃隧其命。」就今本《尙書》觀之，所異者惟今本作「龔」「忱」「墜」三字；而據〈王莽傳〉所引經文觀之，所異者惟〈傳〉作「共」「失」「棐諶」「亡隊

命」四辭。愚別而論之：

一、石經作「龏」，今本作「恭」，《漢書》作「共」者——實「龏」「恭」「共」三字本義相同，皆象人之雙手捧著一種器具之形；惟引申義有別為「恭敬」「奉行」「供給」者，則需視其字之上下文而用。今經文為「弗克恭上下」，則以「奉行」之義為誼，讀為「共（龏）」，故今本作「恭」者，乃叚借為「共（龏）也」。詳見本篇，第五章，例11。

二、今本作「佚」，《唐石經》殘闕，鈔本皆作「佚」，《漢書》作「失」者——

1. 今本《論語・微子》云：「逸民：伯夷、叔齊、虞仲、夷逸、朱張、柳下惠、少連。」

2. 《史記・周本紀》：「成王既遷殷遺民，周公以王命告，作〈多士〉〈無佚〉。」

3. 《漢書・梅福傳》：「佚民不舉。」師古注：「佚與逸同。」則《漢書・梅福傳》同今本作「佚」。

4. 《隸釋》（卷十四）載《漢石經・無逸》P：2159殘字，正作「毋劮」。今本《尚書》作「無逸」。

5. 《魏石經》三體直式殘字作「無」P：2172「逸」P：2165。

6. 今本《論語・微子》：「謂虞仲夷逸。」《漢石經・論語》（見《隸釋》卷十四，頁9～14）作：「謂虞仲夷佚。」

據《說文》十二篇上、手部：「失，縱也。从手乙聲。」段注：「古多叚為逸去之逸。」又八篇上、人部：「佚，佚民也。从人失聲。」十篇上、辵：「逸，失也。从辵兔。」佚、逸同音，讀「夷質切」，喻母，十二部；失音「式質切」，審母，十二部。故「佚」叚借為「逸」，乃同音通作之例；「失」叚借為「逸」，乃疊韻音近，古相通叚之例。故知作「佚」「失」「劮」者，乃今文三家之異文，皆叚借為「逸」；而古文說作「逸」字也。

三、石經作「忱」，《漢書》同今本竝作「諶」，乃漢人今文說多作「諶」，而石經古文則作「忱」。詳見本篇，第九章，例9。

四、石經古文作「遂」，漢隸作「隧」，〈王莽傳〉作「隊」，今本作「墜」者——《說文》二篇下、辵部：「遂，亡也。从辵㒸聲。」十四篇下、阜部：「隊，從高隊也。从阜㒸聲。」段注：「隊、墜，正俗字。」《說文》有「隊」「遂」字，而無「隧」「墜」字。遂，音「徐醉切」，邪母，十五部；隊，音「徒隊切」，定母，十五部。是以二字疊韻，為古音近而通叚之例，即「隊」叚借為「遂」，訓作「亡」。梅賾以漢時俗字「墜」代正字「隊」，亦叚為「遂」。《魏石經》古文本作「遂」，乃經文之本義字，後改為漢隸增「阜」旁，則為後起之字。

五、（清）江聲《尚書集注音疏》（卷二一）云：「僞孔以『惟人在』屬下讀，漢書王莽傳引此下文：『我嗣事子孫』云云，不聯引『惟人在』，則漢人於『在』字讀絕也。」

竊以爲江聲之言稍誤。吾人觀此傳所逐引之〈君奭〉經文，多有改易文字之處，或增或刪，不一而足；然江聲以漢人節選更置之「引文」，直視之爲今文尚書之經文，復據之論斷「漢人於『在』字讀絕」云云，未免武斷。若依江聲之說，以『惟人在』屬上讀，則經文作「越我民罔尤違惟人在」，而釋義云：「越當讀爲曰，聲之誤也。公謂己意竊計曰：『我民无有愆尤韋倍者，惟人在故也。』亦言己不可去之意。」

江聲之論，乃以爲周公自思因其居攝在位，致使百姓無愆尤違背之行，皆因自己（周公）在位之功也。蓋周公大聖之人，豈有出此不慚之言，而違謙謙之誼歟？是故，愚以爲當從（宋）蔡沈《書經集傳·君奭》（卷五）讀於「人」字句絕，「惟人」屬上讀，「在」屬下讀，經文作：「弗永遠念天威，越我民，罔尤違，惟人。在我後嗣子孫」，「越我民」與「惟人」皆同義之辭，均是以人民爲念，而不是忖度一己之得失而去就，此正召公心萌退意而周公挽留，並勸之以天下蒼生爲念，盼召公回心轉意，共留宗室，與己（周公）並爲成王股肱，輔弼成王，以行教化惠民之政！此當爲周公大聖之言也！本師李振興先生於《尚書學述》，闡揚經義。學界可自行詳加參酌！

39、朕復子明辟。〈洛誥〉

書曰：『朕復子明辟。』周公常稱王命，專行不報，故言：「我復子明君也。」〈王莽傳〉卷九九上　頁4080

師古曰：「周書洛誥載周公告成王之辭，言我復還明君之政於子也。」

謹案：漢平帝於元始五年崩，王莽立甫二歲之子嬰嗣天子位。而此例乃群臣因莽仿周公故事，以居攝踐位代子嬰爲治天下，藉解釋《尚書》經義，爲莽攝政作嫁。

40、王若曰：「孟侯，朕其弟，小子封。」〈康誥〉

尚書康誥：『王若曰：「孟侯，朕其弟，小子封。」』此周公居攝稱王之文也。〈王莽傳〉卷九九上　頁4094

師古曰：「孟，長也。孟侯者，言爲諸侯之長也。封者，衞康叔名。」

謹案：此例爲王莽欲改「居攝」年號爲「初始」，故上奏太后，藉〈康誥〉周公之言，以釋「王若曰」之「王」，乃稱周公之辭，因康叔封爲成王諸父，周公之弟；若「王」爲稱成王，則不可言「朕其弟」，故「王」乃稱周公是也。

是以，王莽欲仿周公稱王故事，改年號爲「初始」。此例，王莽迻錄《尚書》經文也。

## 41、公拜手首稽曰：「朕復子明辟。」〈洛誥〉

莽親執孺子手，流涕歔欷，曰：「昔周公攝位，終得『復子明辟』，今予獨迫皇天威命，不得如意！」〈王莽傳〉卷九九中　頁4100

謹案：王莽去漢號，國稱新，年號建國。莽下策文，封孺子嬰爲定安公，而復則迻錄〈洛誥〉經文，自言迫於皇天威命，不能如周公還政成王舊事，以周公之聖比王莽之姦，著實歔欷矣。此乃釋『復子明辟』意即『還政』之謂也。

　吾人並不認爲周公有一如王莽所言『稱王』乙事，其實乃莽爲成就其狼子野心，因而故意矯釋經義，僞稱周公有自爲『稱王』之事！本師李振興先生（見《尚書學述》之《尚書》〈康誥〉、〈酒誥〉、〈梓材〉中的「王若曰」考辨〉乙文）與程元敏先生（見〈論尚書大誥諸篇「王曰」之王非周公自稱〉乙文）二子之條析句解，確證周公並無僭越稱王之舉，二文信而有徵，吾人乃當從之。

## 42、納于大麓，烈風雷雨弗迷。〈堯典〉

又曰：「予前在『大麓』，至于攝假。」〈王莽傳〉卷九九中　頁4108

師古曰：「大麓者，謂爲大司馬、宰衡時，妄引『舜納于大麓，烈風雷雨而不迷』也。攝假，謂初爲攝皇帝，又爲假皇帝。」

謹案：此例乃王莽改行幣制，作「小錢直一」，與「大錢五十」並行，而述及其爲大司馬大錄庶事云云。由此，則知王莽以總理萬機之『大錄』釋『大麓』之義也。

## 43、予則孥戮汝。〈甘誓〉

書曰：『予則奴戮女。』唯不用命者，然後被此辜矣。〈王莽傳〉卷九九中　頁4111

師古曰：「夏書甘誓之辭也。奴戮，戮之以爲奴也。說《書》者以爲帑，子也，戮及妻子，此說非也。泰誓云：『囚奴正士』，豈及子之謂乎？」

謹案：新莽爲推行田賦新制——王田，而迻錄《尚書》經文，通言不服新制者，獲罪而誅。

又案：王莽引作「奴戮」，班固《漢書・季布傳・贊》作「奴僇」，今本作「孥戮」，乃僞孔以晚出之「孥戮」代今文「奴僇」字也。（詳見愚文）

又案：師古注引今本〈泰誓下〉云：「泰誓云：『囚奴正士。』」，其於「泰誓」上不言「今文」二字，則知此一引文，乃逕由《偽孔傳》所迻錄，然今已知其爲偽作，吾人當不以「囚奴正士」之經文爲〈泰誓〉文，而僅視之爲東晉時人對「奴」字之訓釋即可！但偽孔此言亦合〈甘誓〉經義，吾輩納之，是不因其人而廢其言耳！

# 第十二章　勵進賢

## 略　述

　　伏生《尚書大傳‧唐傳》（卷一）言：「以賢制爵，以庸制祿，故人愼德興功，輕利而重義。」又曰：「古者諸侯之於天子也，三年一貢士，天子命與諸侯輔助爲政，所以通賢共治，示不獨專，重民之至。」是以，稽古之制，乃以任賢爲要、興德爲務也。諸侯貢賢士，天子命之與諸侯共治，亦有『揚側陋』之明！

　　舉賢德之士於民間，乃深知百姓疾苦，故能針對黎民之所需而治之，藉由百官之咸布其德，則堯、舜垂拱而治，無爲而民自化，亦非虛妄無稽之言。

　　是以此章所錄《漢書》迻引《尚書》諸例，或爲天子廣闢四門、下詔求賢，或是臣下諫諍其君，欲德迆於民，必先納賢德之士，使俊乂在位，天下咸刈者也！

### 1、若涉淵水，予惟往求朕攸濟。〈大誥〉

　　『若涉淵水』，未知所濟。〈武帝紀〉卷六　　頁161

謹案：此亦武帝元光元年，詔令能言極諫之士以進之詔文。武帝迻錄《尚書》經文，
　　　又稍變易之，〈大誥〉云：「予惟往求朕攸濟」，是一副成竹在胸，知所作爲
　　　的氣魄；反之，武帝既慕周世成、康之治的隆盛太平，又謙稱不知從何處著
　　　手，惟有待治世之能臣出，以輔武帝之未逮。

### 2、※明明揚側陋。〈堯典〉

　　初元元年夏四月，詔曰：「延登賢俊，招『顯側陋』。」〈元帝紀〉卷九　　頁279

謹案：此與下例同爲元帝即位之初，下詔以廣納賢良爲股肱之輔。詔文檃栝《尚書》

－177－

經文，以示元帝取才不論其出身，惟德賢者是用！

又案：《爾雅・釋詁下》：「顯，昭也。」揚、顯皆有「明」義。

3、※股肱良哉，庶事康哉。〈皋陶謨〉

初元元年夏四月，詔曰：「書不云乎？『股肱良哉！庶事康哉！』。」〈元帝紀〉
卷九　頁 279

師古曰：「虞書益稷之辭也。言君能任賢，股肱之臣皆得良善，則眾事安寧。」

謹案：元帝初即位，逢地震數動不靜，雖不明其由，然亦詔令赦天下，省徭賦。復
逐錄《尚書》經文，以宣明元帝遣大夫十二人循行天下之理由，乃是延登俊
賢、訪存耆老、和親萬姓。此詔乃在申言股肱之臣的重要，藉〈皋陶謨〉之
文以勸進治世賢良之士，以為股肱輔弼。

4、敷納以言，明庶以功，車服以庸。〈皋陶謨〉

鴻嘉二年三月，詔曰：「古之選賢，『傅納以言，明試以功』。」〈成帝紀〉卷十　頁
317

師古曰：「傅讀曰敷。敷，陳也。令其陳言而省納之，乃試以事也。」

謹案：成帝逐錄《尚書》經文，藉以勸進賢能之士，使官無廢事，下無逸民，意在
招賢選士，舉有行義能直言者，匡輔上之不逮。

又案：《漢書》「敷」皆作「傅」。詳見本篇，第三章，例 2。

駱文琦先生（《漢書引尚書說考徵》頁 18）云：「成帝所授，小夏侯尚書，是小
夏侯尚書本作『傅』也。」其說甚允。

鈔本多作「明試」，然——

1. 〈內野本〉P：295〈足利本〉P：306〈八行本〉P：324 俱有小字「庶」於書
眉，是此三本有見諸「明庶」之異本。

2. 《書古文訓》P：331 便作「明庶」。故有異本作「明庶」者。

3. 阮元〈校勘記〉言：「庶，古本作『試』。按正義作庶。又僖二十七年左傳引夏
書曰：『賦納以言，明試以功，車服以庸』，疏云：『此古文虞書益稷之篇。古
文作「敷納以言，明庶以功」，敷作賦，庶作試，師受不同，古字改易耳。』
按：王符潛夫論亦引作『試』，正與左氏合。」

竊以為〈文帝紀〉言「上親策之」，則字當作「試」為是，校之鈔本，雖有作「明
庶」者，但就經文、詔文合觀，仍以作「試」為上。

5、一人有慶，兆民賴之。〈呂刑〉

　　書曰：『一人有慶，兆民賴之。』〈賈誼傳〉卷四八　頁2252

　　師古曰：「周書呂刑之辭也。一人，天子也。言天子有善，則兆庶獲其利。」

謹案：賈誼為漢文帝謀議設官治民之事，師古以「一人」為天子之謂。

　　賈誼於此疏文中所陳者，乃立「三公、三少」為太子之養成教育，以此六職須慎選正直賢德而有治術者任之，使太子言行視聽皆正言正行；一旦繼位為天子，則必然君正而臣靡有不正，臣正而百官靡有姦宄，屆時政教清明，德化下民，澤被百姓，功參造化也。

6、※帝曰：「龍，朕聖讒說殄行，震驚朕師。命汝作納言，夙夜出納朕命惟允。」〈堯典〉

　　昔龍筦納言，而帝命惟允。〈谷永傳〉卷八五　頁3447

　　師古曰：「龍，舜臣名也。筦字與管同。管，主也。虞書舜典曰：『帝曰：龍，命汝作納言，夙夜出納朕命惟允。』」允，信也。

謹案：建始三年冬，日蝕、地震同日而發，成帝詔舉賢良方正直言極諫之士，谷永待詔公車以對上所問災異事。谷永乃櫽栝《尚書》經文而稍變易之。自此以下三例，皆在強調「治遠自近始，習善在左右」的明君，如何善盡股肱之力，知人善任於其職，上無敖戲驕恣之過，則左右肅乂，群僚正法，誠信布令，而化流四方之民。參例俱勉成帝擢進直言忠藎之士，以得君臣相輔成，相得益彰之功。

又案：今本《尚書》、《漢書》及師古注俱用，竝作「納言」──

　1. 今本〈皋陶謨〉有『工以納言，時而颺之』句，《魏石經》P：283 三體品式殘碑作「▲以內言時▲而」。

　2. 鈔本〈敦煌本舜典釋文殘卷（即〈伯三三一五〉）〉P：76 字正作『內言』，其下云：「內言，音納，下同」。

　3. 〈內野本〉P：94《書古文訓》P：139 竝作「內言」。

　4. 〈足利本〉P：107〈影天正本〉P：119〈八行本〉P：132 則同今本，竝作「納言」。

　5. 東漢靈帝中平二年〈太尉劉寬碑（案：當是〈劉寬後碑〉）〉作「雖龍左納言（案：皮錫瑞《漢碑引經攷》卷二，「左」字作「在」，今從《隸釋》卷十一改。）」。

　6. 魏文帝黃初元年之〈魏受禪表〉銘云：「納言諸節」（見《隸釋》卷十九）。

二碑皆立於《漢石經》之後，《魏石經》之前，是以漢人所傳今文、古文說，竝作「內」；至於《史記・五帝本紀》則作「出入朕命惟信」，《說文》五篇下、入部：「入，內也（案：「內，讀如納。」）。」又「內，入也。」是二字本義互訓，《史記》作「入」乃以訓詁字代「內」。而十三篇上、系部：「納，絲溼納納。」，故「納」之本義爲「濡溼」，因其音與「內」同爲「奴答切」，二字音同通作，故以「納」爲「內」之借字。

是以漢人經文不論今、古文說皆作「內」，《史記》以互訓字「入」代「內」字，而《漢書》、二碑文與今本《尚書》則以借假字「納」爲用，蓋今文三家之異文。

7、※誕保文武受民，亂爲四輔。〈洛誥〉

『四輔』既備，成王靡有過事。〈谷永傳〉卷八五　頁3447

師古曰：「四輔，謂左輔、右弼、前疑、後丞也。周書洛誥稱成王曰：『誕保文武受命，亂爲四輔。』」

謹案：此文乃谷永承上例「帝命惟允」之言，乃隳栝《尚書》載周公營東都，致政成王之時，成王挽留周公以監周士師百工之語，復諫成帝當敕正左右之臣，使學先王之道，令明君之義，以爲濟濟謹孚之股肱。

又案：師古引作「受命」，鈔本、今本、《漢書》俱同，竝作「受民」，應依今本作「受民」，蓋因涉經文下云：「乃文祖受命」而譌誤。

8、※詢于四岳，闢四門，明四目，達四聰。〈堯典〉

天鳳三年，十月戊辰，王路朱鳥門鳴，晝夜不絕。崔發等曰：「虞帝『闢四門，通四聰』。門鳴者，明當修先聖之禮，招四方之士也。」〈王莽傳〉卷九九中　頁4144～4145

師古曰：「虞書敘舜之德也，『闢四門，明四目，達四聰』，故引之。」

謹案：新莽天鳳三年朱鳥門鳴，崔發等則迻錄《尚書》經文，藉帝舜廣闢四門，招賢徠才，敷納以言之事，而上奏莽，開通天聰以廣納賢士。

# 第十三章　勸諫諍

## 略　述

　　《孟子‧公孫丑》載孟子之言曰：「子路，人告之以有過則喜。禹聞善言則拜。」又〈離婁下〉：「孟子曰：『禹惡旨酒而好善言。』」《尚書‧皋陶謨》帝舜誡禹曰：「予違，汝弼；汝無面從，退有後言。」前倨後恭、陽奉陰違，致使政令不能下達，甚者恐有毀家喪邦之危，此在〈盤庚〉三篇經文中處處可見，盤庚明誡其諸侯大臣不得於天子階前『協比讒言予一人』，卻於私下『胥動以浮言，恐沈于眾』。此皆一言以興邦，一言以喪邦之誡！

　　是以，此章所錄《漢書》逐引《尚書》之文者，均為天子勸勉其臣、諫正其失，直言無諱也！觀之，猶見唐太宗藉銅、史、人三鏡，以正衣冠、知興替、明得失之治也！

※1、啓乃心，沃朕心。僞〈說命〉上

　　（文帝元年）十一月癸卯晦，日有食之。詔曰：「令至，其悉思朕之過失，及知見之所不及，匃以『啟告朕』。及舉賢良方正能言極諫者，以匡朕之不逮。」

　　〈文帝紀〉卷四　頁116

　　師古曰：「啓，開也。言以過失開告朕躬，是則於朕為恩惠也。商書說命曰：『啓乃心，沃朕心。』」

**謹案：**此文帝藉日蝕月晦之異象，而下詔罪己，以櫽栝《尚書》經文，力促群臣直言其過，諫諍無諱。

**又案：**《國語‧楚語上》白公子張又諫楚靈王，子張乃引殷高宗武丁得傅說，並令之

－181－

以爲朝夕規諫之言，武丁曰：「啓乃心，沃朕心。」梅賾引之，僞作〈說命〉經文也。

## ※2、慎厥身，修思永。〈皋陶謨〉

永光四年夏六月戊寅晦，日有食之。詔曰：「自今以來，公卿大夫其勉思天戒，『慎身修永』，以輔朕之不逮。直言盡意，無有所諱。」〈元帝紀〉卷九　頁291

師古曰：「虞書咎繇謨云：『慎厥身、修永思』，言當慎修其身，思爲長久之道。故此詔云：『慎身修永』也。今流俗本『永』上有『職』字者，後人不曉，妄加之耳。」

謹案：漢祚自元帝起，步入衰敗之途——在天則月晦日蝕之異兆，在下則官吏剝削百姓，朝令夕改，不得民心。故元帝下詔罪己，藉隱括《尚書》經文，廣求直言無諱之諫諍，治世能法之士，以輔元帝之不足也。

又案：〈皋陶謨〉作「慎厥身修思永」，詔文云「慎身修永」，省「厥」「思」二字。「厥」訓「其」，於文意可略而不述；但是「思」訓「思慮」「思議」者，則省之可議。若不從師古注，則《詩經》中有關「思」字的用法，約有三例——

1. 置於語首，爲「發語詞」。〈大雅·文王〉：「思皇多士」。毛傳：「思，辭也。」
2. 置於語言，爲「句中助詞」。〈大雅·文王有聲〉：「無思不服」。鄭箋：「無不歸服也。」故知，「思」亦辭也。
3. 置於語末，爲「語已詞」。〈周南·漢廣〉：「不可求思」。毛傳：「思，辭也。」

若「思」字皆爲語詞，且無意義，則「慎厥身修思永」六字，便成詔文之「慎身修永」！（案：前述「思」字之分類，乃依（清）王引之《經傳釋詞》卷六，「思」字條王氏之分類。）

## 3、惟先格王正厥事。〈高宗肜日〉

建始元年二月，詔曰：「書云：『惟先假王正厥事』。」〈成帝紀〉卷十　頁303

師古曰：「商書高宗肜日，載武丁之臣祖己之辭也。假，至也。言先古至道之君遭遇災變，則正其行事，修德以應之。」

謹案：成帝即位之初，有火災降於祖廟，星孛於東方之災異，故迻錄《尚書》文句，勸進群臣，以效法古之賢臣誠諫其君，正其行事，修德以應災異；並大赦天下，施寬緩之政，澤被天下。

又案：師古乃襲《僞孔傳》訓「假」爲「至」，並申言「假王」爲「至道之王」，

恐有增字解經之虞。今本作「格」，此詔並〈孔光傳〉〈外戚傳〉《後漢書・律曆志》引皆作「假」──《說文》八篇上、人部云：「假，非眞也。从人叚聲。虞書『假于上下』。」故知漢人所引此經文，字俱作「假」。段玉裁於「假」字下注云：「彳部曰徦，至也。經典多借『假』爲『徦』──烝民、玄鳥、長發箋同此，皆謂『假』爲『徦』之假借字也。其楚茨傳：『格，來也。』抑傳：『格，至也。』亦謂『格』爲『徦』之假借字也。又那傳、烈祖傳：『假，大也。』；此與賓筵、卷阿傳之：『嘏，大也。』同謂『假』爲『嘏』之假借字也。又假樂傳，維天之命傳：『假，嘉也。』此謂『假』爲『嘉』之假借字。」

綜上所言，以「假」爲借字者，有「徦，至也」「格，來也」「格，至也」「嘏，大也」「嘉，美也」「暇，寬暇也（案：愚檢視《詩經》諸例，於〈商頌・長發〉並不訓「徦」，而是訓「暇」。《詩》云：「昭假遲遲」，鄭箋：「假，暇。……然而以其德聰明，寬暇天下之人。」是以「假」訓爲「寬暇」，復爲「暇」之假借字，故段氏之言誤矣！司馬遷便取「寬暇」爲義，《史記・殷本紀》云：「祖己曰：王勿憂，先修政事。」）」「格，正也（（清）孫星衍《尚書今古文注疏》卷七云：「漢書成帝紀詔引經云：『群公孜孜，帥先百寮，輔朕不逮』，是以『格王』爲『正王』也。……『格』，漢書多引作『假』，今文也。孟子：『格君心之非。』趙氏注云：『正也。』」）」七義，合之「假王」，共可分作三類──

1. 「至道之王」
2. 「王寬暇勿憂」
3. 「正王（之非）」

此三者皆有「增字解經」之虞，然以「正王（之非）」爲宜。但是，愚以爲尚有一說──「先假王」即「先至王」，猶今之言「先（到之）王」，即泛指武丁（此詔亦同）之前而爲天子者！故經文『祖己曰：惟先格王正厥事』句，可以解釋爲──祖己說：「就如同古之天子，正其祭祀儀式。」此正可與經文『典祀無豐于昵』相呼應。愚解較之諸家注疏少卻輾轉之訓，復益合於經義，故誌於此也。

又案：鈔本皆作「格」，與今本正同。金文不作「格」「假」：

1. 作「各」──〈小盂鼎〉（頁 35～38）、〈虢季子白盤〉（頁 103～106）。
2. 作「客」──〈庚嬴鼎〉（頁 43～45）、〈小臣靜彝〉（頁 56）。
3. 作「徦」──〈師虎設〉（頁 73～74）。
4. 作「逪」──〈庚嬴卣〉（頁 43）（案：上述諸例皆出於郭沫若先生《周代金文圖錄及釋文》。另可參閱全廣鎭先生《兩周金文通假字研究》第 267「各、

」假借例；第 271「客、恪」假借例。）。

　　5. 又《尚書‧君奭》有「格于上帝」句，《魏石經》P：2247 三體直式皆作「佫」！

　　　各、格、佫、逢、客，皆从「各」得聲，是古音相近通叚。《方言校箋》卷一：
「佫，至也。邠唐冀兖之間曰假，或曰佫。」郭璞注：「佫，古格字。」又云：「佫
（格亦訓來。），登也。」其卷二云：「佫，來也。自關而東，周鄭之郊，齊魯之間，謂
之佫。」是以今本作「格」者，蓋古文說也；《漢書》作「假」者，則是今文說耳。

### 4、※予違汝弼，汝無面從，退有後言。〈皋陶謨〉

　　建始四年冬十二月，詔曰：「朕涉道日寡，與錯不中。乃戊甲日蝕地震，朕甚懼
焉。公卿其各思朕過失，明白陳之。『女無面從，退有後言』。」〈成帝紀〉卷十
頁 307

　　師古曰：「虞書益稷之篇云：『予違汝弼，汝無面從，退有後言。』謂我有違道，
汝當正之，無得對面則順從唯唯，退後則有謗讟之言也。故此詔引之。」

**謹案：**成帝因懼於日蝕、地震之災異，下詔罪己之不德，謫見天地。故迻錄《尚
　　　書》經文，以之要求諸臣公卿，細察成帝施政舉錯之失，當面直言無諱；
　　　而不希望臣下懾於天威，表面頌贊君名，內心卻咒罵昏庸，於此可見成帝
　　　開誠布公，為求善治天下之仁心。

**又案：**今本作「汝」，《漢書》作「女」者——

　　1. 《尚書‧堯典》有「汝作秩宗」句，《漢石經》P：67 殘字正作「女」字。

　　2. 《尚書‧皋陶謨》有「師『汝』昌言」、「有民『汝』翼」、「予違『汝』弼」、
　　　「『汝』無面從」、「『汝』聽」，共五「汝」字，《魏石經》三體品字式殘石皆
　　　作「女」（案：前四「汝」字，見 P：281. P：283。）另《魏石經》一字式殘
　　　石亦作「女」（案：末「汝」字，見 P：285）。
　　　　是以不論古、今文說，皆作「女」而不作「汝」！據鈔本〈內野本〉P：293
　　　〈八行本〉P：323《書古文訓》P：331 俱同《漢書》，字竝作「女」；惟〈足
　　　利本〉P：305〈影天正本〉P：314 則同今本，字竝作「汝」。蓋漢、魏仍作「女」
　　　字，逮及東晉梅賾獻書後，始有作「汝」字之本。

### 5、禹拜昌言，曰：俞。〈皋陶謨〉

　　上乃喟然嘆曰：「吾久不見班生，今日復聞『讜言』！」〈敘傳〉卷一百上　　頁
4201

　　師古曰：「讜言，善言也，音黨。」

謹案：西漢成帝設宴飲，有畫屏作紂王醉踞妲己圖，上乃指圖問班伯，屏風之畫以為何戒？伯答上問：「詩書淫亂之戒，其原皆在於酒。」成帝以〈皋陶謨〉載禹聞善言必拜故事，稱美班伯之賢也！

又案：今本作「昌言」，《史記・夏本紀》亦作「昌言」，成帝所引作「讜言」者——

1. 《孟子・公孫丑上》：「孟子曰：『子路，人告之以有過則喜。禹聞善言則拜。』趙歧注：「尚書曰：『禹拜善言。』」阮元〈校勘記〉：「閩、監、毛，三本同。音義本、孔本、韓本、考文古本，善作讜，是也。按：段玉裁曰：『今文尚書「禹拜讜言」，古文尚書「禹拜昌言」。』」

2. 班固〈東都賦〉（見《文選》卷一，頁 28）云：「讜言弘說。」李善注引《字林》曰：「讜，美言也。」

3. 班固〈典引〉（見《文選》卷四八，頁 20）云：「既感群后之讜辭。」李善注：「讜，直言也。」

4. 魏、何晏〈景福殿賦〉（見《文選》卷十一，頁 23）云：「乃昌言曰。」李善注：「尚書曰：『禹拜昌言。』」

5. 晉、潘岳〈夏侯常侍誄〉（見《文選》卷五七，頁 4）云：「讜言忠謀。」李善注引《聲類》曰：「讜，善言也。」

6. 晉、陸機〈文賦〉（見《文選》卷十七，頁 8）云：「病昌言之難屬。」李善注：「尚書，帝曰：『禹亦昌言。』孔安國曰：『昌，當也。』」

故由《文選》觀之，兩漢、魏、晉之時，「讜言」「昌言」並存，尚難斷言何字乃今文說，何字為古文說也。段玉裁《古文尚書撰異》（卷二）云：「古文尚書作昌，今文尚書作讜。孟子公孫丑篇：『禹聞善言則拜。』趙注云：『尚書曰：「禹拜讜言。」』此今文尚書作讜之證也。」段氏據偽孔本經文作「昌」，便以之為古文說，此說特未定也。實乃梅賾為求偽古，特以「昌」字代之。又段氏所據趙歧注文作「讜」，而阮元所據之本，又有並作「善」者之異本，竊是以不敢驟斷耳。段氏復引班固〈東都賦〉（案：段氏《撰異》作〈西都賦〉，誤也！）作「讜言」，便據以為證，言今文尚書作「讜」，而《史記》作「昌」則為古文？

其三，段書更言：「逸周書作讜，祭公解：『拜手稽首，讜言。』盧氏召弓曰：『讜、讜，古字通。』荀子非相篇：『博而讜正。』注謂：『直言也。』」就《荀子》《逸周書》二書皆先秦所傳，字並作「讜」者，則「讜」乃先秦古文用之；「讜」增「言」旁，以與「朋黨、鄉黨」之義隔，乃為後起之字，然皆較《偽孔傳》為古，何以段氏不言「讜」為古文，反而稱『今文尚書作讜』？

其四、吾人觀之漢碑——

1. 東漢順帝永和四年〈張子平碑〉（見《隸釋》卷十九，頁 18～21）云：「黨言允諧。」

2. 順帝漢安二年〈北海相景君碑〉（見《隸釋》卷六，頁9～11）刻曰：「建英忠讜。」其下碑文亦有言：「歸州里鄉黨。」

3. 桓帝建和二年〈司隸校尉楊孟文石門頌〉（見《隸釋》卷四，頁3～5）鐫曰：「恢弘大節，讜而益明。」

4. 靈帝中平二年〈太尉劉寬碑〉（見《隸釋》卷十一，頁 1～4）刻曰：「朝克忠讜。」又〈劉寬後碑〉（同〈劉寬碑〉，頁4～6）刻辭曰：「公以對策嘉黨。」

5. 《後漢書·劉寬列傳》（卷二五）（唐）李賢注引謝承書曰：「寬少學歐陽尚書、京氏易，尤明韓詩外傳。」

依〈劉寬碑〉〈劉寬後碑〉一作「忠讜」，一言「嘉黨」，蓋「讜」爲歐陽尚書之學，因其刻於碑陽，勒石以褒其德，故逕引歐陽尚書作「讜」；至於碑後之「黨」，蓋爲今文三家之異文也。而〈景君碑〉作「忠讜」、〈石門頌〉作「讜而益明」，皆爲歐陽尚書之學。

綜上諸論，吾人只能斷定兩漢之人多以「黨言」「讜言」「忠讜」爲文，惟《史記》稱「昌言」者用本義。《說文》七篇上、日部：「昌，美言也。」十篇上、黑部：「黨，不鮮也。」昌音「尺良切」，穿母，十部；黨音「多郎切」，端母，十部，二字疊韻音近，發音部位亦同，惟不同紐，其音間有流轉，故「昌」「黨」於古音相近而可通叚。

《史記》有逕錄《尚書》經文，亦有以詁訓代之。或正如段氏之言，古文作「昌」，而今文以叚借字「讜」代之；抑爲古文作「黨」，《史記》以「昌」訓而代之，尚難推斷。

# 第十四章　戒毋佚

## 略　述

　　此章乃總括《漢書》文中，有關勸誡其人毋遊毋田，勿逸勿樂，無沉溺於歌酒；當時時修己正身，思慮建國君民、修身齊家之道。然斷非如墨家者流，以節慾節用是依，而是行之中道，慎戒太過，而無不及，強調適度之娛樂也。

1、※無若殷王受之迷亂，酗于酒德哉！〈無逸〉

　　周公戒成王，『毋若殷王紂』。〈劉向傳〉卷三六　頁 1963

　　師古曰：「事見周書亡逸篇。周公曰：『烏虖！毋若殷王紂之迷亂，酗於酒德哉（案：自『周公曰』以下，迄『酒德哉』止，共十八字，乃據段玉裁《古文尚書撰異》卷二二，頁 14，補。）。』

謹案：此並上例皆劉向上書勸戒成帝毋佚於樂也，向驟括《尚書》經文，以勉成帝勤勞王事，毋耽於田遊酒樂之酗。

又案：今本作「受」，劉向引作「紂」者——

　1. 《左傳》《論語》《孟子》《史記》《逸周書》稱殷紂，字皆作「紂」，而不作「受」。

　2. 伏生《尚書大傳》言殷紂，亦皆作「紂」，不作「受」。

　3. 鈔本俱同今本，字竝作「受」，無一本作「紂」者。

　4. 段玉裁《古文尚書撰異》（卷二二，頁 14）云：「凡古文尚書受字，今文皆作紂。古文不言紂，今文不言受。」

　5. 陳喬樅《今文尚書經說攷》（卷二三，頁 23）云：「師古每襲取漢、魏人音義

舊文以爲己注。……其『受』字作『紂』者，所引據今文尚書也。」

綜上而觀，段說似是而非：其論今文作「紂」，古文作「受」，涇渭分明不相混；《史記》《論語》《孟子》《尚書大傳》用今文說，故作「紂」可也；然《左傳》乃古文也，爲何亦同於今文說而作「紂」者耶？抑或今、古文說於兩漢時二字同作『紂』，逮及東晉梅賾獻書，乃有古文定本作「受」，是以鈔本皆作「受」而無一例外也，然段氏則因而誤判！

2、惟耽樂之從，自時厥後，亦罔或克壽，或十年，或七八年，或五六年，或四三年。〈無逸〉

書云：『或四三年。』言失欲之生害也。〈杜欽傳〉卷六十　頁 2668

師古曰：「周書亡逸篇曰：『惟湛樂之從，罔或克壽，或十年，或七八年，或五六年，或四三年』，謂逸欲過度則損壽也。」

謹案：成帝爲太子時，即以好色聞；及即帝位，皇太后則詔采良家女。時帝舅王鳳以外戚輔政，杜欽乃往說王鳳，藉逐錄《尚書》經文，言縱慾聲色，人君少有壽考者。而鳳爲外戚輔政，一旦成帝早崩，其位必然不保朝夕，故杜欽明爲鳳而憂，實心繫漢祚，惟天下蒼生是念也。

又案：師古注引〈無逸〉作「湛」，今本作「耽」者，《說文》十二篇上、耳部：「耽，耳大垂也。從耳冘聲。詩曰：士之耽兮。」段注：「衞風氓文。此引詩說，叚借也。毛傳曰：『耽，樂也。』耽本不訓樂，而可叚爲媅。」又十二篇下、女部：「媅，樂也。從女甚聲。」段注：「衞風：『無與士耽』，傳曰：『耽，樂也。』小雅：『和樂且湛』，傳曰：『湛，樂之久也。』耽、湛皆叚借字，媅其眞字也。叚借行而眞字廢矣。」

鈔本〈伯二七四八〉P：2181〈內野本〉P：2189《書古文訓》P：2221 俱同師古注，字竝作「湛」；〈足利本〉P：2199〈影天正本〉P：2207〈八行本〉P：2215《唐石經》P：2228 則同今本，字竝作「耽」。《漢書·鄭崇傳》亦引〈無逸〉經文，字作「唯耽樂是從」。蓋知漢人並有作「耽」「湛」者，或爲三家今文之異；然梅賾僞作而爲定本時，便有作「耽」「湛」之異本流傳。

3、盡乃心，無康好逸豫。〈唐誥〉

『悉爾心』，祗祗兢兢，乃惠乃順，『毋桐好逸』，毋邇宵人，惟法惟則。〈武五子傳〉卷六三　頁 2760

師古曰：「桐音通。桐，輕脫之貌也。」

謹案：此例乃武帝詔封劉胥爲廣陵厲王所賜之策文。策文藉〈康誥〉載康叔封於
　　　衛，而周公誡其就國後當明德愼罰，弗好逸樂乙事，以爲劉胥就封國時，武
　　　帝勉其慈惠于下，忠順于上，然須依經文之「文王作罰，刑茲無赦」爲要，
　　　故策文曰：「惟法惟則」。此乃檃栝《尚書》經文，且稍益更易以切合其時、
　　　其事。

又案：今本作「無康」，賜策引經文作「毋桐」。《史記·三王世家》言：「毋侗好軼。」
　　　索隱曰：「侗，音同。褚先生解云：『無好軼樂馳騁弋獵。』」段玉裁《古文
　　　尚書撰異》（卷十六）云：「漢書武五子傳：『毋桐好逸』，即康誥：『無康好
　　　逸豫』之異文。蓋今文尚書也。」段說蓋是。

4、※**周公作無逸**。〈無逸·序〉

　　留意『亡逸』之戒。〈梅福傳〉卷六七　頁 2922

　　師古曰：「周書篇名也，周公作之以戒成王。」

謹案：《漢書》無皆作亡。漢成帝時災異數見，大將軍王鳳權傾朝野，群下莫敢正言。
　　　梅福藉日蝕、地震、水災等屢見之變，援引《尚書》載周公勸諫成王不可耽
　　　溺於酣酒逸樂之縱情，而忘守成惟艱之業；以提醒漢成帝當依循漢高祖行事
　　　任人之軌，以進賢而退不肖，國乃得以安寧、永敘天命。

又案：「無逸」，《尚書大傳》作「毋佚」，《史記·周本紀》作「無佚」，〈魯世家〉作
　　　「毋逸」，《隸釋》（卷十四）載《漢石經》P：2159 殘石字作「毋劮」，故知
　　　今文尚書作「毋劮」或「毋佚」。

　1. 依段玉裁（《古文尚書撰異·無逸》，卷廿二）言：「以世家作『毋』爲不誤。
　　　王伯厚困學紀聞云：『無逸，尚書大傳作毋佚。毋者，禁止之辭。』」其說甚允。

　2. 觀《魏石經》P：2160 三體直式（漢隸），鈔本〈伯三七六七〉P：2176〈伯二
　　　七四八〉P：2179〈內野本〉P：2185〈足利本〉P：2196〈影天正本〉P：2204
　　　〈八行本〉P：2212《唐石經》P：2224 均同今本作『逸』，是以古文作「逸」，
　　　今文作「佚」、「劮」也。

　3. 又《說文》八篇上、人部：「佚，佚民也。从人失聲。」另十篇上、兔部：「逸，
　　　失也。」二字音讀皆「夷質切，十二部」，然《說文》無「劮」字。所以逸、
　　　佚二字，爲雙聲疊韻字，故同音通作。

5、**無教逸欲有邦**。〈皋陶謨〉

　　戊（楚元王孫）荒淫不遵道，韋賢作諫詩曰：『邦事是廢，逸游是娛』。」〈韋賢

傳〉卷七三　頁 3103

謹案：韋賢作諫詩以諍言楚元王孫劉戊荒淫無道，詩文隱栝《尚書》之辭，藉皋陶
　　　與禹言爲政之要，首戒佚樂畋遊之欲，當以勤政教化爲是，勸諫王孫戊當戒
　　　奢去慾，愼施國事。

又案：孫星衍《尚書今古文注疏》（卷二上）引韋賢諫詩，字作「逸遊」，皮錫瑞
　　　《今文尚書攷證》（卷二）竝同，此仍依《漢書》文。又「逸遊」當是「教
　　　逸」之義，〈王嘉傳〉字作「敖佚」，〈夏本紀〉作「毋教邦邪淫奇謀」，蓋作
　　　「教」「敖」者，三家今文之異也。然愚以爲當作「敖」爲是！詳見本章，
　　　例 17。

## 6、周公作無逸。〈無逸・序〉

周公爲『毋逸』之戒，舉殷三宗以勸成王。〈韋玄成傳〉卷七三　頁 3127
師古曰：「毋逸，尚書篇名。戒以無逸豫也。」

謹案：此乃哀帝即位，群臣雜議武帝雖有功烈，但親盡宜毀其廟；而王舜、劉歆便
　　　藉《尚書》載周公舉殷三宗以勸成王事，並引宣帝用公卿眾儒之謀，立武帝
　　　廟爲世宗廟乙事，蘊含勸誡之德，故不宜毀之。上奏可。

又案：〈梅福傳〉作「亡逸」，此作「毋逸」，今本作「無逸」。

1. 王充《論衡・儒增》卷八，則作「尚書毋佚」；《史記・周本紀》作「無佚」；〈魯
　　世家〉作「毋逸」；《漢石經・尚書》殘碑（見《隸釋》卷十四）作「乃劮乃憲」
　　「毋劮于遊田」P：130，知兩漢之參差不一。至師古亦無定論：此傳師古注
　　作「毋逸」，〈翼奉傳〉〈鄭崇傳〉注並作「亡逸」，〈谷永傳〉注兩言「無逸」，
　　則師古亦莫衷一是。

2. 查《魏石經・無逸》P：2172 三體直式得「無」之古文字正作「兦」，隸定則
　　作「無」，段氏以爲亡、無皆古文，漢人、今文則通用『毋』。詳見本篇，第十
　　八章，例 38。

3. 至於「逸」字，段玉裁（《古文尚書撰異》卷廿二）言：「逸，今文尚書作劮，
　　亦作佚。」又云：「失、佚、逸，三字多通用。是以史記魯世家、漢書谷永傳
　　皆作『毋失』，皆今文尚書也。漢人多以『失』讀爲『佚』。如酒誥『女無失』
　　之類，蔡中郎斟酌古今而爲劮字。」《魏石經・無逸》P：2165 三體直式之漢
　　隸作「逸」，蓋古文乃作「無逸」、「亡逸」，其他皆今文三家之異文也。

又案：鈔本〈伯三七六七〉P：2176 作「亡滛于觀于逸」〈伯二七四八〉作「亡逸」

P：2179〈內野本〉P：2185〈八行本〉P：2212竝同。另〈足利本〉P：2196〈影天正本〉P：2204皆作「無逸」，知師古所據本皆古文，惟此傳依今文作「毋逸」，蓋據漢人傳本。

7、周公曰：「嗚呼！……無若殷王受之迷亂，酗于酒德哉。」〈無逸〉

　　書則曰：「王毋若殷王紂。」〈翼奉傳〉卷七五　頁3177

　　師古曰：「周書亡逸篇也。其書曰：『周公曰：烏虖！毋若殷王紂之迷亂，酗于酒德哉！』是也。」

謹案：同上例，皆翼奉勸元帝「因天變而徒都」，以永世延祚，實為萬世之策。切勿如殷紂之酗醉酒樂，喪德耗財，而有亡國之災，寔殷鑑不遠也。師古之與今本異者，陳喬樅（《今文尚書經說攷·毋佚》卷廿三，頁23）說：「師古每襲取漢、魏人音義舊聞以為己注，此引書有『周公曰烏虖』，蓋舊注約舉此節首尾之詞。」陳說是也。

又案：段玉裁（《古文尚書撰異》卷廿二）云：「無作毋，受作紂者，今文尚書然也。凡古文尚書受字，今文皆作紂。古文不言紂，今文不言受。」段說是也，今考唐鈔本皆作「殷王受」，是其證。

　　另「嗚呼」，師古作「烏虖」者——

1. 《魏石經·無逸》P：2172三體直式殘石，古、篆、隸三體，字竝作「烏虖」，又鈔本〈伯三七六七〉P：2175～P：2178〈伯二七四八〉P：2179～P：2184竝同。

2. 〈內野本〉P：2185～P：2196〈足利本〉P：2196～P：2204〈影天正本〉：2204～P：2211〈八行本〉P：2212～P：2219皆同今本，字竝作「嗚呼」。

3. 王引之《經傳釋詞》，「於」字下云：「詩文王傳曰『於，歎詞也』。一言則曰『於』，下加一言則曰『於乎』或作『於戲』或作『烏呼』，其義一也。小爾雅曰：『烏乎，吁嗟也』，有所歎美，有所傷痛，隨事有義也。」

4. 《漢石經·無逸》P：2159（見《隸釋》卷十四，頁3）殘石作：「公曰於戲，嗣王監于茲下闕」，〈君奭〉P：2237（見《隸釋》卷十四，頁3）殘石竝同，字亦作「於戲」。段玉裁（《古文尚書撰異》卷廿二）謂：「以石經殘碑篇末『於戲監于茲』，知之匡謬正俗謂古文尚書皆作『烏乎』，今文尚書皆作『於戲』也。」『烏』本鳥名，同音通叚而為『歎詞』、無義。至於二字皆從『口』之『嗚呼』，當為後起之字。

8、予小子，夙夜祗懼。僞今文〈泰誓〉

　　昔武王、周公承順天地，以饗魚鳥之瑞，然猶君臣『祗懼』，動色相戒，況於季世，不蒙繼嗣之福，屢受威怒之異者虖！雖『夙夜』自責，改過易行，畏天命，念祖業。〈劉輔傳〉卷七十七　頁3252

　　師古曰：「謂伐紂時有白魚、赤烏之瑞也。事見今文尚書。」

謹案：此乃劉輔上書諫成帝不該觸情縱慾，而欲立趙倢伃為皇后；而應效法《尚書》所述武王、周公二人，雖有天賜符瑞，君臣二人仍然夙夜祗懼，不敢懈怠，乃成伐紂大業，順承天命。

　　　　師古所謂白魚、赤烏之瑞，今本〈泰誓〉無，而見於《尚書大傳・大誓》，其言：「太子發升于舟，中流，白魚入于舟。王跪取，出涘（案：愚所本為四庫叢刊本《尚書大傳》，其『涘』字作『俟』，今據（唐）裴駰《史記集解》引鄭玄注：『涘，涯也。』而改『俟』為『涘』字矣。），以燎。群公咸曰：『休哉！』……武王觀兵于孟津，有火流于王屋，化為赤烏三足。周將興之時，有大赤烏銜穀之種而集王屋之上者。武王喜，諸大夫皆喜，周公曰：『茂哉茂哉！天下之見此以勸之也，恐恃之！』」是師古所謂『今文尚書』者，蓋指伏生所傳之《尚書大傳》耶。

　　　　然〈平當傳〉所引：「書云：『建功立事，可以永年』。」句，則不見於伏生所傳之《尚書大傳》，而是見於師古所據中秘本之『今文泰誓』（師古曰：「今文泰誓之辭。言能正考古道以立功立事，則可長年享國。」）！蓋師古所本，乃漢人據《尚書大傳》而加以增刪偽作的『漢人偽古文〈泰誓〉』，亦即《漢書・劉歆傳》所錄〈移太常博士書〉中，所提及『泰誓後得，博士集而讀之』得之於民間所獻的〈泰誓〉。而於博士以今文集讀之後，收入今文三家所傳《尚書》經文之中，故愚冠之『偽今文』三字，以別於漢人偽作之『漢人偽古文〈泰誓〉』，及梅賾偽作之『偽古文〈泰誓〉』者也。

9、生則逸，不知稼穡之艱難，不聞小人之勞，惟耽樂之從，自時厥後，亦罔或克壽。〈無逸〉

　　鄭崇諫曰：「臣聞……周公著戒曰：『惟王不知艱難，唯耽樂是從，時亦罔有克壽。』」〈鄭崇傳〉卷七七　頁3255

　　師古曰：「周書亡逸之篇也。言王者不知稼穡之艱難，唯從耽樂，則致夭喪，無能壽考也。」

謹案：此檃栝〈無逸〉之文。鄭崇諫阻哀帝不可無故加封外戚傅商，如此則有壞制度、逆天人心之虞，恐遭疾夭之禍，故藉《尚書》載周公勸誡成王毋逸於酒

樂之言以勸阻哀帝之封賜。

又案：「無逸」——

1. 《漢石經》（見《隸釋》卷十四）作「毋劮」，《廣雅・釋詁三・上》言：「劮，戲也。」王念孫疏證曰：「劮，經傳通作佚，又作逸。」

2. 《魏石經》三體直式之漢隸，字作「無」「逸」（P：2172.P：2165）。

3. 鈔本〈伯二七四八〉P：2179〈內野本〉P：2185〈八行本〉P：2212 同師古竝言「亡逸」；〈足利本〉P：2196〈影天正本〉P：2204 同今本作「無逸」。

4. 另鈔本、今本竝作『無或克壽』，惟此傳作『罔有克壽』者，段玉裁（見《古文尚書撰異》卷廿二，頁 9）之言甚篤：「古或、有二字，音義皆同。如『不或亂政（今本〈微子〉作『弗或亂正』）』，史記（〈宋微子世家〉）作『不有治政』；『乃或亮陰（〈無逸〉）』，史記（〈魯周公世家〉）作『乃有亮闇』，皆古文作或，今文作有之證。」

10、※文王不敢盤于遊田。〈無逸〉

谷永待詔公車，對曰：「如人君淫溺後宮，『般樂游田』。」〈谷永傳〉卷八五　頁 3444

師古曰：「般，讀與盤同。」

謹案：漢成帝建始三年多，日食、地震同日俱發，谷永待詔公車而答成帝問災異事。谷永藉《尚書》述周公戒成王毋耽逸於遊田佚樂，乃舉文王日側不遑暇食之勤於政事，諧和萬民為諫，勸成帝去淫樂、罷倡優、絕享受、節游田，使起居有常，循禮而動，致行無倦勤！

又案：今本作「盤」「遊」字，谷永則作「般」「游」——

1. 據《隸釋》（卷十四）所存《漢石經》P：2159 殘字正有其字，作「于遊田」，「于」字上之「般」字未錄。

2. 又〈盤庚中〉首句云：『盤庚作』，《漢石經》P：937，字正作「嵒嵒作」。

3. 段玉裁《古文尚書撰異》（卷六）云：「周禮司勳注作『般庚』，漢石經殘碑盤庚下篇首句，字正作『般』。五經文字曰：石經『舟』，皆作『月』。」段氏所言《漢石經》P：1013 乃是《隸釋》鈔摩之本，故其言『盤庚下篇』，而愚所援引者，乃馬衡《漢石經集存》拓本，故一在下篇，一在中篇。蓋兩漢之稱「盤庚」，其字皆作「盤庚」。

4. 《釋文》云：「盤（案：言盤庚。），本又作『般』。」是天寶詔改經文以前，就流傳「般庚」「盤庚」之異本。

5. 甲骨文亦有作「般庚」者：「庚申卜，貞王窐般庚翌日，亡尤。」（前一・一五・四，見郭沫若《卜辭通纂・世系》頁 29～30）

6. 也有字作「凡」者：「庚申卜，貞王窐凡庚㐸日，亡尤。」（前一・一六・二）

7. 及作「肰」者：「□丑卜，行（貞）王窐肰庚□□□。」（戩・五・九）郭氏云：「此『般庚』作𣪊，𦥑乃『凡』字，槃之初文也，象形。前片作肰，即後來之『般』字，字當作『肰』，譌變而爲从舟从殳。而杯槃字乃益之以木作槃，或益之以皿作盤，金文〈伯侯父盤〉字作𥂖，則从金，均緐文也。」故知「般」「盤」「槃」「鎜」「磐」皆一字之或體，惟簡繁之別耳。

8. 〈免盤〉〈兮甲盤〉皆作「般」（見郭沫若先生《周代金文圖錄及釋文》頁 90～91.143～144），〈休盤〉竝同（見高木森先生《西周青銅彝器彙考》，頁 104～105）。

9. 《周易・屯卦・初九》爻辭：「磐桓，利居貞，利建侯。」阮元〈校勘記〉云：「磐桓，石經（指《唐石經》）岳本、閩、監、毛本同。釋文：『磐，本亦作『盤』，又作『槃』。』

10. 又〈屯卦・六三〉爻辭：「屯如邅如，乘馬班如。」〈校勘記〉言：「石經（同上，指《唐石經》）、岳本、閩、監、毛本同。釋文：『班，鄭本作『般』。』「班」讀布還切，幫母，古音在十三部，諄韻；「般」讀薄官切，幫母，十四部，元韻，是以「班」「般」二字雙聲，「諄」、「元」二韻爲上唇鼻音，亦一音之轉，故音近通叚。然《說文》八篇下、舟部：「般，辟也。象舟之旋，从舟从殳，殳令舟旋者也。」是「般」的本義，乃兩船交會時的迴避動作，以免碰撞，故有『迴旋』之義。而作器皿者，益之以木、石、金、來表示其材質；〈屯卦〉之「磐桓」，乃叚器皿之「磐」爲「般桓迴旋」之「般」，故《漢書》作「般」用本字，今本作「盤」者，爲叚借字。

又案：至於《漢書》作「般樂游田」而今本作「盤于遊田」者——

1. 李善《昭明文選》（卷二）錄〈張平子西京賦〉作『盤于游畋』。

2. 鈔本〈伯三七六七〉P：2175〈伯二七四八〉P：2182〈內野本〉P：2190〈足利本〉P：2200〈八行本〉P：2216《唐石經》P：2230 俱同今本，竝作「盤于遊田」。

3. 《書古文訓》P：2221 作「般亐遊畋」。

4. 《漢石經》P：2159（見《隸釋》卷十四所錄）作「遊田」。

此傳作「般樂游田」，知漢人並有作「游」「遊」字，蓋今文三家異說。而《書古文訓》或从僞孔本：今本僞《伊訓》云：「恒于遊畋」乙句，可證。至於〈西京賦〉

作「畋」者，〈多方〉言：「今爾尚宅爾宅，畋爾田。」《說文》三篇下、攴部：「畋，平田也。从攴田。周書曰：『畋尒田。』」故「畋」即是「使田為平」，有『勞動耕耘』之義；而「田」字在此卻作「田獵」解，則為『逸樂放縱』之事，二字本義有別，引申義又不相類，惟「田」「畋」雙聲疊韻，以同音字可通叚之故也。

11、※五、皇極，皇建其有極。〈洪範〉

經曰：『皇極，皇建其有極。』傳曰：「皇之不極，是謂不建，時則有日月亂行。」〈谷永傳〉卷八五　頁3444

師古曰：「周書洪範之辭也。皇，大也。極，中也。大立其有中，所以行九疇之義也。」

謹案：漢成帝建始三年冬，日食、地震同日俱發，谷永待詔公車而答成帝問災異事。谷永乃全襲《尚書》經文，復引伏生《尚書大傳・洪範五行傳》而申言君王若只是淫溺後宮，嬉戲遊田，而不親躬五事，不立皇極之大道，則上天必然罪咎徵降，甚至有『六極』之罰也。惟伏生《尚書大傳》作「王之不極」，是以「王」詁「皇」，而谷永則直引《尚書》經文作「皇極」。

12、※周公曰：「嗚呼！繼自今嗣王，則其無淫于觀于逸、于遊于田，以萬民惟正是供。」〈無逸〉

經曰：『繼自今嗣王，其毋淫于酒，毋逸于游田，惟正是共。』未有身自正而臣下邪者也。〈谷永傳〉卷八五　頁3444

師古曰：「周書無逸之辭也。言從今以後，繼業嗣立之王毋過欲於酒，毋放於田獵，惟宜正身恭己也。共讀曰恭。」

謹案：谷永既答成帝問災異事，承上文而逐錄《尚書》經文，藉《尚書》載周公戒成王毋逸田遊酒樂之言，以諫勉成帝為國之君者，未有身正而臣下邪僻者。

又案：《隸釋》載《漢石經》P：2159殘碑，其文曰：「酒毋劮于遊田維▲正▲之共。」正與谷永所引經者合——

1. 段玉裁《古文尚書撰異》（卷二二）云：「石經『維』下『共』上所闕，必『正之』二字。漢時民間所習，章奏所用，皆今文尚書。『其毋淫于酒，毋逸于遊田，惟正是共』，此今文尚書也；則『其母淫于觀于逸，于遊于田，以萬民惟正之共』，此古文尚書也。」

2. 陳喬樅《今文尚書經說攷》（卷二三）更申言之：「攷古文苑漢酈炎遺令書：『汝無逸于上，無湎於酒。』此襲今文尚書語意也。」

3. 江聲《尚書集注音疏》（卷二十，頁5）自注云：「般，樂也。以庶邦三字，衍也。」自疏曰：「國語楚語左史倚相引〈周書〉曰：『文王至于日中昃，不皇暇食，惠于小民，唯政之恭。』即此文也。據此則謂文王敬恭于政事，不得有『以庶邦』三字。偽孔氏乃增改之云：『以庶邦惟政之共』，且解共為共，待衞包因又改共為供矣。」陳喬樅《今文尚書經說攷》（卷二三）從之。

4. 段氏又云：「或（案：『或』指江聲《尚書集注音疏》卷二十，上文。）疑無逸此文為偽孔竄改，非也。偽孔於今文所有多襲馬、鄭之舊，不得因其偽作今文所無，乃并其真者而不信也。」

段說甚是。驗之《魏石經》P：2164 三體直式，碑銘作「以庶邦惟正」，下文亦作「以萬民惟下闕」P：2166，於魏文帝正始年間便有『以庶邦、以萬民』之定本，且『以庶邦、以萬民』互為對文，故知梅賾作偽書，乃有所本也，亦非江氏之譏：「偽孔本……妄改妄增，以亂經也。」是以今文說可從〈谷永傳〉之引文，古文說則可從今本〈無逸〉之文。

又段、陳二氏皆引（宋）王應麟《漢藝文志攷說》云：「漢書諸儒所引尚書異字，『以萬民惟正之共』，此引古文尚書也。」確係卓見，雖段氏言：「今未檢得出何書。」而疑之，幸《魏石經》殘碑正存此段經文，倘二氏得見石經，必不作如是觀也。

又案：今本作「供」，此傳作「共」——

1. 段玉裁《古文尚書撰異》（卷二二）云：「『供』，蓋今文、古文尚書皆作『共』字。谷永傳引書而釋之曰『未有身治正而臣下邪者』也，度其意，亦訓『共』為『供』。如顏師古釋以『正身恭己』而讀曰『恭』，則經文『惟、之』字不通。」故其推論：「古文尚書蓋本作『共』字，偽孔釋以『供』，待天寶閒遂改為『供』。」

2. 《爾雅·釋詁下》：「供、共，具也。」

3. 王引之《經義述聞》於「惟正之共」條下云：「『正』當讀為『政』。共，奉也。……故曰『以庶邦為政之共』，言『惟政是奉』；『以萬民惟正之共』，亦謂『與萬民奉行政事』也。楚語引此作『惟政之恭恭者，共之借字。』，後漢書郅惲傳注引尚書無逸曰：『以萬人唯政之共』，是其明證。」

王引之之言甚是！「共」字應釋為「恭行天罰」之「共」，其義為「奉行」也。詳見本篇，第五章，例11。

13、※臣聞三代所以隕社稷喪宗廟者，皆由婦人與群惡沈湎於酒。書曰：

　　『乃用婦人之言，自絕于天。』〈谷永傳〉卷八五　頁3459

　　師古曰：「今文周書泰誓之辭。婦人、妲己。言紂用妲己之言，自取殄滅，非
　　天絕之。」

謹案：谷永所引爲漢人今文說〈泰誓〉之佚文，愚乃循胡玉縉《許廎學林・書眞古
　　文泰誓說》（卷一，頁22～24）所言：「東晉古文泰誓三篇，近世治尙書者，
　　皆知其僞；而不知兩漢所傳之泰誓，亦是僞本。」胡氏以馬融〈書序〉（今
　　本《尙書・泰誓》正義引）言：「泰誓後得。」劉向《別錄》（今本《尙書・
　　書序》正義引）、劉歆《七略》（《漢書・楚元王傳》）皆言〈泰誓〉於武帝末
　　得之民間；又《孟子・滕文公》趙岐注云：「今之尙書泰誓篇，後得以充學，
　　故不與古泰誓同。」故〈泰誓〉有眞〈古文泰誓〉（即《左傳》《禮記》《孟
　　子》《國語・周語、鄭語》《墨子》《管子》《荀子》《論語》等典籍所引者。
　　上述《國語・鄭語》《論語》二者，乃據劉啓釪《尙書學史》頁28～31，以
　　補胡氏之未盡者。）、僞〈古文泰誓〉（即今本分爲三篇者）、以及漢代得之
　　民間的僞〈今文泰誓〉（言其作「僞」，乃因非眞〈古文尙書〉者），及援引
　　於經文之下，標列「僞今文〈泰誓〉」。

14、※乃惟四方之多罪逋逃，是宗是長，是信是使。〈牧誓〉

　　『四方之逋逃多罪，是宗是長，是信是使。』〈谷永傳〉卷八五，頁3459

　　師古曰：「亦泰誓之辭也。」

謹案：此並上例，皆谷永答成帝使尙書問『黑龍見東萊』乙事。永乃列舉永始元年
　　九月黑龍見，復逢日蝕；二年二月己未（案：〈成帝紀〉作永始二年二月癸
　　未。）夜星隕如雨；乙酉，日有食之，六月之間，大異四發，其中二異更同
　　月而出！谷永乃迻錄《尙書》經文，以諫諍成帝毋沈恤於後宮女寵，亦毋逸
　　於酒樂田遊！皇天譴告六月而四異出，當愼罰明德，夙夜躬親政事，退讒進
　　賢，薄稅輕賦，則漢祚永續。

又案：師古注以谷永引經之出於〈泰誓〉，段玉裁《古文尙書撰異・牧誓》（卷十二）
　　云：「漢書敘傳班伯對上曰：『書云：迺用婦人之言。』師古曰：『今文尙書
　　泰誓之辭。』漢書谷永傳，書曰：『迺用婦人之言，自絕于天，四方之逋逃
　　多罪，是宗是長，是信是使。』玉裁按：永此引書共廿五字，上十字師古曰：
　　『此今文泰誓之辭。』下十五字師古云：『亦泰誓之辭也。』此正別謂此十
　　五字非牧誓之辭，以其上文十字出今文泰誓，則知其連引之十五字更不端
　　者，亦出今文泰誓而非牧誓也！今文泰誓小顏時現存，何至憒憒指牧爲泰，

惠氏定宇譏之，誤矣。上十字見周本紀所引泰誓，下十五字周本紀存之於牧誓，而泰誓則去之。」

段氏之說，是非參半，其以上例谷永所引十字爲今文〈泰誓〉，此論確矣；然其言本例之十五字，乃出於今文〈泰誓〉，而不出於〈牧誓〉則謬！據《隸釋》所載《漢石經・牧誓》P：1389 殘石經文：「厥遺任孔作壬父母弟丕迪乃維四方下缺丕愆于四伐五伐六伐七伐乃」，正與谷永所迻錄之「乃惟四方之多罪逋逃」竝同。若《隸釋》所載石經逸入〈牧誓〉，則必《隸釋》之譌；但其經文又與今〈牧誓〉相同，復就師古所見《漢石經》本，卻出於〈泰誓〉！

竊以爲《隸釋》所錄是也，因《史記》亦分此二十五字於〈泰誓〉與〈牧誓〉文中，若師古所言不虛，則《隸釋》《史記》誤之甚矣；易言之，若師古以本例之十五字，涉上例之十字譌爲今文〈泰誓〉經文者，其是非曲直便一目瞭然，不待辯而自明。故愚仍列谷永迻錄之經文，其出於今本〈牧誓〉。

又案：今本與鈔本俱同，竝作「崇」，而谷永引經作「宗」者，《爾雅・釋詁上》云：「崇，高也。」《說文》九篇下、山部：「崇，山大而高也。从山宗聲。」又七篇下、宀部：「宗，尊祖廟也。」崇，音「鉏弓切」，牀母，九部；宗，讀「作冬切」，精母，九部，是二字爲疊韻，音近可通叚。

然「宗」之本義爲「尊祖廟」，谷永僅以音近而借「宗」爲「崇」，字本當作「崇」是也。《爾雅・釋詁上》：「崇，充也。」《說文》八篇下、儿部：「充，長也高也。」而《尚書》經文作「是崇是長」，則「長」與「充」義同，又「充」爲「崇」之訓詁義，字當從今本作「是崇是長」爲允。

## 15、※予思日孜孜。〈皋陶謨〉

夙夜孳孳。〈谷永傳〉卷八五　頁3464

謹案：此亦爲谷永答成帝問黑龍見於東萊之異象，谷永隸栝《尚書》經文，藉帝禹勤於政事，日日思之不倦，始得「烝民乃粒，萬邦作乂」之功，藉之以勸勉成帝欲善治天下，必如禹之孳孳不倦，戮力國事也。

又案：今本作「孜孜」，谷永引經文作「孳孳」者——

1. 《史記・夏本紀》亦作「予思日孳孳」。
2. 鈔本〈內野本〉P：289〈足利本〉P：302〈影天正本〉P：311〈八行本〉P：320 與今本俱同，竝作「孜孜」；惟《書古文訓》P：330 則同於〈夏本紀〉〈谷永傳〉，作「孳孳」。
3. 東漢靈帝光和三年〈冀州從事郭君碑〉（見《隸辨》卷一，頁 33）碑云：「亦

世孳孳。」

4. 漢碑〈酸棗令劉熊碑〉（見《隸釋》卷五，頁 15）銘曰：「濟濟之儀，孜孜之蹈。」

5. 魏文帝黃初元年〈魏受禪表〉云：「孜孜業業，邁德濟民。」三碑皆立於《熹平石經》之後。

6. 孫星衍《尚書今古文注疏》（卷二中）云：「孜孜，古文；孳孳，今文。」

7. 《說文》三篇下、攴部：「孜孜，汲汲也、从攴子聲。周書曰：『孜孜無怠。』」段注：「許作孜，史記作孳，蓋亦古文、今文之異也。唐孔穎達、賈公彥謂枚頤（案：頤當作賾。）本三篇爲眞古文，則不得不謂馬、鄭、王所注爲今文大誓。」又十四篇下、子部：「孳孳，汲汲生也。从子茲聲。」段注：「攴部孜下曰：『孜孜，汲汲也。』此云『孳孳，汲汲生也。』孜、孳二字，古多通用。……然則蕃生之義當用孳，故从茲；無怠之義當用孜，故从攴。」

　　竊以爲唐初鈔本並傳「孜孜」「孳孳」異本，蓋漢人今、古文說亦並存「孜孜」「孳孳」，因孳、孜二字皆讀「子之切」，「孜孜」亦即「孳孳」，音義均同，吾人不必強以「孜」爲古文，以「孳」爲今文。

## 16、**屢省乃成**。〈皋陶謨〉

　　婁省無怠。〈谷永傳〉卷八五　　頁 3464

　　師古曰：「婁，古屢字也。屢省，屢自觀省也。」

**謹案**：此同上例，皆谷永進言成帝欲君人者，必先自省自正，勤於政事，毋逸於酒樂，孜孜不怠，時時自省也。谷永隱栝《尚書》經文而自爲之辭。

**又案**：師古注：「婁，古屢字」，師古以爲「婁」、「屢」二字是爲古今字——

1. 鈔本〈內野本〉P：301〈足利本〉P：309〈影天正本〉P：318〈八行本〉P：328 及《唐石經》P：344 俱同，竝作「屢」。

2. 〈伯三六〇五〉P：287（案：由於《尚書文字合編》第287頁爲〈伯三六〇五〉與〈伯三六一五〉的綴合景本，故據陳鐵凡先生〈敦煌本尚書十四殘卷綴合記〉云：「P三六一五（案：『P』即『伯希和』的簡稱，愚文依《尚書文字合編》作「伯」。）已有影本，……此卷首兩行殘存『哉萬事墮哉……』『往欽哉……』，正爲P三六〇五之佚。」頁3）字正作「婁」。

3. 段玉裁《古文尚書撰異》（卷二）云：「屢，衛包所改，古本當只作婁，如唐石經：『式居婁驕（案：《詩經·小雅·角弓》）』『婁豐年（案：《詩經·周頌·桓》）』尚不誤，可證也。」

4. 《左傳・宣公十二年》傳曰：「綏萬邦，屢豐年。」杜預注：「屢，數也。」

5. 王先謙《詩三家義集疏・周頌・桓》（卷二六）疏曰：「班固靈臺詩：『屢惟豐年。』用齊經文。屢，俗字。」

6. 皮錫瑞《今文尚書攷證》（卷二）言：「揚雄揚州牧箴曰：『堯崇婁省。』中論貴驗篇曰：『帝舜婁省。』張竦爲陳崇艸奏曰：『婁省朝政。』師古曰：「婁，古屢字。」《說文》十二篇下、女部：「婁，空也。」段注：「俗乃加尸旁爲屢字，古有婁無屢也。」

綜上之言，《說文》有「婁」字而無「屢」，段、皮二氏皆以作「屢」爲俗字，師古以「婁」「屢」爲古今字，是也。又《左傳》〈靈臺詩〉作「屢」，《毛詩》《齊詩》作「婁」，可知漢人今文作「婁」，而以「屢」爲流俗字。梅賾偽作古文尚書，卻以俗字爲『古文』；鈔本則「婁」「屢」並存，亦可知梅賾偽古文本，並有兼用二字之異本也。

**又案：**段氏列《唐石經》所刻《詩經》經文，疑作「屢」者乃衞包所改，今證以鈔本，則段氏之言恐誤。再者，段氏列〈小雅・角弓〉：「式居婁驕」，與〈周頌・桓〉：「婁豐年」爲比附，「婁驕」鄭箋：「婁，斂也。」此是「婁」叚借爲「摟」；「婁豐年」鄭箋：「婁，亟也。」亟謂數也，是二者並不同義，蓋應去〈角弓〉之「式居婁驕」乙例才是。

## 17、※無教逸欲有邦，兢兢業業。一日二日萬幾。〈皋陶謨〉

臣聞咎繇戒帝舜曰：『亡敖佚欲有國，兢兢業業，一日二日萬機。』〈王嘉傳〉

卷八六　頁3494

**謹案：**哀帝初立，會日蝕，王嘉藉詔舉直言極諫之機，乃迻錄《尚書》經文，以皋陶戒諫帝舜（案：〈皋陶謨〉通篇爲禹和皋陶之言，二聖皆以思治國事爲念，互陳心得之文；是否其爲皋陶戒帝舜之言，尚不能明，今仍依王嘉諫諍而爲言。）毋逸樂縱慾，當日日疏理萬端，用兢兢業業之心，施行教化，以德被黎民百姓。

**又案：**今本作「無教逸」，王嘉引經文作「亡敖佚」者——

1. 鈔本〈足利本〉P：255〈影天正本〉P：261俱同，竝作「亡效逸（案：〈舜典〉有「敬敷五教」句，〈足利本〉P：104〈影天正本〉P：116竝作「效」，故知「效」即「教」字。）」

2. 〈八行本〉P：267則同今本，竝作「無教逸」。

3. 《書古文訓》P：271作「無教佾（案：《書古文訓》P：2220書「無逸」作「亡

－200－

佾」。故「佾」即「逸」字。）」。

4. 段玉裁《古文尚書撰異》（卷二）云：「玉篇人部佾字下：『書曰：「無教佾欲有邦。」』佾，豫也。教，今文尚書作敖；邦，今文尚書作國。……黃氏震曰鈔謂：『無敖爲古文。』劉氏安世謂：『敖字轉寫作教。』皆非。夏本紀：『毋教邪淫奇謀。』或尚書本作敖，而依傳士讀爲教；或史記本作敖，而後人改之，皆未可知也。」

5. 陳喬樅《今文尚書經說攷》（卷二）云：「亾、無、毋三者古通。佾與逸同。幾者，機之渻文，機謂發動所由也。」

綜上之言，《史記》同今本、鈔本竝作「教」，僅王嘉引經文作「敖」，愚以爲字當作「敖」。《說文》三篇下、攴部：「教，上所施下所效也。斅，亦古文教。」又攴部：「敖，出游也。」然『教』有教化之義，『敖』則爲遨遊嬉戲之義，以此二義觀之〈皋陶謨〉，則作「敖」經義自明，上下相承，無一不通；若依《史記》，便須輾轉釋爲『毋教以邪淫奇謀』，斷不如『毋遨遊嬉戲之樂』來得眞確！鈔本字作「效」，則梅賾僞作之定本，必然作「效」無疑。

再者，鈔本、今本俱同，字竝作「幾」，而王嘉引經文作「機」，蓋漢、魏時人通用「機」字，但「機」字當作「幾」爲允。詳見本篇，第四章，例16。

18、夔曰：「拊擊鳴球。」〈皋陶謨〉

　　『拮隔鳴球』。〈揚雄傳〉卷八七下　　頁3563

　　師古曰：「拮隔，擊考也。鳴球，玉磬也。……一曰：拮隔，彈鼓也。鳴球，以玉飾琴瑟也。」

謹案：西漢成帝年間，上爲大誇胡人多禽獸，於是年秋收之際，發百姓張羅网罥，以捕熊羆虎豹，復以車載輸長楊射熊館，而縱禽獸於其中，令胡人以手搏之，並自取其獲。天命有德者居其位，代天以治萬民，成帝卻爲誇飾之功，而逆民時，漢祚之衰亡無日矣。

揚雄乃作〈長楊賦〉，以筆墨文章爲諷，刺成帝誇功炫德之際，其時農民卻不得收成！〈長楊賦〉以櫽栝《尚書》而自以爲文，陳述堯、舜之世，農不輟耰，工不下機，出悌弟，矜劬勞，然後陳鐘鼓之樂，搖八列之舞；實明以堯、舜之德被天下，以反諷成帝之荒淫無度。

又案：今本作「戞擊」，〈長楊賦〉引作「拮隔」者——

1. 《禮記·明堂位》：「揩擊，大琴。」鄭玄注：「揩擊，謂柷敔。」

2. 《文選·長楊賦》（卷九）韋昭注：「拮，擽也。鳴球，玉磬也。古文隔爲擊。」

3. 《經典釋文·尚書音義上》（卷七）「戞」字下，言：「馬云：擽也。」《書古文訓》P：332《唐石經》P：342 則竝作「戞擊」。

4. 鈔本〈內野本〉P：297～P：298〈足利本〉P：308〈影天正本〉P：317〈八行本〉P：326 俱同今本，字竝作「戞擊」。

綜上所述，據《說文》有「戞」字而無「戞」字，《唐石經》亦作「戞」，故今本及鈔本之作「戞」者，乃「戞」字增筆之譌也。經文「戞擊」，依〈明堂位〉鄭玄注亦可言「揩擊」。段玉裁《古文尚書撰異》（卷二）云：「拮，擽也。古說皆謂『戞擊』為『柷敔』，拮即戞字，擽謂擽敔也。隔即擊字，謂『擊，柷也。』韋云：『古文隔為擊。』者，謂今文尚書隔字，古文尚書作擊也。隔、擊古音同在第十六支、佳、陌、麥、昔、錫部。隔者，擊之假借字也。子雲、孟堅皆用今文尚書，韋以隔字難曉，故援古釋今。不言今文尚書作隔言，漢今文在學官，韋時尚夫誦習，不待言也；不言古文拮為戞者，或當韋時，今、古文皆作拮，或略之，今難定也。」班固《白虎通義·禮樂》云：「故書曰：『戞擊鳴球，搏拊琴瑟以詠，祖考來格。』（見（清）陳立《白虎通疏證》卷三，頁 116。）則今、古文說並同。

19、伯對曰：「書云：『乃用婦人之言。』」〈敘傳〉卷一百上　頁 4201
　　師古曰：「今文尚書泰誓之辭。」

謹案：西漢成帝時，設宴飲之會，皇后趙飛燕、倢伃李平等引滿舉白，談笑大噱。有畫屏上著商紂醉踞妲己作長夜之樂圖，上乃顧而指畫問班伯：「紂為無道，至於是虖？」伯則逐錄《尚書》經文，藉以諫成帝，殷鑑不遠，毋耽於酒樂之逸豫：「書云：『乃用婦人之言』，何有踞肆於朝？所謂眾惡歸之，不如是之甚者也。」

據師古注其出於「今文尚書泰誓」，此〈泰誓〉當為師古所見唐中秘所藏《漢石經》經文，故仍依師古之言，列此例為今文〈泰誓〉之佚文，而不冠以「偽」字。

20、沈酗于酒。〈微子〉

　　伯曰：「『沈湎于酒』，微子所以告去也。」〈敘傳〉卷一百上　頁 4201
　　師古曰：「殷紂錯亂天命，微子作誥，告箕子、比干而去紂。其誥曰：『用沈酗于酒，用亂敗厥德于下。我其發出狂，吾家耄遜于荒。』事見尚書微子篇。」

謹案：成帝設宴飲之會，有屏風畫殷紂醉踞妲己圖，上乃指畫問班伯曰：「苟不若此，此圖何戒？」伯即逐錄《尚書》經文，藉微子問箕子、比干：『我（案：實指紂王，因不忍明言，故曰我。）用沈酗于酒，用亂敗厥德于下』，一旦

國祚隕墜、宗廟不保，該如何處理之憂，而勸諫成帝天下之惡者、莫若於「沈湎于酒」也，爲君人者更當以之爲誡！

然班伯之言「微子所以告去」，似易誤導吾人以爲微子見紂王荒淫無道，而以「沈湎于酒」爲藉口，離開殷地，棄紂而去；其實班伯之言「告去」，即〈微子〉經文所載「我不顧行遯」，其意乃「我（案：指箕子）不會考慮如何去挽救殷將滅亡的實事，而考慮逃遯之事」！宋、蔡沈《書經集傳》（卷三）云：「上文既答微子之言，至此則告以彼此去就之義。」

吾人皆知王子比干行忠藎死諫之義；箕子正諫後囚而爲奴者，亦行其義；微子居宋，奉祀殷後，也是行其義者。《論語・微子》載孔子稱其爲「三仁」：「微子去之，箕子爲之奴，比干諫而死。孔子曰：『殷有三仁焉！』」

又案：今本作「酖」，《史記・宋微子世家》、《漢書》俱同，字竝作「湎」者——今本《尚書・酒誥》有「罔敢湎于酒」、「乃湎于酒」、「民湎于酒」句，〈無逸〉有「湎于酒德」句。鈔本、《唐石經》俱同今本，字竝作「酖」。《說文》十一篇上二、水部：「湎，湛於酒也。从水面聲。周書曰：『罔敢湎于酒。』」蓋今文說用「湎」，古文說用「酖」。

## 21、臣之有作威作福玉食，其害于而家，凶于而國。〈洪範〉

## 22、五百里侯服。〈禹貢〉

『侯服』『玉食』，敗俗傷化。〈敍傳〉卷一百下　　頁4266

謹案：班固隳栝《尚書》經文，以〈洪範〉載「臣之有作威作福玉食」，則害于其家，凶于其國之誡，統稱〈食貨志〉乙篇，是爲建立懋通有無、富而好禮之國，而非敗俗傷化、奢侈荒淫之世。「侯服」於〈禹貢〉經文，本義乃指「侯國之服」，身著「侯服」之人，則爲諸侯王或卿大夫。而「侯服」之地域，係指諸侯王之封國、卿大夫之采邑爲言；而此蓋以「侯服」通稱漢代之諸侯王及卿大夫等宗室、戚貴、王公、大臣之屬，下及百官之列耳，其皆爲天子之臣也。所謂「上行而下效」，在上位者不思以儉爲德，以農爲本，食必珍饈，財必稀貴，則在下者必然輕農桑而重商賈之利，如此，世俗多侈，國本不固，殆矣！

# 第十五章　勉自修

## 略　述

　　鬼神、災異、機祥、休咎、五福、六沴之說，較之先秦，則兩漢尤甚！儒家者流，持「敬鬼神而遠之」之見，側重人事；墨家者流，明鬼信鬼，強調冥冥之報。

　　此章所錄《漢書》迻引《尙書》之文者，或天子之勉其臣、或臣下之勸其君，或爲災異之惕勵，或爲進退之修持，在在以正身修德爲務。如此，縱有祅異之見，惟不能勝之有德，亦不得戕害其身也。其正應合《周易·乾卦·九三》卦爻辭之占：『君子終日乾乾，夕惕若厲，无咎。』

1、※雖休勿休，惟敬五刑，以成三德。〈呂刑〉

　　五鳳三年，詔曰：「書不云乎？『雖休勿休』，祗事不殆。」〈宣帝紀〉卷八　頁267

謹案：宣帝乃迻錄《尙書》經文，復益以「祗事不殆」四字，以勉勵公卿大夫勿自以爲德美而鬆懈治民、正己之事，應該敬愼其職事，不可怠惰中輟。時因匈奴稱臣，邊防無事，又應神光、甘露、神爵、鸞鳳諸瑞，正是天人相應，內外承平之世，宣帝仍不忘居安思危，刻刻自修，夙夜匪懈，眞明君也。

2、伊陟相大戊。亳有祥，桑穀共生于朝。伊陟贊于巫咸，作咸乂四篇。〈咸乂·序〉

　　帝太戊有桑穀生於廷，一暮大拱，懼。伊陟曰：「祅不勝德。」太戊修德，桑穀死。伊陟贊巫咸。〈郊祀志〉卷二五上　頁1192

　　師古曰：「穀即今之楮樹也，其字從木。合兩手曰拱。」

謹案：此並下例，皆言爲君者當「修德」，自然祆禍不至，福壽康寧。班固隱括《尚書》載殷太戊故事，以誡後世之君，當以安民惠民爲念，毋佚毋傲，毋耽酒樂，祗肅修德，則「一人有慶，萬民賴之」，何懼祆災之興焉。

又案：桑、穀乃二木，二木共生即二木合生，且長於朝廷之上，朝廷乃天子處理萬機、政令出納之所，非爲草木滋生之處，故爲不善之徵兆。此例乃班固因襲《史記‧殷本紀》之文，而有所取捨。《史記》作「一暮大拱」，伏生《尚書大傳‧殷傳》作「七日而大拱」（見《史記》集解引《大傳》文）；再者，《大傳》以此祆異，乃在殷高宗武丁之時，此異於《史記》。吾人皆知伏生所傳立於學官之二十八篇《尚書》中，並無〈書序〉，而後漢初今文三家所傳之《尚書》，較伏生多出乙篇者，乃武帝時所得之〈泰誓〉，但四家之學皆無〈書序〉！

由此可知，《史記》所載〈書序〉，蓋出於孔安國所傳之古文，抑或爲孔壁古文者。然梅賾取《史記》之〈書序〉，而引《大傳》——七日大拱——僞稱孔安國之傳文爲釋，實欲蓋彌彰矣！

3、高宗祭成湯。有飛雉升鼎耳而雊。祖己訓諸王，作高宗肜日。〈高宗肜日‧序〉

有雉登鼎耳而雊，武丁懼。祖己曰：「修德。」武丁從之，位以永寧。〈郊祀志〉

卷二五上　頁1192～1193

謹案：此並上例，皆班固引述《尚書》所載祆異故事，以誡後世之爲君者，當以「修德」爲正己身、派百官、治天下之根源。政由德出，則恩澤下民；行由德出，則己身正而百官莫不正，百官俱正則天下莫不自正耳。故知「德治」二字，實惟《尚書》之總綱要妙。

又案：今本作「升」，《史記‧殷本紀》《漢書》俱同，字竝作「登」者。《說文》二篇上、癶部：「登，上車也。」段注：「引申之，凡上陞曰登。都滕切，六部。」十四篇上、斗部：「升，十合也。」段注：「古經傳登多作升，古文叚借也。識蒸切，六部。」升之本義乃量器，十升爲一斗，十合爲一升。後因登、升二字爲疊韻，故「升」叚借爲「登」，並訓作「登」，引伸爲「上陞」之義。

至於作「登」爲今文說，作「升」爲古文說者，愚未敢斷言，皆因〈書序〉於今文三家所不傳，而先由《史記》據孔壁古文或孔安國所傳古文而錄爲今文，其間或以訓詁改之，或逐錄經文本字，且更有不在百篇〈書序〉之中者——如〈太戊〉乙篇便是——，若驟然以《史記》所載皆今文說者，恐失之以偏概全也。

4、享多儀，儀不及物，惟曰不享。〈洛誥〉

　　谷永說上曰：「經曰：『享多儀，儀不及物，惟曰不享。』」〈郊祀志〉卷二五下
　　頁 1261

謹案：成帝晚年好信鬼神，又無繼嗣，故待詔方士術士，於長安城旁，耗費甚鉅。
　　　谷永乃迻錄《尚書》經文，藉〈洛誥〉載周公告誡成王，統馭諸侯以禮儀為
　　　先，其有重貢籩而輕禮法者，猶如不貢者。蘇軾《東坡書傳》（卷一三）所
　　　言，切中經義：「小人以賄說人心，必簡于禮。……周公戒成王責諸侯以禮
　　　不以幣，恐其役志于物而不役志于禮，則諸侯慢而王室輕矣。此治亂之本。」
　　　谷永以周公故事而諫諍成帝，不當迷信神怪，毋令姦人有以窺朝者。上納其
　　　言而善之。

5、政事懋哉懋哉。〈皋陶謨〉

　　詩曰：「夙夜匪懈」，書云：『茂哉茂哉！』皆彊勉之謂也。〈董仲舒傳〉卷五六
　　頁 2498

　　師古曰：「虞書咎繇謨之辭也。茂，勉也。」

謹案：此例為武帝即位，詔舉賢良文學之士，而董仲舒以賢良對策之文。仲舒迻錄
　　　《尚書》經文而對武帝策問，其意乃言天命之扶持全安，只彊勉政事，博聞
　　　益知而已！策文既合武帝詔舉天下賢士之意，又諫武帝彊勉學問，屬行禮樂
　　　教化，博覽兼聽，必然其德日起而大有功，君王之德風行草偃，聖君之治惠
　　　于下民，亦惟彊勉之效也。

又案：今本作「懋」，仲舒引經文作「茂」者，段玉裁《古文尚書撰異》（卷二）云：
　　　「古懋茂音同通用。左氏傳（案：《左傳・昭公八年》：「周書曰：『惠不惠，
　　　茂不茂。』」）引康誥：『惠不惠，茂不茂。』今尚書作『懋不懋』。爾雅釋故
　　　（案：故即詁）：『茂，勉也。』鄭注：「書曰：『茂哉茂哉。』釋文曰：『茂，
　　　又作懋，亦作楙。』同注（案：同注乃言上文之《爾雅》郭璞注）。）：『茂
　　　哉，或作茂才。』此可證尚書哉字，本或作才。」

　　段說是也——

　1. 東漢桓帝延熹六年〈桐柏廟碑〉（見《隸辨》卷四，頁 76。以下三例皆同。）
　　　刻曰：「禽獸碩茂。」

　2. 靈帝初年〈武榮碑〉（《兩漢金石記》卷八，頁 32，作〈漢故執金吾丞武君碑〉）
　　　銘曰：「資才卓茂。」

　3. 靈帝光和四年〈無極山碑〉，其辭云：「楙林芚青。」（清）顧藹吉按語：「漢書

律歷志：『使長大楙盛也。』師古曰：「楙，古茂字。」

4. 漢獻帝延康元年〈魏公卿上尊號奏〉（見《隸釋》卷十九，頁 3～8）云：「茂于放勳。」

　　據《說文》六篇上、木部：「楙，冬桃。从木孜聲。讀若髦。」又一篇下、艸部：「茂，艸木盛兒。」十篇下、心部：「懋，勉也。从心楙聲。」三字音皆爲「莫候切」，是爲雙聲疊韻，古音相同可通叚。故漢碑以「楙」叚爲「茂」，訓作「盛」；仲舒則以「茂」叚借爲「懋」，訓作「勉」，三者本義不同，又分居三部，其叚借者乃同音使然；斷非師古以楙茂爲古今字之謂也。

## 6、凶于而國。〈洪範〉

　　厥有愆不臧，乃『凶于乃國』，而害于爾躬。〈武五子傳〉卷六三　頁 2749

**謹案：** 武帝詔封齊懷王劉閎爲諸侯王，藉櫽栝《尚書》經文，以申誡劉閎治國若有不臧愆忒之處，不僅凶于其國，且禍害亦將及於其身。

**又案：** 今本作「而國」，此傳武帝賜策引經文作「乃國」，《漢書·翟方進傳》亦作「乃凶于乃國」，而〈劉向傳〉則作「凶于而國」。

　　「乃」「而」皆訓爲「爾」，人稱代名詞「汝」也。詳見本篇，第五章，例 17。師古於〈翟方進傳〉注曰：「周書洪範云：『臣之有作福作威，乃凶于乃國，害于厥躬。』」較之武帝策文，少一「而」字，及以「厥」作「爾」。蓋師古所據傳本，與武帝時中秘本相同，惟字稍異耳。

## 7、往盡乃……無作怨，勿用非謀非彝。〈康誥〉

　　燕剌王旦賜策曰：「『悉爾心，毋作怨，毋作棐德。』」〈武五子傳〉卷六三　頁 2750

　　師古曰：「棐，古匪字也。匪，非也。」

**謹案：** 此爲武帝元狩六年封劉旦爲燕剌王，而賜策砥礪之文。武帝乃櫽栝《尚書》經文，藉周公誡康叔刑罰必得於中道，毋好安逸豫樂，而荒廢政事。因以殷遺民封於康叔，殷人仍有蠢動不靜、民心思變的隱憂，正同於劉旦封于北土，其時薰鬻氏（即後世之『匈奴』）常侵擾邊境，人心不安，故武帝以〈康誥〉期勉燕剌王，正有以古鑒今之妙。

**又案：** 今本作「盡乃心」，武帝賜策引經作「悉爾心」者，「爾」「乃」同訓「汝」，經文「乃」字，《漢書》多作「爾」；經文「爾」字，《漢書》則反作「乃」也。詳見本篇，第五章，例 17。

　　《爾雅‧釋詁上》：「悉，盡也。」《史記‧三王世家》正作：「悉爾心」，與《漢書》同。蓋今文說作「悉」，古文則作「盡」。

　　〈三王世家〉亦載云：「毋作怨，毋俷德。」裴駰《集解》引徐廣曰「俷，一作菲。」司馬貞《索隱》曰：「無菲德，蘇林云：『菲，廢也。本亦作俷。俷，敗也。』」是《史記》傳本有作「毋俷（菲）」「無菲（俷）」之異者。

　　段玉裁《古文尚書撰異》（卷十六）云：「三王世家燕王旦策文曰：『毋作怨，毋俷德。』疑用今文尚書。……今攷褚先生（褚少孫）曰：『無俷德者，勿使上背德也。』則肥、俷、菲、棐皆非正字；其字正作『非』。說文：『非，違（案：《說文》段注云：「韋，各本作違，今正。違者，離也；韋者，相背也。自違行韋廢，盡改韋為違，此其一也。非，以相背為義，不以離為義。」然此又作「違」，蓋「經韻樓本」未改「韋」字耶？）也。從飛省下㸟，取其相背。』教褚先生訓『非德』為『上背德』。漢人訓故之學皆有依據，後人釋為『薄』，釋為『廢』，釋為「敗」者，皆失之。古『飛』字多作『蜚』，易：『飛遯』亦作『肥遯』，皆同音通用。」

　　愚以為段氏從褚少孫之言，似稍誤也。以〈康誥〉或此篇賜策之文而觀，「毋作怨，毋作棐德」皆周公誡康叔、武帝誡燕刺王之言，勵其明德慎罰，毋興民怨，毋行棐德；若依褚少孫之言：「無俷德，勿使上背德。」褚氏文中之「上」字，是為何指？就〈康誥〉經文，「上」乃指「成王」，就賜策文，「上」即指「漢武帝」，實與經義賜策完全不同！

　　再者，段氏以作「肥、俷、菲、棐」皆非正字，乃是未審《尚書》中，言及「棐諶」之類者，其「棐」字皆不可用本義之訓為「輔」，而當以叚借義「匪」為訓（詳見本篇，第九章，例9。）。故「棐德」即「匪德」，亦為「非德」「不德」之誼也，且肥音「符非切」，奉母，十五部；非音「甫微切」，非母，十五部；菲「芳尾切」，敷母，十五部；棐「府尾切」，非母，十五部；俷，《說文》無錄，朱駿聲《說文通訓定聲》列之與「肥」字同韻。故知上述五字皆在十五部，為疊韻；又皆是唇音，是為旁紐雙聲字，音常流轉，是五字古音相近而可通叚，其義為「匪」，即不、非之誼也，乃否定之詞，亦與段、褚二氏之言「相韋背」相當也！

## 8、臣無有作福作威玉食。〈洪範〉

　　書云：『臣不作福，不作威。』〈武武子傳〉卷六三　　頁2760

　　師古曰：「周書洪範云：『臣無有作威作福也』。」

**謹案：**武帝賜策誡惕欲就封國之子──廣陵厲王劉胥，策文檃栝《尚書》經文，毋近小人，而親君子。由於封地在江南五湖一帶，人民心性輕浮，難受之以

教化，故云『惟法惟則』，以警民心。而武帝似已看出劉胥之好倡樂逸遊，動作無法度，乃戒以《尚書·洪範》經文，令其務守君臣之分，不可作威作福；及宣帝立，因祝詛事發，公卿請誅屬王，胥以綬自絞死，國除。武帝雖有先見之明，劉胥卻自恃王侯之貴，目無綱紀，祝詛天子，終有自縊國除之羞也。

又案：武帝賜策引〈洪範〉曰：「臣不作福，不作威。」或爲漢初之今文尚書文。

9、東漸于海，西被于流沙，朔南暨聲教，訖于四海。〈禹貢〉

捐之對曰：「以三聖之德，地方不過千里，西（案：「西」字依〈校勘記〉補。）被流沙，東漸于海，朔南暨聲教，迄于四海。」〈賈捐之傳〉卷六四下 頁2830

謹案：元帝初元元年，珠厓郡又反，元帝並有司謀以大發軍擊之，賈捐之則議不可發兵。此乃捐之答上詰問之文，捐之迻錄《尚書》經文，藉堯、舜、禹三聖，地不過數千里，然而四方慕化者，教而治之；有不慕華夏之風者，亦不強治，乃有君臣歌德，光被四表之譽。言不當發軍平南越，而當修文德以來之。

又案：《史記·夏本紀》竝同今本，則《史記》所錄〈禹貢〉多古文說，是也；捐之所引作「迄」者，蓋今文說。

10、※亦惟先正，克左右昭事厥辟。〈文侯之命〉

經曰：『亦惟先正克左右。』未有左右正而百官枉者也。〈谷永傳〉卷八五 頁3447。

師古曰：「周書君牙之辭也。言王者欲正百官，要在能先正其左右近臣也。」

謹案：谷永待詔公車，藉答成帝問災異事，而諫諍成帝，若欲正百官庶吏，當先正左右之近臣。故迻錄《尚書》經文，以周平王砥礪晉文侯，要爲賢君，必先正其左右近臣之德，然後百官自正也，百官正則政教清明中正矣。

又案：師古注以爲谷永所錄經文，出自〈周書·君牙〉；實師古尚不知〈君牙〉乙篇爲梅賾僞作；蓋師古緣百篇之序，適僞〈君牙〉列〈文侯之命〉之前，故作此云云也。屈萬里先生《尚書集釋·僞古文尚書襲古簡注》（頁327）云：「改易文侯之命之文。」是也。再者，谷永之時並無僞《古文尚書》，故永所引《尚書》經文，必爲〈文侯之命〉無疑。陳喬樅《今文尚書今說攷·文侯之命》（卷三十）云：「攷三國志注引文侯之命曰：『亦惟先正。』鄭元曰：『先正，先臣，謂卿大夫也。』是先正指臣言，鄭義與谷永同。」

11、※懷保小民，惠鮮鰥寡。〈無逸〉

　　經曰：『懷保小人，惠于鰥寡。』未有德厚吏良而民畔者也。〈谷永傳〉卷八五
　　頁 3449

　　師古曰：「周書無逸之辭也。懷，和也。保，安也。」

謹案：此乃谷永待詔公車答成帝問日蝕、地震之災異。永迻錄《尚書》經文，述古
　　　時唐堯雖有洪水大災，但民無離上之心者，何耶？其為退殘賊酷吏，進溫良
　　　德士，則平刑釋冤；省徭役，不奪民時；薄賦稅，不盡民財，使天下黎庶安
　　　家樂業，無逾時之役，無苛暴之政，雖水絕分天下十二州，而無逆叛之離！
　　　以稱頌帝堯之德，諫諍成帝躬親政事，當如聖王之行，則祅災雖盛，亦無懼
　　　於中！

又案：今本作「小民」，谷永引《尚書》作「小人」者——

　1. 段玉裁《古文尚書撰異》（卷二二）云：「漢書谷永傳對災異事云：『經曰：「懷
　　　保小人，惠于鰥寡。」』與漢石經合，隸釋云：『石經：懷保小人惠于矜下闕。』
　　　谷用今文尚書也。」

　2. 鈔本〈伯三七六七〉Ｐ：2175〈內野本〉Ｐ：2190〈足利本〉Ｐ：2200〈影天正
　　　本〉Ｐ：2208〈八行本〉Ｐ：2215《書古文訓》Ｐ：2221 俱同今本，並作「懷保
　　　小民，惠鮮鰥寡」。惟〈伯二七四八〉Ｐ：2181 同於《漢石經》作「懷保小人，
　　　惠鮮鰥寡。」

　　愚以為當從《漢石經》作「懷保小人」才是。觀今本〈無逸〉，經文中舉凡言「小
　人」者，共八句，言「庶民」者一句，作「小民」者亦一句，且鈔本中亦有作「小
　人」之本。是以，漢、魏石經俱作「小人」，而於梅賾作偽時，涉經文上云：「能保
　惠于庶民，不敢侮鰥寡」句，改「小人」而為「小民」耳。

又案：今本及鈔本並作「惠鮮鰥眾」，永所引作「惠于鰥寡」者——

　1. 段玉裁《古文尚書撰異》（卷二二）云：「惠鮮恐是惠于之誤。于字與羊字略相
　　　似，又因下文鰥字魚旁誤增也。」

　2. 皮錫瑞《今文尚書攷證》（卷二十）更申言段說：「漢書景十三王傳曰：『惠
　　　于鰥寡。』……後漢書明帝紀中元二年詔引：『惠於鰥寡。』皆不作『惠
　　　鮮』。……乃後人改之。」

　3. 于省吾先生《雙劍誃尚書新證》（卷三，頁 30），於『惠鮮鰥寡』條下云：「金
　　　文鮮作𩵥，與虘相似而譌。漢書、漢石經鮮並作于，古于、魚、吾同音，魚
　　　從屍，猶且之作虘。……惠鮮鰥寡者，惠吾鰥寡也。」

　　竊以為于說非是，當從段、皮二氏之論。于氏以「鮮」「于」「吾」古音同，而以「鮮」為「于」之借字，訓作「吾」；若然，則經文上有「能保惠于庶民」之「于」，其亦作「吾」耶？又經文下有「嗣王其監于茲」句，其「于」亦訓「吾」耶？再者，于氏又將「監于茲」釋為周人之成語「監茲」，以「于」為語中助詞，無義！故于氏之釋，無助於經義；反觀段、皮二氏，以「鮮」為「于」之涉「鰥」字魚旁而譌，誠段氏之審辨也。

又案：《說文》十一篇下、魚部：「鰥，魚也。」段注：「鰥多叚借為鰥寡字，鰥寡字蓋古祗作矜，矜即憐之叚借。」伏生《尚書大傳·甫刑》云：「書曰：『哀矜哲獄。』」《漢書·于定國傳·贊》云：「于定國父子，『哀鰥哲獄』，為任臣職。」是矜、鰥古同音互借也（見《古文尚書撰異·呂刑》卷廿九，頁 22）。

12、※次九曰：「嚮用五福，威用六極。」〈洪範〉

　　臣聞災異，皇天所以譴告人君過失。……經曰：『饗用五福，畏用六極。』〈谷永傳〉卷八五　　頁 3450

　　師古曰：「周書洪範之辭。饗，當也。言所行當於天心，則降以五福；若所為不善，則以六極畏罰之。」

謹案：《尚書·洪範》乙篇，雖箕子為武王陳九疇之事，然其內容則多為陰陽五行休咎之應，正可與漢人符瑞災異之說契合，是伏生有《尚書大傳·洪範五行傳》、劉向作《洪範五行傳論》。谷永答成帝所問災異事，標舉君王南面之務，皆藉答災異而實諫王事；惟此例，總結災異乃皇天用以譴告人主之失，若畏懼敬改，則禍銷福降；倘輕忽簡慢，則咎罰不除。之後，谷永再以災異祅福，重其申言。故永乃迻錄《尚書·洪範》經文，以為諍言也。

又案：谷永引經作「饗用、畏用」，今本及鈔本皆同，竝作「嚮用、威用」者——

1. 段玉裁《古文尚書撰異》（卷十三）云：「嚮當作鄉。經典向背字祗作鄉，絕少作嚮者；嚮字雖見於漢碑，然其字下二體皆諧聲也，疑漢之俗字。此傳（案：傳指《偽孔傳》）云『嚮勸』，義取『歸向』。釋文云：『許亮切。』故知其字必本作鄉也。釋文又云：『一音許兩反。』者，按漢書谷永傳……字作饗，此『許兩』之證。五行志：『經曰：次九曰饗用五福，畏用六極。』應劭云：『天所以嚮樂人，用五福；所以畏懼人，用六極。』應注作饗樂乃安，然則志文本同谷傳作饗也。……凡鄉聲之字，古皆相假借，然則古文尚書本作鄉，或讀去聲，或讀上聲，義略相近也。」

2. 皮錫瑞《今文尚書攷證》（卷十一）云：「史記宋世家亦作『嚮』。而漢書谷永

傳引經曰：『饗用五福，畏用六極。』……子雲用今文尚書作饗<sub></sub>王應麟藝文志玫漢

人引書異字饗用五福，蓋即谷永傳，則史記、漢志皆當本是饗字，應劭所據本亦當作饗，

故注云：『饗樂』。今史記、漢志正文與應劭注皆淺人妄改之。」

　　竊以爲皮說是也，而段說微誤。段氏以「向」訓「嚮」，字通作「鄉」，雖可納

「饗樂」「嚮（向）背」「嚮（向）勸」諸義，但《魏石經》有「向」字，三體直式

皆作「向」（見邱德修《魏石經古篆字典》例 495，頁 108），是以經文「嚮、饗」字

皆不作「向」。當從皮氏之見，以「享」訓「饗」。至於字作「嚮」者，蓋梅賾僞作

時，改「饗」而爲「嚮」字，並自注曰：「嚮勸」，爾後成爲定本而流傳至今。

又案：今本作「威用」，而谷永引經作「畏用」者，段玉裁《古文尚書撰異・洪範》

　　　（卷十三）云：「宋世家、五行志、谷永傳，威皆作畏，古威、畏同音通用，

　　　畏之曰畏，可畏亦曰畏，本篇畏高明，鄭讀曰威。」段說是也。

## 13、※沈潛剛克，高明柔克。〈洪範〉

　　谷永復說王音曰：「意豈將軍忘『湛漸』之義，委曲從順。」〈谷永傳〉卷八五

　　頁 3457

　　師古曰：「湛讀曰沈。漸讀曰潛。周書洪範：『沈潛剛克』，言人性沈密而（案：

　　　「而」本作「謂」，今依〈校勘記〉改）潛深者，行之以剛則能堪也，故激勸

　　　之云爾。」

謹案：哀帝時，王音任大司馬大將軍，進用從舅諸親，谷永乃往說諫王音，藉太白

　　　星已過其天時，『尚在桑榆之間，質弱行遲，形小而光微』，反是熒惑『角怒

　　　大明，逆行守尾』之異象。藉天象之異，復牽栝《尚書》經文，往諫王音莫

　　　忘湛漸之義，去好惡之忌，廣用賢士，以不逆天意耳。

又案：今本與鈔本俱同，並作「沈潛」，谷永引經文作「湛漸」——

　1.《左傳・文公五年》傳云：「贏曰：『以剛。』商書曰（案：當爲周書。）：『沈

　　　漸剛克。』」

　2.《史記・宋微子世家》：「沈漸剛克，高明柔克。」

　3. 段玉裁《古文尚書撰異》（卷十三）言：「漢書谷永傳曰：『忘湛漸之義。』湛

　　　漸即沈潛也。蓋今文尚書作漸，與左氏合。」

　4. 東漢靈帝中平二年有〈太尉劉寬碑〉，其銘曰：「公以演莢沈漸對當帝心。」字

　　　亦作「沈漸」。

　　愚以爲今、古文說「湛潛」字皆作「沈漸」。《左傳》爲古文說；〈宋世家〉所錄

〈洪範〉經文，據《漢書・儒林傳》（卷八八）所言：「遷書載堯典、禹貢、洪範、

微子、金縢諸篇，多古文說。」則《史記》所載〈洪範〉，亦古文說；谷永所習則為今文說；〈劉寬碑〉立於《熹平石經》之後，竝是今文說。總括而言，鈔本及今本之作「湛潛」者，蓋梅賾蓄意擬以古文字而改作，以別於今文者，卻不知《左傳》《史記》《漢書》〈劉寬碑〉字皆作「沈漸」，惟《漢書》以「湛」代「沈」字，或三家今文之異也。

**又案**：《說文》十一篇上、水部：「湛，沒也，从水甚聲。」段注：「古書浮沈字多作湛。湛、沈，古今字。」又水部：「沒，湛也。」是以湛、沒互為轉注。水部：「沈，陵上滴水也。从水尤聲。」段注：「古多假借為湛沒之湛。」湛，音「直林切」，澄母，七部；沈，讀「直深切」，澄母，八部。故知二字雙聲，段氏古韻十七部中，七部屬「侵」韻，八部屬「覃」韻，其古音得相通轉，是以「湛」「沈」古音相近，字可通叚。此正與《尚書‧大誥》言「天棐忱辭」，而《漢書‧孔光傳》孔光引經文作「天棐諶辭」乙例相似也！詳見本篇，第九章，例9。

# 第十六章　析莽誥

## 略　述

　　西漢哀帝元壽二年六月崩，平帝繼任大統，時年九歲，太皇太后王氏臨朝稱制，委政於內姪王莽，莽於是專權擅位，作威作福，庶政多由莽出。平帝元始元年，太后詔封莽爲『安漢公』，以莽媲美周公也。元始五年十二月，平帝崩，年僅十四，無子；莽乃徵立宣帝玄孫廣戚侯之子——劉嬰——爲皇太子，時只二歲，號爲『孺子』；同月，謝囂奏孟通浚井得白石，上著丹書曰：「告安漢公莽爲皇帝。」王舜等乃脅太后下詔：「令安漢公居攝踐祚，如周公故事。」次年，改元曰『居攝』。

　　居攝元年四月，安眾侯劉崇、張詔百餘人，進攻宛，敗。五月，太后詔莽稱『假皇帝』。是歲，西羌反，莽遣護羌校尉竇況擊之，居攝二年，大捷。是年九月，東郡太守翟義，立嚴鄉侯劉信爲天子，移檄郡國，言莽「毒殺平帝，攝天子位，欲絕漢室，今共行天罰誅莽。」郡國疑惑，眾者十餘萬。莽惶懼不能食，晝夜抱孺子告禱郊廟，仿〈大誥〉作策（案：即此章所析論之〈莽誥〉）；並遣大夫桓譚等班行天下，明諭莽僅攝位耳，必當反政於孺子，一如周公舊事也。然天不從人願，討莽義師兵敗，翟義尸磔陳之都市，汙池其第宅，發翟氏先祖冢，燒其棺柩，夷滅三族，誅及種嗣！

　　王莽既仿〈大誥〉而有〈莽誥〉（案：愚從程元敏先生〈莽誥、大誥比辭證義〉，稱《漢書·翟義傳》所載王莽誥文，名之〈莽誥〉。），因其依〈大誥〉文句，節目咸秩，字句不紊。今去其與〈大誥〉經文無關者，將〈大誥〉、〈莽誥〉比附而列，以析其疑義。故稍變體例，文中『謹案』『又案』兩部分，多爲〈莽誥〉字形字義的

－215－

探討，特誌之以爲區別者。

## 1、王若曰：「猷！大誥爾多邦，越爾御事。」〈大誥〉

　　惟居攝二年十月甲子，攝皇帝若曰：大誥道諸侯王三公列侯于汝卿大夫元士御士。〈翟義傳‧莽誥〉卷八四　頁3428

　　應劭曰：「言以大道告於諸侯以下也。御事，主事也。」

**謹案**：王莽藉周公居攝爲政之事，以自稱「攝皇帝」，故易「王若曰」爲「攝皇帝若曰」。王鳴盛（《尚書後案‧大誥》）言：「釋文曰：馬本作『大誥猷爾多邦』。疏曰：鄭、王本，猷在誥下。」其案云：「今本『猷』在『大』上，言以道誥眾國，于文爲便。如釋文及疏說，漢時本皆『猷』在『誥』下，今本乃晚晉人改。」吾人皆知馬融、鄭玄、王肅皆古文家，而王莽所依者爲今文家所傳之今文尙書（見段玉裁《古文尚書撰異》卷十五），是漢時古、今文同作『大誥猷』。因段氏以《僞孔傳》移『猷』於『大』之上者，欲與〈多方〉、〈多士〉（案：段氏只引〈多方〉，然〈多士〉亦有之。）兩篇文句畫一——

1. 觀〈多士〉：「王曰：猷！告爾多士。」
2. 〈多方〉言：「周公曰：「王若曰：『猷，告爾四國多方。』」「王曰：嗚呼！猷！告爾有方多士，暨殷多士。」

　　屈萬里先生（《尚書集釋‧大誥》頁134）按語：「是知『猷』字應在『大誥』二字之上。」恐二氏之論皆誤。若依〈莽誥〉以「大誥道」代「大誥猷」，乃《爾雅‧釋詁》《方言》之訓詁義，所謂「大誥道（即『導』也）爾多邦」云云，其意義實在難以理解，是謂「用此大誥命來開導、導正多邦、御事」，抑或「用此大誥命來讓多邦、御事所遵循」？

　　若據段、屈二氏之論，則置『猷』於語句之首，依（宋）蔡沈（《書經集傳‧大誥》）言：「猷，發語詞。」則三文四句皆可通；然而《僞孔傳》於〈多方〉：「王若曰：『猷告爾四國多方。』」其注與〈大誥〉同，皆釋爲「大道」，若依《僞孔傳》則〈多方〉經文脫一「大」字。故愚從王引之《經傳釋詞》釋『猷』爲『於』，其於「猷」字下云：「引之案：『大誥道爾多邦』，文義不順。猷，於也。『大誥爾多邦』者，大誥於爾多邦也。經文本自明白，祇緣訓『猷』爲『道』，於義未安，致令後人妄改。」其始改也，升『猷』字於『誥』字之上。……其再改也，又升『猷』字於『大』字之上。」

**又案**：鈔本〈島田本〉P：1664〈八行本〉P：1699《書古文訓》P：1708 皆作「王

若曰：繇！」〈足利本〉P：1682〈影天正本〉P：1691《唐石經》P：1713
則同今本作「王若曰：猷！」是以唐初流傳古文中，已繇、猷並存，且皆置
於「大」字之上。又陳喬樅《今文尚書經說攷》為言：「馬本作繇，鄭、王
本作猷，當是古今文之異。」其說是也，三人皆古文家，而鄭玄又從馬融學，
或鄭玄以今字改之！

## 2、弗弔，天降割于我家，不少延。〈大誥〉

　　不弔，天降喪于趙、傅、丁、董。〈翟義傳・莽誥〉卷八四　頁3428

　　師古曰：「不弔，言不為天所弔閔。降，下也。」

**謹案**：今本「弗弔、不少延」，〈莽誥〉作『不弔』者——

1. 鈔本〈島田本〉P：1665〈內野本〉P：1670〈足利本〉P：1682〈八行本〉P：
   1699《書古文訓》P：1708竝同，皆作『弗弔、弗少延』。
2. 惟〈影天正本〉P：1691與今本同，作『弗弔、不少延』。
3. 楊樹達先生（《詞詮》卷一，『弗』字下）云：「弗，否定副詞，不也。子謂子
   貢曰：女與回也孰愈？對曰：賜也，何敢望！回也，聞一以知十，賜也，聞一
   以知二。子曰：弗如也！吾與女，弗如也。《論語・公冶長》」

　　不、弗皆「非」紐，雙聲音近而可通段，惟言「不」者輕，言「弗」者重，故
段玉裁（見《說文》十二篇上、不部下『不』字，段氏注。）云：「『不』輕『弗』
重。如『嘉肴弗食，不知其旨；至道弗學，不知其善』之類，可見公羊傳曰『弗者，
不之深也。』俗韻書謂『不』同『弗』，非是。」《釋文》云：「馬曰『弗少延』為句。」
疏引鄭玄曰：「言害不少乃延長之。」則此又見鄭玄之不循馬融作『弗』，然是皆為
古文無疑。據〈莽誥〉下文云『洪惟我幼沖孺子』，則經文斷句，當從馬、鄭以「不
少延」為句，《偽孔傳》誤之甚也。

**又案**：「不弔」，《偽孔傳》訓「不至」，師古注「不為天所弔閔」，皆誤，依（清）吳
　　大澂《字說・淑字說》，「弔」乃「叔（𔐏）」之誤，「叔」為古文之「淑」，是
　　「不弔」則為「不叔」之譌，又「不叔」即是「不淑」，訓為「不善」則是，
　　而「叔」為古文「淑」則非也。近人楊樹達先生《積微居小學述林・釋𔐏》
　　（頁94～95），依出土《魏石經・君奭》P：2238「君三體俱存奭三體俱存不三
　　體俱存弔三體俱存天三體俱存降古文古篆」，古文作「𔐏」古篆「𔐏」隸作「弔」
　　而證：「金文之 𔐏 即說文之弔，而弔字實繳之初文。至於伯叔之叔，初本無
　　字，金文假弔字為之，經傳假訓拾之叔字為之，同一借音，本無軒輊，不勞
　　申經文而抑經傳，俟世之精於考文者定論焉。」楊說是也，故從之。

3、洪惟我幼沖人，嗣無疆大歷服，弗造哲，迪民康，矧曰其有能格知
　天命。〈大誥〉

洪惟我幼沖孺子，當承繼嗣無疆大歷服事，予未遭其明恔能道民於安，況其能
往知天命！〈翟義傳・莽誥〉卷八四　頁3428

師古曰：「洪，大也。惟，思也。沖，稚也。大思幼稚孺子，當承繼漢家無竟之
歷，服行政事。」

師古曰：「道，讀曰導。」

謹案：洪惟，語辭也，無義——

1. 王引之《經傳釋詞》云：「洪，發聲也。大誥曰『洪惟幼沖人』，多方曰『洪惟
　圖天之命』皆是也。解者皆訓爲大，失之。」

2. 楊樹達先生（《積微居讀書記・尚書說》頁20）言：「金文作『弘』，毛公鼎『弘
　唯乃智余非』，又云『無唯正覽，弘其唯王智』，『洪唯』與《書》文『洪惟』
　正同。」陳夢家先生《尚書通論》略同。

3. 皮錫瑞（《今文尚書攷證》卷十二）按語：「師古注義多與僞孔傳異，或亦襲用
　服、應諸家舊注，本三家今文遺說也。」駱文琦先生（見《漢書尚書說考徵》
　頁153）亦從其說。

　　竊以爲皮氏之言非是！師古乃注《漢書》文句，並非注解《尚書》，至於是否合
於經義，便非師古關注之處！再者，師古注：「洪，大也；惟，思也。」皆爲《爾雅・
釋詁》之詁訓字，《逸周書・諡法》亦言：「懷，思也。」至於「沖，稚也」——

1. 《後漢書・沖帝紀》注：「幼小在位曰沖。」

2. 〈盤庚下〉云：『肆予沖人』，《僞孔傳》言：「沖，童。童人，謙也。」

3. 〈金縢〉載成王曰：「昔公，勤勞王家，惟予沖人弗及知。」《僞孔傳》：「言己
　童幼，不及知周公昔日忠勤。」《史記・魯周公世家》則曰：「昔周公勤勞王家，
　惟予幼人弗及知。」是知「予沖人」乙辭，司馬遷代之以詁訓作「予幼人」也！

4. 《爾雅・釋言》云：「幼、鞠，稚也。」故程元敏先生乃言：「顏注雖無當於經
　義，然切合莽誥之義。」（見〈莽誥、大誥比辭證義〉頁48）

　　又〈莽誥〉「予」字作「我」，亦《爾雅・釋詁上》之言：「卬、吾、台、予、朕、
身、甫、余、言，我也。」同是詁訓字。

又案：〈莽誥〉：「當承繼嗣無疆大歷服事」，〈釋詁上〉：「紹、嗣，繼也。」以「繼嗣」
　釋「嗣」；《詩經・周頌・噫嘻》云：「亦服爾耕，十千維耦。」鄭箋：「服，
　事也。」〈釋詁上〉亦云：「績、服、公，事也。」莽以「服事」釋「服」。
　然「大歷」，《僞孔傳》云「大數」，其義未審——

1. 當從楊樹達先生（《積微居讀書記・尚書說》頁 20）之說：「『大歷』當作『天歷』，『大』『天』二字，形近易誤，殷王『大戊』，甲文或作『天戊』也。論語堯曰篇云：『天之歷數在爾躬』，天歷，即天之歷數。」

2. 于省吾先生《雙劍誃尚書新證》（卷二）言：「班彝『登于大服』，番生段『勖于大服』，省歷字，句法略同。」二氏之論甚為允當。

又案：江聲《尚書集注音疏》言：「云『造』之言『遭』也者，呂刑『兩造具備』，史記作『兩遭具備』，史記以詁訓代經文也。」段玉裁（《古文尚書撰異》卷十五）乃云：「造，莽大誥作遭，蓋今文尚書作遭，非以故訓字代之也。下文『予造天役』亦作『予遭天役』，馬云『造，遭也。』見釋文。『遭』字『遭』字之誤，用今文注古文也。」愚以為江、段二氏並誤——

1. 《爾雅・釋言》云：「作、造，為也。」

2. 《詩經・王風・兔爰》曰：「我生之初，尚無造。」毛傳：「造，為也。」阮元〈校勘記〉云：「古為、偽通用。」

3. 〈鄭風・緇衣〉：「緇衣之好兮，敝予又改造兮。」鄭箋：「造，為也。」

4. 〈大雅・思齊〉：「肆成人有德，小子有造。」毛傳：「造，為也。」

5. 〈周頌・閔予小子〉：「閔予小子，遭家不造。」毛傳：「造，為也。」鄭箋：「造猶成也。……我小子耳，遭武王崩，家道未成。」

6. 〈周頌・酌〉：「我龍受之，蹻蹻王之造。」毛傳：「造，為也。」

　　是以毛亨、鄭玄俱以『為（偽）』釋『造』，而不以『遭』釋『造』。觀〈大誥〉〈呂刑〉二文，「兩造」即「兩為」，換言之即是「兩方所為者曰兩造」，經義自明；又「弗造哲」便是「弗成哲」或「弗為哲」，皆謙沖自喻之辭，若以「遭逢」釋之，則文義乖違！愚以為《史記》二文並作『遭』者，蓋以其音近為文，造音「七到切」，清紐，古音在三部；遭音「作曹切」，精紐，古音在三部。造、遭二字為旁紐雙聲又疊韻，音常通轉，是以《史記》以音近之『遭』代『造』字，非以詁訓代替，亦非以今文注古文！

又案：今本作『哲』，〈莽誥〉作『悊』字者——

1. 鈔本〈影天正本〉P：1692〈八行本〉P：1700《唐石經》P：1714同今本竝作『哲』。

2. 〈內野本〉P：1670〈足利本〉P：1683《書古文訓》P：1708則作『嚞』。

3. 《說文》二篇上、口部云：「哲，知也。……哲或從心。嚞，古文哲，從三吉。」段注：「悊，冥會引說文『古以此為哲字』。按心部云：『悊，敬也。』

疑敬是本義，以爲哲是假借。嚞或省之作喆。」

哲、惢二字皆讀「陟列切」，十五部，乃同音通作。是以作『喆』、『嚞』者爲本義，作『惢』者爲假借義。詳見本篇，第十一章，例6。

**又案：**〈釋詁下〉云：「迪、繇、訓，道也。」「豫、寧、綏、康、柔，安也。」〈釋言〉：「矤，況也。」〈釋詁上〉：「來、格，至也。」是〈莽誥〉多以詁訓字代替經文。惟莽以『往』訓『格』者，孫星衍《尚書今古文注疏》（卷十四）云：「格，至也，格爲至，故可爲來，亦爲往。」

## 4、已！予惟小子，若涉淵水，予惟往求朕攸濟，敷賁敷前人受命，茲不忘大功。〈大誥〉

熙！我念孺子，若涉淵水，予惟往求朕所濟度，奔走以傅近奉承高皇帝所受命，予豈敢自比於前人乎！〈翟義傳·莽誥〉卷八四　頁3428

師古曰：「熙，嘆辭。」

師古曰：「言我當求所以濟度之，故奔走盡力，不憚勤勞。」

**謹案：**〈大誥〉下文：「已！予惟小子。」〈莽誥〉亦作：「熙！爲我孺子之故。」王引之《經傳釋詞》「熙」字條下云：「熙！歎聲也。禮記檀弓『夫子曰：熙！』，鄭注曰：『熙，悲恨之聲。』僖元年公羊傳『慶父聞之曰：熙！』何注曰：『熙，發痛語首之聲。』大戴禮少閒篇『公曰：熙！』盧辯注曰：『熙，歎息之聲。』說文：『譆，痛也。』莊子養生主篇作譆，魏策作誒，史記項羽紀作唉，漢書翟義傳作熙，竝字異而義同。」愚案：《說文》無『熙』字，而有『誒』『譆』，其言：「誒，可惡之詈。从言矣聲。一曰誒，然。春秋傳曰：『誒誒出出』。」段注：「襄公三十年文。……今傳作譆譆。」誒、譆、熙皆讀「許其切」，曉紐，一部；已讀「祥里切」，邪紐，一部。其聲疊韻，音近通轉。

段玉裁《古文尚書撰異》（卷十五）云：「莽作熙，……此今文尚書也。皆即今之熙字。」王、段二氏之言是也，惟段氏以作『熙』爲今文尚書，猶待斟酌——

1. 《韓非子·十過》：「子反叱曰：『嘻！退！酒也！』」
2. 《左傳·定公八年》：「從者曰：『嘻！速駕！』」
3. 《莊子·天地》：「堯觀乎華。華封人曰：『嘻！聖人！請祝聖人。』」

由上文，可見先秦即以『嘻』行，未見『熙』也，亦或僅〈莽誥〉用『熙』而已，是否今文家亦有其言，故疑而誌之。

**又案：**王念孫（《讀書雜志》四之十三）云：「師古以『奔走』屬上讀。案：『奔走』

二字與『涉水』義不相屬，當以『予惟往求朕所濟度』爲句，此效經文之『予惟往求朕攸濟』也。『奔走以傅近奉承高皇帝所受命』爲句。奔與賁，傅與敷，古字通用，此效經文之『敷賁，敷前人受命』也。疑今文無上『敷』字，但作『奔傅前人受命』；而莽以奔爲奔走，傅爲傅近，亦用今文說也。」江聲、段玉裁、皮錫瑞、孫星衍、近人陳夢家、劉節（〈大誥解〉）等從之，段氏更申言：「疑今文尚書無『敷』字（案：指敷賁之敷。），而以『賁』同『奔』，蓋今文家說然也。」又云：「按今文尚書『敷』多作『傅』，如『傅納、傅土』皆是。此『敷』字，今文尚書必作『傅』。故莽云『傅近』，今文家說也。」段氏所列『傅納、傅土』者，俱不見於《漢石經》殘石，惟——

1. 〈康誥〉P：1755 之『往敷求於殷先哲王』，今存殘石字正作『傅（案：殘石字迹殘缺，乃從屈萬里先生《漢石經尚書殘字集證》卷二，頁 15 所言。）』。
2. 而《魏石經》三體直式殘石，其古、篆俱無，獨存漢隸，字作『敷』。
3. 漢碑（以下諸例，俱見皮錫瑞《漢碑引經攷》卷二，頁 20～21）則二字並存：如〈胡公碑〉、〈司空文烈侯楊公碑〉銘『敬敷五教』，〈太尉楊公碑〉刻『敬敷五品』，〈太尉橋公廟碑〉、〈巴郡太守張納碑〉亦作『敷教』；只〈泰山都尉孔宙碑〉作『祗傅五教』。

由上觀之，桓帝延熹七年鐫刻之〈孔宙碑〉早於《熹平石經》，字作「傅」；倒是晚於《熹平石經》的〈張納碑〉（刻於靈帝中平五年），字卻作「敷」，蓋漢人敷、傅不分今古耶？倘若又如（皮錫瑞《漢碑引經攷》卷二，〈司空文烈侯楊公碑〉，頁20～21）皮氏案語：『今文說與古文說不異』時，吾人又從何家之說而得知經義乎？愚以爲劉逢祿《尚書今古文集解》（卷十四）之見、最爲獨到，其言：「敷，舒也。賁，讀如憤。言爾邦君、卿事，發憤以布文武所受之命，當不忘黜殷大事。」劉氏不改易經文，直以詁訓解之，而經義文理上下通貫，故遵之。

**又案**：《爾雅·釋言》：「攸，所也。」是〈莽誥〉以詁訓字代替。

**5、予以敢閉于天降威用，寧王遺我大寶龜，紹天明；即命。**〈大誥〉

予豈敢自比于前人乎！天降威明，用寧帝室，遺我居攝寶龜。太皇太后以丹石之符，乃紹天明意，詔予即命居攝踐祚。〈翟義傳·莽誥〉卷八四　頁 3428

師古曰：「前人謂周公。」

師古曰：「威明猶言明威也。」

師古曰：「紹，承也」

**謹案**：〈莽誥〉言「予豈敢」以擬〈大誥〉，「豈敢」猶言「不敢」。然〈莽誥〉作「比

于」者——

1. 段玉裁（《古文尚書撰異》卷十五，頁 3～4）云：「『閉』字，疑今文尚書作『比』。又按『于』字，今文尚書既必無之矣；而孔傳云：『閉絕天所下威用。』正義云：『我不敢閉絕天之所下威用。』皆不言『於』。則疑古文尚書亦本無『于』字，淺人增之也。」

2. 《漢石經》P：1663 殘字只存「天降▲威用」。

3. 鈔本〈內野本〉P：1671〈足利本〉P：1683〈影天正本〉P：1692〈八行本〉P：1700《書古文訓》P：1708《唐石經》P：1714 竝作「予弗敢閉于」（惟〈影天正本〉《唐石經》同今本「弗」作「不」字）。

愚以爲段氏疑今文尚書作「比」，故王莽才言「自比」，蓋失之矣。周公賢聖，豈有以先人自比之理！君不見〈金縢〉冊祝之辭：「予仁『若』考，能多材多藝，能事鬼神。」《僞孔傳》之訓，切合無誤：「我周公仁能順父，又多材多藝，能事鬼神。」以「順」訓「若」：

1. 《詩經・大雅・烝民》云：「天子是若，明命使賦。」毛傳：「若，順。」又云：「邦國若否，仲山甫明之。」鄭箋：「若，順也。」

2. 〈小雅・王田〉言：「厥播百穀，既庭且碩，曾孫是若。」鄭箋：「若，順也。」

3. 金文〈邾王鼎〉：「世世是若」（見《甲骨文金文字典》『若』字條，頁 39）。

4. 金文〈𤔲大史申鼎〉：「子孫是若」（見《商周古文字讀本》頁 298）。

假使「若」作「如」解，「予仁若考」就是「我像您（指文王）一樣的有仁德」，此眞出於周公之口？實乃莽誤讀「閉」爲「比」，而後清儒據莽說以爲今文家言，尤誤！且皮錫瑞更申段氏之意，皆主張周公、王莽自比前人，其錯在先；又云：「前人當即爲高皇帝。」（見《今文尚書攷證》卷十二，頁 11～12）復誤於後！師古注：「前人謂周公」是也。若王莽自比於漢高祖，則無法成就「居攝」之名，反是叛漢之行，因高祖乃代秦而立，則莽亦明言代漢而立國？故「前人」一如其字，猶今之言：「以前的某人」，在〈莽誥〉則專指「周公」。

至於「閉」不作「比」，又該作何解釋？劉逢祿（見《尚書今古文集解》卷十四）言之確鑿：「予不敢壅閉汝！」以「閉」字訓爲「壅閉」。觀〈大誥〉下文，『天降威，知我國有疵。』〈酒誥〉：『天降威，我民用大亂喪德。』皆「天」字之上無「于」字，段氏以爲今、古文皆無「于」字，是也；而鈔本有之，蓋東晉僞本已增「于」字耳。

**又案**：〈莽誥〉以『天降威明，用寧帝室』仿〈大誥〉：『天降威用寧王』六字，是莽讀「天降威」句，「用寧王」以下爲另一句。若以〈莽誥〉重讀〈大誥〉，則經文應斷句爲「天降威，用寧王遺我大寶龜」，而非《僞孔傳》曰：「天下威

用，謂誅惡。」之以「用」字屬上讀。〈莽誥〉之句讀是也。

『用寧王』，〈莽誥〉作『用寧帝室』者，「寧」取《爾雅・釋詁下》：「豫、寧、綏、康、柔，安也。」訓作「安」，以「帝室」訓「王」。竊以爲西漢人蓋釋「寧王」作「安王家」，即〈大誥〉上文之「天降割於我家」，故王莽乃作「帝室」，直以詁訓代之。直到東漢鄭玄云：「受命曰寧王，承平曰平王。」（見《詩經・召南・何彼穠矣》正義引鄭玄〈大誥〉注。）故《僞孔傳》承鄭玄而注：「安天下之王，謂文王。」其實〈大誥〉之「寧王」「寧武」「寧考」「前寧人」之「寧」字，皆爲「文」字之誤。金文『文』字作「𢾅」，而『寧』字作「𡩋」，形近而譌誤，吳大澂《字說・文字說》（頁 29～30），論之詳盡。

又案：〈大誥〉之「紹天明即命」五字，〈莽誥〉作「乃紹天明意，詔予即命居攝踐祚」，則王莽擬此五字讀爲「紹天明，即命」，乃以『明』句屬上讀，『即』屬下讀，則王莽斷句是也，而擬釋則誤！孫星衍（《尚書今古文注疏》）一本〈莽誥〉爲今文家言之初衷，欲藉其以明〈大誥〉經義，殊不知既爲「擬作」，必然另有其時空背景，不可一概而論！其言：「紹天明，漢書作『酒紹天明意』，注（此指《漢書》師古注）師古曰：『紹，承也。』案下又云『詔予』，詔即紹字。鄭注禮器云：『詔或爲紹。』釋詁云：『紹，導也。』命者，大命。漢書作『即命居攝踐祚』，則此言周公攝王以即大命也。」是孫氏之謬甚矣──

1. 孫氏以「即命」爲「周公攝王以即大命」解，此誤者一。

2. 「即命」不應讀斷，當連下字之「曰」爲句，讀爲「即命曰」，就是指「命龜之辭」，承〈大誥〉上文作「用寧王遺我大寶龜，紹天明，即命曰」，乃用文王遺留之卜龜，以承天之明命，而卜之辭曰云云，《說文》三篇下、用部云：「用，可施行也。從卜中，衛宏說。」段注：「卜中，則可施行。故取以會意。」

3. 其又誤者，乃雜混〈莽誥〉時空於經義之中，〈莽誥〉言「詔予即命居攝踐祚」，是上承「太皇太后以丹石之符」而爲言，〈王莽傳〉載王莽居攝稱制，皆由太后下詔而成。

故〈莽誥〉之「詔予即命」，並不是指卜得即居攝之天命的龜兆而言，僅僅是王莽敘述其即居攝稱制，是上有符應『白石丹書』之兆，下有太后頒行之詔，斷非如孫氏之云然者！

6、即命曰：「有大艱于西土，西土人亦不靜。越茲蠢，殷小腆誕敢紀其敍。」〈大誥〉

日：『有大難于西土，西土人亦不靖。於是動嚴鄉侯信，誕敢犯祖亂宗之序。』

〈翟義傳・莽誥〉卷八四　頁3429

師古曰：「曰者，述翟義之言云爾也。西土謂京師也（案：原作西京，依〈校勘記〉改。），言在東郡之西也。」

師古曰：「誕，大也。」

謹案：〈無逸〉云：「周公曰：『嗚呼！君子所其無逸，先知稼穡之艱難，乃逸。』周公於〈無逸〉經文，三言「稼穡之艱難」。《爾雅・釋詁下》：「阻、艱、難也。」故〈大誥〉作「大艱」「艱大」者，〈莽誥〉皆改爲「大難」「難大」。「艱」字，《說文》十三篇下、堇部：「艱，土難治也。囏，籀文艱，从喜。」又四篇上、佳部：「難，鸛，或从佳。𪄿，古文鸛。」其本義是「鸛，鳥也。」後以『難易』字皆作『難』，於是本義消失。而「艱」之古文从堇——

1. 於甲骨文有之，作「𦰩」（二期・合集二四一七七）或作「𦰩」（二期・合集二四二〇四）。

2. 於金文〈不𣪘𣪘〉作「𦰩」（均見《甲骨文字典》卷十三，頁1464）。

3. 《隸續》（卷四）所存〈魏三體石經左傳遺字〉，雜有〈大誥〉文，其古文作「𦰩（囏）」，〈毛公鼎〉正作「囏」。

4. 又《魏石經・君奭》P：2242 三體直式殘石：「天難忱」，其古文作「𦰩」，篆文作「難」，漢隸作「難」。

綜上之述，知古文作「艱」「囏」字，〈莽誥〉以漢隸字「難」代之。

又〈大誥〉作「靖」，〈毛公鼎〉：「大縱不靜（𣫍），烏虖！懼，余小子圂湛于囏（艱）。」（見郭沫若《周代金文圖錄及釋文》頁134）

1. 《漢書》之『靜』字多作『靖』。

2. 鈔本〈內野本〉P：1672〈足利本〉P：1684〈八行本〉P：1702同作「弗靜」。

3. 〈影天正本〉P：1692《唐石經》P：1715同今本作「不靜」。

4. 《書古文訓》P：1708作「弗彭」。

據《說文》十篇下、立部：「靖，立竫也。」又「竫，亭安也。」段注：「亭者，民所安定也。故安定曰亭安。其字俗作『停』、作『渟』。亭與竫疊韻。凡安靜字宜作竫，靜其叚借字也。靜者，審也。」竫、靖、靜三字皆讀「疾郢切」，十一部，是靜、靖、竫古音同，可相通作。

又案：〈大誥〉作「越茲蠢」，〈莽誥〉以「於是動」釋之，乃詁訓字——

1. 《爾雅・釋詁上》：「爰、粵、于，於也。」

2. 《說文》四篇上、烏部「於」字段注：「于、於，古今字。釋詁、毛傳、鄭注經皆云：『亏（案：即于），於也。』」

3. 又五篇上、亏部「亏」段注：「亏，羽俱切，五部。按今音『于』，羽俱切；『於』，央居勿；『烏』，哀都切，古無是分別。」

4. 又亏部：「粵，亏也。案慎之䛐也。从案亏。周書曰：『粵三日丁亥』。」段注：「周頌『對越在天』，箋云：『越，於也。』此假借越爲粵也。」

由上可知，今本〈召誥〉作「越三日丁亥」，是古文作「粵」，今文作「越」。段玉裁（《古文尚書撰異》卷十五，頁 4）云：「魏三體石經見於洪氏隸續，所存洛陽蘇望氏所刻者。『大三體僾存頌古文龜隸粵三體竝存茲三體竝存載隸』，皆尚書大誥文也。古粵、越通用。」粵、越二字其音皆讀「王伐切」，十五部，是以「粵」「越」同音通叚，復「于」「亏」「烏」「於」亦同音通作，故「粵、越、於、亏、于」皆可通叚。

再者，《爾雅‧釋詁下》：「茲、斯、咨、呰、已，此也。」王引之《經傳釋詞》「茲」字條下云：「爾雅曰：『茲，此也。』常語。」又是字下云：「廣雅曰：『是，此也。』常語。」

1. 《說文》十三篇下、蚰部：「蠢，蟲動也。載，古文蠢，从𢦏。周書曰：『我有載于西。』」段注：「𢦏爲壁中古文眞本，其辭不同。」《古文尚書撰異》（卷十五）亦言：「載字，壁中初出時，安國讀爲蠢，既以今字改之矣。而許叔重存其故書，所作於說文，俾學者有稽焉。」段說近是。

2. 清末胡玉縉於〈許君稱尚書非安國原本攷〉（見《許廎學林》卷六，頁 135～136）中，舉五例以證《說文》援引《尚書》文字，非孔安國所傳以今文讀之的古文尚書，而是『特以賈（賈逵）所傳孔義爲主，非眞親見原本。又云皆古文者，謂說解皆合於倉頡史籀；或以爲侴引皆壁中古文本，則易孟氏豈出於壁中哉？』

胡氏所標舉五端，確是《說文》難以自圓之處；但是，若《說文》不見古文之本，而賈逵所訓又不傳，吾人要如何得知《說文》所本之一爲賈逵之訓？復如何印證《隸續》所載《魏石經》三體殘石之經文？更猶不可證唐初鈔本〈內野本〉P：1672〈八行本〉P：1701《書古文訓》P：1708 皆作『載』耳！然王國維《觀堂集林》（卷七）於〈說文所謂古文說〉乙文中，以爲：「此『古文』二字，乃以學派言之，而不以文字言之，與漢書地理志所用『古文』二字同意，謂說解中所稱多用孟、孔、毛、左，諸家說，皆古文學家，而非今文學家中。易孟氏非古文學家，特牽率書之。」是愚乃以段氏說法因較爲接近事實而從之，附以胡氏之言以誌疑。

又案：〈大誥〉之『曰有大艱于西土，西土人亦不靜』句，乃屬周公命龜以卜之命

辭；〈莽誥〉則改易爲翟義興兵之言，各安於其時空背景！但是皮錫瑞《今文尚書攷證》（卷十四）卻據〈莽誥〉而錯置時空於〈大誥〉，其言：「莽以日爲翟義之言，則今文家說經亦必以日爲管叔、群弟之言。謂群叔流言云：『西土鎬京有大難也。』大難蓋指公將不利于孺子之事。」皮氏實大誤也！吾人觀〈大誥〉下文載周公言：「我有大事，休！朕卜，并吉。」是周公所卜問有二事——

1. 『有大艱于西土』至『反鄙我周邦』，此乃卜社稷傾危之問，其爲負面之命辭。

2. 『今蠢、今翼日』，至『我有大事，休』句，乃藉民間之黎獻爲兆而卜問，若於此時行之大事，休咎乎？此乃正面的命辭。

　　愚再證以〈金縢〉，周公爲武王疾而穆卜，經文曰：「乃卜三龜，一習吉。」『三龜』何謂也？爲何接連三次卜問？非卜之三回也！乃是「一王一卜問」，經文言：「公乃自以爲功，爲三壇同墠，爲壇於南方，北面周公而立焉，植璧秉珪，乃告大王、王季、文王」周公奉璧持珪，爲壇作墠，穆穆然一王一壇一告一卜，共歷大王、王季、文王爲三告三卜，俱得吉兆，武王乃瘳！吾人不必強以〈莽誥〉而非〈大誥〉，而爲今文、古文之說！

又案：「殷小腆」者，正義引鄭玄云：「腆謂小國也。」又引王肅云：「腆，至也。」

1. 《釋文》引馬融曰：「腆，至也。」

2. 段玉裁《古文尚書撰異》（卷十五）云：「說文：『敟，主也。』王謂腆爲敟之假借也。敟，經書多作典。釋文曰：『馬云：至也。』至字當亦主字之譌。」段說是也，「至」字當是「主」字之譌。

3. 《僞孔傳》作：「殷後小腆，腆之祿父。」是從鄭玄說，以「腆」爲「小國」，即《左傳·僖公三十三年·昭公二十四年》之「不腆敝邑」。

4. （清）王鳴盛《尚書後案》云：「方言卷十三云『腆，厚也。』說文卷四下·肉部云：『腆，多也。』以厚與多爲小，古有反義，亦如治之爲亂也。」

5. 又〈酒誥〉：「厥父母慶，自腆致用酒。」《僞孔傳》言：「子乃自絜厚致用酒養也。」

6. 《左傳·襄公十四年》曰：「我先君惠公有不腆之田。」杜預注：「腆，厚也。」

7. 蔡沈《書經集傳》（卷四）云：「武庚以小厚之國。」（宋）金履祥《書經注》（卷八）申其義：「小腆猶云蕞爾國，指武庚也。」

8. 近人楊樹達先生《積微居讀書記·尚書說》云：「『腆』當讀爲『憝』。康誥云：『元惡大憝』，大憝與元惡相對爲文。……小腆乃大憝之反，猶後世云『小醜』也。」諸說並通。

又案：〈大誥〉：「誕敢紀其序」，「紀」字於〈莽誥〉作「犯」字解——

1. 孫星衍《尚書今古文注疏》（卷十四）乃言：「紀，蓋今文作犯，形相近。」
2. 陳喬樅《今文尚書經說攷》云：「此經今文疑是作『誕敢犯其序』，犯字與紀，形略相似。」陳夢家先生《尚書通論》（頁 212）從其說：「是今本『紀』是『犯』字之誤。」

　　三氏誤之甚矣！江聲《尚書集注音疏》有言：「莽擬此經作誥，而此條異者，蓋莽心懷姦詐，假託周公，時與周公相反；翟義、劉信為漢起義兵，與管、蔡、武庚之叛頗亦異。若謂劉信『敢紀其敘』，則是興復漢室，名正言順，不可誅矣！故變言『犯祖亂宗之敘』。又翟義、劉信實扶漢室，不得謂其『類我漢國』，故變文言『是天反復右我漢國也』。此莽窮于詞誥，故支吾其說，正竊此經之字，而意實乖異。此則不可據以推求經誼者也。』以周公大賢，王莽大姦，雖擬而為誥，終窮於其心而支吾其辭，江聲之論審矣！

## 7、天降威，知我國有疵，民不康，曰：「予復！」反鄙我周邦。〈大誥〉

天降威，遺我寶龜，固知我國有呰災，使民不安，是天反復右我漢國也。〈翟義傳‧莽誥〉卷八四　頁 3429

師古曰：「呰，病也。言天所以降威遺龜者，知國有災病。義、信當反，天下不安之故也。呰讀與疵同。」

謹案：《爾雅‧釋詁上》：「疵，病也。」呰，音「將此切」，精母，十六部；疵，音「疾咨切」，從母，十六部。精、從二母俱為齒頭音，音間有流轉，呰、疵又同為十六部之疊韻字，古音一聲之轉，可相通作——

1. 鈔本〈內野本〉P：1672〈八行本〉P：1701《書古文訓》P：1708 同〈莽誥〉作「呰」。
2. 〈足利本〉P：1684〈影天正本〉P：1693《唐石經》P：1715 則同今本，竝作「疵」，是鈔本兼有作「疵」「呰」二字者。
3. 孔疏引鄭玄曰：「知我國有疵病之瑕。」《釋文》引馬融曰：「疵，瑕也。」

　　蓋馬、鄭所傳古文本作「疵」，而〈莽誥〉之「呰」者，則為今、古文家所本。
又《爾雅‧釋詁下》：「康，安也。」王莽以「安」訓「康」而代之曰『民不安』。

## 8、今蠢，今翼日，民獻有十夫，予翼以于敉寧武國功。〈大誥〉

粵其聞日，……民獻儀九萬夫，予敬以終於此謀繼圖功。〈翟義傳‧莽誥〉卷八四　頁 3429

孟康曰：「翟義反書上聞日也。」師古曰：「粵，發語辭也。」

孟康曰：「民之表儀，謂賢者。」

謹案：『今蠢今翼日』，〈莽誥〉作「粵其聞日」，粵為語詞，此王莽自言得聞翟義檄書之日。以之觀經文——

1. 《偽孔傳》注云：「今日之明日」，其義不可通也。

2. 或讀「今蠢今翼」句，「日」屬下讀，俞樾《群經平議》言：「疑『今蠢』『今蠢』兩義相對，翼本作翌，衞包所改作翼，說詳段氏撰異。說文蚰部：『蠢，蟲動也。』羽部：『翊，飛貌。』翌即翊之變體。蠢以蟲喻，翊以鳥喻，字又變作狖。文選吳都賦：『趁譚狖 』，李注曰：『相隨驅逐眾多貌。』上文『越茲蠢』，專以武庚言；此文『今蠢今翌』，則見武庚蠢動而淮夷從之，狖玃眾多也。『日』屬下讀為義。……言近日民之賢者十夫來翼佐我也。」

3. 段玉裁《古文尚書撰異》（卷十四）言：「翌，唐石經及各本作翼，衞包所改也。爾雅釋言曰：『翌，明也。』郭（郭璞）注引書『翌日乃瘳』。貞觀時，玄應眾經音義亦引『翌日乃瘳』。……然則唐初尚書未誤也。凡古書翌日字，斷無作翼者漢書皆作翌；其作翼者，皆天寶已後淺人妄改也。」

愚以為俞、段二氏之說，是也。據鈔本〈內野本〉P：1672〈足利本〉P：1684〈影天正本〉P：1693〈八行本〉P：1701《書古文訓》P：1708 俱作「翌」。

又案：今本作「民獻」，而〈莽誥〉作「民獻儀」者。段玉裁《古文尚書撰異》（卷十五）云：「作獻者，古文尚書也；今文尚書獻作儀。尚書大傳周傳（指〈大誥〉）云：『民儀有十夫』是也。……此大誥多依今文必作『民儀九萬夫』，獻字必系用古文，改儀字，遂致兩存，而小顏不辨。」段氏之言是非參半，作『儀』者為今文，作『獻』者確為古文，是也；其非者，依師古注已言『儀獻』，是所據之本就『儀獻』二字並存，故非師古之不辨文字。吳汝綸《尚書故·經說二之二》說得真確：「莽作獻儀者，猶上言服事、皆頤、濟度，皆于本字下以訓詁字增益之，非後增也。」

復檢之漢碑——

1. 東漢桓帝延熹七年早於《漢石經》之〈泰山都尉孔宙碑〉（見《隸釋》卷七）有銘曰：「黎儀以康。」

2. 另立於《漢石經》之後有三，乃熹平六年〈堂邑令費鳳碑〉（見《隸釋》卷九）其銘：「黎儀傷瘁。」同年〈斥彰長田君碑〉（見《隸續》卷二十）則銘作：「安惠黎儀。」

3. 直到魏明帝青龍三年之〈范氏碑〉（見《隸釋》卷十九）亦作：「儀民之淵表也。」

是以《漢石經》前後，漢人皆作「黎儀」，此與今本〈皋陶謨〉作『萬邦黎獻』者同，一直到《魏石經》鐫立之前，也作「儀民」，此即從《尚書大傳・大誥》：「民儀有十夫」而來。是以兩漢皆作「儀」而不作「獻」；鈔本〈內野本〉P：1673〈足利本〉P：1684〈影天正本〉P：1693〈八行本〉P：1701《書古文訓》P：1708 皆作「民獻」，或梅賾獻書時依《魏石經》古文，或據其所見古文本而改作『獻』字，則不得而知。又《詩經・大雅・行葦》云：「黃耇台背，以引以翼。」毛傳：「翼，敬也。」故〈菶誥〉以『敬』訓『翼』，乃作『予敬以』以擬〈大誥〉之『予翼以』。

## 9、我有大事，休？朕卜并吉。〈大誥〉

我有大事，休。予卜并吉。〈翟義傳・菶誥〉卷八四　頁 3429

師古曰：「大事，戎事也。言人謀既從，卜又并吉，是爲美也。」

謹案：金履祥《書經注》（卷八）云：「『即命』猶云即命于元龜也。『即命曰』者，命龜之辭也。……我將有大事于東，爲之必休，此命龜之辭也。既而卜之，果吉。此章決上文未能『格知天命』之意。」金氏之見，足以力挽諸家注疏之狂瀾於既倒——

1. 鄭玄以爲：「卜并吉者，謂三龜皆從。」鄭氏所謂的「三龜」，亦即《周禮・春宮・大卜》之『三兆』：「大卜掌三兆之灋，一曰玉兆，二曰瓦兆，三曰原兆。」

2. 王鳴盛《尚書後案》更申言：「古人卜用三龜，而以玉兆、瓦兆、原兆，三兆各占一龜，說見鴻範疏。」

3. 然陳夢家先生《尚書通論・大誥》（頁 213）卻言：「『我有大事』，命龜之辭止此。……『休朕卜，并吉』，休疑叚作稽。金文休从禾，《說文》稽从禾，休、稽音同。」

陳氏之誤大矣。甲骨卜辭中，常於命辭之末加以吉凶禍福的預測，常見於卜辭文例——

1. 如「庚子卜，爭貞：西史旨凵（無）禍？」「庚子卜，爭貞：西史旨其有禍？」（丙編・五）「貞：告子亡（無）禍？」「貞：告子其有禍？」（乙編・三四二六）「王固曰：吉，亡禍。」（乙編・三四二七）（類此之卜例，可參閱張秉權先生《甲骨文與甲骨學》頁 249～254）

2. 陳氏《殷墟卜辭綜述》亦有錄：「出羌，凵（無）禍。」（安・十・一），於其書〈方國地理〉乙節所載殷王伐方國卜辭，多「凵禍」之占。

3. 周原所出甲骨刻辭，亦有「亡咎」（見徐錫臺先生《周原甲骨文綜述》頁 34.37.

55）「既吉」（見《周原甲骨文綜述》頁 44.46）。

4. 吾人觀之《周易》其卦、爻辭中，也多有以「亡咎」「吉」「凶」爲之結語！

故〈大誥〉經文從『即命曰』以下，直到『我有大事，休？』全爲周公卜命之辭，而云『卜并吉』者，乃言二事之卜皆吉：

1. 是武庚及淮夷、管蔡之亂，得吉卜。

2. 是『民儀十夫』，以賢者輔翼，問可否救成『文武圖功』，亦得吉兆！

故合二事之吉兆爲言『卜并吉』，以宣誥百官，東征靖難之大事必可成功！至於王莽之句讀，本不與〈大誥〉同，故不論述。

10、肆予告我友邦君，越尹氏、庶士、御事，曰：「予得吉卜。予惟以爾庶邦，于伐殷逋播臣。」〈大誥〉

故我出大將告郡太守諸侯相令長，曰：「予得吉卜，予惟以汝于伐東郡嚴鄉逋播臣。」〈翟義傳・莽誥〉卷八四　頁 3429

師古曰：「逋，亡也。播，散也。」

謹案：《爾雅・釋詁下》：「治、肆、古，故也。」又「肆、故，今也。」王引之《經義述聞・爾雅・釋詁》於『隸、故，今也。隸，俗作肆。』例下云：「治、隸、古，故也。領、故，今也。皆字各爲義！……康誥曰：『隸女小子封』，言今汝小子封也。多士曰……梓材曰……召誥曰……君奭曰……檀弓曰……哀公問曰……是『領』皆訓爲『今』也。『故』訓爲『今』亦可訓爲『故』。……皆承上之詞。『治』讀爲『始』。『故』，古爲久故之故；『領』爲語詞之故；領、今，故也，則皆爲語詞。」〈莽誥〉以「故」代「肆」，訓爲「今」，皆語詞也。

又〈大誥〉此文與其下「越庶士」皆作「庶士」，而經文之後亦言『越爾多士』者，經文「庶士」即「多士」之謂。

11、民不靜，亦惟在王宮、邦君室。越予小子，考翼，不可征！王害不違卜。〈大誥〉

民亦不靜，亦惟在帝宮諸侯宗室，於小子族父，敬不可征。〈翟義傳・莽誥〉卷八四　頁 3429

師古曰：「衆庶不安，又劉信、國之宗室，於孺子爲族父，當加禮敬，不可征討。」

謹案：論『考翼』二字——

1. 段玉裁《古文尚書撰異》（卷十五）云：「莽大誥曰：『於小子族父，敬不可征。』然則今文家『越予小子考』句絕，其訓則管叔及群弟皆王之諸父，故云『考』也。」

2. 據《僞孔傳》：「於我小子先卜，敬成周道。」孔疏：「翼訓敬也。於我小子先自考卜，欲敬成周道。」是以「考」訓「稽考」之「考」，「翼」訓「敬」。

3. 蔡沈《書經集傳·大誥》（卷四）云：「垠越我小子與父老敬事者，皆謂不可征。」則蔡氏以「父老」訓「考」，「翼」亦從《僞孔傳》等之訓爲「敬」，金履祥《書經注》從之。

4. 蘇軾《東坡書傳》則言：「乃王之身考德、敬事、脩己，以正之不可征也。」「考德」猶言「孝德」，即〈金縢〉：「予德若考」之「考」，故東坡以「孝」代「考」而爲之釋。

5. （清）王夫之《尚書稗疏》則云：「考，父也。翼猶輔也，謂父之輔翼舊人。」

6. （清）吳汝綸《尚書故》言：「考翼，父之輔也。猶言『父執』『父友』，下『考翼』同。」

7. 近人于省吾《雙劍誃尚書新證》（卷二，頁3～4）有云：「考翼之『翼』本應作『䎃』，譌作『翌』，衛包改作『翼』。毛公鼎『䎃』字作『🌿』，說文『友』之古文作『🌿』，隸續魏石經『我邦友君』之友，作『🌿』。……頮鼎乃周初器，其曰『考䎃佳井』，即『孝䎃唯刑』，尤可爲『考翼』乃『考友』之一證。」

歷代諸家注解，均不出上述之說。愚以爲諸說皆未允當——觀〈大誥〉經文，其下文有「若（若，假設之辭。）考作室，既底法，厥子乃弗肯堂，矧肯構？厥父菑，厥子乃弗肯播，矧肯穫？厥考翼其肯曰：『予有後，弗棄基？』」此言『若考』與『厥子』，『厥父』和『厥子』者，兩兩相對爲文，皆先稱「父」後稱「子」，稱「厥考」便文義已足，又何言厥子之諸父執輩——『厥考翼』？故知「厥考」爲一詞，「翼」別屬下讀爲言也！

「翼」當讀爲「異」，即楊樹達先生《詞詮》（卷七）『異』字下云：「異，旁指指示代名詞，與『他』義同。吾以子爲異之問，曾由與求之間！論語先進。」「異」是代名詞「他」，「厥父翼」乃加強語氣的用法，猶今之言「這位父親、他」云云。因此「厥考翼」既不是作一個名詞解釋，則「予小子考翼」亦不作如是說！竊云，當讀其句讀爲「越予小子考，翼！不可征！」——

1. 「考」訓爲攻擊之「擊」，見《詩經·唐風·山有樞》：「子有鍾鼓，弗鼓弗考。」毛傳：「考，擊也。」〈山有樞〉雖言扣鍾擊鼓，仍含有打擊、扣擊之義，申引爲攻擊。

2.「翼」亦從俞樾《群經平議》釋作「翄」，乃言武庚、管蔡、淮夷之軍容壯大，故皆以爲「不可征」！

如是「越予小子考，翼，不可征」句，其義爲「我們若奉命出擊，但叛軍聲勢狙獝，黨羽眾多，故不可征伐！吾王啊！何不違逆卜龜之吉兆而不出征？」

12、肆予沖人永思艱曰：「嗚呼！允蠢，鰥寡哀哉。」〈大誥〉

故予爲沖人長思厥難曰：「鳥虖！義、信所犯，誠動鰥寡，哀哉！」〈翟義傳・莽誥〉卷八四　頁 3429

謹案：〈莽誥〉以「故」訓「肆」，乃訓詁字。〈大誥〉之「予沖人」，乃成王自謙之辭，王莽增益「爲」字，自言其代孺子以居攝而憂國憂民。又《爾雅・釋詁上》：「永、引、延，長也。」莽擬作「長思」，亦藉訓詁字代經文。

又案：《漢書》於「嗚呼」字多作「鳥虖」，此爲詁文，知兩漢多作「鳥虖」——

1. 《史記・宋微子世家》作「於乎」。
2. 《魏石經》P：2172 古、篆、隸三體皆作「鳥虖」。
3. 鈔本〈內野本〉P：1674《書古文訓》P：1709 俱同，竝作「鳥虖」。
4. 〈八行本〉P：1702 則作「鳥呼」。
5. 〈足利本〉P：1685〈影天正本〉P：1694《唐石經》P：1717 同今本，竝作「嗚呼」。
6. 金文（以下三例，俱出《周代金文圖錄及釋文》）〈沈子𣪘〉（頁 46～49）〈效卣〉（頁 101～102）〈毛公鼎〉（頁 134～139）則作「鳥虖」。
7. 《隸釋》所存《漢石經・盤庚中》P：937 殘字則作「於戲」。
8. 〈師𩛥𣪘〉（案：見《周代金文圖錄及釋文》頁 139。陳夢家先生作〈師詢𣪘〉，見《尚書通論》頁 214）作「哀才」。

《漢石經》用歐陽尚書之學（經許景元先生〈新出熹平石經尚書殘石考略〉乙文、劉起釪先生《尚書學史》頁 73、黃彰健先生《經今古文學問題新論・論漢石經》頁 253～296，亦從其說，皆以《熹平石經・尚書》乃用歐陽尚書爲底本而鐫刻無疑。），作「於戲」；而太史公作「於乎」，蓋孔壁古文，或孔安國所授，抑或大、小夏侯尚書字作「鳥乎」。因「鳥」乃慈鳥之謂，爲鳥名，故太史公以詁訓字「於」代本字「鳥」，而下字「乎」仍依古文本字，乃作「於乎」。（案：以上述諸例觀之，無一作「於乎」者，蓋《史記》所本乃爲古文，字作『鳥虖』；然太史公以『於』叚借爲『鳥』，『乎』叚借爲『虖』，而言『於乎』也。）

13、予造天役遺大，投艱于朕身，越予沖人，不卬自恤。〈大誥〉

予遭天役遺大，解難於予身，以爲孺子，不身自卹。〈翟義傳・莽誥〉卷八四頁 3429～3430

師古曰：「言天以漢家役事遺我，而令身解其難，故我征伐以爲孺子除亂，非自憂己身也。」

謹案：莽以「遭」詁「造」，然《釋文》引馬融注：「造，遭也。」字書無「造」訓「遭」之例，或《釋文》所據板本，其字已譌「遭」爲「造」，陸氏逕錄之耳。經文「予造天役遺大」，實乃「予造天遺大役」之倒文，「大役」即前文之「大事」，同指「東征」乙事。

又莽以「解」詁「投」——

1. 段玉裁《古文尙書撰異》（卷十五）亦不敢驟下論斷：「投，莽作解。解，蓋投之訓歟。」

2. 孫星衍《尙書今古文注疏》（卷十四）則言：「投者，說文云：『擿也。』漢書作『解』。疑『投』本『挩』字，說文：『挩，解挩也。』」

孫氏所言甚是，今從之。

近人于省吾先生《雙劍誃尙書新證》（卷二，頁 4～5）以爲：「役遺二字乃彶遣之譌。……『予造又彶遣』與文侯之命『嗣造天丕愆』語例適合。『彶』即『及』。爾雅釋詁：『及，與也。』大，語詞。言予遭天與以遣責，惟投艱于朕身也。」于氏文意曲折，迂迴難通！

另周秉鈞先生《尙書易解・大誥》（卷三，頁 160）云：「遺，按當讀爲『惟』。詩：『其魚唯唯』，韓詩作『遺遺』，知『遺』與『惟』古代相通也。」則周氏以「遺」訓「惟」，乃無義之詞。故其讀經文爲「予造天役，遺（惟）大投艱于朕身」，其義爲：「我遭天所役使，天投大艱難於我身。」於經義皆通，故誌之以備一說。

又案：《爾雅・釋詁上》：「卬、吾、台、予、朕、身，我也。」知莽以「身」訓「卬」，與《隸續》（卷四，〈魏三體石經左傳遺字〉所涉入〈大誥〉經文，頁 1～5）所存《魏石經》三體直式殘字（友古隸邦三體俱存亏篆誖古文可古篆征三體俱存鰥三體俱存寡古篆哀古篆卬隸自古篆卹古篆）並同。又莽作「卹」，鈔本〈八行本〉P：1703《書古文訓》P：1709 俱作「邮」。《說文》五篇上、血部：「卹，憂也。」段注：「卹與心部恤，音義皆同，古書多用卹字，後人多改爲恤。」是鈔本作「邮」爲「卹」之曲筆，雖《說文》無「邮」字，然此二字實同一字也。〈內野本〉P：1675〈足利本〉P：1685〈影天正本〉P：1694《唐石經》P：1718 俱同，作「恤」。程元敏先生〈莽誥、大誥比辭證義〉（頁 57）言：「金文有『卹』

而無『恤』（據詁林）、汗簡亦有『䘏』無『恤』，䘏、恤說文皆云『憂也』，是尙書今、古文竝作『䘏』，即莽所據。作『恤』後改。」

## 14、已！予惟小子，不敢替上帝命。〈大誥〉

熙！我爲孺子之故，……予不敢僭上帝命。〈翟義傳・莽誥〉卷八四　頁3431

師古曰：「僭，不信也。言順天命而征討。」

謹案：莽以「熙」釋「已」，以「我」詁「予」，前文已論。至於今本作「替」，〈莽誥〉作「僭」者——

1. 段玉裁《古文尙書撰異》（卷十五）述及《隸續》（卷四）所載由蘇望摩刻之〈魏石經三體左傳遺字〉（依《隸續》卷四之稱，頁1～5），其間雜存〈大誥〉經文中，有「暜」字，正一字三體作「𣈪」「暜」「暜」，其言：「此皆日部之『暜』字，從日㑵聲，非從竝屵聲之字。……初疑寫石經者，誤以『暜』爲『普』，及攷漢書翟義傳：『予不敢僭上帝命』，師古曰：『僭，不信也。言順天命而征討。』……是知今文尙書作『暜』，讀爲『僭』，故漢書作『僭』，魏三體石經（段氏係指蘇望摩刻之〈魏石經三體左傳遺字〉，不隸敢三體俱存暜三體俱存克隸綏三體俱存。）用今文尙書也。古文尙書則作『普』，僞孔云：『廢也』。汗簡於屵部有『𣈪』字，注云：『僭字也，出石經。』於尸部又出『𣈪』字，注云：『替字也，出朱育集。』字其乖異如此。」王先謙《尙書孔傳參正》（卷十八）、皮錫瑞《今文尙書攷證》（卷十二）從之。

2. 陳喬樅《今文尙書經說攷》（卷十五）言：「說文『普』字重文云：『或从竦作暜』。徐鼎臣云：『俗作替』，非。替與暜形近相似，魏石經三體『𣈪』字，當即『僭』字。古文『暜』字當即『普』字之或體，今文家讀『暜』爲『僭』，古文家則讀爲『普』。魏正始時，古文尙書盛行，故石經具三體，誤以『暜』字列入，其實『暜』乃『普』字之或體也。」

上述諸家均誤也——

1. 今觀《說文》十篇下、竝部云：「普，廢也。」段注：「他計切，古音鐵，十二部。」又其重文一作「替（替），或从日。」「𩕔（顠），或从竦从日。」段注：「从竦猶从竝也。」是普、替、暜乃一字之或體。《說文》另有「暜」字，在五篇上、日部：「暜，會也。從日㑵聲。詩曰：『暜不畏明。』」段注：「七感切，古音在七部。」則「普」屬透母，十二部；「暜」爲清母，七部，二字古音便不相同，字又分居二部！

2. 再者，《隸續》所存三體，古文從（屵），篆、隸則從「日（屵）」，正與《說

文》一从「凵（白）」，或體重字从凵「日」，斷非段氏之云：「此皆『日』部之『曶』字，非從『竝』『凵』聲（曶）之字！更非其言：「隸續版本下體雖不從『日』（案：段氏之言，乃是指『屠』字），恐轉摹失誤。」

就許愼所見之「普」「朁」「替」，便是从『凵』、从『凵』之字，若是「轉摩」的譌筆，亦非許愼、更非蘇望之錯，因早於二人之前人所用字形，已經混淆，而其字音仍然保留，故知「普」「朁」乃「替」之或體字，其音爲「替」，其義爲「廢」；而「曶」爲「憯」字，其音作「憯」，其義爲「痛」。是以，〈康誥〉云：「勿替敬」，〈浩誥〉曰：「公勿替刑」，〈立政〉言：「不敢替厥義德」，其「替」皆訓「廢」，即「㵙」字也！鈔本〈內野本〉Ｐ：1675〈足利本〉Ｐ：1686〈影天正本〉Ｐ：1694〈八行本〉Ｐ：1703《書古文訓》Ｐ：1709《唐石經》Ｐ：1718 皆作「替」。故〈莽誥〉以「憯」釋「替」實畫虎反類犬之貽後人笑，因是今、古文並作「替」字，訓爲「廢」矣。

15、天休于寧王，興我小邦周。寧王惟卜用，克綏受茲命。今天其相民，矧亦惟卜用。〈大誥〉

　　天休於安帝室，興我漢國，惟卜用，克綏受茲命。今天其相民，況亦惟卜用。
　　〈翟義傳・莽誥〉卷八四　頁 3431

謹案：莽以「於」詁「于」，二字古通用——《詩經・大雅・崧高》：「四國于蕃，四方于宣。」韓詩作「于藩」，鄭箋：「于，於。」是今、古文皆作「于」，用「於」者詁訓字也。〈莽誥〉於「寧王」乙辭，有釋爲「安帝室」者，「帝室」猶言「帝家、王家」。以「安」詁「寧」字，「況」以詁「矧」，皆用詁訓義以代經文耳。

16、咸秩無文。〈洛誥〉

　　正天地之位，昭郊宗之禮，定五時，廟祧，『咸秩亡文。』〈翟義傳・莽誥〉卷八四　　頁 3432

　　孟康曰：「諸廢祀無文籍皆祭之。」

謹案：今本〈洛誥〉作「無」，《漢書》多作「亡」，此莽之擬詔亦作「亡」，此皆漢人用法。詳見本篇，第十八章，例38。

17、嗚呼！天明畏，弼我丕丕基。王曰：「爾惟舊人，爾丕克遠省，爾知寧王若勤哉！〈大誥〉

　　烏虖！天明（原作用，據〈校勘記〉改）威，輔漢始而大大矣。爾有惟舊人泉

陵侯之言，爾不克遠省，爾豈知太皇太后若此勤哉！〈翟義傳·莽誥〉卷八四
頁 3432
師古曰：「言因此難更以強大。」
師古曰：「言爾當思久舊之人泉陵侯所言，爾不克遠省識古事，豈知太后之勤
乎？」

謹案：〈莽誥〉作「烏虖」，為漢以前用法，金文習見；漢人則用「於戲」，今本則作
「嗚呼」，乃以後起之字代之。

1. 江聲《尚書集注音疏》謂：「畏讀曰威者，古字威、畏通。此（案：此指《偽
孔傳》云：『畏讀曰威。』）據王莽擬誥云『烏虖！天明威輔漢始而大大矣。』
則畏讀為威也。」

2. 丁韻漁《尚書異字同聲攷·洪範》（卷二，頁 45）云：「威（於非切，十五部）
與畏（於貴切，十五部），俱喉（影母屬喉音）影母字，平去聲轉，古二字同
音，不分平去也。」

3. 《爾雅·釋詁下》：「弼、棐、輔，俌也。」《說文》八篇上、人部：「俌，輔也。」
又〈釋詁上〉：「丕，大也。」故莽以「弼」詁「輔」，以「大」訓「丕」，皆用
詁訓字以代經文。

又案：段玉裁《古文尚書撰異》（卷十五）云：「『丕丕基』莽作『大大矣』，以『大
大』訓『丕丕』，孔傳亦同也。以『矣』訓『基』，蓋今文尚書作『丕丕其』
也。『其』讀如『姬』，語罣，故莽以『矣』字代之。立政篇『丕丕其（丕丕
基）』見隸釋，故知此亦當同也。」段氏以《漢石經》對照，則今文家作「丕
丕其」是也，然而段氏以『矣』代『其』則誤——

1. 皮錫瑞《今文尚書攷證》（卷十二）言：「莽誥曰：『始而大大矣』，明是以『始』
訓『基』。基，始也，見爾雅釋詁。蓋今文作『其』，而仍讀為『基』，非讀如
『姬』而以為語詞也。」皮氏仍以「其」讀為「基」，是也；而依〈莽誥〉訓
為「始」則非。

2. 吳汝綸《尚書故·經說二之二》謂：「釋訓：『丕丕，大也。』高誘淮南注：
『基，業也。』丕丕基者，大業也。莽作『輔漢始而大大』者，經師失其詁
也。」吳氏之說，真乃卓見！

至於是否如同孫星衍《尚書今古文注疏》（卷十四）所言：「今文『基』訓為『始』，
古文『基』或為『基業』也。」則無根據。依高誘之注《淮南鴻烈》已訓『基，業
也』，可知西漢之人已有「基業」之義。王莽雖以今文仿〈大誥〉而擬作，觀〈莽誥〉

多增字、詁訓之文，吾人驟據〈莽誥〉以之爲漢人今文家之說，則受制於〈莽誥〉，以擬作之文強加桎梏於經文之上，反以姦軌小醜奉爲圭臬，則何時得窺忠良上聖之詣耶？

**又案：**〈大誥〉云：『丕克遠省』，莽以『不』訓「丕」，用古文也。金文「丕顯」皆作「不顯」（見全廣鎮先生《兩周金文通假字研究》「不」條下。頁74～76）——

1. 《說文》一篇上、一部「丕」字下，段玉裁注：「丕，敷悲切，古音在第一部，鋪怡切。丕與不音同，故古多用『不』爲『丕』，如不顯即丕顯之類，於六書爲假借。凡假借必同部同音。」而「不顯」即是「丕顯」，亦猶「顯」，其「不、丕」字乃語詞，無義。

2. 王引之《經傳釋詞》『不』條下云：「玉篇曰：『不，詞也。』經傳所用或作『丕』，或作『否』，其實一也。」

故知「不、丕」古同一字，後衍爲二也。是以〈大誥〉經文則爲：「爾惟（惟，語詞）舊人，爾丕（不，語詞）克遠省（《說文》：「省，視也。」段注：「省者，察也；察者，覈也。」《爾雅·釋詁下》亦言：「省，察也。」），爾知寧王（文王）若勤哉！」以今言釋之，猶曰：「眾邦君庶士，你們都是舊人老臣，你們可以察覈舊事，你們便知道文王是如何的勤於王室、憂於天下啊！」三個「爾」字皆指上文之「邦君多士尹氏御事」，且「惟、丕」二字不訓「思、大」，乃皆爲語詞，無義。

王莽變易經文以仿作，字句雖從經文，卻以己意損益，吾人斷斷不可不詳察！此處，〈莽誥〉以「太皇太后」代「寧王」爲義，不若〈大誥〉通篇一貫之例；莽更於「爾」下增一「豈」字，以違逆經義，其矯飾造作之態，躍躍於筆墨之上，此又一例耳。則江、孫、吳、段氏諸儒，依〈莽誥〉而論「今文尙書」云云者，實「蔽於一曲而闇於大理」也；《僞孔傳》於此實直證聖人本心！

## 19、天閟毖我成功所，予不敢不極卒寧王圖事。肆予大化，誘我友邦君。

〈大誥〉

天毖勞我成功所，予不敢不極卒安皇帝之所圖事。肆予告我諸侯王公列侯卿大夫元士御事。《翟義傳·莽誥》卷八四　頁3433

孟康曰：「天愼勞我國家成功之所在。」

**謹案：**〈莽誥〉此仿〈大誥〉而歧出者，即「天毖勞」與「大化誘」二詞——

1. 〈大誥〉作「天閟毖」，《僞孔傳》云：「閟，愼也。言天愼勞我周家成功所在。」僞孔與孟康注文稍異而大同，知僞孔之襲孟康注也。

2. 孔疏:「閟,慎。釋詁文。」

3. 王鳴盛《尚書後案》云:「攷釋詁,但有毖慎無閟慎。說文比部『毖』亦訓『慎』,古無以毖爲勞者。……莽作『毖勞』,蓋嫌『閟毖』二字音混,以『勞』代『閟』,又倒其文。……然則此『閟毖』與下『勤毖』皆當作『勞慎』可知也。」

王鳴盛以孟康注文作「慎勞」以訓「毖閟」;而經文作「閟毖」,故應訓作「勞慎」,王鳴盛對錯參半。竊以爲〈莽誥〉作「毖勞」是也,而他家之言「倒文」「勞慎」「慎勞」云云者,皆誤——

1. 段玉裁《古文尚書撰異》云:「毖、祕、閟,古通用。……尚書斷無複用『閟、毖』二字之理。……今文尚書(此指〈莽誥〉而謂也。)眡古文尚書多一『勞』字。……下文『天亦惟用勤毖我民,若有疾』,莽作『天亦惟勞我民,苦有疾』。蓋今文尚書無『毖』字,『勞』非釋『毖』也(案:段氏言『勞非釋毖』,乃指『勞釋勤』。)。」

2. 皮錫瑞《今文尚書攷證》從段說,復引錢大昕之說法,互爲發明:「則知此經『毖』乃『勞』之譌,字形相涉。從人傳寫致誤,孔傳尚未誤也。」

段氏以毖、祕、閟三字於古同音通用,而言《尚書》斷無複用者,愚以古之「艱難」字駁之——囏、囏、難、艱乃同一字之或體,金文多作「囏、囏」字,而後出「難、艱」,故字形異而音隨之亦殊,然古時爲一字耳。故〈無逸〉乃言「艱難」,此正與「閟毖」之例相同。錢氏另以「毖」爲「勞」之形譌,蓋眞是譌筆傳鈔之誤,故備於一說。

然竊以爲莽言「毖勞」是不爭之事實,因〈莽誥〉下文僅作『天亦惟勞我民』,莽常以聯緜詞代經文,如上文之「服事」「濟度」,經文只作「服」「濟」;但此作「毖勞」,後單作「勞」者,蓋於經文文例相反,即經文作「勤毖」,莽便作「勞」。反此而上求,莽作「毖勞」者,經文或只作一字,即段氏之言「毖」!毖,慎也。〈大誥〉言「勤毖」,即謂之「勞慎」;〈莽誥〉云「毖勞」,則猶言「慎勞」,「勞慎」「慎勞」本無不同,而今諸家爭辯之源於王莽刻意之僞也!

又案:段玉裁《古文尚書撰異》云:「化誘,莽作告。」經文作『肆予大化誘』,〈莽誥〉作「肆予告」,段氏或少錄「大」字,因「大誥」不作「大告」,二字雖同音,然「誥」則蘊含,上誥下之尊卑,猶言「誥命」「制誥」之誥,非一般之「告訴」「告知」也。若依〈莽誥〉則於此句不讀斷;另《僞孔傳》則云:「故大化天下,道(案:即導。)我友國諸侯」,乃於「化」讀斷。吾人解經釋義,此當從僞孔之說,而去王莽之言。

19、天棐忱辭，其考我民。予曷其不于前寧人圖功攸終？〈大誥〉

天輔誠辭，天其累我以民，予害敢不於祖宗安人圖功所終？〈翟義傳‧莽誥〉

卷八四　頁 3433

師古曰：「言有至誠之辭則爲天所輔。」

師古曰：「累，託也。言天以百姓託我，我曷敢不謀終祖宗安人之功也。累音力累反。害讀曰曷，下皆類此。」

謹案：經文「天棐忱辭」，〈莽誥〉作「天輔誠辭」，此爲漢人通行經說，然於經義不符，見愚前論。另于省吾《雙劍誃尚書新證》（卷二，頁 6）『天棐忱辭，其考我民』條下云：「孫詒讓（案：《尚書駢枝》）云：「凡此經棐字並當爲匪之叚借，猶詩大雅蕩云：『其命匪諶。』惟天命無常，不可信也。」孫氏之說甚是。又言：「辭本應作辝，辝讀爲湯誓『非台小子』之台，訓我。言天非信我，其須考之于我民也。」于氏以「辭」讀爲「辝」而訓「我」者，言「天非信我，須考之于民」，實誤。「辭」乃指命龜之辭，亦即卜兆或可以說是「天命」之謂也。周公深知天命之不臆測，雖有吉兆，仍需我周臣民同心協力去做，才能「圖功攸終」「攸受休畢」；反之，若一味仗恃「天命」，而不盡忠於人事，則如「殷王受」之亡國祚。

又案：今本〈大誥〉作「其考我民」，莽作「天其累我以民」——

1. 孫星衍《尚書今古文注疏》（卷十四）云：「其考我民，今文作『天其累我以民』，古文作『其考』者，釋名（案：魏‧劉熙《釋名‧釋喪制》卷二七。）云：『考，成也。亦言槁也。』案：槁爲犒勞之古字，下文云：『天亦惟用勤毖我民』，孟康亦釋毖爲勞。考、勞聲相近，又與累聲相轉。」

2. 皮錫瑞《今文尚書攷證》則非之：「莽以己意增之，今文特以考爲累，異於古文耳。孫星衍云：『今文作天其累我以民』，恐未可據。」

皮說近是，至於莽以己意增損爲文，是否爲求「異於古文」，則有待釐清。古文尚書於西漢並不興盛，哀帝時劉歆倡立古文，爲當時博士反對，未能實現。到平帝末年，王莽專政，歆乃得親近，古文尚書遂立爲學官，然不久即廢！故王莽崇古復古之心，在新莽時期表露無遺！如何又標舉「異於古文」耶？其實，王莽所抑者，是爲今文家說，或今文尚書，欲藉以彰顯古文尚書也！

江聲《尚書集注音疏》言：「淮南氾論訓曰：『夫夏后氏之璜，不能無考。』又說林訓曰：『白璧有考，不得爲寶』，是則『考』有『疵纇』之誼。」江聲以「疵纇」爲訓，非是。吳汝淪《尚書故‧經說二之二》云：「爾雅：『諈、諉，累也。』玉篇：『諈，託也。』賈誼傳注引蔡謨云：『諉者託也。』是累爲託也。」吳氏之言確矣！

又案：〈大誥〉：「前寧人」，莽作「祖宗安人」，莽以「安」詁「寧」，以「祖宗」訓「前」；複又於下文訓以「祖宗」。經文「前寧人」乃是「前文人」之譌，吳大澂《字說》已證。但「前（文）人」其義究竟爲何？蔡沈《書經集傳》作「武王之大臣」，金履祥《書經注》作「武王」，簡朝亮《尚書集注述疏》（卷十四）則從蔡氏言：「蓋邦君爲王臣，邦君之御事爲王之陪臣，今曰『前寧人』，皆先臣也。」均非是。

「前文人」乃金文文例，其義爲銘文中前所提及之祖先而言（見郭沫若先生《周代金文圖錄及釋文》頁 149～150），〈井人妾鐘〉銘曰：「井人妾曰：『覭盄淑文且祖皇考，克喆氒德，賈屯渾沌用魯，永冬終于吉。妾不敢弗帥用文且祖皇考穆穆秉德。……用乍龢父大譽鐘，用追孝侃前文人。前文人其嚴才在上。』」此鐘銘文所言之「前文人」者，乃是指妾之「文祖皇考」，以今語釋之，猶言「前述的祖先」。

故經文「前寧人」者，即是「祖先」之義，視經文所指爲其專稱，如在〈大誥〉，「前寧人」則是騾栝文王、武王。

20、王苦曰：「若昔，朕其逝，朕言艱日思：若考作室，既底法，厥子乃弗肯堂，矧肯構？厥父菑，厥子乃弗肯播，矧肯穫？厥考翼其肯曰：『予有後，弗棄基？』」〈大誥〉

予思——若考作室，厥子堂而構之；厥父菑，厥子播而穫之。予害敢不於身撫祖宗所要受大命？〈翟義傳・莽誥〉卷八四　頁3434

謹案：〈大誥〉言『若昔朕其逝，朕言艱日思』句，王莽僅省約而爲「予思」二字，實顯經文之眞實樸拙。此句上有「王若曰」三字，故知此文爲史官所記成王之言，此句十字，乃成王回憶其日日思慮何爲艱難事，所做之比喻，「若昔、朕其逝」，猶今言「我曾經」；「朕言艱日思」爲「朕日思艱言」之倒文，約爲「我天天憂慮什麼是艱難事？」史官謹奉口諭而誌之於典籍簡冊，藉之以爲吾人遙念成王、周公先天下而憂之情。

又案：成王思艱難，以「作室」「耕耘」爲譬，用反語來強調「攸終前寧人圖功」的必要性；王莽則由正面立說，以「克紹箕裘」之順語爲譬，此又可證愚前文所謂「王莽抑今文，彰古文」之說。

21、肆予曷敢不越卬敉寧王大命？若兄考乃有友伐厥子，民養其勸弗救。〈大誥〉

予害敢不於身撫祖宗之所受大命？若祖宗乃有效湯武伐厥子，民長其勸弗救。

〈翟義傳・莽誥〉卷八四　　頁 3434

師古曰：「譬有人來伐其子，而長養彼心；反勸助之，弗救其子者，正以子惡故也。言湯、武疾惡，其心亦然，今所征討不得避親，當以公義。」

**謹案：**〈大誥〉作「害」者，〈莽誥〉皆作「曷」——

1. 《說文》五篇上、曰部：「曷，何也。」段注：「詩書多以害爲曷。」又七篇下、宀部：「害，傷也。」段注：「詩書多假害爲曷。」且「曷」音胡葛切，十五部；「害」音胡蓋切，十五部，二字雙聲疊韻，後人分「害」屬去聲，「曷」爲入聲，於古音則不分去、入，故二字古音相同，故段「害」作「曷」，而訓爲「何」，是莽以假借字代之。

2. 鈔本〈內野本〉P：1679〈八行本〉P：1705《書古文訓》P：1710 同今本作「害」。

3. 〈足利本〉P：1688《唐石經》P：1720 則同〈莽誥〉作「曷」。

　　是以唐初傳本亦兼有作「曷」「害」之異本。然段玉裁《古文尚書撰異》（卷十五）則以爲：「天寶已前，尚書本無『曷』字，皆假『害』爲之。……衛包盡改『害』爲『曷』。」據鈔本，乃知段氏所言微誤。

**又案：**莽以「身」詁「卬」，乃詁訓字。《爾雅・釋詁上》：「卬、吾、身，我也。」又以「於」代「越」，即用假借字——

1. 王引之《經傳釋詞》『粵』字條下云：「爾雅曰：『粵，于也。』又曰：『粵，於也。』字亦作越。夏小正曰：『越有小旱』，傳曰：『越，于也。』于猶今人言『於是』也。詩東之枌曰：『穀旦于逝，越人釅邁。』越亦于也。互文耳。」

2. 《詩經・陳風・東門之枌》之「越以釅邁」句，鄭箋：「越，於也。」

　　「於」字本義爲「慈烏」之「烏」，「越」字本義爲「度」，二字音義皆殊，然亦同訓爲「亐（粵）」，故可爲假借。莽以「撫」訓「敉」，《爾雅・釋言》：「憮、敉，撫也。」經文「寧王」，莽反以「祖宗」代之，此又是莽迂曲經義而自爲之辭。

**又案：**〈大誥〉云：『若兄考』，〈莽誥〉言『若祖宗』，此乃〈莽誥〉留于後世關於「兄弟」一詞的線索——

1. 「兄考」自《僞孔傳》言：「若兄弟父子之家，乃有朋友來伐其子，民養其勸不救者，以子惡故，以比（案：依阮元〈校勘記〉引浦鏜云：『此當比字誤。』改）四國將誅而無救者，罪大故。」僞孔雖不合經義，將「四國」比之「厥子」，則「朋友」所指爲何？此僞孔之誤。然其訓「兄考」爲「父兄」者，則歷代注疏家皆無疑義，雖東坡《書傳》釋「養」爲「廝養」、猶言「人之臣僕」以申《僞孔傳》，蔡沈《書經集傳》從之。

2. （宋）胡士行《尚書詳解》（卷七）復以：「『有友』喻三監，『厥子』喻民，『民養』喻邦君御事。」而言『前堂播之喻以自責，此民養之喻以責邦君御事。』另出新意。

3. 逮及有清一朝，朱彬《經傳攷證》（見《清儒書經彙解》卷七九引）仍謂：「此數語爲難解！以鄙意測之，『兄考』非『父兄』之謂也！『兄』，古『況』字。考，成也。友，親也。『友伐厥子』猶言『親伐厥子』。勸，勉也。弗救之言救也。」朱氏之言近是，仍猶未足。

4. 江聲《尚書集注音疏》另言：「管卡于周公，兄也；于成王則父行也。……友譬武庚也。……定四年左傳文，夏小正曰：『執養宮事』，傳曰：『養，長也。』……邦君有土有民，御事亦有治民之事，是皆爲民長也。」孫星衍從之。

5. 段玉裁《古文尚書撰異》則以「若兄考」釋爲「周公謂：『若武王成寧王大命』。」而「民養」則含周公及邦君尹氏御事。

6. 皮錫瑞《今文尚書攷證》則從王闓運之說：「兄考，武王也。尊者弟兄不以屬通，周公攝政，故得兄武王。先君爲考。言我順武王伐殷之故事。」二者亦稍誤。

7. 吳大澂《字說·兄況字說》，以《尚書·無逸》有『無皇曰』，『則皇自敬德』句，《漢石經》P：2159（見《隸釋》卷十四所載石經殘字）字皆作『兄』；又引孔疏：「王肅本兄作況。」複引《詩經·大雅·桑柔、召旻（案：吳氏作「召閔」，依今本改。）》《詩經·小雅·常隸》《白虎通義》爲證：「兄與皇聲近，皇、遑、況、兄皆古通字。彝器『兄』字多作『龏』。……說文解字：『𡴭，艸木妄生也。从之在土上。讀若皇。』漢儒以𡴭、皇同音，遂疑龏爲皇字古文，而隸書即改龏爲皇。」

吾人檢之銘文——

1. 有〈曾子仲宣鼎〉p：187～187 作「者父者兄（諸父諸兄）」。

2. 有〈儵兒鐘〉p：163 作「父兄」。

3. 另作「父龏」者，有〈姑馮句鑃〉p：157〈沈兒鐘〉p：160〈王孫遺者鐘〉p：160～162〈子璋鐘〉p：179。

4. 尚有〈蔡姑𣪘〉p：177～178 作「皇兄」。

5. 〈麤鎛〉p：209～211 作「儵保盧吾兄弟」。（以上諸例，皆取自郭沫若《周代金文圖錄及釋文》。）

6. 于省吾《雙劍誃尚書新證》（卷二）云：「金文凡稱父兄，逕曰父兄，無作兄考

者。」是也。而借「皇」爲「況」者，金文中亦有一例，〈中山王嚳鼎〉（案：
《甲骨金文字典》卷一，『皇』字條下稱〈中山王嚳壺〉，今據全廣鎮《兩周金
文通假字研究》，頁 521 改。）銘曰：「而皇況才在鄒於孛少君虖乎？」

由上可知，古無「況」字，而有「皇」「兄」二字，故借「皇」爲「況」。如是，
則「若兄考」乃「若皇考」之義，〈莽誥〉作「若祖宗」，是「祖宗」二字用以釋「皇
考」！漢人皆知「兄考」即「皇考」，莽雖肆意摩改經文，此以「祖宗」釋「皇考」，
其雖不中亦不遠矣！

然而「皇考」是誰呢？愚嘗以《周代金文圖錄及釋文》乙書爲之統計，概言——

1、「高祖」　　　　　一

2、「且考」　　　　　一

3、「文母」　　　　　一

4、「穆考」　　　　　一

5、「皇文考」　　　　一

6、「先姑君」　　　　一

7、「皇考公」　　　　一

8、「厥且考」　　　　一

9、「皇且剌考」　　　一

10、「乃先且考」　　　一

11、「先文且（祖）」　一

12、「追孝于其父母」　一

13、「皇且申（神）考」　一

14、「先且」　　　　　二

15、「乃且」　　　　　二

16、「剌且（烈祖）」　二

17、「皇且文考」　　　三

18、「文且皇考」　　　三

19、「皇母」　　　　　四

20、「乃且考」　　　　四

21、「剌考（烈考）」　四

22、「文且（祖）」　　五

23、「皇姚」　　　　　六

24、「皇且考」　　　　七

25、「文考」　　　　廿三

26、「皇且」　　　　廿四

27、「皇考」最多　　卅六

以上諸例是對前人的尊稱。若是稱呼當時尚存之長輩，則言——

1、「乃父」　　　　一

2、「今（爾）考」　一

3、「我父母」　　　二

4、「我考」　　　　三

則周人生稱死諱，秩然不紊！「高祖」猶「遠祖」；「祖」乃指「王父」而言，猶今之「爺爺」；「考」爲父；「妣」爲母。其上所加之稱謂名諱，則凡「皇、先、烈、穆、文，祖」者，皆亡故也；若「乃、爾、我、諸」者，則是生稱。據此，〈大誥〉作「兄（皇）考」，〈莽誥〉作「祖宗」，則知此人必是已故的周武王無疑。胡士行以「堂播之喻」爲成王自責之喻，故成王乃言「救寧王大命」，即繼承文王所得之天命；下文則是責成邦君御事，即經文之「有友」，順行武王伐紂之舉，今以之伐紂子武庚之叛！

**又案**：經文「友」字，莽作「效」猶言效法者——

1. 段玉裁《古文尚書撰異》云：「友，莽何以作『效湯武』？癹（友）癹二字，音與俱形相佀（似）。今文尚書『癹』蓋作『癹』說，今文家必云：『癹者效也，效湯、武也。』故莽用其說。」

2. 程元敏先生〈莽誥、大誥比辭證義〉引《說文》友作「ナ又」，本有兩手相交之義，是也；然從段氏「友蓋作癹」說，則誤。《說文》三篇下、癹部：「癹，交也。」又支部：「效，象也。」段注：「效法之字亦作癹。」又十一篇下、交部：「交（交），交脛也。」

3. 《周易・繫辭下》云：「效法之謂坤。」是「效」亦作「癹」。

癹，胡矛切，匣母，二部；效，胡教切，匣母，二部；交，古爻切，見母，二部。故「癹」「效」雙聲疊韻，古相通作；而「交」與二字皆疊韻，音近可茲叚借。先生既言「友」有兩手相交之義，則莽於經文仍讀「友」，擬誥時則借本義之「交」，而釋爲「效」。故「若」不可訓「如」，當訓「順」；「厥子」乃「紂之子——武庚」，而「有友」則是勤王以伐叛黨——同志爲友——的友邦君、多士、御事！

**又案**：「勸」，朱彬（見《清儒書經彙解・大誥》卷七九，引朱彬《經傳攷證》語）以訓作「勤勉」，是也。「民養」即「民長」，就是邦君庶士尹事。「民養其勸

弗救」，便是「民長其勉！弗救四國！」乃成王勉其臣工效法武王伐紂恭行
天命，不要再以「艱大」「翼不可征」「害不違卜」之言，反救四國之叛亡。

22、王曰：「嗚呼！肆哉爾庶邦君越爾御事，爽邦由哲！亦惟十人迪知
上帝命。」〈大誥〉

烏嚤肆哉！諸侯王公列卿大夫元士御事，其勉助國道明！亦惟宗室之後，民之
表儀，迪知上帝命。〈翟義傳‧莽誥〉卷八四　　頁3434

師古曰：「肆，陳也，勸令陳力。」

師古曰：「道，由也。言當由於明智之事，以助國也。」

師古曰：「迪亦道也，言當遵道而知天命。」

謹案：經文「嗚呼」，莽皆作「烏嚤」──

1. 《僞孔傳》以「告」訓「肆」，師古之言：「肆，陳也，勸令陳力。」亦有「宣
告」之義。

2. 段玉裁《古文尚書撰異》云：「足利古本作『肆告我』。」

3. 鈔本〈內野本〉P：1679〈八行本〉P：1706竝作「肆告哉」。

4. 〈足利本〉P：1688作「肆告我」。

5. 〈影天正本〉P：1697則作「肆告」。

6. 《書古文訓》P：1710《唐石經》P：1722俱同今本，竝作「肆哉」。

依鈔本有「肆告哉」「肆告我」「肆告」之異，但皆同有「肆告」二字，蓋古文
本有作「嗚呼！肆告（我）爾庶邦君越爾御事」，「肆」爲語詞，無義，讀於「呼」
字句絕，較之〈莽誥〉讀於「哉」字句絕，於義爲直。而有他本之作「肆告哉」或
「肆哉」者，抑或從東晉僞孔本而爲文，並〈莽誥〉同於今本者，蓋今本襲〈莽誥〉
以爲文耶。

然程元敏先生〈莽誥、大誥比辭證義〉（頁72），則引段玉裁《古文尚書撰異‧
雒誥》（卷二十）云：「古『我』『戈』二字相似易譌，如說文『汱』字，誤爲『浅』，
是其證也。」以爲鈔本之『告』字乃涉上文而衍。段說微誤（見愚前文〈杜欽傳〉
引〈洛誥〉之「公毋困我」例）。阮元〈校勘記〉則云：「『哉』字……古本分爲『告』
（案：依程元敏先生補，今本無「告」字。）『我』二字，殆非也。」若今傳鈔本所
據版本，原就有「告我哉」三字，又何必強分「哉」爲「告」「我」二字而非之？阮
說似尤不可取。

又案：《說文》六篇下、邑部：「邦，國也。」又口部「國，邦也。」邦、國二字互
訓。《爾雅‧釋詁下》：「迪、繇，道也。」《說文》十二篇下、系部：「繇，

隨從也。由，或繇字。」段注：「繇之譌體作繇。……古『繇』『由』通用一字也。」故經文作「由」，莽作「道（導）」，以詁訓字代之。然阮元〈校勘記〉云：「古本（案：阮元之『古本』即〈足利本〉。）『由』作『用』。」

1. 鈔本〈內野本〉P：1679 作「爽邦繇喆（哲）」，其「繇」字旁小注云：「由，用也。」

2. 〈足利本〉P：1688 作「爽邦用喆（《說文》：「嚞，古文哲。」段注：「或省作喆」）」，「用」字旁小注：「由，用也。」

3. 〈影天正本〉P：1697 亦作「爽邦用哲」，「用」旁小注：「由。」

4. 〈八行本〉P：1706 則同〈內野本〉作「爽邦繇喆（《尚書・伊訓》：「敷求哲人。」《釋文》云：「本又作喆。」）」。

5. 《書古文訓》P：1710 則作「爽峀（案：《說文》：「峀，古文邦。」）繇悊（《說文》：「哲，或从心。」《一切經音義》卷十二言：「哲，古文喆、悊二形。」）。

6. 王引之《經傳釋詞》於「用」字條下云：「用，詞之由也。詩君子陽陽，傳曰：『由，用也。』由可訓爲用，用亦可訓爲由，一聲之轉也。」

是知唐初鈔本已有作「用」「繇」之異本，蓋於漢時並同。《尚書・洪範》云：「明作哲。」又《漢書・五行志中之上》引應劭注：「悊，明也。」故知「哲」「明」互訓。

**又案**：經文言「爽邦」，莽作「勉助國」，是以「勉助」釋「爽」——

1. 江聲《尚書集注音疏》曰：「爽有差也。忒也、喪也、明也四詣，皆不可施于此！經氓詩云：『女也不爽，士貳其行。』則爽有『貳』詣。故賈逵注國語云：『爽，貳也。』貳則『副貳』（案：出僞《古文尚書・周官》言：『貳公弘化』，《僞孔傳》云：「貳副三公，弘大道化。」），有輔左之詣。」

2. 孫星衍《尚書今古文注疏》（卷十四）則駁斥江說：「爽者，方言及廣雅釋詁皆云『猛』也。猛與孟聲相近。釋詁：『孟，勉也。』說文云：『爽，明也。』明都即孟諸，明孟通字，是明亦勉也。」

3. 陳夢家先生《尚書通論》引〈唐誥〉：「爽惟民迪吉康」「爽惟天其罰殛我」句，以爲「爽」乃語詞。

4. 程元敏先生〈莽誥、大誥比辭證義〉（頁 72）云：「疑莽所據今文尚書「爽」原作『明』，莽訓『勉』，亦取義於尚書；周誥『明』作『黽勉』義者甚多，如康誥『明乃服民』、洛誥『茲予其明農哉』，君奭『汝明勖偶王』。皆可證。」

陳說恐誤！愚以爲孫、江、孫氏三說，仍以江聲之見近是——

1. 《尚書・盤庚中》云：「故有『爽』德自上其罰汝。」楊樹達先生《積微居讀

書記・尚書說》（頁 14）言：「爽，差也。」此與〈氓〉之言『女也不爽』之『爽』同義，「爽德」即是「罰」，正與經文先後並言「高后丕乃崇降罪疾」、「先后丕降與汝罪疾」，以恫嚇那些利用浮言，而恐沈于眾之邦君庶士。

2. 〈洛誥〉有言「惟事其爽侮」，偽孔亦得其要旨：「惟政事其差錯侮慢，不可治理。」皆以「差錯」爲解。

3. 惟〈牧誓〉云：「時甲子昧爽。」爽乃因上有「昧」字而訓「明」，以示天剛亮之時辰，其他則散見偽《書》，故不錄。

綜上所述，《尚書》中「爽」以訓「差錯」爲是。聖人憂政事或有「差錯」，乃設「副貳」之臣，以佐三公。於此經文之上下文義，『民儀十夫』即是周王口中『亂臣』之輔，因其通曉天命之欲我東征，十賢乃應命而出，佐我王師，將可一戰功成，立千秋萬載之業，以終文武圖功！

23、越天棐忱，爾時罔敢易法，矧今天降戾于周邦。惟大艱人誕鄰胥伐于厥室，爾亦不知天命不易。〈大誥〉

粵天輔誠，爾不得易定。（案：此九字依〈校勘記〉補。）況今天降定于漢國，惟大俠人翟義、劉信大逆，欲相伐於厥室，豈亦知天命之不易乎？〈翟義傳・莽誥〉卷八四　頁 3434

師古曰：「粵，辭也。天道輔誠，爾不得改易天之定命。（案：此注依〈校勘記〉補。）」

師古曰：「言義，信不知天命不可改易，乃大爲艱難以干國紀，是自相謀誅伐其室也。囏，古艱字。」

謹案：莽以「粵」詁「越」，二字音同通作，皆語詞，無義。莽於上文以「天棐諶辭」代今本「天棐忱辭」，諶、忱二字，音近通叚，《詩經》毛傳云：「諶，誠也。」故知莽此以「誠」詁「忱」（詳見本篇，第九章，例 9。）。「棐」諸家注文皆作「輔」義；然愚前文（詳見本篇，第九章，例 9。）所排比之表，則非舊注以「輔」訓「棐」，而是訓作「匪」，言天命之不可依賴。

時，是也，王引之《經傳釋詞》「時」字條下云：「爾雅曰：『時，是也。』書堯典曰：『黎民於變時雍。』」知「時」作「是」，乃語中助詞，無義，故莽無釋。程元敏先生〈莽誥、大誥比辭證義〉（頁 72），則以「爾時」釋爲「平時」，其言：「大誥『爾時』時，與下『矧今』今反，平時也。」亦可爲一說。

莽以「不得易」訓「罔敢易」，王引之《經傳釋詞》於「罔」字條下云：「罔猶不也。書盤庚曰：『罔罪爾眾。』某氏傳曰：『今我不罪女。』」至於〈莽誥〉爲何以

「定」來解釋〈大誥〉文中的「法」——

1. 王念孫《讀書雜志》四之十三其自案云：「不言『易天之定命』，而言『易定』，則文義不明。余謂：『定』當作『𠑒』，『𠑒』古文『法』字，形與『定』相似而誤，大誥作『爾時無敢易法』字，形與『定』相似而誤，大誥作『爾時無敢易法，是其證。』」

2. 《說文》七篇下、宀部：「𡨄（定），安也。」十篇上、廌部：「灋，刑也。𠑒，古文。」段玉裁、皮錫瑞、楊筠如皆從其說，而楊氏《尚書覈詁・大誥》更申言：「此當如吉金文假『法』爲『廢』，孟鼎『勿灋朕命』，即其例也。」（清）朱駿聲《尚書古注便讀》（卷四上），亦同。

3. 然而江聲則反駁此說，其《尚書集注音疏・大誥》（卷十三，頁 21）自注云：「書（此指隸古定本）『定』作『𠑒』，乃古『法』字，變古者遂作『法』矣。此誤也！當爲『定』，『㝎』亦『定』矣。……當知天命有定，无敢易定命矣，況今天降定命于周國乎。」又自疏：「唐開元時，衛包奉敕改隸古爲時俗字，遂改『𠑒』爲『法』矣。此誤也。……據王莽誥云：『粵天輔誠，爾不得易定。』則此當爲『定』也。必據莽誥而不从隸古定者，蓋隸古定書起于東晉，其書輒有改竄增損，多不可信；王莽雖篡漢之賊，其所儗者，乃西漢時之尚書伏、孔二家之舊文也，故寧从之焉。」

4. 王先謙《尚書孔傳參正》（卷十八）云：「隸古定本作『𠑒』，古『法』字，『𠑒』與『定』相似，疑經文亦本是『定』字，傳寫者誤爲『𠑒』也。」

段氏一派主張「定」乃「法」之誤字；江氏一派則反以「定」爲本字，而譌作「法」者，乃後人誤鈔所致。二說孰是——

1. 據鈔本〈島田本〉P：1665〈內野本〉P：1680〈足利本〉P：1689〈影天正本〉P：1697〈上圖本〉P：1706 並作「法」；惟《書古文訓》P：1710 作「𠑒」。

2. 核之《隸釋》，漢碑銘刻凡「定」字有二體，一作「定」，一作「㝎」或「㝎」（見卷四）；「法」字則作「灋」「法」二體（見卷五），蓋漢人「法」字不用古文「𠑒」字行。愚乃以爲鈔本從古文「法」——『𠑒』——而作「法」者，其版本乃從東晉獻僞孔本而后之定本，故字作「𠑒」，乃隸定爲「法」字。

諸家既以王莽所本乃今文家說，若是，則莽所據本亦當作「定」字無疑，因「定」「法」二字，其形雖相近，易於譌誤，但其字音則別如天壤，王念孫等以爲字當作「法（𠑒）」，而莽視之爲「定（𡨄）」，或可通；然莽亦讀「法」作「定」音，則斷斷不可能也！因《尚書》既由伏生口授，孔安國又以今文讀之，教吾人如何相信漢人讀「法」如「定」之字音？又漢碑「法」「定」二字均不以「古文」行，則莽所

據之傳本，又如何鈔寫成「古文」之「法（佺）」字？再由王莽以「佺」之譌作「定」，
而言「易定」？

　　是以王念孫一派之論，非是，當從江聲之說，以莽所見西漢版本字正作「定
（定）」，而梅賾改以古文「佺」，後人則依梅賾偽本作「佺」而隸定作「法」字，
並傳鈔流傳至今。故今本作「易法」，實乃「易定」之譌作「佺」而誤，經文不論
今、古文，皆當作「易定」才是。因此王莽並沒有訓釋之文，而是直引經文爲言耳。

　　綜上之言，經文「越天棐忱，爾時罔敢易定（案：愚以『定』字代『法』字。）」
的意思，就是「天之不誠於其命，汝不敢易靖（案：《說文》：「安，靖也。」「定，
安也。」）爲亂，更何況是現在上天降大難于我周邦。」亦即「太平之世，猶知天命
之不誠而不敢依恃，兢兢業業勤於王事，不敢易太平而爲亂世；更何況今天上帝已
降下大禍來警告我們，如果不與我這遭逢大艱難之人，一起征伐武庚等人，各位也
知天命是不會不改變的吧？」此即警告庶友邦君多士，如果不舉勤王之師，共拒武
庚、管蔡諸賊，則上天可能改變其天命，藉此叛亂，毀我周室丕丕之基業，而轉移
天命，讓小腆武庚得以順遂其心，繼殷之遺敘。

又案：江聲以「戻」訓「定」，皮錫瑞、孫星衍、段玉裁、吳汝綸、王先謙等並同，
　　　蓋均誤矣。觀〈大誥〉經文，首言「天降割」，又言「天降威」，再言「有大艱
　　　于西土」又言「知我國有疵」，後乃言「遭天役」而「大投艱于朕身」，更兩言
　　　「天棐忱」，一連串之「災難大艱」充斥誥文之中，豈獨於此處一轉而爲降福
　　　之意？愚以爲當從劉逢祿、楊筠如之說，《尚書今古文集解》劉氏案：「天降戻
　　　即天降割也。」《尚書覈詁》云：「戻，釋詁『罪』也。」〈大誥〉通篇以負面
　　　立論，其情哀哀，其辭懇切，吾人當可意會武庚叛時，周室之友邦袖手旁觀，
　　　遲遲不肯援助周室，國祚岌岌可危之窘迫，眞乃「周公恐懼流言日」也。

又案：劉逢祿讀於「艱」字句絕，屬上讀，其作「矧今降戻于周邦惟大艱」，「人」
　　　字則屬下讀；吳汝綸《尚書故・經說二之二》另有句讀：「惟大艱，張裕釗
　　　云：『三字爲句。』汝綸案：『惟讀曰』，雖莽以人字上屬，失其讀也。」二
　　　說亦通，故並誌之。今依〈莽誥〉以「大艱人」爲句——

1. 孔疏引王肅注：「惟大爲難之人，謂管蔡也。」
2. 王鳴盛、楊筠如從王肅以爲是「管叔蔡叔」。
3. 江聲《尚書集注音疏》認爲「大艱人」是專指「三監」，從之者有朱駿聲《尚
　　書古注便讀》（卷四上）云：「惟茲發大難之人，乃親近如三監。」陳喬樅《今
　　文尚書經說攷》（卷十五）言：「惟大艱人，謂三監也。」孫星衍《尚書今古文

注疏》（卷十四）：「言此大發難之人，大近相伐于其家。謂三監之近伐王家，不顧同室也。」

諸家無論主張「管、蔡」，抑或「三監」，均以「大艱人」爲叛黨之稱。然而〈大誥〉開章便宣告群臣：「弗弔！天降割于我家，不少延。」表示情勢危急，存亡之際乃刻不容緩，進而卲卜寶龜以知皇天之命，故命龜曰：「有大艱于西土，西土人亦不靜，越茲蠢。」故此處之「大艱人」應是承前文之「大艱于西土」指周成王。

周公居攝而有流言不利孺子，故管、蔡二叔與武庚並淮夷作亂：就個人而言，成王剛喪其父，亦是「天降割」之艱；就宗室而言，四國叛周，乃周有大難，絕非四國之有難，因當時成敗未知！是以此之「大艱人」當指周成王，而非四國之任何一家。又《爾雅·釋詁下》：「胥，相也。」郝疏：「胥者……皆有『相連及』之意，故郭（郭璞）引公羊桓三年傳云：『胥盟者何？相盟也。盟本作命。』以證胥相之義。」

又案：〈大誥〉言「誕鄰」，莽則無釋焉——

1. 鈔本〈島田本〉P：1665～P：1666 作「誕厸（旁小注：鄰近。）近（旁小注：本无。）」。

2. 〈內野本〉P：1680 作「誕厸（旁小注：鄰近也。）」《書古文訓》P：1711 竝同。

3. 〈足利本〉P：1689〈影天正本〉P：1697 同今本，竝作「誕鄰」。

4. 〈八行本〉P：1706 作「誕近」。

是鈔本亦「鄰」、「近」二字皆有。《尚書·皋陶謨》：「臣哉鄰哉，鄰哉臣哉」「欽四鄰」，《僞孔傳》：「鄰，近也。」孔疏引鄭玄注：「臣哉，汝當爲我鄰哉；鄰哉，汝當爲我臣哉。反覆言此，欲其志心入禹。」又「四近爲左輔右弼」，由是而知〈大誥〉之「誕鄰」，蓋「大鄰」之謂，其爲左輔右弼的近臣，冠之以「誕（大）」乃尊稱其人也。而王莽逆經義矯稱劉信、翟義爲「大逆」，與經義背道而馳！故此句經文自明，惟周王及輔弼近臣相與舉兵敉亂，則天命不易，永保周室是也。

## 24、予永念曰：「天惟喪殷。若穡夫，予曷敢不終朕畝？天亦惟休于前寧人，予曷其極卜，敢弗于從？」〈大誥〉

予永念曰：天惟喪翟義、劉信，若嗇夫，予害敢不終予畮。〈翟義傳·莽誥〉

卷八四　　頁3434

師古曰：「嗇夫治田，志除草穢。天之欲喪義、信，事亦如之。我當順天以終竟田畮之事。」

**謹案：**此句〈莽誥〉因襲〈大誥〉，惟莽作「嗇夫」，而經文作「穡夫」。據《漢石經》

P：2159（《隸釋》卷十四）殘字於〈無逸〉作「（稼）啬之艱難」，是今文尚
書作「啬」不作「穡」。「啬夫」猶言「農夫」——

1. 《左傳・隱公六年》：「爲國家者，見惡如農夫之務去草焉，芟夷蘊崇之，絕其
   本根，勿使能殖，則善者信矣。」
2. 《說文》五篇下、啬部：「啬，从來㐭。來者㐭而臧之，故田夫謂之啬夫。」
3. 又七篇上、禾部「穡」字下段注：「古多叚『啬』爲『穡』。」

故知今本「穡夫」乃「啬夫」之叚借字。雖段玉裁、簡朝亮等以爲「啬」「穡」
二字古通用，僅只就「稼穡（啬）」而言——漢碑〈太傅胡公碑〉正作「蕃后土于稼
啬」（見皮錫瑞《漢碑引經攷》卷二，頁 38）；但在《說文》竝有二字，且分居二部，
但因其同音而可通叚——今本《尚書・無逸》有「先知稼穡之艱難」句，鈔本〈伯
二七四八〉P：2179〈內野本〉P：2185《書古文訓》P：2220 竝作「稼啬」；〈足利
本〉P：2197〈影天正本〉P：2205〈八行本〉P：2212 則俱作「稼穡」。

故知「啬、穡」通叚爲用，漢時蓋未通行，直至三國魏明帝時，何晏作〈景福
殿賦〉（見《昭明文選》，卷十一），文中有「覩農人之耘耔，亮稼穡之艱難」句，仍
以「穡」行，或遲至梅賾獻書以前始有通叚之用。

若字作「田夫」，愚以爲當從王、許之作「啬夫」爲是——

1. 鈔本〈島田本〉P：1666〈內野本〉P：1680〈足利本〉P：1689〈影天正本〉
   P：1698〈八行本〉P：1707 與〈莽誥〉《漢石經》俱同，竝作「啬夫」。
2. 《書古文訓》P：1711 亦作「啬夫（案：《說文》：「啬，古文啬。」）」
3. 惟《唐石經》P：1723 與今本同作「穡夫」。

故愚以爲作「穡夫」者，蓋衛包改隸古定本爲今本時，其所據板本作「稼啬」
「稼穡」字，便以爲「穡」與「啬」通叚，遂以叚借字「穡」代「啬」，而改爲「穡
夫」，乃以後世之通叚改然耳！

是以漢時之今、古文家，皆作「啬夫」，後儒則以爲「啬」「穡」同音通叚而不
識「啬夫」之不可作「穡夫」也，此亦〈莽誥〉助益於吾人明瞭《尚書》經文之處。

又《說文》十三篇下、田部：「畮，六尺爲步，步百爲畮。……畝，畮，或从十
久。」故「畝」爲「畮」之或體，實同爲一字耳。

## 25、天亦惟休于前寧人，予曷其極卜，敢弗于從。〈大誥〉

天亦惟休於祖宗，予害其極卜，害敢不于從（案：本作「卜往從」，今依〈校
勘記〉改。）。〈翟義傳・莽誥〉卷八四　頁 3434

謹案：此句〈莽誥〉因襲〈大誥〉文，惟以「祖宗」代「前寧人」。

26、率寧人有指疆土，矧今卜并吉。肆朕誕以爾東征，天命不僭，卜陳惟若茲。〈大誥〉

卒寧人有旨疆土，況今卜并吉。故予大以爾東征，命不僭差，卜陳惟若此。〈翟義傳·莽誥〉卷八四　頁3434

師古曰：「言循祖宗之業，務在安人而美疆土，況今卜并吉乎！言不可不從也。」

謹案：王莽襲〈大誥〉經文，而以「況」「故」「予」「大」「此」詁經文之「矧」「肆」「朕」「誕」「茲」五字，另以「命」檃栝「天命」。又經文作「指」，莽作「旨」者——

1. 段玉裁《古文尚書撰異》（卷十五）云：「今經、傳『旨』作『指』，而正義中三云『旨意』，皆作『旨』，知經、傳爲衛包所改，正義則其所未改者也。莽大誥正作『有旨疆土』，師古訓『美』，蓋今文尚書與古文尚書同也。」

2. 陳喬樅《今文尚書經說攷》（卷十五）從其說，並據孔疏引王肅注文『順文王安人之道有旨意』，曰：「『旨』字訓『美』，誼見說文。王肅云『有旨意』，猶云『有美意』矣。」

3. 王先謙《尚書後案》（卷十八）言：「『旨』訓『美』，『有美』猶『美美』也。詩傳多此例，漢鐃歌上陵曲『上陵何美美』，言撫前人之美，美疆土思勉繼其事，矧今卜并吉乎！」

4. 吳汝綸《尚書故·經說二之二》（頁93）則別出新義：「指、旨皆『耆』之借字也。詩『上帝耆之』（案：《詩經·大雅·皇矣》），潛夫論引作『指』是其證。集篨『耆』『底』同字，馬注乃言：『底可績，云：「底，定也。」』有指者，有定也。……言天庇佑武王，我何敢甌卜，不從以澄清武王有定之疆土乎！」

竊以爲段氏之論較合經義，惟是非參半——是者乃以「旨」訓作「美」；誤者，乃爲「旨」作「指」者，並非衛包改變經文文字所致，早於鈔本〈島田本〉P：1667〈內野本〉P：1681〈足利本〉P：1689〈影天正本〉P：1698〈八行本〉P：1707《書古文訓》P：1711便同今本，字竝作「指」！蓋兩漢之時作「旨」，逮及東晉獻書而爲定本後，已通行「指」字，而「旨」字僅於〈翟義傳〉所載王莽擬〈大誥〉而作〈莽誥〉文中遺存，非衛包所改也！

■■大唐詩人白居易有〈放言〉七言詩乙首（五首之三），詩曰：「贈君一法決狐疑，不用鑽龜與祝蓍，試玉要燒三日滿，辨材須待七年期；周公恐懼流言後（一作日），王莽謙恭下士時（一作未篡時），向使當初（一作時）身便死，一生眞僞復誰知！」（見《全唐詩》，明倫出版社，1971年，5月）數語道破人事之變化，人言之可畏，人世之無奈，何以王莽之謙沖自牧，竟爲篡位之賊臣？何以周公上聖之德，

卻不及四國流言，諸侯庶尹竟坐壁上觀？

　　愚就周公、王莽二人，並當時朝野之反應，作一簡表以明聖賊之別也！

| | 周公 | 王莽 |
|---|---|---|
| 當朝先王 | 武王 | 平帝 |
| 顧命 | 無 | 無 |
| 嗣位之君 | 成王 | 孺子嬰 |
| 攝政之命 | 無 | 太后下詔 |
| 兵災之起 | 四國流言周公不利孺子 | 翟義直指王莽弒主篡位 |
| 諸侯之應 | 袖手旁觀周室岌岌可危 | 助王莽靖亂 |
| 諸侯反應之推測 | 無武王顧命乃周公自為 | 獲太后詔命莽居攝輔政 |
| 周公王莽之反應 | 大誥庶友邦君以明其志 | 寢食難安抱孺子作莽誥 |
| 救兵 | 周公居東二年罪人斯得 | 義師兵敗翟義磔尸夷族 |
| 攝政之後 | 周公復子明辟反政成王 | 莽狼子野心廢子嬰篡漢 |

# 第十七章　釋佚書

## 略　述

　　本章所列乃《漢書》文中，有關漢時亡逸，或不在歐陽、大、小夏侯所傳今文《尚書》二十九篇之經文與序文者，特以『』標出，並於「謹案」中，論述《漢書》援引其文之寓意；更藉先秦所傳典籍、後儒之議論，給予《尚書》佚文眞、僞、古文、今文之定位。此章收錄出於今本《逸周書》（十卷、七十篇）之文者，實寧受貪多之譏，而少有遺珠之恨也。

1、數者，一、十、百、千、萬也，所以算數事物，順性命之理也。書
　　曰：『先其算命。』〈律曆志〉卷二一上　頁956

　　師古曰：「逸書也。言王者統業，先立算數以命百事也。」

謹案：此依師古注，列之於「佚書」。「數」乃爲計算之用，若無「數」之計，縱有
　　　「黃鐘」之律，亦無法計算出度、量、衡。至於「數」又爲「順性命之理」
　　　者，竊以爲「數」由一始而無窮；抑或「數」由少而多，人之生命亦從少而
　　　老矣！

2、民之所欲，天必從之。眞古文〈泰誓〉

　　昭公元年，楚公子圍會盟，設服離衞。……子羽告人曰：「太誓曰：『民之所欲，
　　天必從之。』」〈五行志〉卷二七中之上　頁1382

　　師古曰：「太誓，周書。」

謹案：班固迻錄《左傳・昭公元年》傳文，藉《左傳》文中所載「眞古文〈泰誓〉」
　　　經文，以解釋「言曰從，從作乂」之大義。因憂天下黎民之所欲，而思日孜
　　　孜，謀求其治民安民之道，以施之庶政，乃能班秩有序，條然不紊，故天下
　　　乂治，民得饜足其欲。由是天人相感，皇天乃順民心而降福瑞於君王，使享
　　　福壽康寧之「五福」也！

　　　再者，此〈泰誓〉經文，於《左傳・襄公三十一年》魯穆叔亦曾援引，故愚冠
之以「眞古文」三字，示與漢武帝後得之民間〈泰誓〉、孔壁古文與孔安國所傳古文
爲別矣。故列之於「佚書」。

3、周書曰：『天予不取，反受其咎。』〈蕭何傳〉卷三九　頁 2006

　　　師古曰：「周書者，本與尙書同類，蓋孔子所刪百篇之外，劉向所奏有七十一篇。」

謹案：此例乃蕭何諫劉邦不可冒然以攻項羽，應養漢中之民以致賢人，收用巴蜀，
　　　後定三秦，則天下可圖。何所引經文，不在《尙書》及《逸周書》之林，故
　　　從師古注，列之於「佚書」。

4、無爲虎傅翼，將飛入邑，擇人而食。《逸周書・寤儆》

　　　（漢文帝八年）時又封淮南厲王四子皆爲列侯。賈誼上疏諫曰：「所謂『假賊兵
　　　爲虎翼者也。』願陛下少留計。」〈賈誼傳〉卷四八　頁 2263

　　　應劭曰：「周書云：『無爲虎傅翼，將飛入邑，擇人而食之。』」

謹案：賈誼上疏諫阻文帝復淮南厲王四子之爵，言淮南叛逆無道，昔上赦而遷之，
　　　自疾而死；今卻奉尊罪人之子，足以負謗於天下！復言假四子以資其權，四
　　　子不忘其父仇，必危及漢室。

　　　又應劭所引，與《逸周書・寤儆》文字竝同，賈誼蓋檃栝〈周書（應劭所云）〉
之文，故仍列之爲「佚書」。

5、與其殺不辜，寧失不經。僞〈大禹謨〉

　　　宣帝初即位，路溫舒上疏，言宜尙德緩刑，其辭曰：「書曰：『與其殺不辜，寧失
　　　不經。』」〈路溫舒傳〉卷五一　頁 2368

　　　師古曰：「虞書大禹謨載咎繇之言。辜，罪也。經，常也。言人命至重，治獄宜
　　　愼，寧失不常之過，不濫無罪之人，所以崇（案：「崇」，字本作「常」，今依〈校
　　　勘記〉改）寬恕也。」

謹案：路溫舒藉宣帝初立，上書諫以尙德緩刑，澤加百姓。溫舒先舉文帝崇仁義、

省刑罰，成天下歸仁之世；後以秦之亡天下有十失，以爲對比。而秦『十失』，至漢宣帝時尚存者，便是『酷吏治獄』，上下相驅以刻薄寡恩，故刑人之血流離於市，被刑之徒比肩而立，大辟之數歲以萬計，此皆傷宣帝仁聖之治。故溫舒迻錄《尚書》經文，以夏后之世，謹慎刑罰，寧失不常之過，不濫無罪之人，崇尚仁恕治獄，諫宣帝當行寬緩之治，廢深刻之獄，正身修德，萬民賴之。上乃納其言。

又案：《左傳・襄公二十六年》傳云：「故夏書曰：『與其殺不辜，寧失不經。』」杜預注：「逸書也。」《偽孔傳》襲之而成偽〈大禹謨〉經文。雖朱駿聲（《尚書古注便讀・大禹謨》卷一）不言「眞古文尚書」云云，然屈萬里先生（《尚書集釋・尚書逸文》頁 280）則列之於「逸文」之屬，故今從《尚書集釋》亦列此例於「佚書」，復依《左傳》言『夏書曰』，而稱「夏后之世」。

6、書曰：『白魚入于王舟，有火復于王屋，流爲烏。』此蓋受命之符也。

7、『周公曰：「復哉復哉！」』〈董仲舒傳〉卷五六　頁 2500

　　師古曰：「今文尚書泰誓之辭也。謂伐紂之時有此瑞也。」

　　師古曰：「周公視火烏之瑞，乃曰：『復哉復哉！』復，報也，言周有盛德，故天報之以此瑞也。亦見今文泰誓也。」

謹案：董仲舒於武帝詔舉賢良方正之士，答上所策問時，仲舒迻錄《尚書》經文，引民間流傳之偽後得古文〈泰誓〉經文，旨在說明天人相應的符命之說，以機祥災福皆上天用以應驗下民所至。故明君聖王必有符瑞之應，昏君庸主則有災祅之異，此爲建國君民者所不可不愼者也。

又案：董仲舒答上策問，所引《尚書》經文，不見於今本《尚書》。孫星衍《尚書今古文注疏》（卷十）有〈泰誓〉，考據詳實。孫氏自疏：「史公所載蓋從孔安國問故得之者，既非伏生藏，亦非武帝末壁內所得，或後得之泰誓文與之適合耳。今以史記合之大傳，及唐時所稱今文泰誓，又有較多之文，蓋史公用經文，略有刪定。」

　　惟《太平御覽・皇親部》（卷一百四十六，頁 1）引《尚書大傳》言：「太子發升于舟，中流，白魚入于舟。王跪取。出俟，以燎。群公咸曰：『休哉。』」字作「俟」，當從孫氏所輯錄作「涘」爲是，裴駰《史記集解》引鄭玄注：「涘，涯也。王出于岸上燔魚以祭，變禮也。」是鄭玄所見漢人僞古文〈泰誓〉，字作「涘」，乃知《御覽》作「俟」者謬也。故孫氏以此文爲輯綴「後得之泰誓」，此一〈泰誓〉正是劉歆〈移

太常博士書〉（見《漢書・劉歆傳》卷三六，頁 1969）云：「泰誓後得，博士集而讀之。」乃爲民間所獻之「**僞後得古文〈泰誓〉**」！

然而孫氏所輯漢人僞古文本〈泰誓〉經文中，周公所言者有三——

1. 「雖休勿休」句，此乃據《尚書大傳・大誓》及《楚辭・天問》王逸注文所錄者。
2. 「茂哉茂哉」句，則是據《尚書大傳・大誓》及董仲舒《春秋繁露・同類相勸》引《尚書大傳》之文。
3. 「都！懋哉！」則是依《周禮・太祝》孔疏引〈太誓〉之辭。

其中，皆無仲舒所錄「報哉報哉」而又爲師古所見『今文泰誓』之文，然今據師古注列之爲「佚書」，而於此誌之「**僞後得古文泰誓**」，以別於孔壁古文及孔安國所傳古文《尚書》。

8、主父偃諫伐匈奴，曰：「故周書曰：『安危在出令，存亡在所用。』」〈主父偃傳〉卷六四上　頁 2801

　　師古曰：「此周書者，本尚書之餘。」

謹案：此乃主父偃上書武帝以陳九事，其八事皆言律令，此乃諫伐匈奴乙事。主父偃逐錄「佚書」之文，諫武帝不應屯重兵以禦匈奴，所謂「興師十萬，日費千金」，且兵久則變生，若邊將擁兵自重，不聽朝令，則禍至矣。主父偃所引佚文，亦不在《逸周書》中，故依師古注，列於「佚書」之屬。

9、周書曰：「記人之功，忘人之過，宜爲君者也。」〈陳湯傳〉卷七十　頁 3021

　　師古曰：「尚書之外逸書也。」

謹案：此乃谷永上疏成帝訟陳湯死獄，而引〈周書〉之文以救之，盼成帝念及湯有親秉斧鉞，喋血萬里之功，免其死罪，上依其奏罷。

又案：不知其所從出，竊以之列於「佚書」之林。

10、書曰：『戎狄荒服』，言其來服（按：服，依〈校勘記〉補），荒忽亡常。〈蕭望之傳〉卷七八

　　師古曰：「逸書也。」

謹案：宣帝時呼韓邪單于來朝，詔議其禮儀，望之則藉《逸書》之文，稱外夷及比敵之國，宜待以不臣之禮，其位在諸侯王之上，假使戎狄叛服，亦不得視爲叛臣。如此，可使有漢之信讓行於蠻貉，福祚流於無窮。故知望之以「荒服」

言戎狄之叛服不定，若以之爲臣，臣叛，則討逆綏靖，既受兵災之禍，又無仁治之名！

又案：『荒服』，其字——

1. 鈔本〈伯二五三三〉P：366〈九條本〉P：387 字作「宊」。
2. 鈔本〈內野本〉P：411〈足利本〉P：428〈影天正本〉P：443《唐石經》P：490 竝作「荒」。
3. 《周易・泰・九二》爻辭曰：「包荒，用馮河。」《釋文》：「荒，本亦作宊。」盧文弨（見《經典釋文攷證・周易音義攷證》）云：「舊作『宊』，譌。」鈔本正有作『宊』者，見諸〈八行本〉P：460，而《書古文訓》P：469 字作『㳬』亦同，又《廣雅》作『荒』，則諸本从『亡』，乃从『亾』之形譌。《說文》十一篇、川部：「宊，水廣也。」字正作『㳬』。宊、荒，二字經傳多通用（見陳鐵凡先生〈敦煌本夏書斠證〉頁 8）。
4. 今本〈禹貢〉曰：「五百里荒服：三百里蠻，二百里流。」
5. 馬融（《古文尚書注》卷三，《史記集解》引）注：「政教荒忽，因其故俗而治之。」又「蠻，慢也。禮簡怠慢，來不距，去不禁，流行無城郭常居。」
6. 蔡沈（《書經集傳》）言：「以其荒野，故謂之荒服。」『荒服』乃王畿之外「五服」的最偏遠地區，距王畿最遠，故屈萬里先生以《廣雅・釋詁一・上》所列『荒，遠也』爲訓。

綜論諸家注文，皆申論禹行「五服」之制，實以遠近爲治化之準則，本師李振興先生於《尚書學述・禹貢》篇，亦言之甚切。綜上之言，諸家注文全和蕭望之釋義不同，故循師古列之爲「逸文」。

11、書逸嘉禾篇曰：『周公奉鬯立于祚階，延登，贊曰：「假王蒞政，勤和天下。」』〈王莽傳〉卷九九上　頁 4080

謹案：〈王莽傳〉直稱爲「書逸嘉禾篇」，當是「佚書」無疑。

12、惟眾宅心。〈佚書〉

項氏畔換，黜我巴漢，巴土『宅心』，戰士憤怨。〈敘傳〉卷一百下　頁 4236

劉德曰：「宅，居也。西方人皆居心於高祖，猶係心也。書曰：『惟眾宅心。』」

謹案：此乃班固〈幽通之賦〉，檃栝《尚書》經文而益以爲辭。藉〈康誥〉載周公勸誡康叔禮遇殷之耆老，常忖度殷遺老如何爲治，並效法之，以爲康叔順治殷人之用。其經文曰：「汝丕遠惟商耇成人，宅心知訓。」〈康誥〉言「宅心」，

乃含有時時思慮更深一層之寓意；然於此賦，則猶言「念念不忘劉邦約法三章之德」也。是以，愚不舉〈康誥〉經文而言班固援引之，直以劉德所注：「書曰：『惟眾宅心。』」為「佚書」，似較〈康誥〉切合此賦。

又案：今本作「大麓」，元帝引經文作「大錄」者，元帝師事孔霸，從之授大夏侯尚書，故作「大錄」者，為大夏侯之學也。（詳見〈王莽傳〉）

又案：《尚書·立政》有「文王惟克厥宅心」句——

1. 《隸釋》（卷十四）所載《漢石經》P：2491 殘字作：「王維厥<sub>孔厥上有克度孔作宅</sub>心乃<sub>下缺</sub>」。

2. 《魏石經》三體直式，古、篆、隸三體作「宅乃牧、宅乃<sub>古文一體</sub>」（見〈潘氏藏拓〉P：2492，下同）、「宅<sub>漢隸一體</sub>人茲乃三宅」P：2492.「克<sub>漢隸一體即宅</sub>」P：2493，字皆同於今本，竝作「宅」。

3. 鈔本、《唐石經》俱同，字竝有「克」「宅」。

4. 《說文》三篇下、又部：「度，法制也。」七篇下、宀部：「宅，人所託居也。」又言：「庑（庀），亦古文宅。」

5. 孫星衍《尚書今古文注疏》（卷二四）疏云：「『惟克厥宅心』，熹平石經作『維厥度心』。宅與度，經通用。詩皇矣云：『帝度其心。』傳云：『心能制義曰度。』」

6. 皮錫瑞《今文尚書攷證》（卷二三）申言孫說：「篇中『宅』字皆當作『度』。」

7. 段玉裁《古文尚書撰異》（卷二五）更直言：「漢書敘傳：『西土宅心。』劉德曰：『書曰：「惟眾宅心。」』今按尚書無此句，必今文尚書『維厥度心』之駁文也。」

綜上之言，《漢石經》作「度」，《魏石經》作「宅」，二字形、音義均異，實無通叚之迹。然作「宅」者，其本義有「宅居」之誼，合「宅心」為言，即「宅住於心」，猶愚上文所言之『念念不忘』，經義自明；若作「度心」，則從《爾雅·釋詁上》：「度，謀也。」之訓「度」為「謀」義，合「度心」猶言「謀度於心」，經義亦通，惟「度心」較諸「宅心」多一層輾轉。

再者「宅」「度」二字，孫星衍以《詩經·大雅·皇矣》為證，吾人觀之「帝度其心」，毛傳：「心能制義曰度。」若以之為證，實未若〈皇矣〉上文之「乃眷西顧，此維與宅」句，毛傳：「宅，居也。」王充《論衡·初稟》（卷三，頁 11）云：「詩曰：『乃眷西顧，此惟予度。』」字則作「度」。清儒多以《漢書》此例為隳栝〈立政〉經文，段氏甚至以劉德所引乃駁文之誤，先賢諸論確有其見的；然愚亦從劉德之言，以之為「佚書」，合於〈敘傳〉文義為允。

# 第十八章　其　他

## 略　述

　　此章所列者，亦爲《漢書》援引《尚書》之言，或因無法歸類於某一主題者，或因引文僅有二三條例，不足以成爲乙章者，便收錄於此章之中，僅以各例之「謹案」作爲闡釋也。

1、皋陶曰：「都！在知人，在安民。」禹曰：「吁！咸若時；惟帝其難之。知人則哲，能官之；安民則惠，黎民懷之。」〈皋陶謨〉

　　詔曰：「朕聞咎繇對禹，曰：『難知人，知人則哲，惟帝難之。』」。〈武帝紀〉卷六　頁 174

　　師古曰：「尚書咎繇謨載咎繇之辭也。帝謂堯也。」

謹案：武帝元狩元年，淮南王劉安、衡山王劉賜謀反，誅。坐黨與死者數萬人；又十二月天大雨雪，民有凍死者。故武帝於四月時，大赦天下，並藉立皇太子，下詔罪己，自責不能知二王叛反之心，得以先行消弭蕭牆之禍；如今卻有誅殺手足之痛！是以詔文下云：「蓋君者心也，民猶支體，支體傷則心憯怛。」因此，隳栝《尚書》經文，以〈皋陶謨〉載皋陶與禹爲言治世之法乙事，首要在「知人」，而「知人」亦是首難。

又案：《史記・夏本紀》作「皋陶」，此詔作「咎繇」，《漢書》作「咎繇」。師古言此爲「咎繇之辭」，審視經文，實爲禹和皋陶對話的內容，「在知人」是皋陶語，其他則禹之言也。禹乃因帝堯尚以知人爲難，更何況是才德俱不如堯；是以

皋陶乃勉其「能哲而惠，以哲惠治世，自可四海晏然，邪說讒言不興，故何憂之有。

### 2、寇賊姦宄。〈堯典〉

元帝永光二年春二月，詔曰：「蓋聞唐虞象刑而民不犯，殷周法行而『姦軌』服。」〈元帝紀〉卷九　頁288。

師古曰：「軌與宄同。亂在外曰姦，在內曰軌。」

謹案：元帝隰栝《尚書》經文，藉〈堯典〉載帝舜命皋陶作士師、典五刑，然以德惠施於蠻夷，化民成俗，刑錯不用，四夷賓服之故事，而下詔自責，言施刑罰於天下，不僅不能寓教於刑，反令寇賊並興，黎民流離，有司佚失牧民之術，皆元帝之不明，咎在厥躬，故大赦天下，以彌其愆也。

又案：今本作「宄」，詔文引之作「軌」，軌、宄二字皆从「九」得聲，於古音同，故相通叚。作「宄」用本義，作「軌」者，叚借為「宄」，復訓為「宄」。詳見本篇，第六章，例2。

■■以上1、2二例，乃皆為天子下詔罪己之言，特誌於此。

### 3、陽朔四年春正月，詔曰：「夫『洪範八政，以食為首』，斯誠家給刑錯之本也。」〈成帝紀〉卷十　頁314

師古曰：「洪範，尚書篇名，箕子為周武王所說。洪，大也。範，法也。八政一曰食，蓋王政之所先，故以為首。」

謹案：成帝為求耕耨農桑，以厚植國本，此下三則（例3、4、5），皆申言農桑乃刑錯家給之本，如今卻趨工商之利，而棄耕耨之勞。故詔文引《尚書》經文，以強調「重農抑商」政策。

### 4、平秩東作。〈堯典〉

詔曰：「方『東作』時，其令二千石勉勸農桑，出入阡陌，致勞來之。」〈成帝紀〉卷十　頁314

師古曰：「春位在東，耕者始作，故曰東作。虞書堯典曰：『平秩東作』。」

謹案：成帝隰栝《尚書》經文，言於春耕之時，遣二千石出入阡陌，以鼓勵農桑之作。

### 5、服田力穡，乃亦有秋。〈盤庚〉上

詔曰：「書不云乎？『服田力嗇，乃亦有秋』。」〈成帝紀〉卷十　頁314

師古曰：「此商書盤庚之辭。」

謹案：成帝逐錄《尚書》經文，藉以獎勵農桑之本。且於此詔之中，一連引用〈洪範〉〈堯典〉〈盤庚〉三篇，包含了「原因」「時間」「結果」，前後排比得宜，足見成帝對《尚書》用功之深。詔文所強調為務實農桑，倉稟充盈、家給自足，故詔曰：「斯誠家給刑錯之本也」！

又案：今本作「穡」，此詔引經作「嗇」者——

1. 《隸釋》（卷十四）載《漢石經‧毋劮（即無逸）》殘字正作「嗇」。
2. 鈔本〈岩崎本〉P：871〈內野本〉P：881〈元亨本（配補雲窗叢刻本）〉P：892《書古文訓》P：921 俱同，字並作「嗇」。
3. 〈足利本〉P：901〈影天正本〉P：908〈八行本〉P：915《唐石經》P：929 則同，字並作「穡」。

　故知今、古文說皆作「嗇」；至於作「穡」者，蓋東晉獻書後始有之，而卒為定本。

■■上述三例，皆為西漢成帝詔書所引《尚書》經文，諸詔乃藉《尚書》以強調農桑貴為立國之本，行獎勵農桑之政，用重抑商貿之策，以固國本！

6、※尚猷詢茲黃髮，則罔所愆。〈秦誓〉

　　昔秦繆公不從百里奚、蹇叔之言，以敗其師，悔過自責，疾詿誤之臣，思『黃髮』之言，名垂於後世。〈息夫躬傳〉卷四五　　頁2184～2185

謹案：哀帝建平四年息夫躬以「熒惑守心，太白高而芒光，角星莩於河鼓」之天象，言其兆乃是將有兵亂，以說哀帝遣大將軍巡戍邊兵，整救武備，以防有變。而丞相王嘉則以〈秦誓〉所述秦穆公信截截諞言，任仡仡勇夫，而不思黃髮耇老之言，以致兵敗於崤山故事！藉「黃髮」以自喻，而以「諞言勇夫」比之息夫躬，奏議不可妄動干戈，動震天下。

7、雖則云然，尚猷茲黃髮，則罔所愆。〈秦誓〉

　　興國救顛，孰違悔過，追思『黃髮』，秦繆以霸。〈韋賢傳〉卷七三　　頁3104

　　師古曰：「言興復邦國，救止顛隊（案：即『墜』字。）之道，無如能自悔其過惡。秦穆公伐鄭，為晉所敗而歸，乃作秦誓曰：『雖則員然，尚猶詢茲黃髮，則罔所愆。』謂雖有員然之失，庶幾以道謀於黃髮之賢，則行無所過矣。黃髮，老壽之人也，謂髮落更生黃者也。員與云同。」

謹案：韋孟為楚元王傅，教夷王與孫王戊，而戊荒淫無道，孟作詩以風諫。詩中孟

藉《尚書》崤之戰秦穆公破敗自責之史事，孟以『黃髮』自比，勸王孫戊當近詢黃髮耆老之賢，痛革前非。

又案：今本作「云」——

1. 阮元〈校勘記〉：「古本『云』作『員』，下『雖則云然』同。山井鼎曰：『傳文共同今本』。盧文弨云：『疏云：員即云也。則本是員字。』按傳以『云』釋『員』，作『云來』，故正義曰：『員即云也』。衛包依之，改員為云，下文『雖則員然』同。」

2. 『云然』，師古注作「員然」。

3. 鈔本〈伯三八七一（含〈伯二九八〇〉）〉P：3071〈九條本〉P：3075〈內野本〉P：3080〈足利本〉P：3092《書古文訓》P：3104竝作「員然」，惟〈八行本〉P：3101《唐石經》P：3108同作「云然」，〈影天正本〉P：3096作「貟然」。知隸古本正作「員」。

4. 皮錫瑞《今文尚書攷證‧秦誓》（卷廿九）云：「今本『員』作『云』，據韋賢傳師古注引秦誓曰：『雖則員然，尚猶詢茲黃髮。』說之曰：『員與云同。』是今本為後人妄改」，阮、皮二氏之言甚是。

5. 〈秦誓〉經文「有若弗云來」句，鈔本皆同；惟〈九條本〉P：3075作「云來」；〈八行本〉P：3100〈影天正本〉P：3095竝作「員來」。攷『云』、『員』、『貟』三字，古音皆在十三部，故相通叚。

6. 《詩經‧小雅‧正月》：「昏姻孔云」，《釋文》：「云，又作員。」又〈鄭風‧出其東門〉：「聊樂我員」，《釋文》：「員，本亦作云。」是「云」、「員」異文，古相通作焉。而上文「若弗云來」，當依〈正月〉毛傳之訓「云」為「旋」，即簡朝亮《尚書集注述疏》（卷廿九）釋義作「歲不我與」。至於「雖則云然」，亦從簡氏之謂：「云，猶謂也。」二文義殊。

7. 盧文弨（《經典釋文考證》）謂：「玄鳥『景員維河』，箋云『員，古文作云』，則作『云』者古字也。」與今本《詩經‧玄鳥》、段玉裁（《詩經小學》卷三十）所引鄭箋竝作「員，古文作云」，是「云」為古字，「員」為今字。

　　然而《說文》六篇下、員部，段注：「商頌『景員維河』，箋云『員，古文云。』段氏《古文尚書撰異》（卷卅一）亦說：「商頌『景員維河』，箋『曰『員，古文云。』此謂古文以員字為云字也。淺人改之曰：『古文作云』，似有一本古文毛詩作『景云維河』者，失之萬里。」阮元（《詩疏校勘記》）從後者之說，主『作』字係衍文，「員」是古文而「云」才是今文，兩者互易耳。惟阮元謂「詳段玉裁『詩經小學』」者，非是，當作《古文尚書撰異》。

8、雖則云然，尚猷詢茲黃髮，則罔所愆。……仡仡勇夫，射御不違，
我尚不欲，惟截截善諞言。〈秦誓〉

　　昔秦穆公說『諓諓之言』，任『仡仡之勇』，身受大辱，社稷幾亡。悔過自責，
　　思惟『黃髮』，任用百里奚，卒伯西域，德列王道。〈李尋傳〉卷七五　頁 3179

　　師古曰：「謂晉歸三帥之後，穆公自悔，作秦誓，云：『雖則員然，尚猶詢茲黃
　　髮，則罔所曡。』自言前有云然之過，今庶幾以道此黃髮賢者，則行事無所過
　　失矣。」

謹案：承上例，亦是李尋進陳驃騎將軍王根之言。李尋述秦、晉郖之戰，秦穆
　　　公悅諓諓之言，任仡仡之勇，斥黃髮之諍，而受大辱，社稷幾亡，乃作〈秦誓〉
　　　自責的史事。李尋乃櫽栝〈秦誓〉之文，申言舉賢用能之益，實有天淵禍福
　　　之別，不可不慎。

又案：師古注作「員」者，用古文也。詳見本章，例 7。

　　　而今本作『愆』，師古作『曡』者——

　　1. 鈔本〈伯三八七一（含〈伯二九八〇〉）〉P：3071〈九條本〉P：3075〈內野本〉
　　　　P：3080《書古文訓》P：3104 竝作「則亡所曡」，『亡』即是『罔』（詳見陳鐵
　　　　凡〈敦煌本商書校證〉頁 4，『弑亓空又秉稷』條）。

　　2.〈八行本〉P：3101 作「則亡所曡」。

　　3.〈足利本〉P：3092〈影天正本〉P：3096《唐石經》P：3108 與今本〈秦誓〉
　　　　竝同，作「則罔所愆」。

　　　故皮錫瑞（《今文尚書攷證》卷廿九）言：「今文『罔』作『亡』。」無、罔同義，
　　是也。

　　　《集韻》云：「愆，古作曡。（字正與〈岩崎本〉作『曡』同。〈岩崎本〉此篇恰
　　為《尚書文字合編》所無，乃依陳鐵凡先生〈敦煌本商書校證〉頁 63，『亓永亡愆』
　　條補。）《說文》十篇下、心部言：「愆，過也。从心衍聲。曡，籀文。」陳鐵凡先
　　生（詳見〈敦煌本商書校證〉頁 63，『亓永亡愆』條）云：「曡為俗譌。」由是可知，
　　師古所引作『曡』、今本作『愆』者，皆古文說也。

又案：鈔本〈伯三八七一（含〈伯二九八〇〉）〉P：3071〈九條本〉P：3075〈內野
　　　本〉P：3080〈古梓堂本〉P：3085〈足利本〉P：3092〈影天正本〉P：3096
　　　〈八行本〉P：3101《書古文訓》P：3104《唐石經》P：3109 竝同今本，均
　　　作「截截善諞言」。

　　　據《說文》三篇上、言部：「諞，便巧言也。从言扁聲。周書曰：『截截善諞言。』

論語曰：『友諞佞。』」段玉裁《古文尚書撰異・秦誓》（卷卅一，頁 3～5）云：「說文十二篇：『戔，賊也。从二戈。周書曰：「戔戔巧言」。』玉裁按：歺部，殘，賊也。是戔、殘同也。周易：『束帛戔戔。』子夏傳作『殘殘』。引周書者，秦誓今文也。秦誓：『截截善諞言。』說文言部引之，馬季長本與梅氏本同，此古文尚書也。今文尚書作『戔戔靖言』，春秋文公十二年、公羊傳曰：『惟諓諓善竫言。』……何注：『諓諓，淺薄之貌。』……劉向〈九歎〉曰：『讒人諓諓，孰可愬兮。』王逸注：『諓諓，讒言貌。』引尚書：「諓諓竫言。」』……說文無『諓』字，蓋治經者加『言』旁於『戔』耳。先儒多言《公羊》，子夏弟子受經於子夏，而其所偁尚書則與伏生今文合，漢人多習今文，故引『諓諓竫言』。戔與諓、靖與竫，古同音通用。」

　　段氏之言甚允！戔，音讀「昨干切」，十四部；截，音讀「昨結切」，十五部，二字雙聲，復一聲之轉，於古時音近，故可通叚。是李尋作『諓諓』，用今文說；今本及鈔本作『截截』，乃係古文說也。

9、今沖子嗣，則無遺壽耈。〈召誥〉

　　書曰：『無遺耈老』，國之將興，尊師而重傅。〈孔光傳〉卷八一　頁 3363

　　師古曰：「周書召誥之辭也。言不遺老成之人也。」

謹案：此乃平帝初立，太后稱制時，王莽專擅威統百官，孔光恐，稱疾辭官，太后於是下詔，令光毋朝，以不與莽並朝爲僚。詔文引《尚書》之文以爲用，以孔光爲聖人之後（孔子十四世孫），道術通明，欲重用以輔幼帝，是國之俊乂重臣，乃不可缺！

又案：今本「壽耈」，詔文作『耈老』，乃三家今文尚書之文，段、皮二氏俱以爲論，是也。鈔本〈九條本〉P：1949 作「老耈」，字與詔文同，但二字倒置；〈內野本〉P：1961〈足利本〉P：1974〈八行本〉P：1993《書古文訓》P：2000《唐石經》P：2009 則同於今本，作「壽耈」；惟〈影天正本〉P：1983 作『亡遺壽者』，蓋衍「者」而缺「耈」。《爾雅・釋詁上》：「耈、老，壽也。」詔文以「老」詁「壽」耳。

■■以上四例，皆以《尚書》經文而爲『敬賢尊老』之說，乃依上文二類，提挈引文，比附和合於此。

10、夏師敗績，湯遂從之。〈湯誓〉

　　（沛公、張良）遂與俱見景駒，請兵以攻豐。時章邯『從』陳，別將司馬瓛將兵北定楚地，屠相，至碭。〈高帝紀〉卷一上　頁 13

師古曰：「從謂追討也。尚書曰：『夏師敗績，湯遂從之。』」

謹案：《漢書》並未指陳「從」字的出處，實師古自以爲解，援引《尚書》，經文以
　　　證。

## 11、推亡固存，邦乃其昌。僞〈仲虺之誥〉

贊曰：遭值匈奴乖亂，『推亡固存』，信威北夷。〈宣帝紀〉卷八　　頁 275

師古曰：「尚書仲虺之誥曰：『推亡固存，邦乃其昌』。言有亡道者則推而滅之，
有存道者則輔而固之。王者如此，國乃昌盛，故此贊引之。」

謹案：班固迻錄《左傳・襄公十四年》傳文，以稱頌孝宣之治。雖初遭匈奴之亂，
　　　然其世，吏稱其職，民安其業。天命自因『存道者』輔而固之，『無道者』
　　　推而滅之，是以匈奴稱臣歸附，正可謂「中興」明主，更贊其德足以配殷高
　　　宗、周宣王也！

又案：《左傳・襄公十四年》傳文，載晉侯問衞故於中行獻子，中行獻子答曰：「仲
　　　虺有言曰：『亡者侮之，亂者取之，推亡固存，國之道也。』」（東晉）梅賾
　　　襲之，復益之「邦乃其昌」，以爲僞作〈仲虺之誥〉經文，師古未識《僞孔
　　　傳》之僞，乃直援引而用之；然漢人所傳《尚書》，不論今、古文說，皆無
　　　〈仲虺之誥〉乙篇，故愚將此僞作之經文，而直標以『僞〈仲虺之誥〉』，以
　　　爲區隔。

## 12、黎民於變時雍。乃命羲、和。〈堯典〉

成帝陽朔二年春，寒。詔曰：「昔在『帝堯，立羲、和之官』，命以四時之事，
令不失其序。故書云：『黎民於蕃時雍』，明以陰陽爲本也。」〈成帝紀〉卷十　　頁
312

應劭曰：「尚書堯典曰：『乃命羲、和』。羲氏、和氏世掌天地之官。」

應劭曰：「黎，眾也。時，是也。雍，和也。言眾民於是變化，用是太和也。」

韋昭曰：「蕃，多也。」師古曰：「此虞書堯典之辭也。今尚書作變，而此紀作
蕃，兩說並通。」

謹案：此詔迻錄《尚書》經文，乃是成帝借古正今之舉！帝堯命羲、和二氏，世掌
　　　天、地之官，觀天象識地理，政事合於四時而不失其序，此本之陰陽道理。
　　　然成帝朝中之臣，多不信陰陽消息，強以人力逆時違序，以致陰陽不調，政
　　　多乖違，故作此詔，述帝堯之順四時月令事，以勸臣下當安時處順，舉錯合
　　　宜。

又案：今本作「變」，此紀引經文作「蕃」者——

1. 《魏石經》P：2 三體直式殘石正作「變」。

2. 〈敦煌本堯典釋文殘卷（即〈伯三三一五〉）〉P：10 作彭，古變。下闕」吳士鑑〈唐寫本經典釋文校語・上〉於「彭」字條下（頁 2）云：「玉篇：『彭，古文變字。』參同契上篇云：『彭化於中』，又云：『彭易更盛』，此漢人以彭爲變之證。」

3. （清）孫星衍《尚書今古文注疏》（卷一）疏云：「潛夫論考績篇云：『此堯舜所以養黎民而致時雍也。』以『養』釋『蕃』。」

4. 段玉裁《古文尚書撰異》（卷一，頁 11～12），以作「蕃」爲今文尚書，其言：「書云：『黎民於蕃時雍』，玉裁按：此今文尚書也。應劭注云：『言眾民於是變化，用是大和』，蓋應（指應劭）用古文尚書，讀『蕃』爲『變』。」

5. 東漢桓帝延熹七年〈泰山都尉孔宙碑〉（見《隸釋》卷七，頁 4～5）云：「於元時廱」，孫氏（《尚書今古文注疏》卷一）曰：「漢孔宙碑云：『於卞時雍』，卞即弁之俗字。變與蕃聲相近，卞音近變。」段氏（《古文尚書撰異》卷一，頁 12）則言：「元即今之卞字，弁之變體。弁蓋蕃之假借。古音弁讀如盤。皮錫瑞《漢碑引經攷》（卷二，頁 5～6）曰：「此碑之陰有『魯國元』，漢書地理志作『卞』，與碑正同。碑蓋以『於卞』爲『於變』，當是同音而借；但當時傳《書》者，與今古文多有不同，如漢書成帝紀引書作『於蕃時雍』，或非假借亦未可知也。」皮氏之論中肯。

綜上所述，漢碑即銘「於元時廱」，則今文說亦有作「變」者，至於成帝詔文作「於蕃時雍」，蓋今文三家之異文也。

### 13、克明俊德，以親九族，九族既睦，平章百姓。〈堯典〉

### 14、惇敍九族，庶明勵翼。〈皋陶謨〉

元始五年春正月，詔曰：「『昔堯睦九族，舜惇敍之』。」〈平帝紀〉卷十二 頁358

師古曰：「虞書堯典云：『昔在帝堯，克明峻德，以親九族，九族既睦，平章百姓。』皋繇謨曰：『惇敍九族，庶明勵翼。』言堯能明峻德之士而任用之，以睦（案：字原作「陸」，今依〈校勘記〉改。）高祖玄孫之親，乃令百姓平和章明。舜又厚敍此親，使眾庶皆明其教，而自勉勵翼載上命也。故此詔引之。」

謹案：平帝有感於王公宗室，雖有十萬餘人，或陷入刑罪，以至於親親不得相及。

於是隱括《尚書》經文，以帝堯有九族之敦睦，乃成平彰百姓之德；後繼之帝舜，亦能紹承堯之敦親，益發厚敘宗族，使百姓皆明其教化。詔文藉〈堯典〉〈皋陶謨〉以申明親親九族之重要，並考察有冤失職或不從教令者。

又案：今本作「俊」，師古注作「峻」者——

1. 東漢靈帝建寧五年〈郙閣頌〉（見《隸辨》卷四，頁43）亦同今本，作「克明俊德」。

2. 〈敦煌本堯典釋文殘卷（即〈伯三三一五〉）（案：愚從陳鐵凡先生〈敦煌本虞書校證〉，「靜言庸違」條下，陳氏之稱。頁27）〉P：10云：「畯，本文作『儁』，皆古『俊』字。」

3. 鈔本〈內野本〉P：15《書古文訓》P：52竝作「畯」。

4. 〈足利本〉P：27〈影天正本〉P：35〈八行本〉P：44《唐石經》P：57俱同今本，字竝作「俊」。

5. 段玉裁《古文尚書撰異》（卷一，頁8～9）云：「禮記大學篇：『帝典曰：克明峻德。』此與古文尚書合，特山旁、人旁為異耳。今文尚書作『克明訓德』。訓，順也。史記五帝本紀：『能明馴德』，徐廣曰：『馴，古訓字。』……堯典在歐陽、夏族當作：『克明訓德』。……凡司馬氏史記、班氏漢書，全用今文尚書。」

6. 皮錫瑞《今文尚書攷證》（卷一，頁6～7）云：「大學引帝典作『峻』，大小戴與夏族尚書同師，是夏族本作『峻』。漢書平當傳曰：『昔者帝堯南面而治，先克明峻德，以親九族，而化及萬國。當習歐陽尚書，見儒林傳，則歐陽家亦作『峻』也。』

7. 吳士鑑《唐寫本經典釋文校語・上》於「德」字條下曰：「史記宋世家引洪範：『畯民用章』，今本亦作『俊』，『俊』與『儁』經傳每多通用。」

綜前所述，唐初鈔本「俊」「畯」並存，師古所據或本之〈大學〉作「俊」。「俊」音「子峻切」，精母，十三部；「峻」讀「思閏切」，心母，十三部；「畯」亦音「子峻切」，知三字為疊韻，「俊」「畯」同音通作，「峻」與「俊（畯）」為旁紐雙聲，故三字古音同或音近，可相通叚。

再者，段氏之論微誤，其言「史記漢書全用今文尚書」，然此詔卻用「古文」說，實段氏未審之瑕。漢人已作「克明俊德」，斷非今文用「馴」而古文用「俊」者，蓋今、古文說並用「俊」，其旁或從「山（峻）」抑從「田（畯）」之叚借字耳。

15、欽哉！惟時亮天功。〈堯典〉

自古帝王之興，曷嘗不建輔弼之臣所與共成『天功』者乎！〈高惠高后文功臣表〉卷十六　頁 527

師古曰：「天功，天下之功業也。虞書舜典曰：『欽哉，惟時亮天功』也。」

謹案：《漢書》櫽栝《尚書》經文，藉以解釋善治天下，非帝王一人之力所得為之，尚須能臣百工之輔弼，始得以代天理官執事，分化百工，使各盡其能，乃成教化天下之功業！

16、三載，四海遏密八音。〈堯典〉

『八音』：土曰塤，匏曰笙，皮曰鼓，竹曰管，絲曰弦，石曰磬，金曰鐘，木曰柷。〈律曆志〉卷二一上　頁 957～958

謹案：〈堯典〉載帝堯殂落，百姓哀之如喪考妣，三年不舉樂，以悼念哀思。八音，乃八種古樂器，分由八類物質所成，八音配以五聲（宮、商、角、徵、羽），五聲和，八音諧，而樂成。

17、天工人其代之。〈皋陶謨〉

書曰：『天功人其代之。』〈律曆志〉卷二一上　頁 963

師古曰：「虞書咎繇謨也。言聖人稟天造化之功，代而行之。」

謹案：班固迻錄《尚書》經文，藉〈皋陶謨〉載禹、皋陶互陳治民之道，以為《易經》乃「天兼地而人則之」之解，言天無語，垂象以布；地無聲，四時以替；聖人察其道、效其行，繼天順地，序氣成物，而終天地造化之功也。是以〈律曆志〉云：「唯天唯大，唯堯則之。」

又案：《漢書·孔光傳》用「天工」，乃從古文說，然《漢石經》亦作「工」者，乃歐陽尚書（經彼岸許景元先生〈新出熹平石經尚書殘石考略〉乙文、劉起釪先生《尚書學史》頁 73、吾國黃彰健先生《經今古文學問題新論·論漢石經》頁 253～296，亦從其說，皆以《熹平石經·尚書》乃用歐陽尚書為底本而鐫刻無疑。）延用古文為說。至於《漢書》有作「天功」者，則為今文說，蓋「工」「功」二字，為三家今文異說耳。詳見本章，例 47。

18、惟呂命，王享國百年，耄荒，度作刑，以詰四方……墨罰之屬千，劓罰之屬千，剕罰之屬五百，宮罰之屬三百，大辟之罰其屬二百。五刑之屬三千。〈呂刑〉

周道既衰，穆王『眊荒，命甫侯度時作刑，以詰四方。墨罰之屬千，劓罰之屬

千，臏罰之屬五百，宮罰之屬三百，大辟之罰其屬二百。五刑之屬三千。』蓋多於平邦中典五百章，所謂刑亂邦用重典者也。〈刑法志〉卷二三　頁1092～1093

謹案：班固逐錄《尚書》經文，說明周穆王時，王道漸衰，禮樂漸失其化，是以較承平之世，多出刑罰五百章，即班固所謂之「刑亂邦用重典」。

又案：今本作「耄」，班固引經文作「眊」者——

1. 《說文》四篇上、目部：「眊，目少精也。从目毛聲。虞書耄字从此。」段注：「亡報切，二部。按：虞書無耄字，僞大禹謨有之，非許所知也。惟商書微子、周書呂刑皆有耄，呂刑『耄荒』，周禮注引作『秏荒』，漢刑法志『眊荒』。漢書多以『眊』爲『耄』，豈許所據書作『眊』與？當云：『尚書薹字如此。』此爲假借。」又八篇上、老部：「薹，年九十曰薹，从老蒿省聲。」段注：「今作耄，从老省毛聲。秏，今音讀蒿，去聲。蓋蒿聲、毛聲，古可通用也。……按，其字亦作眊，亦作旄。莫報切，二部。」

2. 《經典釋文‧尚書音義下》（卷十四）云：「耄，本亦作薹。」段玉裁《古文尚書撰異》（卷二九）云：「釋文曰：『耄，本亦作薹。』玉裁按：薹乃說文薹字之譌也。」

3. 陳喬樅《今文尚書說攷》（卷二九）更申言段說：「今文尚書正作眊荒。又漢書武帝紀元狩元年詔云：『老眊孤寡。』又平帝紀元始二年詔云：『眊悼之人。』又彭宣傳云：『年齒老眊。』皆以眊爲薹字。然則作薹者，古文尚書也。僞孔本作耄，乃俗字耳。」

綜上之言，段氏以爲許慎所據《尚書》，其經文當作「薹」，而不作「眊」；竊以爲不然。班固於東漢和帝永元三年死於獄中，許慎於安帝永光元年獻《說文》，若班固之本作「眊」，許慎較班固猶晚，亦有可能作「眊」，似不必如段氏之言，改「薹」爲「薹」。再者，許慎既列「薹」字，爲何不於「薹」字下言「尚書薹字如此」，反而列於「眊」字下耶？由此可知許慎所據《尚書》，其字正作「耄」！則「眊」乃今、古文說並同，僞孔本作「耄」者，當如陳氏所言用「俗字」耳。

又案：今本作「刖」，班固引經文作「臏」者——

1. 《史記‧周本紀》作「臏」。

2. 班固《白虎通義‧五刑》云：「臏者，法金之刻本。」又云：「腓辟之屬五百。」復言：「腓者，脫其臏也。」

3. 《周禮‧秋官‧司刑》：「刖罪五百。」鄭玄注：「刖，斷足也。周改臏作刖。」

4. 《爾雅・釋言》：「跰，刖也。」

5. 《說文》二篇下、足部：「跰，跀也。从足非聲。」段注：「字亦作刖。扶味切，十五部。」又云：「跀，斷足也。」段注：「此與刀部刖異義。刖，絕也。經傳多以刖爲跀。周禮司刑注云：『周改臏作刖。』按：唐、虞、夏刑用髕，去其厀頭骨也。周用跀，斷足也。凡於周言臏者，舉本名也。莊子（案：《莊子・德充符》）：『魯有兀者叔山無趾，踵見仲尼。』崔譔云：『無趾故踵行。』然則跀刑即漢之斬趾無足指，故以足跟行也。……髕則足廢不能行，跀則用踵尚可行，故刖輕於髕也。跀一名跰，跰一作刖。鄭駁異義（案：鄭玄《駁五經異義》）云：『皋陶改臏爲剕，呂刑有剕，周改剕爲刖。』此恐誤，與司刑注不合。魚厥切，十五部。」另四篇下、骨部：「髕，厀耑也。从骨賓聲。」段注：「周禮說周制作刖，呂刑說夏刑。則今文尚書作臏，古文尚書作剕，實一事也。……音轉字異，非有他也。毗忍切，十二部。」

據前所述，段氏以「髕」「剕」爲音轉而字異，實同指一事，亦即「髕」「剕」「跀」「跰」「刖」五字同義而形異也。許愼、鄭玄不同於段氏，皆以「髕」爲『去厀蓋骨』，「剕」爲『斬腳趾』，前者不得行走，故刑重；後者尚可踵行，故刑輕，乃爲二刑也。《說文》無「臏」「剕」二字，「臏」當從「骨」省而爲「肉」旁；「剕」當從「跰」，並從「刀」旁而會意，乃形聲兼會意也。蓋「剕」「臏」二字，應爲後起字，或謂流俗字，故段氏以作「剕」爲古文尚書本字，似稍譌焉。

再者，「髕」本義爲『去厀蓋骨』，「跰」本義爲『斬腳趾』，二刑雖皆不利於行，然意義殊異——前者不得行走，後者尚可踵行。又「臏」屬並母，十二部；「跰」爲奉母，十五部；「跀」爲疑母，十五部，是以「跰」「跀」疊韻；「跰」「髕」雙聲（案：錢大昕《十駕齋養新錄・古無輕脣音》云：「凡輕脣之音（案：如此例之『奉』母），古讀皆爲重脣（案：如此例之『並』母）。（案：見林尹先生《訓詁學概要》頁48～49）其古音相近，亦可通叚，故段氏乃言：「音轉字異。」

吾人從《尚書》之流行，可知先有伏生口授之今文本；後出孔壁、孔安國之古文本；復劉向以中秘本校今文本，有脫簡、字異者。據此脈胳，則今文說作「髕」爲正字，《史記》改用流俗字「臏」；古文說則是以與「髕」字爲古雙聲之通叚字「跰」爲正字，而今本作「剕」，乃用流俗字是也！後儒讀經，各承師法，是以「五刑」而有「髕」「跰」輕重之分。依古人「五刑」由輕而重之罰責，當作墨、劓、跰、宮、大辟，「宮刑」乃男女不義淫交之罰；「大辟」爲腰斬死罪；「墨」則黥面以誌其罪；「劓」爲削鼻以懲其惡；若罪更深者，便斬其足趾令其踵跳而行（跰），倘去其膝蓋骨（髕），則其人便不得行也！

聖人行禮樂以化於中，制刑罰以威於外，皆德治之施，旨在化民成俗，寓教於刑，而非殺戮立威，刑治天下，何忍見髖而不得行之重罰者乎！（宋）時瀾《增修東萊書說》（卷二，頁10）言之真切：「然則舜有肉刑之制，乃所以深愛後世也。」

19、咸秩無文。〈洛誥〉

天子祭天下名山大川，懷柔百神，『咸秩無文』。〈郊祀志〉卷二五上　頁1193
師古曰：「秩，序也。舊無禮文者，皆以次序而祭之。」

謹案：班固迻錄《尚書》經文，藉〈洛誥〉載周公告成王以殷禮、行祭祀於東都新邑，徧于百神，循其尊卑，依序而祭，毫無紊亂之失，以告眾神，建都功成也。師古注、蔡沈《書經集傳》皆從偽孔傳，以「無文」為「不在禮文者」之謂，實誤。既不在禮文之中，又如何得知該以何種祭儀以當之？復如何排列其禮祀之先後？故愚從王引之《經義述聞》於『咸秩無文』條下云：「文當讀為紊，紊，亂也。盤庚：『若網在綱，有條而不紊。』釋文：『紊，徐音文。』是紊與文古同音，故借文為紊。」皮錫瑞《今文尚書攷證》（卷十八）更申言王說：「王說攷之漢書、風俗通皆合。魏封孔羨碑：『秩群祀于無文。』漢人今文義當如是。陳喬樅以無文為從殷之質，非也。」

20、一、五行：一曰水，二曰火，三曰木，四曰金，五曰土。水曰潤下，火曰炎上，木曰曲直，金曰從革，土爰稼穡。〈洪範〉

經曰：『初一曰五行。五行：一曰水，二曰火，三曰木，四曰金，五曰土。水曰潤下，火曰炎上，木曰曲直，金曰從革，土爰稼穡。』〈五行志〉卷二七上　頁1318

謹案：班固迻錄《尚書》經文，引《春秋》所載春秋諸史，歷戰國之世，中繼秦、漢興替，下迄於王莽，比附其事，以應『五行』之休咎祅祥之說。此舉乃班固為其〈五行志〉文中所言五行、休咎、陰陽之說，引以為史證，並倡言其文之正確無誤、信而可徵也。

21、敬用五事。……二，五事：一曰貌，二曰言，三曰視，四曰聽，五曰思。貌曰恭，言曰從，視曰明，聽曰聰，思曰睿。恭作肅，從作义，明作哲，聰作謀，睿作聖。……曰肅，時寒若；义，時暘若；哲，時燠若；謀，時寒若；聖，時風若。曰咎徵：曰狂，恒雨若；僭，恒暘若；舒，恒燠若；急，恒寒若；蒙，恒風若。〈洪範〉

經曰：『羞用五事。五事：一曰貌，二曰言，三曰視，四曰聽，五曰思。貌曰

恭，言曰從，視曰明，聽曰聰，思曰睿。恭作肅，從作艾，明作悊，聰作謀，睿作聖。休徵：曰肅，時雨若；艾，時陽若；悊，時奧若；謀，時寒若；聖，時風若。咎徵：曰狂，恒雨若；僭，恒陽若；舒，恒奧若；急，恒寒若；霿，恒風若。』〈五行志〉卷二七中之上　　頁 1351

謹案：班固迻錄《尚書》經文，然以「庶徵」比附於「五事」之后，復陳春秋以迄王莽諸事，以應「休咎」之說。

　　吾人皆知「五事」實分三種層次，此為君人者所應具備之修養，故經文言「敬用五事」，其義乃是告誡人君當日日夜夜不斷精進，由淺入深，行遠自邇，猶如〈大學〉標舉之「八目」——格物、致知、誠意、正心、修身——之「內聖」功夫；而「庶徵休咎」之應，便是「八目」——齊家、治國、平天下——之「外王」成果。古聖先生藉天地自然之雨、暘、燠、寒、風之順逆，以徵驗人君修德正身之成敗，亦告誡在位者，應時時刻刻、兢兢業業、安民惠民、念茲在茲，察天地之咎徵以省己之過，視陰陽之休驗以勵己之善。此雖古聖建國君民之大要，不啻是當前，甚至窮盡人類之未來，亦足以為萬世不移之大法大則也！

　　然班固援引〈洪範〉，比附「五事」「庶徵」以為言「五行」、別「休咎」之道，已雜揉陰陽五行之說，其中不免附會穿鑿之言，流於讖諱機無稽之辯，似已乖違聖經大義；本師李振興先生憚思精慮，申言〈洪範〉大義，深入淺出，學界可自為參詳。

又案：今本作「敬用」，班固引經皆作「羞用」。詳見本篇，第九章，例 6。今本作「乂」，班固引經皆作「艾」。詳見本篇，第六章，例 6。今本作「哲」，《漢書‧五行志》作「悊」字。詳見本篇第十一章，例 6。此不贅言。

　　於此，先釋「睿」「睿」之異——

1. 《說文》十一篇下、谷部：「睿，深通川也。……虞書曰：『睿畎澮距川。』」段注：「川部既偁咎繇謨：『濬く巜距川。』矣，此又偁而字異，何也？蓋前為古文尚書，此為今文也。以濬く皆倉頡古文知之。」又曰：「濬，睿或從水。濬，古文睿。」段注：「从水从睿。睿，古文叡也。叡，深明也，通也。」是以，睿音「私潤切」，心母，十三部；叡音「以芮切」，喻母，十五部，二字音殊；然並有「通」之義，蓋轉注是也。

2. 鈔本〈島田本〉P：1480 作「叡」。

3. 《影天正本》P：1530 作「睿」（案：蓋「睿」即「睿」之譌。）；《書古文訓》同班固，字竝作「睿」。

4. 〈內野本〉P：1502〈足利本〉P：1518〈八行本〉P：1543《唐石經》P：1564
　　俱同今本，字竝作「睿」。

　　依《說文》，「睿」為今文，其古文作「濬」；「叡」為今文，其古文作「睿」，故班固所引作「睿」為今文說；今作「睿」者，乃古文說也。

又案：經文『思曰睿』，清儒以為當作『思曰容』者，皮錫瑞《今文尚書攷證》（卷十一）引伏生《尚書大傳》、司馬彪《續漢志》、荀悅《漢紀》、《戰國策》高誘注、董仲舒《春秋繁露・五行五事》、劉向《說苑》等，字竝作「容」，不作「睿」，便據以論斷班固〈五行志〉所引者，「睿」當為「容」字之譌！竊以為非是。〈五行志〉明言：「是以攬仲舒，別向、歆，傳載睦孟、夏侯勝、京房、谷永、李尋之徒所陳行事。」則於〈五行志〉中，班固便以別出董仲舒及劉向、劉歆三人之釋，而從睦孟、夏侯勝、及京、谷、李三氏之言。是以，不納入〈五行志〉者，蓋三人皆作「容」字，班固本就不取法。

　　再者，伏生《大傳》作「容」，豈知《尚書》經文亦作「容」乎？復言，《史記》不作「容」而作「睿」，何也？乃取其「通」之義，而非取「容」之訓也！皮氏滔滔之論，舉證亦豐，然未審〈五行志〉之寓意，蓋作「容」者早於白虎觀之議已不為諸儒所接受，故班固乃排除「容」字之說；且囿於伏生《大傳》之權威象徵，而不見作「睿」者，經義已得自明矣！

又案：今本於「休徵」之下，作「肅，時寒若。」，卻於「咎徵」之下，作「狂，恒雨若」；班固於此二者，字皆作「雨若」。吾人觀之〈洪範〉經文，其言：「八庶徵：曰雨、曰暘、曰燠、曰寒、曰風、曰歲。」字正作「雨」。又據《偽孔傳》傳文，其於『肅，時寒若』句下注曰：「君行敬，則時雨順之。」又於『狂，恒雨若』句下注曰：「君行狂疾，則常雨順之。」故知梅賾亦以「肅，時寒若」之「寒」為「雨」字。

　　然字作「寒」者，當為後世傳鈔之失——〈島田本〉P：1492〈內野本〉P：1512〈足利本〉P：1525〈影天正本〉P：1537〈八行本〉P：1550《書古文訓》P：1557《唐石經》P：1574皆同班固，字竝作「肅，時雨若」。則知此乃宋刊本譌刻也，今正之。

又案：今本作「暘」，班固引經文作「陽」者——

1. 《史記・宋微子世家》乃「陽」「暘」二字並存。竊以為太史公之作「陽」者，乃後人傳鈔而譌，字當作「暘」。

2. 《說文》七篇上、日部：「暘，日出也。从日昜聲。虞書曰：『曰暘谷。』」段

　　注：「此古文尙書堯典文。」

3. 《說文》十四篇下、阜部：「陽，高明也。」

4. 〈敦煌本堯典釋文殘卷（即〈伯三三一五〉）〉P：10 於『暘』字下云：「古陽字。」

5. 《尙書》正義引鄭玄注：「暘，金氣也，秋物成而堅，故金氣爲暘。」

　　綜上之言，字作「暘谷」者，爲古文尙書無疑，〈釋文殘卷〉亦明言「暘」「陽」爲古今字，則「陽」爲今文說者，亦確矣。惟《說文》以二字分居二部，雖同讀「與章切」，十部；然其義訓則略有不同，蓋後世以今字「陽」行，而古字「暘」遂廢矣！

又案：今本作「燠」，班固引經文作「奧」者——

1. 《史記・宋微子世家》亦同班固，字竝作「奧」。

2. 《尙書》正義引鄭玄注：「燠，火氣也。」字作「燠」。

3. 《說文》七篇下、宀部：「奧，宛也。室之西南隅。」又十篇上、火部：「燠，熱在中也。从火奧聲。」段注：「奧者，宛也。熱在中，故以奧會意。此與聲以見意也。」

4. 鈔本、《唐石經》P：1574 俱同今本，字竝作「燠」。

5. 〈內野本〉P：1512《書古文訓》P：1557 俱同，字竝作「炌」。

　　「炌」字於《說文》無錄，然見於郭忠恕《汗簡》（卷中之二，頁 55），其言：「炌，燠。於六切。」黃錫全先生《汗簡注釋》（卷四，頁 359）於『炌』字下云。「夏韻、屋韻。燠、下錄古尙書作炌、炌、𡊃等形。……郭見本作炌，以隸作古。」故「炌」即「燠」也。

　　是以，《史記》《漢書》竝作「奧」，乃今文說，以會「燠熱」之意；「燠」爲古文說，均無疑也。

又案：今本作「蒙」，班固引經文作「霿」者，《說文》十一篇下、雨部云：「霿，天氣下地不應曰霿。霿，晦也。从雨瞀聲。」段注：「霿，釋名作蒙。開元占經作濛。釋名曰：『蒙，日光不明，蒙蒙然也。』開元占經引郤萌曰：『在天爲濛；在人爲霧；日月不見爲濛；前後人不相見爲霧。』按霧與霿之別，以郤所言爲確。許以霧系天气，以霿系地气，亦分別井然。大氏霧下霿上，霧溼霿乾。霧讀如務，霿讀如蒙。霧之或體作雺，霿之或體作蒙，不可亂也。……衞包尙書曰：『蒙恒風若。』漢五行志作『霿』。尙書大傳作『瞀』。劉向曰：『瞀，眊眊亂也。』按此霿字，引申叚借之義也。本音茂，轉音蒙。易傳：『蒙者，蒙也。』亦霿之叚借。」

段注是也。據《尚書》正義引鄭玄曰：「蒙，見冒亂也。」故知古文說當作『霚』，而今文說以音近通段之『蒙』代替『霚』字也。

## 22、禹別九州，隨山濬川，任土作貢。〈禹貢・序〉

## 23、九川滌源，九澤既陂。〈禹貢〉

夏書：禹堙洪水十三年，過家不入門。陸行載車，水行乘舟，泥行乘橇，山行則梮，以別九州；『隨山浚川，任土作貢』；通九道，陂九澤，度九山。然河災之羨溢，害中國也尤甚。唯是爲務，故道河自積石，歷龍門，南到華陰，東下底柱，及盟津、雒內，至于大伾。於是禹以爲河所從來者高，水湍悍，難以行平地，數爲敗，乃釃二渠以引其河，北載之高地，過洚水，至於大陸，播爲九河，同爲迎河，入于勃海。『九川既疏，九澤既陂』，諸夏乂安，功施乎三代。〈溝洫志〉卷二九　頁 1675

**謹案：** 此例乃襲《史記・河渠書》而爲言，藉《尚書》所載帝禹任土作貢，隨山刊木，導河濬川，歷十三年，乃平水土，乃奉玄圭，告厥功成之故事，爲〈溝洫志〉開宗明義耳！

**又案：** 班固此段引文，雖冠以「夏書曰」，實襲自《史記・河渠書》，惟其字略有不同。因愚文以述《尚書》經文爲題，故於此只標舉援引自《尚書》者，其餘，請詳駱文琦先生《漢書尚書說考徵》（頁 125～127）。

**又案：** 〈溝洫志〉所引「孟」作「盟」、「洛」作「雒」者，皆用今文說也。「孟」作「盟」者，詳見本篇，第二章，例 24。「洛」作「雒」者，詳見本篇，第二章，例 23。

另今本作「濬」，班固引〈書序〉作「浚」者——

1. 《詩經・小雅・小弁》：「莫浚匪泉。」毛傳：「浚，深也。」
2. 《爾雅・釋言》：「濬，深也。」
3. 《史記・河渠書》亦作「浚」。
4. 鈔本〈伯三六一五〉P：351〈內野本〉P：389〈足利本〉P：414〈八行本〉P：444《唐石經》P：470 俱同今本，字竝作「濬」；惟〈影天正本〉P：429 作「濬」（案：鈔本字从「貝」，乃从「目」增筆而譌也）。
5. 《說文》十一篇下、谷部：「睿，深通川也。虞書曰：『睿畎澮距川。』」段注：「川部既偁咎繇謨：『濬く巜距川。』矣，此又偁而字異，何也？蓋前爲古文尚書，此爲今文也。以濬、く皆倉頡古文知之。」

6. 《說文》十一篇下、谷部又曰：「浴，容或从水。濬，古文容。」又十一篇上
二、水部：「浚，抒也。」

　　是以，濬、浚二字雙聲疊韻，皆讀「私閏切」，十三部，且字義又同訓，由此可
知「容」「浴」「濬」「浚」同音同誼，字相通作。然其差別，在於「濬」乃古文，「浚」
「浴」「容」爲今文也；然據《毛詩》，則「浚」字亦爲古文說。

## 24、允恭克讓，光被四表。〈堯典〉

　　道家者流，蓋出於史官，……此君人南面之術也。合於堯之『克攘』。〈藝文志〉
卷三十　　頁 1732

謹案：班固以「九流十家」乃源自「王官」而出，此例言「道家」源於「史官」。櫽
栝《尚書》經文，言道家清虛自守，卑弱自持，秉要執本之道，皆源於謙謙
之益，亦即本於堯、舜之禪讓也。

又案：今本作「讓」，《史記‧五帝本紀》亦作「讓」，《尚書》正義引鄭玄注：「推賢
尚善曰讓。」而班固引經文作「攘」者。實「攘」字爲「讓」之古文，《禮
記‧曲禮》鄭玄注：「攘，古讓字。」是以今本作「讓」者，乃從今文說，
據東漢靈帝建寧三年〈淳于長夏承碑〉（見《隸釋》卷八，頁 9～11）刻云：
「克讓有終。」故知今文說作「讓」字，而古文說作「攘」字也。

## 25、乃命羲和，欽若昊天，厤象日月星辰，敬授人時。〈堯典〉

　　陰陽家者流，蓋出於羲和之官，『敬順昊天，歷象日月星辰，敬授民時』，此其
所長也。〈藝文志〉卷三十　　頁 1734

謹案：班固櫽栝《尚書》經文，藉〈堯典〉載帝堯命羲、和四子，觀象授時之故事，
以釋「陰陽家」之出於「羲和之官」也。

又案：今本作「欽若」，而班固以訓詁字「敬順」代之，「欽」訓「敬」，《爾雅‧釋
詁下》：「欽，敬也。」；「若」訓「順」者，《爾雅‧釋言》：「若、惠，順也。」
　　再者，《魏石經‧君奭》P：2249 三體直式，古、篆、隸三體皆作「歷」，班固
此例所引，亦作「歷」，則「厤」「歷」爲古文說，無疑；然今文說亦有作「歷」及
「曆」者也。詳見本篇，第九章，例 3。
　　至於今本作「人時」者，乃衞包改「民時」爲「人時」，經文本字當從《漢書》
作「民時」。詳見本篇，第一章，例 3。

## 26、八政：一曰食，二曰貨。〈洪範〉

農家者流，蓋出於農稷之官。播百穀，勸耕桑，以足衣食，故『八政：一曰食，二曰貨。』〈藝文志〉卷三十　頁 1743

謹案：班固隱栝《尚書》經文，藉〈洪範〉載「八政」之「食、貨」，以釋「農家」之流，蓋源於農稷之官，主以足民食之饘，通有無之便也。

27、八政：八曰師。〈洪範〉

兵家者，蓋出古司馬之職，王官之武備也。『洪範八政，八曰師。』〈藝文志〉卷三十　頁 1762

謹案：班固迻錄《尚書》經文，藉〈洪範〉八政之末「師」以教民戰守兵戎者，以釋「兵家」蓋源自「司馬」乙官。

古時多兵農合一，司馬之教戰守、進退；習擊刺、步伐；操疾徐、疏數諸術者，多於農閒之際施行，即「田獵」也。《周禮·夏官·司馬》便載「四時」之講武：中春以蒐田，中夏以苗田，中秋以獮田，中冬則大閱備軍禮，攷核「三田」之功。百姓熟習武備，小則可以禦寇盜，大則足以保社稷。正所謂「不恃敵之不來，正恃吾有以待之」，習戰備戰而不求戰之備也。

28、初一曰五行，次二曰敬用五事。〈洪範〉

五行者，五常之形氣也。書云：『初一曰五行，次二曰羞用五事。』言進用五事以順五行。

謹案：班固迻錄《尚書》經文，以〈洪範〉所載「五行」——水、火、木、金、土、；「五事」——貌、言、視、聽、思；「五紀」——歲、月、日、星辰、曆數；「庶徵」——雨、暘、燠、寒、風，等隨機組合，以推算、預測吉凶禍福也。其法起於「五德終始」，其變源於「五事」之用，其算源於曆數之分度，其道出於「五星」之運作，而納上述於「五行」之生剋、「陰陽」之盛衰也。

又案：今本作「敬用」，《漢書》多作「羞用」。詳見本篇，第九章，例 6。

29、汝則有大疑，謀及乃心，謀及卿士，謀及庶人，謀及卜筮。〈洪範〉

蓍龜者，聖人之所用也。書曰：『女則有大疑，謀及卜筮。』〈藝文志〉卷三十　頁 1771

師古曰：「周書洪範之辭也。言所為之事有疑，則以卜筮決之也。龜曰卜，蓍曰筮。」

謹案：班固迻錄《尚書》經文，藉〈洪範〉載卜筮之事，以作為卜筮之類典籍與其

他書冊之分野。經文所謂「大疑」，蓋指《周禮・春官・大卜》所言之「大貞——卜立君、卜大封」「大祭祀——郊祀」「大遷（遷都）、大師（征戰）」「喪」等事宜。〈洪範〉列卜筮於末，乃誡君人者當盡人事，此即「民之所欲，天必從之」之理也。

又案：今本作「汝」，班固引經文作「女」者——

1. 《史記・宋微子世家》：「女則有大疑，謀及女心。」
2. 《漢石經・堯典》P：67 作「女」。
3. 〈堯典〉有「格汝舜」句，〈敦煌本舜典釋文殘卷（即〈伯三三一五〉）〉P：75，字亦作「女」。
4. 鈔本〈內野本〉P：80《書古文訓》P：135 作「女」。
5. 〈足利本〉P：98〈影天正本〉P：110〈八行本〉P：122《唐石經》P：142 俱同今本，字竝作「汝」。

綜上之言，今文說用「女」字，歐陽尚書亦作「女」，斷無疑也。然古文亦同今文作「女」，後鈔本有以「汝」叚借爲「女」，並訓爲「爾」者，蓋梅賾僞作之後，便流傳「女」「汝」之異本，至《唐石經》則以「汝」行，而「女」字僅見於鈔本耳。

30、伊陟相大戊，有祥，桑穀共生于朝。〈咸乂・序〉

31、高宗祭成湯，有飛雉升鼎而雊。〈高宗肜日・序〉

雜占者，紀百事之象，候善惡之徵。……『桑穀共生，大戊以興』，『鴝雉登鼎，武丁爲宗』。〈藝文志〉卷三十　頁1773

謹案：班固矡栝〈書序〉之文，藉〈書序〉述殷代大戊、武丁二帝，各有鳥木之異現於世，然得股肱伊陟、祖己之輔，正身修德，以應袄祥，雖有鳥木之異，卻無六沴之災；反是二帝戮力修德，惠施萬民，天下歸附，使殷祚得再續天命，而二帝亦爲「中興」英主也。

此例乃說明「雜占」之書之梗概，雜占者，即非上例「大疑（大事）」之占卜，多爲解夢、機祥之說。

又案：今本作「雊」，班固引〈書序〉作「鴝」者。《說文》四篇、佳部：「雊，雄雉鳴也。」四篇上、鳥部：「鴝、鴝鵒也。」段注：「今之八哥也。」雊音「古俟切，」見母，四部；鴝音「其俱切」，群母，四部；二字疊韻且皆爲牙音，古音相近，故可通叚。班固所引作「鴝」，乃叚借作「雊」，並訓爲「雊」也。

32、※伻來以圖。〈洛誥〉

　　書曰：『伻來以圖。』〈劉向傳〉卷三六　　頁1966

　　師古曰：「周書洛誥之辭。」

謹案：西漢成帝時，有星孛東井之災，岷山崩而雍江之異，劉向藉《尚書》載周公
　　　營建東都，使人持圖以示成王，茲爲說明乙事，因天文難以相曉，仍需圖解
　　　口說，故向欲如周公舊事，期求成帝詔之以指圖陳狀。此乃劉向因災異而戒
　　　成帝毋逸遊樂之諫文，此例迻錄〈洛誥〉經文，以爲解釋災異之言也。

33、厥民夷，鳥獸毛毨。〈堯典〉

　　夫胡貉之地，積陰之處也。……『其人密理，鳥獸氄毛。』〈鼂錯傳〉卷四九
　　頁2284

　　師古曰：「密理，謂其肌肉也。氄，細毛也。」

謹案：文帝時，胡、夷之勢盛而漢祚初立，故勸農力本，乃爲當務之急也。此例隳
　　　栝《尚書》經文，藉以描述北方外族與中原漢族先天之異。

又案：鼂錯以「其」詁「厥」，「人」詁「民」，皆《爾雅·釋詁》文。又今本作「毛
　　　毨」，而錯引經文作「氄毛」者——

　　1. 鈔本與今本俱同，字竝作「毛毨」，惟《書古文訓》P：53 作「髦毨（案：李
　　　　遇孫《尚書隸古定釋文》『髦』字下云：「髦與毛通。儀禮士喪禮：『馬不齊髦。』
　　　　注：『今文髦爲毛。』說文毨字下亦引作髦。」）」

　　2. 《說文》八篇上、毛部：「毨，毛盛也。从毛隼聲。虞書曰：『鳥獸毨髦。』」

　　3. 〈敦煌本堯典釋文殘卷（即〈伯三三一五〉）P：11『毨』字下云：「古洗字，
　　　　先典反，理也。說文：『仲秋鳥獸毛盛，可選取以爲器用。讀若選。』」吳士鑑
　　　　先生〈唐寫本經典釋文校語·上〉（頁6）云：「今本（案：謂今本《經典釋文》。）
　　　　無『古洗字』及『理也』『讀若選』三語，『理也』二字用孔傳。案：毨與洗以
　　　　同聲叚（案：字原作「段」，蓋「叚」之譌，凡吳氏文中言「叚用」「通叚」，
　　　　字皆譌爲「段用」「通段」。今正之。）用。」

　　4. 《說文》八篇上、氄部：「氄，獸細毛也。从三毛。」段注：「毛細則叢密，故
　　　　从三毛，衆意也。」

　　　由是可知「毨」「氄」「毨」都有「叢密」「衆多」之義，又氄音「而融」「如容」
兩切，分別屬十五、十三兩部；毨音「穌典切」，古音在十三部；氄讀「此芮切」，
十五部。是以三字或疊韻聲近，或義訓竝同，故可通叚。鼂錯援引〈堯典〉經文，
以描述化外之夷，其間運用之妥貼，足見錯於《尚書》用功之勤、瞭解之深。

又案：吳士鑑氏以為〈釋文殘卷〉之云：「毬，理也。」乃據偽孔本，殊不知偽孔本
　　　則依鄭玄而立其說——《周禮・天官・司裘》孔疏引：「鄭曰：『毬，理也』。
　　　毛更生整理。」

34、厥民因，鳥獸希革。〈堯典〉

楊粵之地少陰多陽，『其人疏理，鳥獸希毛』。〈鼂錯傳〉卷四九　頁2284

謹案：此同上例，皆鼂錯議以「移民實邊，屯田以守」的務實方法，而變調兵遣將
　　　之曠日廢時，師至而胡、夷已去，亦可免王師因水土不服，既可闢疆闢土，
　　　又可常保邊防。故文帝採納其議，發民實邊，屯耕以戍守。然此亦藉迻錄《尚
　　　書》經文，以描述南方蠻夷別於中土人士之特性，錯變易經文以為用，真羚
　　　羊掛角之言。

又案：《詩經・小雅・斯干》云：「知矢斯棘，如鳥斯革。」鄭箋：「如鳥夏暑希革，
　　　張其翼時。」則古文說作「希革」蓋無疑。惟錯所引作「希毛」者，乃與上
　　　例「毳毛」相對，其文曰：「其人密理，鳥獸毳毛，其性能寒」；「其人疏理，
　　　鳥獸希毛，其性能暑」正南北胡夷相對為文，三句各易一字，斷非從今文說
　　　之經文作「希革」。

35、太甲既立，不明，伊尹放諸桐。〈太甲・序〉

延年曰：「伊尹相殷，廢太甲以安宗廟，後世稱其忠。」〈霍光傳〉卷六八　頁
2937

師古曰：「商書太甲篇曰：『太甲既立，弗明，伊尹放諸桐』是也。」

謹案：時適昭帝崩，田延年述《尚書》故事，以勸霍光，廢初嗣立而淫行亂法之邑
　　　王劉賀為帝，後改立武帝曾孫病己，是為漢宣帝。田氏以霍光比之伊尹，以
　　　昌邑王比之太甲，放廢昏君而迎立賢君。然此傳僅述其事，雖未見稱引經文；
　　　但亦由此可知漢人廢立嗣君，猶以《尚書》是依。

又案：鈔本〈內野本〉P：730〈天理本〉P：736〈足利本〉P：742〈影天正本〉P：
　　　746 與師古注文同，皆作「弗明」；〈八行本〉P：750 作「不明」，則與今本
　　　同。《唐石經》P：756殘缺莫辨，《補闕》P：761則同今本亦作「不明」，由
　　　是可知師古所本作『弗明』。

36、允執厥中。偽〈大禹謨〉

悉爾心，『允執其中』。〈武五子傳〉卷六三　頁2749

謹案：武帝元狩六年，策齊懷王劉閎為主，以其國土風俗申戒之。武帝乃引《論語‧
　　　堯曰》之文，以申戒劉閎為君之道，當信守中道以行之於政也。〈堯曰〉經
　　　文正作「允執其中」，與武帝策文竝同，梅賾以「厥」代「其」字，而僞作
　　　〈大禹謨〉之經文。

37、**予思日孜孜**。〈皋陶謨〉

　　　此士所以『日夜孳孳』，敏行而不敢怠也。〈東方朔傳〉卷六五　　頁 2866
　　　師古曰：「孳與孜同。」

謹案：此乃東方朔求試用而不得，故著論自為慰諭之辭也。朔隱栝《尚書》經文，
　　　以自詡日夜勤於經術，無一刻稍敢懈怠，雖有賢能篤行若此，猶不得進仕以
　　　治世，大有解嘲之意。

又案：今本作「孜孜」，東方朔引經文作「孳孳」，實二字古時無別，蓋後世以『蕃
　　　生』為『孳乳』，以『不怠』為『孜孜』，遂分為二義，而有作「孜」為古文，
　　　作「孳」為今文之說，此皆後人語辭分化所致，吾人溯古以觀經史，應去除
　　　成見，以古音古字義為釋才是。詳見本篇，第二章，例 15。

38、**無偏無黨，王道蕩蕩**。〈洪範〉

　　　書曰：『毋偏毋黨，王道蕩蕩。』〈車千秋傳〉卷六六　　頁 2885
　　　師古曰：「周書洪範之辭也。」

謹案：此乃武帝答車千秋之言。時適蘭臺巫蠱之禍而誅太子黨，連坐罪甚廣，千秋
　　　藉上壽之時，勸武帝施恩惠、緩刑罰、鼓琴瑟，以減群下死懼之心，杜人人
　　　自危、惶惶終日之念。雖與東方朔同藉賀壽之名、以釋君懷——〈東方朔傳〉
　　　是臣解君憂、歌功頌德之辭（武帝時，因昭平君醉殺主傅，獄繫內官。因其
　　　為隆盧公主之子，是武帝之姪也。故眾臣議以罪贖，然武帝言：「法令者，
　　　先帝所造也，用弟故而誣先帝之法，吾何面目入高廟乎！又下負萬民。」
　　　東方朔乃上壽，遂錄《尚書》經文，稱頌武帝賞不避仇讎，誅不擇骨肉，
　　　天下之幸甚也！）；〈車千秋傳〉則是父子相殘、骨肉相離之悲——二者同引
　　　〈洪範〉此文，真乃王道難為也！

又案：〈東方朔傳〉作「不偏不黨」，今本作「無偏無黨」——

　1.《漢書‧王莽傳》載太后下詔曰：「無偏無黨，王道蕩蕩。」

　2. 東漢靈帝建寧四年〈博陵太守孔彪碑〉（（宋）洪适《隸釋》卷八）正作「無偏
　　　無黨，遵王之素」。

3. 〈島田本〉P：1477～P：1478〈內野本〉P：1506〈足利本〉P：1521〈影天正本〉P：1533〈八行本〉P：1546同作『亡』。

4. 《書古文訓》P：1555，與《漢石經》（《隸釋》卷八）殘碑並作『毋』。鈔本作「亡」，乃是「無」之叚借。

5. 《易・泰・九二》言：「包荒，用馮河，不遐遺，朋亡。」注云：「无私无偏，存乎光大，故曰朋亡也。」是注以「朋黨」釋「朋」，「无（無）」釋「亡」。《周易》卦爻言有無，字均作「有无」，《水經・濕水注》云：「燕語呼亡爲無。」亡、無一聲之轉，又疊韻（見《說文通訓定聲》亡字下按語。頁920下）。

6. 《說文》十二篇下、亡部云：「無，亡也。」又「无，奇字，無也。」

7. 另《說文》十二篇下、毋部云：「毋，止之詞也。」段注：「古通用無。詩書皆用無。」士昏禮『夙夜毋違命』，注曰『古文毋爲無』。是古文禮作無，今文禮作毋也。漢人多用毋。」

若依段玉裁之見，《漢書・王莽傳》、〈孔彪碑〉、今本〈洪範〉作『無』是古文用法；作『毋』的《漢石經》、〈車千秋傳〉便是漢人沿用的今文說法。此言不虛：班固（《漢書》）卒於漢成帝永光四年（西元92年），較諸漢靈帝熹平四年立於太學門外的《熹平石經》（西元175年）大約早了八十年；〈孔彪碑〉與《漢石經》雖立於靈帝，但〈孔彪碑〉較早，故〈王莽傳〉、〈孔彪碑〉從古文作『無』；逮及《漢石經》定本則從今文作『毋』耳，當無疑問。後於《魏石經》P：2172三字直式「無」字，古字正作「㐄」，隸定爲「無」。至於「不」「無」字，「無」古音在一部，「不」古音在五部，其音殊異，然其義相近，亦可通叚——

1. 王引之《經傳釋詞》言：「不、否，無也。……故洪範：『無偏無黨、無黨無偏。』史記張釋之、馮唐傳贊引作：『不偏不黨』、『不黨不偏』。呂刑：『鰥寡無蓋』，墨子尙賢篇引作：『鰥寡不蓋』。」

2. 楊樹達先生（見《詞詮》卷一，頁17. 卷八，頁524）以爲二字乃作否定副詞，《論語・學而》各有一例：「人不知而不慍，不亦君子乎？」「君子食無求飽，居無求安。」其中三「不」二「無」皆作否定副詞，故相通作。

39、※舜格于文祖，詢于四岳，闢四門，明四目，達四聰。〈堯典〉

令深者不隱，遠者不塞，所謂『辟四門，明四目』也。〈梅福傳〉卷六七　頁2922

師古曰：「虞書舜典曰：『闢四門，明四目』，言開四門以致眾賢，則明視於四方也。」

謹案：此全迻錄《尚書》經文。漢成帝時災異數見，大將軍王鳳權傾朝野，群下莫敢正言。梅福以『下亡（無）諱之詔，博覽兼聽，謀及疏賤』之法，諫成帝廣開視聽、廣招賢俊、廣納諍言，也爲《尚書》作一切實的註解。

又案：今本作「闢」，此傳作「辟」——

1. 鈔本〈內野本〉P：87〈足利本〉P：102〈影天正本〉P：114〈八行本〉P：127 皆作「闢」。

2. 漢桓帝延熹八年〈老子銘〉（《隸辨》卷四，頁 4）云：「辟世而隱居」，顧藹吉按語：「五經文字云：『辟，經典多借爲隱避之避』。」此乃『辟』借爲『避』。

3. 漢靈帝建寧三年〈夏承碑〉（《隸辨》卷五，頁 49）：「臣綦辟踊」。顧氏按語：「玉篇『擗』亦作『辟』。五經文字云『辟，經典又爲擗踴之『擗』。禮記檀弓『辟踊，哀之至也』，辟即擗字。』上二者皆是『辟』借爲『擗』。

4. 《隸釋》卷十四載《漢石經・尚書》殘碑作「頗辟」。顧氏（《隸辨》卷五，頁 50）按語：「五經文字云：『辟，經典多借用爲邪僻之僻』。」是假『辟』爲『僻』。

5. 魏文帝黃初元年〈受禪表〉（《隸釋》卷十九，頁 8～11）有「開皇綱，闢（一作闡。《隸釋》卷十九作『闡』；《隸辨》卷五作『闢』。）帝載」句，蓋漢人不借『辟』爲開闢之『闢』！

6. 細審〈敦煌本舜典釋文殘卷（即〈伯三三一五〉）〉P：75『辟』字下云：「本又作『闡』。婢亦反。徐：甫赤反。闢也，說文作閔。」字當作「闡」，從門單，而非吳士鑑（〈唐寫本經典釋文校語〉上卷，頁 22）、潘重規（〈敦煌唐寫本尚書釋文殘卷跋〉，頁 17）及廖雲仙（《虞夏商書斠理》，頁 61）三位前輩所以爲的「闢」，從門辟。鈔本之云「婢亦反」者，乃經文「辟」的音讀。

7. 《說文》九篇上、辟部：「辟（辟），法也。」又「𤅢，法也。周書曰：『我之不𤅢。』」段注二字之音讀皆作「必益切，十六部」。是知古文尚書作『𤅢』，今文乃作『辟』。

8. 《說文》十二篇上、門部云：「闢，開也。從門辟聲。閔，虞書曰：『闢四門』，從門從北。」段注其音爲「房益切，十六部」。又曰：「闡，開也。從門單聲。」

故辟、𤅢乃雙聲疊韻字，同音通作。但是辟、闢雖從「辟」得其聲，仍只是疊韻之音近而已，故『辟』之本義爲『法』，而音近借爲開闢之「闢」者，是用引申義。然而闡、闢的本義皆訓「開」，依此觀〈敦煌本舜典釋文殘卷〉，其字當作「闡」是也！

至於陸德明所言「本又作闡」者，蓋據其所見之異本而迻錄，作「闡」則以訓

詁字行之，從「婢亦反」以下，才是解釋「辟」的音讀。兩者並無矛盾之處，吾人不必強改「闢」爲「關」耳！據此觀之魏文帝黃初元年〈受禪表〉（《隸釋》卷十九，頁8～11）所鈔摹之碑文，恰如今之〈敦煌本舜典釋文殘卷〉，一作「闢」，一作「關」，或曹魏時作「闢」，至東晉梅賾獻書後，諸家奉爲圭臬，則「關」行而「闢」廢！幸碑文及鈔本另留《尚書》異文，蓋皆魏時傳本耳。

40、周公疾，曰：「吾死，必葬于成周，示天下臣於成王。」《尚書大傳・金滕》

昔成王以諸侯禮葬周公，而皇天動威，雷風著災。〈梅福傳〉卷六七　頁2925

師古曰：「尚書大傳云：『周公疾，曰：「吾死必葬於成周，示天下臣於成王也。」周公死，天乃雷雨以風，禾盡偃，大木斯拔。國恐，王與大夫開金滕之書，執書以泣曰：「周公勤勞王家，予幼人弗及知。」乃不葬於成周而葬之於畢，示天下（案：『下』字據〈校勘記〉補）不敢臣。』」

謹案：成帝久無子嗣，梅福認爲宜建三統，封孔子之世以爲殷後，故上書言武王克殷，存五帝之後，封殷於宋，紹夏於杞，明示三統，以爲不獨有之意。而如今於湯不祀、殷人無後，乃是成帝久無繼嗣之由！復舉成王欲以諸侯禮葬周公，當時皇天動威，拔巨木，雨風雷，故不葬於成周，而葬於畢，此即不以諸侯禮葬，而改行天子之禮！如果成帝以孔子之裔，奉祀殷後，雖不爲正統，但以聖人之功，封其子孫，則國家必獲其福，且成帝之名亦與天無極，暗指成帝會因此而有子嗣。

41、柔遠能邇。〈堯典〉

谷永閔其（段會宗）老復遠出，予書戒曰：「足下以『柔遠』之令德，復典都護之重職，甚休甚休。」〈段會宗傳〉卷七十　頁3029

師古曰：「柔，安也。柔遠，言能安遠人。虞書舜典曰：『柔遠能邇』。」

謹案：谷永檃栝《尚書》之辭，以形容段會宗已有蠻夷率服之功，又年事已高，不當再求功名。

又案：今本、鈔本、師古注俱同。漢〈督郵斑碑〉（案：皮錫瑞《漢碑引經攷》卷二，頁19，引『斑』作『班』；《隸辨》卷八，頁7、《隸釋》卷十二，頁9，『班』俱作『斑』，今依《釋辨》改。此碑無年月。）作『渘遠而邇』；桓帝延熹年間〈丹陽太守郭旻碑〉作『渘遲能邇』——

1. 字作「渘」者，顧藹吉（見《釋辨》卷二，柔字條下，頁62）言：「類篇，渘，

水名。字原云：『漢碑多以渘爲柔。』」。

2. 皮氏（《漢碑引經攷》卷二，頁 19）以爲：「漢碑『柔』多作『渘』。……『能、而』古通用，見禮運正義。〈郭旻碑〉易遠爲遐，以故訓代經，爾雅釋詁：『遐，遠也。』」皮氏蓋是非參半，據漢碑碑文，當是『渘』多作『柔』，皮氏恰好相反，此其非也。

42、平當以經明〈禹貢〉，使行河，爲騎都尉，領河堤。〈平當傳〉卷七一　頁 3050

師古曰：「尙書禹貢載禹治水次第，山川高下，當明此經，故使行河也。」

謹案：此乃表現漢人對《尙書》的看法之一。因明〈禹貢〉，所以奉詔沿河治水，修造河堤，以次山川高低，故知漢人已將《尙書》化爲生活現實的一部分。

43、※盤庚五遷，將治亳殷，民咨胥怨，作盤庚三篇。〈盤庚・序〉

臣聞昔者盤庚改邑以興殷道，聖人美之。〈翼奉傳〉卷七五　頁 3175

師古曰：「盤庚，殷王名也。將遷亳，殷眾庶咸怨，作盤庚三篇以告之，遂乃遷都，事見尙書也。」

謹案：漢元帝初元元年九月關東十一郡國大水，饑饉而人或相食。二年夏四月，孝武園白鶴館大火，此時翼奉以盤庚遷殷而中與殷世之跡，勸元帝徒都成周，以成周『左據成皋，右阻黽池，前鄉崧高，後介大河，建滎陽，扶河東，南北千里以爲關，而入敖倉，地方百里者八九，足以自娛』。如此既可免宮室苑囿之供，又可據天險、佔地利，收『束厭諸侯之權，西遠羌胡之難』之效，故諍言以遷都正本。

44、天聰明，自我民聰明。〈皋陶謨〉

書云：「天聰明。」〈李尋傳〉卷七五　頁 3179

師古曰：「虞書皋陶謨之辭也。天視聽，人君之行，不可不畏慎也。」

謹案：李尋治《尙書》（案：其與張孺、鄭寬中同師事張山拊，故李尋之學，乃小夏侯尚書也。），好〈洪範〉災異，又通天文、月令、陰陽，此乃迻錄〈皋陶謨〉經文，復配以天文，而論用人、得人之效。

45、無有遠邇，用罪伐厥死，用德彰厥善。〈盤庚上〉

書不云乎？『用德章厥善』。〈楚孝王囂傳〉卷八十　頁 3319

師古曰：「商書盤庚之辭也。言褒賞有德以明其善行。」

謹案：此成帝憫嚚羼患惡疾，以其德行純善卻不顯異，故下詔以《尚書》之辭，行
　　　封賞一縣予其子勳（楚孝王之子）爲廣戚侯之德，來彰顯孝王嚚仁慈之善。

又案：鈔本〈伯二六四三〉P：863〈伯三六七〇〉P：867〈岩崎本〉P：875〈內野
　　　本〉P：886〈元亨本〉P：896〈足利本〉P：903〈影天正本〉P：910〈八行
　　　本〉P：918《書古文訓》P：922《唐石經》P：933 俱同今本作『彰』。按《說
　　　文》九篇上、彡部云：「彰，彣彰也。从彡章，章亦聲。」段注：「彰通作章。」
　　　查章、彰二字，反切皆讀「諸良切」，是同音通叚也。

46、光獨以爲禮立嗣以親，中山王先帝之子，帝親弟也，以尚書盤庚殷
　　之及王爲比，中山王宜爲嗣。〈孔光傳〉卷八一　頁3355

　　　師古曰：「兄終弟及也。」

謹案：《尚書・商書》諸篇經文，並未記載殷人王位繼承法，然《史記・殷本紀》、《漢
　　　書・古今人表》竝言殷王之繼嗣，二史均稱盤庚爲祖甲之弟，繼祖甲崩後嗣
　　　位爲殷王。漢成帝綏和年間，並無子嗣，詔議諸臣於帝之胞弟中山孝王及親
　　　姪定陶王二者誰爲宜嗣，孔光即以《尚書》述盤庚爲王乙事，獨排眾議；但
　　　成帝以禮兄弟不相入廟爲由，而立姪定陶王爲太子。此雖非引《尚書》文字
　　　之例，然藉《尚書》以議論王位繼承諸事宜，足見《尚書》在有漢一朝，所
　　　受影響之大！

47、無曠庶官，天工人其代之。〈皋陶謨〉

　　　書不云乎？『毋曠庶官，天工人其代之。』〈孔光傳〉卷八一　頁3358

　　　師古曰：「虞書咎繇謨之辭也。位非其人，是爲空官。言人代天理官，不可以
　　　天官私非其材。」

謹案：孔光與傳太后爲了立嗣乙事而有閒隙，至哀帝立，傅氏、朱博共譖詆毀孔光。
　　　此傳所載，即帝策免孔光印綬，罷官歸里之策文，藉《尚書》文以爲用。師
　　　古注襲《僞孔傳》。本師李振興先生更發揮經義：「居官任職，爲代天行事，
　　　如非其人而居其官，就是壞亂天事。故人居其官，就是代天工。既代天行事，
　　　就不可曠廢職守，當以安民爲要。」（見《尚書學述・皋陶謨》篇，頁447）

又案：「無」，《漢書》多作「毋」。詳見本章，例38。

　　　至於「天工」、「天功」者——

　1.〈堯典〉云：「惟時亮『天功』」，《僞孔傳》注：「惟是乃能信立天下之功。」
　　　〈皋陶謨〉言：「『天工』人其代之」，《僞孔傳》注：「人代天理官，不可以天

官私非其材。」知東晉《僞孔傳》以『天下之功』釋『天功』，而以『天官』
釋『天工』，二辭迴異。

2. 《史記‧五帝本紀》則並以『天事』爲『天工』『天功』之訓，段玉裁（見《古
文尚書撰異》卷一）以爲：『蓋今文尙書作工』，疑太史公所據爲今文者，竊以
爲失之矣。據《說文》云：「工，巧飾也，象人有規巨矩，與巫同意。」音讀「古
紅切」，九部；「功，以勞定國也。」音讀「古紅切」，九部；「空，竅也。」音
讀「苦紅切」，九部。故『工、功』二字雙聲疊韻，而『工、空』二字，疊韻
而聲近（案：『古』，反切上字屬見紐，『苦』屬溪紐，同爲舌根音），三字或音
同或音近，古時得以通叚爲用。

3. 檢之銘文，『空』出於戰國，而『功』則金文未見，『工』已溯及甲骨文（見全
廣鎭《兩周金文通假字研究》第 183. 188 例），且金文『司空』皆作『毌工』
（同上文全氏之書，第 188 例），故『功』古無字，皆叚『工』爲之，蓋至秦
季別出『功』字，以與『工』區分（案：〈無逸〉有『即康功田功』句，《魏石
經》Ｐ：2163 三體直式之古文作『工』，篆文作『𢀝』。《說文》云：「工，古文
工。」漢隸作『功』。）

所以，作『天工』者古文也，作『天功』者今文也。太史公『事』訓『工』，
《詩經‧周頌‧臣工》云：「嗟嗟臣工，敬爾在公。」毛傳：「工，官也。」《說文》
十四篇下、𠂤部：「官，吏事君也。」《禮記‧樂記》云：「欣喜歡愛，樂之官也。」
鄭玄注：「官，猶事也。」下文「禮樂明備，天地官矣。」鄭注：「官，猶事也，
各得其事。」故「百工」一作「百官」（〈堯典〉：「允釐百工」，《漢書‧律曆志》
作「允釐百官」。），皆以言其所職司之事爲文，而太史公以「事」爲訓，正是古
文作「工」而今文訓「事」之證！

又按：《漢書》所載出於西漢時人之言者，皆用古文作『天工』——

1. 如本例所引自〈孔光傳〉，是出於詔策。

2. 〈王莽傳〉載平帝崩，子嬰二歲即位，當月出白石丹書，群臣遂以攝政勸太后
行之權宜，其時所頒詔文亦作『書不云乎？天工，人其代之。』未有例外。

3. 而東漢時，『天工』一辭或作『天功』，於《漢書》亦兩見，且均爲班固之自爲
言，如〈高惠高后文功臣表〉開章言道：「自古帝王之興，曷嘗不建輔弼之臣
所與共成『天功』者乎！」另〈律曆志〉言：「書曰：『天功』人其代之！」便
作『天功』。

4. 又《漢石經》（見《漢石經尚書殘字集證》卷二，頁 2～3）殘石有『天工』殘
片，屈萬里先生引蔡邕〈陳太丘碑〉云：「惟亮天工」，復證以羅振玉先生之論，

確屬〈堯典〉殘字。

5. 又前愚案舉『功』之古文作『工』（《說文》並同），〈敦煌本堯典釋文殘卷（案：愚從陳鐵凡先生說，見〈敦煌本虞書校證〉頁 27）〉釋『方鳩僝功』云：「工，古功字。」（〈伯三三一五〉P：12）此為盧氏綴輯而成，且於《經典釋文攷證》所無者，从『工』者乃『彡』之或體，鈔本〈足利本〉P：31〈影天正本〉P：39 與殘卷同，作『工』；〈內野本〉P：21 作『珍』，實為「工」之形譌。

6. 〈八行本〉P：48 則作『功』，與《唐石經》、〈五帝本紀〉竝同；《書古文訓》P：53.P：271 不論『工』『功』字，皆作『工』。

綜上之言，可見古今文字衍化之迹，甲、金文作『工』，漢人所見古文作『工』，漢隸作『工』，復因工、功二字同音通用，又可叚『工』為『功』，通用二字，故有「天工」「天功」之異，後儒未明源由，偏指某字為今、古文者，或乃添足之舉。今證之〈釋文殘卷〉，吾人當可明白『功』『工』二字仍有區隔——《說文》云：「工，古文工。」〈釋文殘卷〉言：「工，古文功。」——故知執施其事曰「工」，功勞功勳則為「功」，以此為觀之經文，擇一以為訓，便可貫通經文、瞭然於心；不似師古於〈高惠高后文功臣表〉〈律曆志〉〈孔光傳〉〈王莽傳〉四文所言『天功』乙詞而三釋之苦，反教讀者莫衷一是！

## 48、今予惟恭行天之罰。〈甘誓〉

翟義……移檄郡國，言莽鴆殺孝平皇帝，矯攝尊號，今天子已立，『共行天罰』。〈翟義傳〉卷八四　頁 3426～3427

謹案：此乃《漢書》引翟義起兵討伐王莽之檄文，檄文語見〈王莽傳〉（卷九九上）。下文王莽因大破翟義軍，斬劉璜之首，乃下詔大赦天下，詔文中亦言『命遣大將軍共行皇天之罰，討海內之讎』。是本傳引〈甘誓〉共兩句耳。同樣高舉「共行天罰」之大纛，然討逆義軍大敗，僭位叛軍大勝，豈真有「天命」哉？

又案：《漢書》引檄文、詔文，同作『共行天罰』，今本『共』作『恭』。

1. 《墨子·明鬼下》載：「夏書禹誓曰……予共行天之罰也。（見《墨子讀本》頁84）」

2. 段玉裁《古文尚書撰異》（卷四），並愚前文〈王尊傳〉中引〈堯典〉之言『象龔滔天』例已申言之：共，恭雖可通叚，但「奉行天命」之「共」，與「貌曰恭」之「恭」不可相混，前者引申為「奉行」，後者引申作「恭敬」，音雖同，義則殊！今本為「奉行」義之「共」者，乃後人所改，不可不慎；然段氏以師

古注：「共讀曰恭。」爲誤，大可不必作如是觀，因訓詁用語中，言「讀爲」
或「讀曰」者，主要是在「字音」，段氏（見《說文》一篇上、示部『祇』字
下，段注）自言：「云『讀爲』者，以音近之字易之；云『讀如』者，以同音
之字擬之。」又云：「凡言讀若者，皆擬其音。凡傳注言讀爲音，皆易其字也。
注經必兼此二者，故有讀爲，有讀若。『讀爲亦言讀曰』，讀若亦言讀如。」（同
上，示部『祇』字下，段注）是段氏亦主『以音近之字易之』，其又何必強言
師古之非也！詳見本篇，第五章，例 11。

49、※雖爾身在外，乃心罔不在王室。〈康誥〉

　　經曰：『雖爾身在外，乃心無不在王室。』〈谷永傳〉卷八五　頁 3466

謹案：成帝元延二年，谷永任北地太守，時災異數見，上乃使淳于長問永災異事。
　　　永則迻錄《尚書》經文，以自表身雖在外，戍守邊陲，但其心思意念，仍然
　　　朝夕懸念於明堂省闥，心繫漢家國祚之續。

50、蠻夷猾夏。〈堯典〉

　　贊曰：「書戒『蠻夷猾夏』。」〈匈奴傳〉九四下　頁 3830

　　師古曰：「虞書舜典載舜命皋陶作士之言。猾，亂也，夏謂中夏諸國也。」

謹案：此例〈匈奴傳・贊〉迻錄《尚書》經文，藉帝舜因四夷不時侵擾諸夏，中國
　　　難以久安，於是命皋陶作士師，訂『五刑』之制爲罰，以靖諸蠻乙事，說明
　　　外族危亂，於時久矣！而班固於此，乃指「匈奴」也。

51、天用勦絕其命。〈甘誓〉

　　武帝自作賦，以傷悼李夫人，其辭曰：「美連娟以脩嫭兮，『命樔絕』而不長。」
　　〈外戚傳〉卷九七上　頁 3953

　　師古曰：「樔，截也，音子小反。」

謹案：漢武帝時，李延年之妹、妙麗善舞，然年輕早卒。武帝思念夫人，故自爲賦
　　　文以悼之。武帝賦文中，櫽栝《尚書》經文，藉夏帝啓與有扈氏之戰於甘，
　　　所作誓師之辭中，言有扈氏威侮五行，怠棄三正，上天乃勦絕其命，王師恭
　　　行天罰，故伐之必克！武帝以『命樔絕』形容李夫人年少早卒，實乃天妒紅
　　　顏，爲人力所不能挽回之哀；然而，李夫人並非暴虐之封君，武帝雖櫽栝〈甘
　　　誓〉，猶有不類之虞也。

　　再者，李夫人卒，李延年遷協律都尉，李廣利爲貳師將軍，皆外戚，權重一時。

又案：武帝賦文作「樔」，今本作「勦」者——

1. 《史記・夏本紀》：「天用勦絕其命。」

2. 《墨子・明鬼下》：「天用勦絕其命。」（清）孫詒讓《墨子閒詁・明鬼下》（卷八）云：「僞孔傳云：『勦，截也。截絕謂滅之。』畢云：『勦字同剿。』詒讓案：勦當从刀，舊本从力，誤。唐石經尚書，亦誤爲勦。」

3. 鈔本〈伯五五四三〉P：493 雖經文折佚，然其《僞孔傳》傳文字作：「勦，截也。」

4. 〈伯二五三二〉P：495 作「勦」。

5. 〈九條本〉P：497〈內野本〉P：500〈足利本〉P：503〈影天正本〉P：506〈八行本〉P：508《書古文訓》P：510《唐石經》P：512 俱同今本，字竝作「勦」。

6. 《經典釋文・尚書音義上》（頁 12）於『勦』字下云：「勦，子六反。玉篇子小反。馬本作剿，與玉篇、切韻同。」

7. 《說文》無从「刀」之「剿」字。於十三篇下、力部：「勦，勞也。从刀巢聲。春秋傳曰：『安用勦民。』」四篇下、刀部：「剿，絕也。从刀喿聲。周書（案：「周」當爲「夏」字之誤。見《說文》十一篇上二、水部：「灑，醨酒也。一曰浚也。从网水焦聲。讀若夏書：『天用剿絕。』」陳喬樅《今文尚書經說攷》（卷四，頁 3）云：「說文兩引夏書，一作剿，一作剿字，此兼採今、古文之異字也。」陳氏之言甚是。）曰：『天用剿其絕命。』」六篇上、木部：「樔，澤中守艸樓。從木巢聲。」

綜合上文，武帝賦文作「樔」，音「鉏交切」，牀母，二部；剿音「子小切」，精母，二部；剿，有二音，一爲「楚交切」，初母，二部；一音則同「剿」爲「子小切」。三字本義殊異，惟「剿」「剿」同音；「樔」「勦」二字疊韻，一爲牀母，一爲初母，發音部位相同，音間有流轉，古音亦近。故「子小切」者，今音讀ㄐㄧㄠˇ；「楚交切」「鉏交切」者，今音皆讀作彳ㄠˊ。是三字有同音或音近通叚之用。蓋「勦」爲古文說，然漢人則並用「勦」「剿」，二字皆爲今文說。

段玉裁《古文尚書撰異》（卷四）云：「剿，字見王莽傳。莽拜郭欽爲塡外將軍，封剿胡子。又詔曰：『如黠賊不解散，將遣大司空將百萬之師，征伐剿絕之矣！』此實用尚書剿絕字也。師古曰：『剿，截也。』」故知漢人援引〈甘誓〉，有作「勦絕」「剿絕」「樔絕」之異，但絕無作「剿絕」者。

然段氏又言：「衞包謂剿爲古文，而改爲剿，亦無非是；而竟改爲从力之勦。於是五經文字力部曰：『勦，楚交反。見禮記。又小子反，見夏書。』而刀部，反無剿

字。此序例所謂唯今文尚書改就今字，與釋文音訓頗有不同，而不知衞包巨謬，非可附和也。……群經音辨力部亦云：『勦，絕也。』蓋惑於新定釋文也。」段氏此言謬矣！吾人依鈔本〈伯五五四三〉P：493 之傳文，〈伯二五三三〉P：495 皆作「勦」，當是梅賾僞作改「勦絕」、「剿絕」或「勦絕」字，而作「勦絕」者，二鈔本爲六朝傳之古文本（見陳鐵凡先生〈敦煌本易詩書考略〉例十三，頁 158，於「夏書（頁 2533）」條下云：「羅振玉考定爲六朝本。」；而例三三，頁 170，於「古文尚書（頁 5543）」條下云：「無影本流傳，內容未詳。」故愚乃以此本同於〈伯二五三三〉，而異於其他鈔本，斗膽藉羅氏之論，而附〈伯五五四三〉於六朝傳寫本之屬。），本就依《僞孔傳》作「勦」字；反觀《五經文字》於序例言：「唯今文尚書改就今字」，其言『今文尚書』者，當是唐時宮中所藏《漢石經》秘本，其字本就不作「勦」！蓋只從漢隸之「勦」，改爲唐楷之「勦」而已，無關衞包改字云云。

再者，唐初鈔本除作「勦」者，亦有延續漢、魏之作「勦」者，吾人又怎知《五經文字》、《唐石經》或更早之衞包，其所據之本，不是作「勦」者？若眞作「勦」字，則改古字「勦」爲唐時今字「勦」，豈有譌誤哉？另（唐）玄應《群經音辨》亦言：「勦，絕也。」段氏迴護之辭云：「蓋惑於定釋文也。」則段氏「小顏與元應同時，六書之學乃遜於緇流若此。（《古文尚書撰異》卷二九）」之譏，言猶在耳，不料玄應亦作「勦」，反不如〈王莽傳〉中師古之言：「剿，截也。」吁！文人相輕若此，同根而煎，徒嘆太急焉！其實段氏大可不必爲玄應《群經音辨》立迴護之說，如此反暴其短——因《群經音辨》所據之本，其字原是漢隸之「勦」字，此又何來「惑」與「不惑」之說耶！

52、※**高宗肜日，越有雊雉。祖己曰：「惟先格王正厥事。」**〈高宗肜日〉
　　書云：『高宗肜日，粵有雊雉。祖己曰：「惟先假王正厥事。」』〈外戚傳〉卷九
　　七下　　頁 3980

謹案：成帝無繼嗣，時又數有災異，劉向、谷永等皆陳言其咎在於後宮。上納諸言，乃省減椒房、掖庭用度。當時許皇后乃上疏成帝，陳言本自節用，無奢侈敗德之行，未料成帝竟刪削椒房殿之供給耗用，自哀命薄福淺。此傳所錄，即成帝對許皇后之疏文，迻錄《尚書》經文，以祖己所言『典祀無豐于昵』，申言而爲整飭後宮人事，戒浪費奢侈之行。故成帝乃以孝文帝、皇太后之德以勸勉許皇后，『毋違先后之制，減省群事，謙約爲右』，以垂法於後宮，平息眾議也。

又案：今本作「越」，成帝引經文作「粵」者——

1. 〈伯二五一六〉P：1184〈伯二六四三〉P：1186〈岩崎本〉P：1188《唐石經》P：1204 俱同今本，字竝作「越」。

2. 〈內野本〉P：1190〈元亨本〉P：1193〈足利本〉P：1196〈影天正本〉P：1198〈八行本〉P：1200《書古文訓》P：1202 視同成帝所引，字竝作「粵」。

3. 段玉裁《古文尚書撰異》（卷九）云：「尚書有『越』無『粵』，凡『越』必以『於』訓之，于於古今字也。攷魏三體石經遺字蘇摩（案：即《隸續》卷四，頁 1～5，所錄名為〈魏三體石經左傳遺字〉其有混入〈大誥〉〈文侯之命〉經文。）所摩刻見於隸續者，大誥作『粵茲□』。文侯之命作『粵小大』。許君說文引周書（案：即《說文》亏部「粵」字下，許慎所引《尚書·召誥》經文者。）：『粵三日丁亥。（案：今本〈召誥〉作「丁巳」。）。』然則古文尚書作『粵』不作『越』。詩周頌：『對越在天。』毛傳：『越，於也。』以同音假借。蓋古文尚書別本作『越』，未必衞包所改也。」

4. 陳喬樅《今文尚書經說攷》（卷七）云：「隸古定本『粵』作『越』。越者，粵之同音假借字也。……攷魏三體石經遺字蘇望所摹刻，……是漢、魏所傳古文尚書亦同今文作『粵』也。漢書律厤志引武成篇曰：『粵若來、粵五日甲子、粵六日庚戌、粵五日乙卯。』武成篇乃壁中古文，孔氏之逸書，今文家所無者，而其字皆作『粵』，尤足為古文尚書不作『越』之證。……今儒以今本尚書『越』字為衞包所改，而未有明證，存疑焉可也。」

段、陳二氏之說，是也。據鈔本〈伯二五一六〉P：1184〈岩崎本〉P：1188 皆唐初天寶三年前傳寫之本，字已作「越」，乃可知梅賾偽作時，便以「粵」字之同音叚借字「越」代之，後人流傳乃有作「越」「粵」之異本。蓋《唐石經》以為作「粵」乃漢人今文說，而見梅氏偽作古文尚書——『越』——為真古文，乃捨「粵」就「越」，流傳至今。

又案：成帝引作「惟先假王正厥事」，今本作「惟先格王正厥事」者，《漢書》引經文「格」，字多作「假」。詳見本篇，第十三章，例3。

53、※雖休勿休，惟敬五刑，以成三德。〈呂刑〉

又曰：『雖休勿休，惟敬五刑，以成三德。』即飭椒房及掖庭耳。〈外戚傳〉卷九七下　頁3980

謹案：此同上例，亦漢成帝對許皇后之不悅刪減後宮椒房人事日常耗用之資，而上疏成帝乙事。成帝前以迻錄〈高宗肜日〉經文，此則援引〈呂刑〉經文，藉周穆王勉勵呂侯勿以有德而自美，當不斷自修，慎用五刑，以成三德之功；

以之勸誡許皇后雖自言節用，然天有災異，臣有非議，故更應自我警惕，力誼勉行，稱順婦道，乃得無咎而用休也！

## 54、無偏無黨，王道蕩蕩〈洪範〉

甄邯白太后下詔曰：『無偏無黨，王道蕩蕩。』〈王莽傳〉卷九九上　頁 4047

師古曰：「尚書洪範之言也。蕩蕩，廣平之貌也。」

**謹案**：平帝元始元年正月，王莽向太后奏議，以塞外所貢白雉薦宗廟，群臣藉機盛陳王莽之功，上可配天而有白雉之瑞，故莽有功於宗廟，當賜號安漢公，加封晉爵。此乃太后納諸臣言，迻錄《尚書》經文，言其封乃循名責實，不偏不黨，意欲王莽莫再謙辭，順就封賜之謂也。

**又案**：〈車千秋傳〉作「毋偏毋黨」，此傳引作「無偏無黨」，蓋字作「無」為古文說，作「毋」為今文說。詳見本章，例 38。

## 55、身其康彊，子孫其逢吉。〈洪範〉

太后有詔遣大司徒、大司空策告宗廟，雜加卜筮，皆曰：「所謂『康強』之占，『逢吉』之符也。」

**謹案**：王莽為求鞏固權位，欲將其女配平帝為妻。太后以其女為太后之外家而下詔『勿采』，結果竟有千餘臣民咸言：『願得公女為天下母！』於是太后被迫下詔，責令大司徒、大司空策告宗廟，雜加卜筮。此傳之占文，乃檃栝《尚書》經文，且『康彊』『逢吉』二言，皆同為〈洪範〉：「七稽疑，擇建立卜筮人」以下之經文。即大司徒、大司空卜得之占，言選王莽之女為后，是順天應人，乃從筮從龜之「大同」，依「大同」而行，則身康彊，子孫其逢吉！

**又案**：今本作「彊」，此傳載二臣之占作「強」者——

1. 《史記·宋微子世家》云：「而身其康彊，而子孫其逢吉。」

2. 東漢桓帝延熹六年〈桐柏淮源廟碑〉（見《隸釋》卷二，頁 12～13）刻曰：「柔順其道，弱而能強。」

3. 桓帝永康元年〈車騎將軍馮緄碑〉（見《隸釋》卷七，頁 13～15）其辭曰：「誅疾霆豪。」（清）顧藹吉《隸辨》（卷二，頁 34）按云：「諸碑彊與彊或通用。」

4. 靈帝光和四年〈溧陽長潘乾校官碑〉（見《隸釋》卷五，頁 3～5）碑云：「扶弱抑彊。」

5. 鈔本〈島田本〉P：1489〈內野本〉P：1510〈足利本〉P：1524〈影天正本〉P：1536〈八行本〉P：1549《書古文訓》P：1557《唐石經》P：1572 俱同今

本，字竝作「彊」。

據《說文》十二篇下、弓部：「彊，弓有力也。从弓畺聲。」段注：「引申爲凡有力之稱。又叚爲勥迫之勥。巨浪切，十部。」又十三篇上、虫部：「強，蚚也。从虫弘聲。」段注：「叚借爲彊弱之彊。此聲在六部，而強（案：強，字當作「彊」。）在十部者，合韻也。巨良切。」許愼又言：「䲸，籀文強，从蚰从彊。」段注：「據此，則強者古文。秦刻石文用強，是用古文爲小篆也。然以強爲彊，是六書之叚借也。」

綜上之言，強、彊二字雙聲疊韻，故可通叚。皮錫瑞《今文尚書攷證》（卷十一）以爲作「彊」者爲今文說。吾人觀之漢碑，立於《熹平石經》前二石，並有「強」「彊」二字；《史記》作「彊」，此傳引作「強」。《說文》另有「勥（勥）」字，於十三篇下、力部：「勥，迫也。从力強聲。勥，古文从彊。」金文則以「彊」叚借爲「疆」，其義訓「疆」，而不訓「強」。是「強」「彊」皆叚借爲「勥（勥）」字，且亦爲今文說。二字爲清儒所分爲今、古文說之異者，實梅賾僞作乃作俑者也。

## 56、植璧秉珪，乃告大王、王季、文王。〈金縢〉

平帝疾，莽作策，請命於泰畤，『戴璧秉圭』，願以身代。〈王莽傳〉卷九九上頁 4078

師古曰：「詐依周公爲武王請命，作金縢也。」

謹案：平帝元始五年，上有疾，王莽依〈金縢〉所載周公爲武王請命，祝禱於三王之壇墠諸儀，假〈金縢〉故事，詐僞而行。師古區區數言，已道盡王莽狼子野心之詐謀僞善。因安漢公莽非漢室劉氏一脈，自不能仿周公之禱於周代先王廟；故改以祠禮「太一」之「泰畤」（案：〈武帝紀〉：「元鼎五年十一月辛巳朔旦，冬至。立泰畤於甘泉。天子親郊見，朝日夕月。」故知「泰畤」乃漢代天子郊天之壇也。），爲其祝禱之所。

又案：今本作「植」，班固引經文作「戴」者——

1. 《史記・魯周公世家》云：「周公北面立，戴璧秉圭，告于太王、王季、文王。」
2. 今本《尚書・金縢》《詩經・商頌・那》孔疏引鄭玄注：「植，古置字。」
3. 段玉裁《古文尚書撰異》（卷十四）云：「今天尚書作『戴』。……易林无妄之蠱曰：『載璧秉珪。』載、戴，古通用也。古文尚書作『植』。……戴，𢦏聲。植，直聲，二聲同在之哈職德部，是以所傳各異。」

段氏之言甚允。《史記》《漢書》竝作「戴」，是從今文說；而作「植」者，乃古文說。二字音近通叚也。

又案：今本作「圭」，班固引經文作「珪」者——

1. 《漢書・武帝紀》載武帝詔曰：「朕獲執犧牲珪幣以事上帝宗廟。」詔文與此傳並同，皆作「珪」。

2. 東漢桓帝延熹六年〈桐柏淮源廟碑〉（案：此以下三碑，皆見《隸釋》。此碑載於卷二，頁 12～14）刻曰：「受珪上帝。」（清）顧藹吉《隸辨》（卷一，頁 52）按語：「禮記王制：『賜圭瓚然後爲鬯。』釋文云：『圭，字又作珪。珪，古字。圭，今字。』」

3. 桓帝延熹八年〈西嶽華山廟碑〉（同上，卷二，頁 1～4）刻曰：「亦有事于方嶽，祀以圭璧。」

4. 順帝漢安二年〈北海相景君碑〉（同上，卷六，頁 9～11）鑴曰：「奈何朝廷，奪我慈父，去官未旬，病丏（案：「丏」即「乃」字。）困危，珪璧之質，臨卒不回。」

5. 《說文》十三篇下、土部：「圭，瑞玉也。」又曰：「珪，古文圭，从玉。」段氏《古文尚書撰異》亦言：「周禮大宗伯：『以玉作六器，以禮天地四方。』注曰：『禮謂始告神時薦於神坐。書曰：「周公植璧秉圭」是也。』玉裁案：此引古文尚書。植，置也。置璧於神前。秉，古以爲柄字，如國子實執齊秉是也。柄圭者爲之格，如柄立諸神前也，非手執之謂。鄭讀植爲置者，璧體平，故不立；圭體直，故柄而立之。」

綜上之言，漢人有作「圭」「珪」者，依《說文》，則作「珪」爲古文，「圭」爲今文。蓋漢初去古未遠，武帝詔文乃延用古字，《史記》以今文讀之，故以今文「圭」代古字之「珪」。

吾人觀之〈景君碑〉，則知漢人亦有仿〈金縢〉周公以身代武王故事者，其碑文「珪璧之質」，正如段氏之言，二瑞皆置於神前，璧平置，而圭則立置於案座之上也。

## 57、天工人其代之。〈皋陶謨〉

書不云乎？『天工人其代之。』〈王莽傳〉卷九九上　頁 4079

師古曰：「虞書咎繇謨之辭也。言人代天理治工事也。」

謹案：元始五年十二月，平帝崩，王莽立廣戚侯子嬰爲嗣君，年僅二歲。是月，浚井得白石丹書，文曰：「告安漢公莽爲皇帝。」符命之說，自此始也。太后迫於時事，乃下詔令王莽居攝踐祚，如周公故事。此例乃詔文迻錄《尚書》經文，言人代天理官，亦申言莽以外家代漢室而治天下。

58、今予惟恭行天之罰。〈甘誓〉

翟義立嚴鄉侯劉信爲天子，移檄邵國，言莽：「毒殺平帝，攝天子位，欲絕漢室，『今共行天罰』，誅莽。」〈王莽傳〉卷九九上　頁4087

謹案：此乃翟義另立劉信爲天子，以劉氏本家承續漢室國祚，發檄討莽之逆謀篡位！事亦見〈翟義傳〉。此例乃隱括《尚書》經文也。

又案：今本作「恭行」者，乃叚借爲「共行」，訓作「奉行」之義。詳見本篇，第五章，例11。

59、惇敍九族。〈皋陶謨〉

書不云乎？『惇序九族。』〈王莽傳〉卷九九中　頁4106

師古曰：「虞書咎繇謨之辭也。惇，厚也。」

謹案：新莽政權初立，王莽藉迻錄《尚書》經文，以〈皋陶謨〉中禹與皋陶互陳互勉治民爲政之法，愼修厥身，厚敍九族之親之道，爲王氏建構宗室之輔。莽乃追溯其祖爲黃帝，而下虞舜、嬀姓，在周則陳姓，在齊田姓，在濟南則爲王姓，上述諸姓皆立爲宗室，而成明堂郊廟之制。此乃王莽託古爲制，建構王氏宗室之舉。

又案：今本作「敍」，《漢書》、王莽引經文，則多作「序」也。詳見本篇，第三章，例24。

60、正月上日，受終于文祖。〈堯典〉

以漢高祖廟爲『文祖』廟。〈王莽傳〉卷九九中　頁4108

師古曰：「欲法舜受終於文祖。」

謹案：王莽乃迻錄《尚書》經文，改漢高祖廟爲文祖廟，師古之言甚是。由此可知，〈堯典〉言舜「受終于文祖」，乃於帝堯之祖廟——文祖廟——受堯之禪而攝政；爾後，堯崩，舜又於帝堯之祖廟——文祖廟——即天子之位。是以，王莽爲求合於古聖禪讓之制，乃改漢高祖廟爲文祖廟，以遂行『禪讓』之美名也。

61、威侮五行。〈甘誓〉

更名匈奴單于曰降奴單于。莽曰：「降奴服于知（案：降奴服于知即是匈奴單于知，知乃王莽改匈奴王之本名囊知牙斯作單名斯。），『威侮五行』，背畔四條。」〈王莽傳〉卷九九中　頁4121

師古曰：「引夏書甘誓之文。」

謹案：「匈奴」乃是秦、漢時對西域諸游牧民族之一支所稱之名，猶吾人之謂「音譯」；但王莽則改「音譯」爲字義之「義譯」，即改稱爲「降奴」，意爲「降於新莽之奴」，用以誇飾其功也！此例迻錄《尙書》經文，藉〈甘誓〉載有扈氏之殘暴虐民，以形容匈奴。

62、八政：「一曰食，二曰貨。」〈洪範〉

莽以錢幣訖不行，復下書曰：「民以食爲命，以貨爲資，是以『八政』以食爲首。」〈王莽傳〉卷九九中　頁4122

謹案：王莽隱栝《尙書》經文，以〈洪範〉八政之前二事爲言，首重民食之給養，次重貨之交通。故行「寶貨五品」，別以輕重分五等，以利舟車載運！質言之，王莽此政，立意良善，以貨物之輕重小大爲別，實有助於運輸交通。

63、今予惟恭行天之罰。〈甘誓〉

莽大說，下書曰：「乃者，命遣猛將，『共行天罰』。」〈王莽傳〉卷九九中　頁4130

謹案：新莽建國四年，嚴尤斬高句麗侯騶，莽大悅而下詔書，藉隱栝《尙書》經文，言征伐高句麗乃爲奉行天罰、代天懲惡之舉，引以自美也。

又案：《漢書》引經「恭行天罰」句，多作「共行天罰」。詳見本篇，第五章，例11。

64、包匭菁茅。〈禹貢〉

天鳳四年六月，更授諸侯茅土於明堂，曰：「予親設文石之平，陳『菁茅』四色之土，欽告于岱宗泰社后土、先祖先妣，以班授之。」〈王莽傳〉卷九九下　頁4149

師古：「尙書禹貢：『苞匭菁茅』，儒者以爲菁，荣名也；茅，三脊茅也。而莽此言以菁茅爲一物，則是謂善茅爲菁茅也。土有五色，而此云四色者，中央之土不以封也。」

謹案：天鳳四年，王莽以象徵裂土分封之「四色土」並「菁茅」，授其諸侯之於明堂。此乃隱栝〈禹貢〉經文也。

65、天用勦絕其命。〈甘誓〉

又詔曰：「如黠賊不解散，將遣大司空將百萬之師，征伐『剿絕』之矣！」〈王莽傳〉卷九九下　頁4182

師古曰：「剝，截也。」

謹案：地皇四年，漢兵立光武帝劉秀之兄劉縯爲帝，改年號爲更始元年，莽愈恐，乃下此詔，櫽栝《尚書》經文，藉有扈氏威侮五行，怠棄三正之惡，而夏帝啓以王師伐之故事，以有扈氏比之漢軍，欲令其解散，若不然則絕夷滅之。此詔令隗囂等七十二人分下赦令曉諭，未料，囂等既，出即逃亡矣！

又案：今本作「勦」，爲古文說；漢人並存「剝」「勦」「樔」三字，乃爲今文說，即〈外戚傳〉武帝爲悼李夫人而賦文，字作「樔絕」，此傳作「剝絕」。詳見本章，例51。

66、天棐忱辭。〈大誥〉

觀天罔（案：猶網也。）之紘覆兮，實『棐諶』而相順。〈敍傳〉卷一百上　頁4223

應劭曰：「棐，輔也。諶，誠也。相，助也。」師古曰：「尚書大誥曰：『天棐諶辭。』」

謹案：此乃班固〈幽通之賦〉，櫽栝《尚書》經文而益以爲辭。此賦主在描述班固以致命遂志之自述，以著述爲業。賦文引〈大誥〉言天命輔誠，而論天網恢恢，亦誠於其道而運行，比之於述志，亦當從一而終，此乃爲「棐諶」之義。

又案：今本作「忱」爲古文說，《漢書》作「諶」，爲今文說。詳見本篇，第九章，例9。

67、今予惟恭行天罰。〈甘誓〉

爪牙信、布，腹心良、平，『龔行天罰』，赫赫明明。〈敍傳〉卷一百下　頁4236

謹案：此例所謂「龔行天罰」者，實指亡秦滅楚，天下一統爲言。然稱韓信、黥布爲爪牙者，皆因二人叛漢爲亂，故名之曰「爪牙」。

又案：《漢書》引此經文，有作「龔行」「恭行」者，其義訓「奉行」。詳見本篇，第五章，例11。

68、帝曰：「吁，咈哉！方命圮族。」〈堯典〉

孝景蒞政，諸侯『方命』，克伐七國，王室以定。〈敍傳〉卷一百下　頁4237

謹案：班固櫽栝《尚書》經文，藉堯時言其諸侯鯀乃「逆命毀族」之人，比之同爲漢室宗親的七國諸侯王，逆命叛亂，自毀劉氏宗族者。

又案：此例同今本，字竝作「方命」，班固於〈傳喜傳〉則作「放命」，蓋古文字說

作「方」，今文說則作「放」。詳見本篇，第五章，例 14。

## 69、周公居東二年，則罪人斯得。〈金縢〉

燕蓋譸張，實叡實聰，『皋人斯得』，邦家和同。〈敘傳〉卷一百下　頁 4238

謹案：班固逐錄《尚書》經文，藉〈金縢〉載周公平靖三監之亂，誅武庚、管叔、
　　　放蔡叔，即經文「罪人斯得」故事，以諷燕刺王劉旦之謀叛，後自縊而亡，
　　　從此漢室邦家和同。

又案：今本作「罪」，班固引經文作「皋」者——

1. 《尚書‧康誥》有「凡民自得其罪」、「不于我政人得罪」二「罪」字，《漢石
　　經》P：1756. P：1758 竝作「罪」，與今本同。

2. 今本〈無逸〉有「亂罰無罪」句，其「罪」字於《魏石經》P：2172 三體直式
　　殘石，古、篆、隸三體竝作「皋」。

3. 《說文》十四篇下、辛部：「皋，犯瀁也。從辛自。言皋人戚鼻苦辛之憂。秦
　　以皋似皇字改爲罪。」

　綜上之言，「罪」乃「皋」之後字，而班固用「皋」，爲古文說；今本用「罪」
則反從今文說也。

## 70、有邦有土，告爾祥刑。〈呂刑〉

季世『不詳』，背本爭末。〈敘傳〉卷一百下　頁 4242

師古曰：「不詳，謂不盡用刑之理也。周書呂刑曰：『告爾詳刑。』」

謹案：班固隱括《尚書》經文，藉〈呂刑〉載周穆王爲呂侯陳述其制刑之理念，不
　　　論刑、罰、過、赦諸判，皆需合於「中正」之道，使有罪者罰，無辜者不及
　　　刑。此例乃由反面立說，言戰國以迄秦末，吳起、孫武、孫臏、申不害、商
　　　鞅之學鼎盛，刻薄寡恩，獄政以刑罰爲要，捨本逐末，不知求兩造之中正，
　　　又忘「刑期無刑」之教化。如此，刑之不公，動輒得咎，人民如何錯其手足，
　　　更遑論寓教於刑之終極目標——協于中！

又案：今本作「祥」，班固引經文作「詳」者——

1. 《後漢書‧劉愷傳》李善注引鄭玄曰：「詳，審察之也。」
2. 《周禮‧天官‧大宰》鄭玄注：「書曰：『度作詳刑，以詰四方。』」
3. 《周禮‧秋官‧大司寇》：「大司寇之職，掌建邦之三典，以佐王刑邦國，詰四
　　方。」鄭注：「書曰：『王耄荒，度作詳刑，以詰四方。』」
4. 鈔本與《唐石經》俱同今本，字竝作「祥」。

5. 王粲（王仲宣）〈從軍詩‧五首之二〉（見《文選》卷二七，頁 11）曰：「司典告詳刑。」李善注：「尚書：『王曰：「有邦有土，告爾詳刑。」』」

6.《後漢書‧孝明帝紀》永平三年詔曰：「詳刑慎罰。」又永平十三年日有食之，因而制曰：「刺史、太守詳刑理冤。」

綜前所述，漢人多作「詳刑」，而自梅賾偽孔本出，諸鈔本竝作「祥刑」。依《後漢書‧孝明帝紀》言：「明帝師事博士桓榮，學通尚書。」又〈桓榮列傳〉云：「桓榮……習歐陽尚書。」則漢明帝兩詔書竝作「詳刑」者，乃爲歐陽尚書之學也。再者，鄭玄注亦作「詳刑」，則於有漢一朝，今、古文說俱作「詳」而不作「祥」者。然而李善所據板本，亦爲漢、魏所流傳之今、古文本；至於鈔本、《唐石經》、今本《尚書》，則皆從偽孔本改「詳」爲「祥」者也。

### 71、懋遷有無化居。〈皋陶謨〉

商以足用，『茂遷有無』。〈敘傳〉卷一百下　頁 4242

謹案：班固迻錄《尚書》經文，藉帝舜時，禹「思日孜孜」夙夜不懈的勤於政事，其中之一，便是使貨暢其流，互通有無，百姓乃得以改善生活，邦乃乂治之事，說明〈食貨志〉之內容。

又案：今本作「懋」，班固所引作「茂」者——

1.《漢書‧食貨志》：「楙遷有無，萬國作乂。」王融〈永明九年策秀才文‧五首之四〉云：「貿遷通其有亡。」李善注：「書曰：『帝曰：「貿遷有無化居。」』」顧頡剛先生所藏《漢石經》拓片〈顧氏藏拓〉P：279 殘字作：「有無貨居」。

2. 鈔本、《唐石經》俱同今本，字竝作「懋」；惟《書古文訓》P：330 作「楙」。

段玉裁《古文尚書撰異》（卷二）云：「王伯厚藝文志考說：『漢儒所引異字有貿遷有無化居。』」（宋）王天與尚書纂傳，吳澄尚書纂言（案：元‧吳澄《書纂言》卷一，其云：「懋，大傳作貿。貿，易也。遷，徙也。化，變換也。居，儲積也。兩相貿易，遷有于無，變化其所居積之貨也。」）今傳《尚書大傳》並無此文，則宋、元時《大傳》亦傳諸言，而今則闕佚矣！故特鈔錄，以爲綴補。

綜上所言，今本作「懋」，而《漢書》有作「楙」「茂」者，楙、茂、懋三字同爲「莫侯切」，古音在三部。《說文》六篇下、貝部：「貿，易財也。」段注：「莫侯切，三部。」楙，多桃也；茂，草木盛也；懋，勉也；貿，易財也。四字本義迥異，然音讀竝同，故可通叚，亦即楙、茂、懋均叚借爲「貿」，訓作「易財貨」。

### 72、我不知其彝倫攸敘……帝乃震怒，不畀洪範九疇。〈洪範〉

河圖命庖，洛書賜禹，八卦成列，『九疇逌敘』。〈敘傳〉卷一百下　頁 4243

李奇曰：「河圖即八卦也。洛書即洪範九疇也。」師古曰：「庖，庖犧也。逌，古攸字。」

謹案：班固隰栝《尚書》經文，藉〈洪範〉載箕子爲周武王陳言大法九章乙事，並河圖、八卦之說，以爲〈五行志〉作註腳也。

又案：今本作「攸」，班固引經文作「逌」者——

1. 〈夏本紀〉云：「陽鳥所居。」

2. 王充《論衡・書虛》（卷四）云：「陽鳥攸居。」。

3. 班固〈幽通賦〉云：「栗取弔于逌吉兮」。

4. 《說文》三篇下、攴部：「攸，行水也。」段注：「釋言：『攸，所也。』……又借爲逌字。逌，气行兒。水行之攸，气行之逌，皆主和緩，故或用攸，或用逌。」又五篇上、乃部：「逌，气行兒。从乃卤聲，讀若攸。」段注：「隸作逌。禹貢：『陽鳥攸居、豐水攸同、九州攸同。』漢地理志攸皆作逌。逌之言于也，陽鳥于是南來得所也。與爰、逌義同。」

5. 段玉裁《古文尚書撰異》（卷三）云：「攸，紀作所，故訓也。志作逌，古字也。」段說甚是。

　　是以，漢人有用「攸」、「逌」者，然字作『攸』者，從今文說；字作『逌』者，乃用古字也。唐初鈔本亦皆作「逌」，而《唐石經》作「攸」，蓋從衞包改訂之本也。攸、逌（逌）二字皆讀「以周切」，三部，同音通叚。

## 73、靜言庸違，象恭滔天。〈堯典〉

咨爾賊臣，簒漢『滔天』。〈敘傳〉卷一百下　頁 4270

謹案：班固隰栝《尚書》經文，以帝堯時之共工比之王莽，言莽巧言緣飾，包藏禍心，終爲簒漢大逆之賊也！

# 結　論

　　本篇以《漢書》援引《尚書》文辭爲主要內容，凡 380 餘例，分隸一十八章，故製〈《漢書》援《尚書》引文檢索表〉，以清眉目。此表首列《尚書》篇名，後爲本篇一十八章之名稱，繼之以各章所析論之次序編號（即「凡例」中所言之「例某」），末爲該章所有《漢書》引自《尚書》文例之總數。

《漢書》援《尚書》引文檢索表

| 尚書篇名 | 章節名稱 | 本　篇　各　章　所　編　目　次 | 小　計 |
|---|---|---|---|
| 堯　典 | 定律曆 | 1.3. | 2 |
| | 名地理 | 1.2. | 2 |
| | 頌君德 | 7.9.10.12.14.16.23.25.27.28.29. 32.34 | 13 |
| | 別官職 | 2.3.4.5.6.7.8.9.10.11.12.13.20.21.22.23.24. | 17 |
| | 劾黜陟 | 2.3.5.8.9.11.14.18.20.23.24 | 11 |
| | 美臣賢 | 1.2.5.9.10.13 | 6 |
| | 明漢儀 | 1.4. | 2 |
| | 杜戚貴 | 6. | 1 |
| | 論災異 | 3.4.12. | 3 |
| | 愼刑罰 | 3.5.7. | 3 |
| | 釋經義 | 2.3.11.12.15.20.21.33.36.42. | 10 |
| | 勵進賢 | 2.6.8. | 3 |
| | 其　他 | 2.4.12.13.15.16.24.25.33.34.39.41.50.60.68.73. | 16 |
| 皋陶謨 | 定律曆 | 2. | 1 |
| | 頌君德 | 2.8.11.13.18.20.21.31.35. | 9 |
| | 別官職 | 1.16. | 2 |
| | 劾黜陟 | 10.15.16.21.22. | 5 |

| 尚書篇名 | 章節名稱 | 本 篇 各 章 所 編 目 次 | 小 計 |
|---|---|---|---|
| 皋陶謨 | 美臣賢 | 6.7.14.17. | 4 |
| | 明漢儀 | 3. | 1 |
| | 杜戚貴 | 2. | 1 |
| | 論災異 | 2. | 1 |
| | 釋經義 | 5.8.13.26. | 4 |
| | 勵進賢 | 3.4. | 2 |
| | 勸諫諍 | 2.4.5. | 3 |
| | 戒毋佚 | 5.15.16.17.18. | 5 |
| | 勉自修 | 5. | 1 |
| | 其 他 | 1.14.17.37.44.47.57.59.71. | 9 |
| 禹 貢 | 名地理 | 3.4.5.6.7.8.9.10.11.12.13.14.15.16.17.18.19.20.21.22.23.24.25.2627.28.29.30.31.32.33.34.35.36.3738. | 36 |
| | 頌君德 | 1.5.24.36. | 4 |
| | 戒毋佚 | 22. | 1 |
| | 勉自修 | 9. | 1 |
| | 其 他 | 23.42.64. | 3 |
| 甘 誓 | 劾黜陟 | 19. | 1 |
| | 釋經義 | 43. | 1 |
| | 其 他 | 48.51.58.61.63.65.67. | 7 |
| 湯 誓 | 美臣賢 | 3. | 1 |
| | 其 他 | 10. | 1 |
| 盤庚上 | 頌君德 | 22. | 1 |
| | 其 他 | 5.45. | 2 |
| 高宗肜日 | 論災異 | 8. | 1 |
| | 釋經義 | 30. | 1 |
| | 勸諫諍 | 3. | 1 |
| 微 子 | 戒毋佚 | 20. | 1 |
| 牧 誓 | 美臣賢 | 16.21. | 2 |
| | 杜戚貴 | 1. | 1 |
| | 戒毋佚 | 14. | 1 |
| 洪 範 | 定律曆 | 4. | 1 |
| | 頌君德 | 17.33. | 2 |
| | 劾黜陟 | 6.17.25. | 3 |
| | 美臣賢 | 20. | 1 |
| | 杜戚貴 | 3.4.7. | 3 |

| 尚書篇名 | 章節名稱 | 本　篇　各　章　所　編　目　次 | 小　計 |
|---|---|---|---|
| 洪　範 | 論災異 | 5.6.10. | 3 |
| | 釋經義 | 4.10.14.18.22.23.24.25.35. | 9 |
| | 戒毋佚 | 11.21. | 2 |
| | 勉自修 | 6.8.12.13. | 4 |
| | 其　他 | 3.21.26.27.28.29.38.54.55.62.72. | 11 |
| 金　縢 | 美臣賢 | 15. | 1 |
| | 其　他 | 56.69. | 2 |
| 大　誥 | 頌君德 | 6.30. | 2 |
| | 論災異 | 9. | 1 |
| | 勵進賢 | 1. | 1 |
| | 析莽誥 | 1.2.3.4.5.6.7.8.9.10.11.12.13.1415.17.18.19.20.21.22.23.24.25.26 | 25 |
| | 其　他 | 66. | 1 |
| 康　誥 | 慎刑罰 | 1. | 1 |
| | 釋經義 | 40. | 1 |
| | 戒毋佚 | 3. | 1 |
| | 勉自修 | 7. | 1 |
| | 其　他 | 49. | 1 |
| 召　誥 | 定律曆 | 10.11. | 2 |
| | 釋經義 | 17. | 1 |
| | 其　他 | 9. | 1 |
| 洛　誥 | 定律曆 | 12. | 1 |
| | 美臣賢 | 4.8.12. | 3 |
| | 杜戚貴 | 5. | 1 |
| | 釋經義 | 39.41. | 2 |
| | 勵進賢 | 7. | 1 |
| | 勉自修 | 4. | 1 |
| | 析莽誥 | 16. | 1 |
| | 其　他 | 19.32. | 2 |
| 無　逸 | 頌君德 | 19. | 1 |
| | 釋經義 | 28. | 1 |
| | 戒毋佚 | 1.2.7.9.10.12. | 6 |
| | 勉自修 | 11. | 1 |
| 君　奭 | 頌君德 | 3. | 1 |
| | 劾黜陟 | 7. | 1 |
| | 釋經義 | 38. | 1 |

| 尚書篇名 | 章節名稱 | 本 篇 各 章 所 編 目 次 | 小 計 |
|---|---|---|---|
| 多 方 | 劾黜陟 | 4. | 1 |
| 立 政 | 釋經義 | 32. | 1 |
| 顧 命 | 定律曆 | 13. | 1 |
| | 頌君德 | 15. | 1 |
| | 別官職 | 17. | 1 |
| | 美臣賢 | 18. | 1 |
| 呂 刑 | 劾黜陟 | 1.13. | 2 |
| | 愼刑罰 | 4.6.8.10.11. | 5 |
| | 釋經義 | 6.7.9. | 3 |
| | 勵進賢 | 5. | 1 |
| | 勉自修 | 1. | 1 |
| | 其 他 | 18.53.70. | 3 |
| 文侯之命 | 愼刑罰 | 2. | 1 |
| | 勉自修 | 10. | 1 |
| 秦 誓 | 美臣賢 | 19. | 1 |
| | 其 他 | 6.7.8. | 3 |
| 佚 書 | 定律曆 | 14. | 1 |
| | 論災異 | 11. | 1 |
| 眞古文周官 | 別官職 | 14.18. | 2 |
| 僞今文泰誓 | 明漢儀 | 2. | 1 |
| | 釋經義 | 19. | 1 |
| | 戒毋佚 | 8.13.19. | 3 |
| 書 序 | 定律曆 | 5.6.7.8.9. | 5 |
| | 頌君德 | 4. | 1 |
| | 劾黜陟 | 12. | 1 |
| | 釋經義 | 16.27.29.31. | 4 |
| | 勉自修 | 2.3. | 2 |
| | 戒毋佚 | 4.6. | 2 |
| | 其 他 | 22.30.31.35.43. | 5 |
| 僞古文尙書 | 頌君德 | 26. | 1 |
| | 別官職 | 15.19. | 2 |
| | 勸諫諍 | 1. | 1 |
| | 釋佚書 | 5. | 1 |
| | 其 他 | 11.36. | 2 |

　　《漢書》引用《尚書》者，約有四端——

1. 完全引用《尚書》文句，即本篇所言『迻錄』者。
2. 敘述《尚書》所載事蹟，即本篇所謂『敘事』者。
3. 藉《尚書》之辭以爲用，即本篇所稱『櫽栝』者。
4. 出自佚《書》之文。

　　就此表所統計，引自〈堯典〉者，共 89 例；出於〈皋陶謨〉者，有 48 例；源於〈禹貢〉者，爲 45 例（若扣除〈地理志〉迻引〈禹貢〉全文之 36 例，則僅餘 10 例）；出於〈甘誓〉者，亦有 9 例；引自〈洪範〉者，計有 39 例；源於〈大誥〉者，有 30 例（若扣除〈翟義傳〉所載王莽仿〈大誥〉經文而作〈莽誥〉之 25 例，其僅餘 5 例），出於〈洛誥〉者，則有 12 例；引自〈無逸〉者，亦有 9 例；源出〈呂刑〉者，有 15 例；而出自〈書序〉者，也有 20 例之多。其他諸篇，多則五六，少則一二，故不復言也。

　　再者，依本篇『一十八章』所定內容觀之，先扣除『其他』乙章，以出於〈皋陶謨〉者最多，計有 13 章；次爲引自〈堯典〉者，有 12 章；其後爲源於〈禹貢〉者，爲 9 章；再次爲源自〈洛誥〉者，計有 7 章；之後爲引自〈書序〉者，有 6 章；出於〈呂刑〉者，有 5 章。至於其他諸篇，多則二三也。

　　『定律曆』，雖《漢書》以劉歆〈三統曆〉爲計算年、月、日、時之法，然曆法之要妙，在於上可溯遠古，下可測未來。〈三統曆〉以〈堯典〉之「以閏月定四時成歲」，而總「三百有六旬有六日」而爲一年，上溯伏羲、神農無不包，下及有漢一朝而無不容，乃《尚書》之功也！

　　『名地理』，乃可知《漢書》所記漢人山川水澤之稱、四方夷狄之名，多源於〈禹貢〉，平當（〈平當傳〉卷七一）更以明〈禹貢〉乙篇，天子令使行河，爲騎都尉，領河堤之督造。故知漢人不僅因襲〈禹貢〉地名之稱，更奉〈禹貢〉所載大禹治河，隨山刊木，以平水土之事跡，爲漢人治水之準則！

　　『頌君德』，則必道堯、舜，『美臣賢』，則多舉皋陶、周公，此四聖皆溫柔敦厚，心繫天下，以代天理官爲己任，以因材器使爲己務，勤勞王事，澤被下民，柔遠能邇，蠻夷率服，有成己成人之德也。後雖有如禹、湯、文、武之王者出，猶不及堯、舜二聖之美，故《漢書》所載臣之頌君，多以堯、舜二聖媲美之！

　　『別官職』，有漢乙朝，上承周秦之衰，下爲後世之法，天子代天而治下民，百官輔之以成天功，是以堯、舜乃有「四岳」、「十二牧」；周武率以「御事——司徒、司馬、司空、亞、旅、千夫長、百夫長」；後世地廣人稠，庶政由簡而繁，百官分任以各司其職，各盡其能，各成其功，而大錄萬機於冢宰者，漢人援《尚書》而變化

其職，有中生新，以應當世之需，又為後世之法，蓋非《尚書》乙經、則不能成其功也！

『劾黜陟』，則可見漢人之於姦滑為害，野荒治苛者，乃稱其為「撟虔吏」。天子令百官，於其奉職奏事，依「敷奏以言，明試以功」之旨，循名責實，以行賞罰，無過與不及，中正之道也。

『明漢儀』，儀者，行之宜也。行之不當其人、不合其時者，皆非禮之行也。各代朝儀多有損益，蓋不出五禮——吉、凶、軍、嘉、賓，然《漢書》以《尚書》為其朝儀之本，而能推陳出新，以當其世者，《尚書》之功大矣！

『杜戚貴』，則可見《漢書》之以「外戚」「權貴」專擅之亂，以明誡後世之王者也。其斥后妃干政，則曰：「牝雞司晨」；其戒外戚謀篡，則言：「臣之有作福作威玉食」。望文而生義，使知其所戒矣！

『論災異』，堯、舜雖有大水之患，歷鯀、禹父子二十二年之治，乃平水土；商湯亦有七年之旱，卜以遷夏社而不得，則以其身，禱于桑林，四海雲湊，千里之雨致焉，是聖君賢臣，共治天下，不恤其身，不顧其尊，視救災異之為己任也。逮及後世，德衰道微，「有桑穀共生于朝」，「飛雉升鼎而雊」，賢臣附會災異之論，勸天子以修德應之，故有機祥、妖禳、禍福之出矣！秦漢之興，天子操攬生殺大權，賢臣思以天命制衡，故襲《尚書》故事以為法式也！

『慎刑罰』，《周易·序卦》：「需者，飲食之道也。飲食必有訟，故受之以訟。訟必有眾起，故受之以師。」〈洪範〉八政，以食為首，是以訴訟之爭，凡有人之所，必有訟之生也。既然訴訟不可避，惟求「察辭于差」，「中聽兩辭」，以毋枉毋縱；冀以「惟良折獄」，哀矜毋喜，除無辜之獄、苛刻之吏；期能「士制百姓于刑之中，以教祗德」，以達刑期無刑之教化！

『勵進賢』，治天下，不能以一人治之，堯時分命羲、仲四子，咨之四岳；舜承堯禪，仍「咨！汝二十有二人，欽哉！」君譬如北辰，臣猶為眾星拱之，當是，上有聖君之聰明，下有賢良之輔弼，相得益彰！再者，州牧四岳，諸侯郡縣，本應明察暗訪，拔擢賢良，為天下舉術德兼修之士，以「揚側陋」「亮天功」！

『勸諫諍』，雖言「一人有慶，兆民賴之」，若無正直忠藎、極諫無諱之股肱，群臣「面從，退有後言」，致使上令不能下達，抑或矯稱君命，橫徵暴斂，下情不得上於天聽，官官相護，臣壅於下，君蔽於上，則百姓何哀？蒼生何辜？

『戒毋佚』，乃可知古今之得為聖王者，當遊樂有節，田獵有時，拜讜言，惡旨酒，時時以天下蒼生為念，以民之饑猶己饑之，視民之溺猶己溺之，則可成湯、武之功，而無桀、紂之虐也！

　　『勉自修』，《孟子‧萬章上》：「吾未聞枉己而正人者也。況辱己以正下者乎！」
此以言反求諸己也。吾人以道正身，以德修行，所爲者何耶？「從心所欲不逾矩」
是也。凡人已當如此，況爲一國之君者乎！《漢書》載君常勉臣以砥礪切磋，精益
求精；亦載臣之諫君毋好逸遊，毋恬酒樂，當正身修德，「建皇之極」，以享「五福」、
遠「六極」。《孟子‧離婁上》：「君正莫不正，一正君而國定矣！」此之謂也！

　　《漢書》援引《尚書》，或討逆必稱「恭行天罰」，或天子以之下詔罪己，或以
之斷獄，或釋《尚書》經文，或宣重農抑桑、以固國本之政，或倡《孟子‧告子下》：
「養老尊賢，俊傑在位，則有慶。」以尊賢老。……不一而足。

　　今觀之吾國，自西風東漸，挾其強勢，如狂風之襲捲大地，國人求新求變，汲
汲於一蹴可幾之效，而有「禮教吃人」之說；揚棄先民所遺累世之經驗，追求立竿
見影之功，在今日「速食文化」強調「大量、快速、傳播」衝擊之下，出現以「新
人類」「新新人類」「新新……人類」爲口號之下一代，以標新立異爲訴求，沈溺其
中而不能自拔！

　　雖有人言：「半部論語可以治天下」，然歷代無以《論語》治天下者，但有以《尚
書》而治家國者！國之治亂者，人也；人之有善惡者，正與不正者也。《尚書》乙經，
大至天下國家之治，小及修身齊家之道，具體而微，信然有徵；一如《周易》之以
簡馭繁，化爲萬千，又不失其中正之道，此乃推陳出新、以應無窮之妙旨。徒歡「不
復夢見周公」，終日書空咄咄，於世何益？吾輩當狂健而爲，挽狂瀾於既倒也！

# 參考書目

## 先儒著述

1. 《十三經注疏》,(清)嘉慶二十一年南昌府學堂重刊宋十行本,藝文印書館。
2. 《十三經注疏‧尚書》,相臺岳氏本,新興書局,1991 年 10 月。
3. (漢)伏生,《尚書大傳》,文淵閣四庫全書,商務印書館,1986 年 3 月。
4. (漢)司馬遷,《史記》,宏業書局,1972 年 1 月。
5. (漢)班固,《新校本漢書》并附編二種,鼎文書局,1995 年 1 月。
6. (漢)王充,《論衡》,中華書局,1988 年 5 月。
7. (漢)高誘,《淮南子注》,世界書局,1991 年 3 月。
8. (漢)劉熙,《釋名》,摛藻堂四庫全書薈要,商務印書館,1988 年 2 月。
9. (漢)鄭玄,《駁五經異義》,文淵閣四庫全書,商務印書館,1986 年 3 月。
10. (三國)韋昭,《國語韋氏解》,世界書局,1975 年 7 月。
11. (南朝宋)范曄,《後漢書》,宏業書局,1984 年 3 月。
12. (南朝梁)蕭統,《昭明文選》,正中書局,1985 年 3 月。
13. (後魏)酈道元,《水經注》,世界書局,1988 年 4 月。
14. (唐)陸德明,《經典釋文》,抱經堂本,漢京書店,1980 年 2 月。
15. (宋)李昉,《太平御覽》,商務印書館,1992 年 1 月。
16. (宋)沈括,《夢溪筆談校證》,世界書局,1989 年 4 月。(案:此本以(清)光緒三十二年番禺陶氏愛廬刊本為底本。)
17. (宋)金履祥,《尚書注》,叢書集成新編,新文豐出版股份有限公司,1985 年 1 月。
18. (宋)金履祥,《書經表注》,文淵閣四庫全書,商務印書館,1986 年 3 月。
19. (宋)郭宗恕,《汗簡》,四庫善本叢書,藝文印書館,不著出版年月。
20. (宋)蔡沈,《書經集傳》,文淵閣四庫全書,商務印書館,1986 年 3 月。
21. (宋)羅泌,《路史》,中華書局,1983 年 4 月。

22. （宋）蘇軾，《書傳》，文淵閣四庫全書，商務印書館，1986 年 3 月。

23. （明）梅鷟，《尚書考異》，文淵閣四庫全書，商務印書館，1986 年 3 月。

24. 《永樂大典本水經注》，中文書局，1983 年 10 月。

25. （清）丁韻漁，《尚書異字同聲攷》，光緒十年六月。

26. （清）山井鼎，《七經孟子考文並補遺》，新文豐出版服份有限公司，1984 年 6 月。

27. （清）王引之，《經義述聞等三種》（尚收錄王引之，《經傳釋辭》），鼎文書局，1973 年 5 月。

28. （清）王先謙，《尚書孔傳參正》，《尚書類聚初集》，新文豐出版公司，1984 年 10 月。

29. （清）王先謙，《詩三家義集疏》，鼎文書局，1973 年 5 月。

30. （清）王鳴盛，《尚書後案》，皇清經解本，1961 年 5 月。

31. （清）皮錫瑞，《今文尚書攷證》，《尚書類聚初集》，新文豐出版公司，1984 年 10 月。

32. （清）皮錫瑞，《漢碑引經攷》，文海出版社，1967 年 5 月。

33. （清）皮錫瑞，《駁五經異義疏證》，文海出版社，1967 年 5 月。

34. （清）朱右曾，《逸周書集訓校釋》，世界書局，1980 年 11 月。

35. （清）朱駿聲，《尚書古注便讀》，廣文書局，1977 年 1 月。

36. （清）朱駿聲，《說文通訓定聲》，藝文印書館，1974 年 2 月。

37. （清）江聲，《尚書集注音疏》，皇清經解本，藝文印書館，1962 年。

38. （清）吳大澂，《字說》，藝文印書館，1975 年 9 月。

39. （清）吳汝綸，《尚書故》，《尚書類聚初集》，新文豐出版公司，1984 年 10 月。

40. （清）扶經心室主人編，《清儒書經彙解》，鼎文書局，1972 年 4 月。

41. （清）阮元，《經籍纂詁》，宏業書局，1993 年 8 月。

42. （清）俞樾，《群經評議》，皇清經解續編，藝文印書館，1965 年，

43. （清）段玉裁，《古文尚書撰異》，大化書局，1986 年 4 月。

44. （清）段玉裁，《說文解字注》，黎明文化事業公司，1991 年 8 月。

45. （清）胡玉縉，《許廎學林》，世界書局，1963 年 4 月。

46. （清）孫星衍，《尚書今古文注疏》，中華書局，1988 年 3 月。

47. （清）孫星衍，《魏三體石經遺字考》，《百部叢書集成》，藝文印書館。

48. （清）孫詒讓，《定本墨子閒詁》，世界書局，1992 年 4 月。

49. （清）陳喬樅，《三家詩遺說攷》，皇清經解續編，藝文印書館，1965 年，10 月。

50. （清）陳喬樅，《尚書歐陽夏侯遺說攷》，皇清經解續編，藝文印書館，1965 年，10 月。

51. （清）黃生，《義府》，商務印書館，指海本，新文豐出版公司，1984 年 6 月。

52. （清）楊筠如，《尚書覈詁》，《尚書類聚初集》，新文豐出版公司，1984 年 10 月。

53. （清）劉逢祿，《尚書今古文集解》，《人人文庫》，商務印書館，1977 年 2 月。

54. （清）蔣廷錫，《尚書地理今釋》，《人人文庫》，商務印書館，1971 年 6 月。

55. （清）繆祐孫，《漢書引經異文錄證》，文海出版社，1968 年 2 月。

56. （清）簡朝亮，《尚書集注述疏》，鼎文書局，1972 年 4 月。

57. （清）顧藹吉，《隸辨》，世界書局，1984 年 10 月。

58. 王國維，《海寧王靜安先生遺書》，商務印書館，1976 年 7 月。

## 海外圖籍（依出版先後排列）

1. 章太炎，《古文尚書拾遺定本》，香港，廣華書局，1968 年 3 月。

2. 黃焯，《經典釋文彙校》，北京，中華書局，1980 年 9 月。

3. （清）王念孫，《廣雅疏證附補證及拾遺》，日本，中文出版社株式會社，1981 年 7 月。

4. 周秉鈞，《尚書易解》，長沙，岳麓書社，1984 年 11 月。

5. （宋）洪适，《隸釋、隸續》，北京，中華書局，1985 年 11 月。

6. 徐錫臺，《周原甲骨文綜述》，陝西，三秦出版社，1987 年 9 月。

7. 蔣善國，《尚書綜述》，上海，上海古籍出版社，1988 年 3 月。

8. （宋）劉述，《隸韻》，北京，中華書局，1989 年 11 月。

9. 劉起釪，《尚書學史》，北京，中華書局，1989 年 6 月。

10. 陳夢家，《殷虛卜辭綜述》，北京，中華書局，1992 年 7 月。

11. 松丸道雄、高嶋謙一，《甲骨文字釋綜覽》，日本，東京大學東洋文化研究所，1993 年 3 月。

12. 于省吾，《甲骨文字詁林》，北京，中華書局，1993 年 4 月。

13. 黃錫全，《汗簡注釋》，湖北，武漢大學出版社，1993 年 12 月。

14. 崔永東，《兩周金文虛詞集釋》，北京，中華書局，1994 年 5 月。

15. 顧寶田，《尚書譯注》，長春，吉林文史出版社，1995 年 3 月。

16. 錢宗武，《今文尚書語言研究》，長沙，岳麓書社，1996 年 4 月。

17. 顧頡剛、顧廷龍輯，《尚書文字合編》，上海，上海古籍出版社，1996 年 1 月。

## 近人研究專著（依作者姓氏筆畫由簡而繁排列）

1. 于省吾，《雙劍誃尚書新證》，崧高書社，1985 年 4 月。

2. 古國順，《史記述尚書研究》，文史哲出版社，1985 年 5 月。

3. 全廣鎮，《兩周金文通假字研究》，學生書局，1989 年 10 月。

4. 朱廷獻，《尚書研究》，商務印書館，1987 年 1 月。

5. 朱廷獻，《尚書異文集證》，中華書局，1970 年 6 月。

6. 朱廷獻編，《尚書研究論集》，華正書局，1975 年 1 月。

7. 吳峻甫，《新出漢魏石經考》，廣文書局，1981 年 12 月。

8. 吳闓生，《尚書大義》，中華書局，1986 年 11 月。

9. 呂振端，《魏三體石經殘字集證》，學海出版社，1981 年 5 月。

10. 李師振興，《尚書流衍及大義探討》，文史哲出版社，1982 年 6 月。

11. 李師振興，《尚書學述》，東大書局，1994 年 5 月。

12. 李泰棻，《今文尚書正偽》，力行書局，1970 年。

13. 周祖謨，《方言校箋》，鼎文書局，1972 年 9 月。

14. 屈萬里，《尚書異文彙錄》，聯經出版事業公司，1983 年 2 月。

15. 屈萬里，《漢石經尚書殘字集證》，聯經出版事業公司，1984 年 7 月。

16. 屈萬里，《尚書今註今譯》，商務印書館，1993 年 2 月。

17. 屈萬里，《尚書集釋》，聯經出版事業公司，1994 年 11 月。

18. 邱德修，《魏石經初撢》，學海出版社，不著出版年月。

19. 金建德，《金建德古文字學論文集》，貫雅文化事業有限公司，1991 年 8 月。

20. 馬宗霍，《說文解字引經攷》，學生書局，1971 年 4 月。

21. 馬宗霍，《說文解字引群書攷》，學生書局，1973 年 2 月。

22. 楘齋主人編，《石刻篆文編》，世界書局，1983 年 4 月。

23. 商承祚，《說文中之古文考》，學海出版社，1979 年 5 月。

24. 張元夫，《尚書述聞》，商務印書館，1980 年 6 月。

25. 張以仁，《國語斠證》，商務印書館，1969 年 7 月。

26. 張西堂，《尚書引論》，崧高書社，1985 年 9 月。

27. 張秉權，《甲骨文與甲骨學》，國立編譯館，1988 年 9 月。

28. 張國淦，《歷代石經考》，鼎文書局，1972 年 4 月。

29. 郭沫若，《周代金文圖錄及釋文》，大通書局，1971 年。

30. 陳善，《尚書話解》，廣文書局，1996 年 1 月。

31. 陳夢家，《尚書通論》，仰哲出版社，1987 年 11 月。

32. 陳鐵凡，《敦煌本商書校證》，商務印書館，1965 年 6 月。

33. 曾運乾，《尚書正讀》，洪氏出版社，不著出版年月。

34. 黃本驥，《中國歷代職官表》，洪氏出版社，1983 年 11 月。

35. 黃彰健，《經今古文學問題新論》，中研院史語所專刊之七十九，1992 年 9 月。

36. 楊樹達，《詞詮》，商務印書館，1995 年 3 月。

37. 楊樹達，《漢書窺管》，世界書局，1974 年 10 月。

38. 楊樹達，《積微居小學金石論叢、卜辭求義》，大通書局，1971 年 5 月。

39. 楊樹達，《積微居小學述林》，大通書局，1971 年 5 月。

40. 楊樹達，《積微居金文說、甲文說》，大通書局，1964 年 3 月。

41. 楊樹達，《積微居讀書記》，大通書局，1971 年 5 月。

42. 葉程義，《文選李善注引尚書考》，正中書局，1975 年 8 月。

43. 趙延旱，《尚書正譌》，自印本，1970 年 7 月。

44. 劉德漢等，《尚書研究論集》，黎明文化事業股份有限公司，1982 年 10 月。

45. 鄭良樹，《淮南子斠理》，嘉新水泥公司文化基金會研究論文，1969 年。

## 期刊論文（依作者姓氏筆畫由簡而繁排列）

1. 于大成，〈談唐石經〉，《孔孟月刊》第 9 卷第 12 期（1971 年 8 月），頁 18～22。

2. 于大成，〈談漢石經〉，《孔孟月刊》第 8 卷第 11 期（1970 年 8 月），頁 16～19。

3. 王重民，〈敦煌本尚書六跋〉，《國立北平圖書館館刊》第 9 卷第 4 號（1935 年 7、8 月），頁 1～5。

4. 王靜芝，〈從堯典看當時文化〉，《孔孟月刊》第 20 卷第 12 期，（1982 年 8 月），頁 14～16。

5. 古國順，〈清儒校勘尚書之成績〉，《孔孟月刊》第 18 卷第 6 期，（1970 年 2 月），頁 41～47 接頁 26。

6. 古國順，〈清儒輯佚尚書之成績（一）（二）〉，《孔孟月刊》第 19 卷第 6 期，（1981 年 2 月），頁 51～55.（1981 年 3 月），頁 26～31。

7. 朱廷獻，〈尚書考證〉，《孔孟學報》第 41 期（1981 年 4 月），頁 57～69。

8. 朱廷獻，〈尚書疑義考辨〉，《孔孟月刊》第 17 卷第 6 期（1979 年 2 月），頁 23～27。

9. 吳士鑑，〈唐寫本經典釋文校語・上下〉，《涵芬樓秘笈》（商務印書館，1967 年 11 月，臺一版）。

10. 吳世昌，〈即、則、祇、只、且、就古訓今義通轉考〉，《燕京學報》第 14 期，（1933 年 12 月），頁 103～159。

11. 林政華，〈漢人知見尚書篇目考〉，《孔孟學報》第 29 期（1975 年 4 月），頁 139～155。

12. 洪業，〈尚書釋文敦煌殘卷與郭忠恕之關係〉，《燕京學報》第 14 期，（1933 年 12 月），頁 185～191。

13. 陳鐵凡，〈日本古鈔本尚書考略〉，《孔孟學報》第 3 期（1962 年 4 月），頁 193～229。

14. 陳鐵凡，〈尚書敦煌卷序目題記〉，《包遵彭先生紀念論文集》（國立歷史博物館，1971 年 2 月），頁 155～165。

15. 陳鐵凡，〈宮崎本尚書發微〉，《圖書館學報》第 9 期（東海大學，1968 年 5 月），頁 51～67。。

16. 陳鐵凡，〈敦煌本尚書十四殘卷綴合記〉，《新社學報》第 3 期（1969 年 12 月），頁 1～11。

17. 陳鐵凡，〈敦煌本易書詩考略〉，《孔孟學報》第 17 期（1969 年 4 月），頁 149～181。

18. 陳鐵凡，〈敦煌本夏書斠證〉，《南大中文學報》第 3 期（1965 年 2 月），頁 1～46。

19. 陳鐵凡，〈敦煌本虞夏商書斠證補遺〉，《大陸雜誌》第 38 卷第 2 期（1969 年 1 月），頁 57～63。

20. 陳鐵凡，〈敦煌本虞書校證〉，《南大中文學報》第 2 期（1963 年 12 月），頁 26～42。

21. 程元敏，〈梓誥、大誥比辭證義〉，《國立編譯館館刊》第 11 卷第 2 期（1982 年 12 月），頁 43～78。

22. 程元敏，〈梓誥商價〉，《書目季刊》第 17 卷第 3 期（1983 年 12 月），頁 34～41。

23. 黃漢昌，〈熹平石經之時代背景〉，《孔孟月刊》第 19 卷第 5 期，（1981 年 1 月），頁 31～32。

24. 劉節，〈大誥解〉，《文學年報》第 2 期（1936 年），頁 97～100。

25. 劉師培，〈尚書源流考〉，《劉申叔先生遺書》（京華書局，1970 年 10 月，再版）。

26. 潘重規，〈敦煌唐寫本尚書釋文殘卷跋〉，《學術季刊》第 3 卷第 3 期（1955 年 3 月），頁 15～29。

27. 戴君仁，〈古文尚書作者研究〉，《孔孟學報》第 1 期（1961 年 4 月），頁 35～46。

28. 蘇瑩輝，〈從敦煌本銜名頁論五經正義之刊定〉，《孔孟學報》第 16 期（1968 年 9 月），頁 181～193。

**學位論文**（依時間先後排列）

1. 黎建寰，《尚書周書考釋》，臺灣師範大學博士論文，1974 年 6 月。

2. 李偉泰，《兩漢尚書學及其對當時政治的影響》，臺灣大學碩士論文，1972 年 6 月。

3. 廖雲仙，《虞夏商書斠理》，臺灣師範大學碩士論文，1982 年 6 月。

4. 駱文琦，《漢書引尚書說考微》，臺灣師範大學碩士論文，1982 年 6 月。

5. 陳正香，《尚書商書研究》，文化大學碩士論文，1983 年 6 月。

6. 南基琬，《說文段注古今字研究》，輔仁大學碩士論文，1989 年 6 月。

7. 羌允玉，《尚書通假字研究》，政治大學碩士論文，1993 年 6 月。